普通高等教育市场营销专业"十二五"规划教材

市场调查与预测

第2版

主　编　许以洪　石梦菊　李玉凤
副主编　潘友仙　卢小兰　金小琴
参　编　熊　艳　李　灿　严辉武　周爱香

机械工业出版社

本书系统地介绍了市场调查与预测的基本理论、方法和技术。主要内容包括市场调查的基本概念、调查方案的设计方法、市场信息的搜集和获取（网络调查）、调查问卷的设计与抽样技术的选择、调查资料的处理和分析（SPSS软件的应用）、定性预测和定量预测的基本方法以及调查报告的撰写与汇报等。

本书每章以"本章要点"和"导入案例"开篇，引出该章核心主题；正文中穿插各种有趣实用的小案例和资料链接；章末列出"关键词""思考题"并设置了"案例分析讨论"栏目，既便于读者学习，也有利于教师组织课堂教学。

本书可作为高等院校市场营销专业、工商管理类其他专业以及经济类各专业本科层次"市场调查与预测"或者"市场营销调研"课程的教学用书，同时也可作为研究生教学参考用书和各类企业的管理人员或调研公司从业人士在职培训读本。

图书在版编目（CIP）数据

市场调查与预测/许以洪，石梦菊，李玉凤主编. —2版. —北京：机械工业出版社，2015.5（2020.1重印）

普通高等教育市场营销专业"十二五"规划教材

ISBN 978-7-111-49885-8

Ⅰ.①市… Ⅱ.①许… ②石… ③李… Ⅲ.①市场调查－高等学校－教材②市场预测－高等学校－教材 Ⅳ.①F713.5

中国版本图书馆CIP数据核字（2015）第068413号

机械工业出版社（北京市百万庄大街22号 邮政编码100037）
策划编辑：曹俊玲 责任编辑：曹俊玲 刘 静
版式设计：霍永明 责任校对：王 欣
封面设计：张 静 责任印制：张 博
三河市宏达印刷有限公司印刷
2020年1月第2版第5次印刷
184mm×260mm · 19.75印张 · 484千字
标准书号：ISBN 978-7-111-49885-8
定价：39.00元

凡购本书，如有缺页、倒页、脱页，由本社发行部调换
电话服务 网络服务
服务咨询热线：010-88379833 机 工 官 网：www.cmpbook.com
读者购书热线：010-88379649 机 工 官 博：weibo.com/cmp1952
教育服务网：www.cmpedu.com
封面无防伪标均为盗版 金 书 网：www.golden-book.com

第 2 版 前 言

本书第 1 版于 2010 年 5 月面市以来，承蒙营销学界专家、学者和广大读者的关心、爱护和支持，已七次重印。

本书第 2 版根据教育部精品课程建设和质量工程精神以及市场营销学科发展的需要进行修订，并作为普通高等教育市场营销专业"十二五"规划教材出版。此次修订，在保持教材相对稳定的基础上，沿用第 1 版的架构及体例，内容则在基本不变的前提下进行了提炼。主要修订如下：①更新了"导入案例"和课后"案例分析讨论"，增加了小案例，共计 20 余则。力求案例新颖、有吸引力、更加贴近市场。②对全书文字进行了凝练。

第 2 版由许以洪设计并负责审核、统稿。编者增加了潘友仙。第 2 版由许以洪、石梦菊和李玉凤担任主编，潘友仙、卢小兰、金小琴担任副主编，熊艳、李灿、严辉武和周爱香参加了部分内容的修改。

为了方便教学，本次修订后为教师提供与本书配套的教学电子课件，凡使用本书作为教材的教师，可登录机械工业出版社教育服务网（www.cmpedu.com）注册后下载。

由于编者水平有限，本书不足与不当之处，敬请广大读者批评指正。

编　者

第1版 前 言

　　市场信息是企业的重要资源，有利于企业发现市场机会、制订计划和策略以及实施营销控制。市场调查与预测是企业搜集、整理、分析市场信息的手段，其目的是为企业经营决策提供科学的依据，以降低决策的不确定性和决策风险。与此同时，"市场调查与预测"作为一门应用型课程，符合高等院校市场营销、工商管理等专业对应用型人才的培养定位，也日益受到工商企业界的重视。基于此，我们编写了本书。

　　本书是在学科最新研究成果的基础上，结合高校人才培养定位要求，按照市场调查与预测工作的实际运作过程完成编写的。全书共分12章：第一章和第二章主要介绍市场调查的基本概念和如何对市场调查进行策划；第三章和第四章介绍资料收集方法，除传统的文案调查、询问法、观察法、实验法和定性调查方法以外，还对新兴的网络调查加以详细介绍；第五章、第六章介绍设计调查问卷的基本方法；第七章介绍样本的选择方法；第八章、第九章分别介绍市场信息的整理和提取技术，以及市场调查常用到的回归分析、判别分析、聚类分析和因子分析技术，尤其是讲述了SPSS软件在数据分析中的应用；第十章和十一章分别介绍市场预测方法中的定性预测和定量预测；第十二章介绍调查报告的撰写方法和口头报告的注意事项。

　　本书在内容组织和撰写方式上力求体现科学性、应用性、新颖性和先进性，主要突出以下特点：

　　(1) 坚持传授知识和培养能力相结合。为了便于读者学习和教师组织课堂教学，每章都包括本章要点、导入案例、正文、关键词、思考题、案例分析讨论六个部分，正文中还穿插了各种有趣实用的小案例和资料链接，充分体现了方法性和实用性的撰写原则。

　　(2) 简明通俗与适应时代发展需要相结合。既介绍基本原理和方法，又注意介绍学科新发展。例如专辟一节，介绍网络调查的主要方式、运作及网络调研安全等，以满足电子商务等的需要；介绍在市场调查中最常用的SPSS统计分析软件的使用方法。读者只要掌握这些统计模型及计算方法，就很容易掌握SPSS等统计软件的使用。

　　本书由国内八所高校中青年教师联合编写。各章执笔情况如下：第一章由许以洪编写；第二章、第十二章由金小琴编写；第三章、第六章由石梦菊编写；第四章由严辉武、石梦菊共同编写；第五章、第八章由李灿编写；第七章由周爱香、熊艳共同编写；第九章由熊艳、李灿、许以洪共同编写；第十章由卢小兰编写；第十一章由李玉凤编写。全书由许以洪、熊艳担任主编，李灿、李玉凤和石梦菊担任副主编，许以洪负责整体策划和统稿工作。

　　本书大纲由许以洪提供，吸收了有关专家的意见和建议；在本书编写过程中，编者参考和引用了国内外有关研究成果和文献，已尽可能地列于参考文献中，但难免有所遗漏，在此一并表示衷心的感谢！

　　我们根据几年来的教学经验，制作了与教材配套的电子课件，凡使用本书作为教材的教师，可登录机械工业出版社教育服务网（www. cmpedu. com）注册后下载。

全体编写成员期望能奉献给读者一本风格独特的教材，但由于水平有限，书中难免有错误或疏漏之处，真诚地希望专家和读者从不同角度多提宝贵意见，以便不断完善和提高（E-mail：xuyihong2208@ 126. com）。

编 者

目　录

第一章 概　述

本章要点

- 市场调查与预测的内涵界定
- 市场调查的概念与分类
- 市场调查的内容与作用
- 市场预测的种类与步骤

导入案例

联合包裹服务公司的市场研究

联合包裹服务公司（United Parcel Service Inc，UPS）以前一直认为按时交货是顾客最关心的事情，其他都是次要的，因此，UPS完全围绕时间——动作来研究，以更好地提高服务质量。譬如：了解人们应答门铃需要多长时间，送包裹的驾驶员必须严格遵守时间安排等。

公司经过市场调查发现：顾客对按时递送的要求并不像公司以前想象的那样高，更使UPS的管理者吃惊的是，顾客希望能与公司的驾驶员有更多的交流，因为顾客觉得这是他们与公司面对面的唯一机会，若驾驶员们不是那么冷淡而更愿意与顾客交谈，则顾客可能会提出一些实际的建议。UPS的服务质量经理劳伦斯说："我们最近才发现，在我们的服务中，最受关注的要素是我们的每位驾驶员。"公司在了解了这一信息后，鼓励6.2万名驾驶员与推销员一起拜访顾客，允许每位驾驶员每周花30min的时间去加强与顾客的联系，以便增加新的销售。

案例中联合包裹服务公司借助市场调查了解到提高服务质量的关键因素并增加了新的销售，可见市场调查与预测是企业进行正确决策的前提和依据。

本章将以信息为切入点，围绕市场营销信息与决策的关系剖析市场调查与预测的内涵，介绍市场调查与预测的基本理论和知识，最后给出本书的框架结构。

第一节　信息、市场营销信息与营销决策

市场调查与预测的目的就是为营销决策提供及时、准确和全面的市场信息，以降低决策的不确定性和决策风险。

一、信息

"信息"是现代社会中的一个高频使用词汇，英文为Information，来源于拉丁文Informa-

1

tio。翻译成汉语，含义包括情报、消息、通知、报告、知识、资料、陈述、解释等，在我国港台地区则称为资讯。

人们对信息的理解是随着社会经济和科学技术的发展而不断发展的，尤其是随着信息论、控制论、系统论的问世，申农（C. E. Shannon）、维纳（Norbert Wiener）等人把"信息"一词从普通用语转变成为具有特定意义的科学术语。20 世纪 20 年代美国科学家奈奎斯特（H. Nyquist）研究了通信系统的信息传输效率问题。1928 年美国科学家哈特来（Hartley）对信息传输做了定量描述。美国贝尔电话研究所数学家申农从理论上阐述了信源、信道、信宿和编码的基本问题，于 1948 年、1949 年提出了信息量的概念，并用统计方法对信息量进行度量和数学处理，为信息论的创立奠定了基础。美国麻省理工学院诺伯特·维纳（Norbert Wiener）在研究通信与自动控制中信号滤波问题的基础上研究了信息问题，于 1948 年、1950 年提出了信息量的概念、测量信息量的数学公式，并把信息的概念进一步推广于控制系统。20 世纪 60 年代以后，由于计算机技术的广泛应用，信息的重要性和不确定性日益受到不同学科、不同领域的重视。特别是 20 世纪 80 年代前后，随着贝尔（Daniel Bell）、奈斯比特（John Naisbitt）、托夫勒（Alvin Toffler）等人把"信息"融合于社会的各个领域，"信息社会""后工业社会""第三次浪潮""成熟社会"等学说更使"信息"成为描述与预测社会发展的重要因素，成为社会众所瞩目的事物。目前，"信息"一词已不是单纯的科学术语或技术名词，而是社会共有的、普遍化的术语，它已经深入到社会各个领域。

但是，由于人们研究和使用信息的角度不同，对信息含义的认识和表述始终存在差异，至今没有统一的定义，其中影响比较广泛的有以下几种：

（1）申农从通信的角度对信息进行研究，认为信息是指通信过程中不确定性的减少或者消除。艾比（W. R. Ashby）对这一定义进行了发展，于 1956 年提出信息就是变异度的论点，试图从信息的内容上进行概括。

（2）维纳从信息与接收者的关系进行概括，认为信息是控制系统调节活动时与外界相互联系、相互作用、相互交换的内容和名称。

（3）我国的哲学界试图从信息的本质进行定义，认为信息是物质属性的表征，是客观事物的本质反映，是事物存在的方式。

（4）还有学者从本体论的角度进行定义，认为信息是事物运动的状态和方式。

综合以上观点可以得出如下结论：一切事物包括自然界和人类社会都会产生信息，信息是事物的存在方式、运动状态及其对接收者效用的综合反映。它由数据、文本、声音和图像等形态组成，具有可扩散性、可共享性、可存储性、可扩充性和可转换性等特征。信息大体可以分为自然信息和社会信息两类，其中社会信息包括经济信息（如市场信息等）、军事信息等。

资料链接 1-1：信息量的度量⊖

在定量描述信息时，信息论所依据的原则是：信息的功能在于消除不确定性。所以，一条信息的信息量，就是这条信息能够消除事物不确定性的程度。

假设某事物有 n 种独立的可能结果，也即状态：x_1，x_2，…，x_i。每一状态出现的概率分别为 $p(x_1)$，$p(x_2)$，…，$p(x_i)$，且有 $\sum p(x_i) = 1$，那么该事物所具有的不确定性 $H(x)$ 就为

$$H(x) = \sum_{i=1}^{n} p(x_i) \log(x_i) \tag{1-1}$$

⊖ 资料来源：庄贵军. 市场调查与预测 ［M］. 北京：北京大学出版社，2007.

当对数底取 2 时，$H(x)$ 的单位为比特。因为式（1-1）与统计热力学中的熵公式相同，所以信息论也把 $H(x)$ 称为熵。在统计热力学中，熵用来描述热力学系统的无组织性，与不确定性的意义相通，因此可以用它来描述信息的量。

在通信场合，如果在通信之前接收者对某事物存在的不确定性熵值为 $H(x)$，在接收到一条信息之后这个事物存在的不确定性熵值变为 $H(x/y)$，那么这条信息的信息量 I 为

$$I = H(x) - H(x/y) \qquad\qquad (1-2)$$

这就是前面所说的，一条信息的信息量等于这条信息能够消除事物不确定性的程度，或它能够导致的熵的减少量。任何一个事件，包括决策问题，只要知道它的各个可能独立状态的概率分布，就可以求出它的熵值，从而根据一条信息能够减少熵值的大小，求出它所包含的信息量。

根据式（1-2），一条信息的信息量有以下几种可能：

（1）I 大于 0，说明收到的消息使你对问题的知识增加了。

（2）I 等于 0，说明收到的消息对你解决问题没有任何帮助，同废话差不多。

（3）I 小于 0，说明收到消息后不仅没有增加你的知识，反而使你对问题更加糊涂了，比如谣言对于相信它的人所起的作用。

这个公式也说明，只有使 I 值大于 0 的消息、数据和资料，才可能称得上信息。

二、市场营销信息

（一）市场营销信息的含义

市场营销信息属于经济信息范畴，是指在一定时间和条件下，与企业的市场营销活动有关的各种内、外部环境的状态、特征以及发展变化的各种消息、情况、资料、数据的总称。它一般通过语言、文字、数据、符号等形式表现出来。市场营销信息除了具有一般信息的特征外，还具有目的性、系统性和社会性等特征。

（二）市场营销信息的类型

市场营销信息所包含的内容很广，各种与企业的营销活动有关系或可能对企业的营销活动产生影响的因素及其变化都属于市场营销信息的范畴。依据不同的标准，市场营销信息可以进行以下分类：

1. 依据决策的层级与用途划分

市场营销信息可分为战略信息、管理信息和作业信息。战略信息是指企业最高层领导用于制定经营战略、经营方针及经营决策所使用的信息。管理信息是指企业一般管理人员在决策中所需要的信息。作业信息是指企业日常业务活动的信息，主要包括商品的生产和供应信息、商品的需求和销售信息、竞争者的动态信息等。

2. 依据信息来源可分为外部信息和内部信息

（1）外部信息。外部信息是指来源于企业外部，与企业的市场营销有关的信息。外部信息涉及的内容广泛，但对于不同的企业，影响其营销活动的外部信息又有差别。因此，不同企业应根据自身的特点，收集与它相关的外部信息。

外部信息主要有以下几种：

1）市场环境信息。市场环境信息包括人口信息、经济信息、政治法律信息、社会文化信息、科学技术信息和自然环境信息等。其中，在人口信息方面应重点注意对企业的营销活

动有影响的或决定企业的目标市场大小的各种人口因素的变化；在经济信息方面除考虑各种反映经济发展和经济水平的有关指标外，对企业的营销来说还必须认真研究消费倾向、消费模式等的变化；在科学技术信息方面，对新技术、新材料，特别是与企业的产品和生产条件相关的新的技术进展和发展趋势的信息必须密切关注，以使企业不致因技术的发展而遭淘汰。

2）市场需求信息。市场需求信息包括顾客购买动机信息、购买行为信息、需求特征信息、现实需求信息、潜在需求信息、需求趋势信息、需求总量和结构信息等。研究市场需求是企业市场营销活动的首要任务，同时市场需求方面的变化也对企业产品的市场需求有决定性的影响。因此，企业应该尽可能多地了解与掌握有关市场需求的信息。

3）市场竞争信息。企业在市场营销活动中，相互竞争是不可避免的，但在竞争中谁胜谁败，则取决于对竞争对手信息的了解程度。在竞争信息中，竞争者的努力方向、优势与劣势、市场营销策略等是市场竞争信息中的重点内容。

4）其他方面信息。除了以上方面的信息外，关联企业的信息、其他的突发性的有关信息，对企业的营销活动都可能产生不同程度的影响，企业对这些方面的信息也应加以注意。

（2）内部信息。内部信息来源于企业内部，可以帮助企业及时取得有关部门积累的资料，从中可以发现问题和机会，是获取营销信息的重要来源。

内部信息主要有以下几种：

1）企业资源信息。企业所需的资源信息主要包括人力资源信息、财力资源信息、物质资源信息等，它们是企业开展市场营销活动的条件。通过对这些信息的收集、分析，企业的营销活动不致因资源供应条件而受到影响，同时也可能降低企业资源供给的成本。

2）企业运营信息。企业运营信息包括自身的生产能力、产品能够达到的质量和技术水平、生产技术装备的运行情况、企业的技术开发能力与状况、生产技术人员的素质等方面的信息。

3）企业的成果信息。企业的成果信息包括销售额、销售量、产品成本、利润、资金周转率、资金回收和订货情况等方面的信息。

此外，还可以根据信息表示方式的不同分为文字信息与数据信息，根据信息的处理程度不同分为原始信息与加工信息，根据其稳定性不同分为固定信息和流动信息等。

市场营销信息可以通过多种途径获得，但企业应建立自己的市场营销信息系统，根据条件和需要收集有用信息。

三、市场营销信息系统与营销决策

市场营销信息系统（Marketing Information System，MIS）由人、设备和程序组成，它为营销决策者收集、挑选、分析、评价和分配需要的、及时的和准确的信息，如图1-1所示。

企业的市场营销信息系统由内部报告系统、市场营销情报系统、市场营销调研系统和营销决策支持系统四个子系统组成，其基本功能与任务是及时、准确地对有关的信息进行收集、整理、分析、评价和传递，以便企业根据所掌握的信息制定或调整其营销策略。

1. 内部报告系统

内部报告系统（Internal Records System）主要提供有关企业各类产品的开发及其销售额、存货量、现金流动、应收应付账款等方面的数据资料，是反映企业内部目前营销活动状况的信息源。通过该系统，企业的决策人员可以了解到企业的经营效果和企业各方面条件的

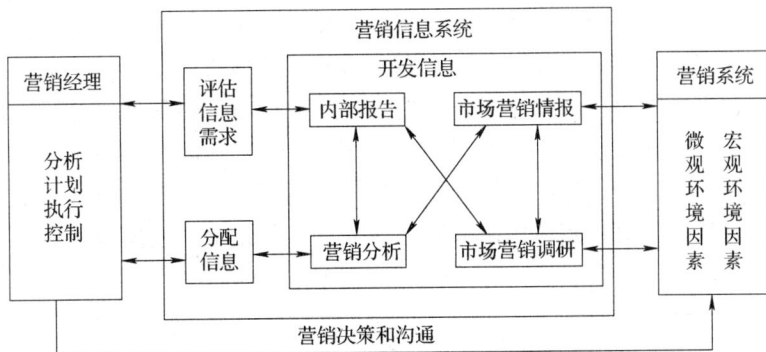

图 1-1　市场营销信息系统

变化，从而发现新的问题和机会。

内部报告系统的核心是订货—收款循环。订货—收款循环涉及企业的销售、财务等不同的部门和环节。负责管理订单的部门要及时处理销售人员、经销商和顾客提交的订单；仓库管理部门应尽快发货，各种账单要及时分送到有关部门。

内部报告系统还包括及时、全面、准确的销售报告。企业应该开发计算机辅助的销售系统和报告系统。销售报告系统的应用，利于帮助决策者把握最佳时机，更好地处理进、销、存、运等环节的问题，获得竞争优势。

2. 市场营销情报系统

从营销决策的角度来看，内部报告系统提供的是有关企业经营效果的信息，属于"结果资料"，而市场营销情报系统（Marketing Intelligence System）提供的是外部环境已经发生或正在发生的有关事件的信息，属于"变化资料"。

所谓市场营销情报系统，是指企业的管理人员为获得营销环境中的有关环境发展变化信息而使用的一整套程序和信息来源渠道。

企业的市场营销情报系统为获取有关的情报信息，可以查阅有关资料，也可与有关企业内部和外部人员进行交谈。但为了更系统、更及时地得到有关外部环境变化的情报信息，企业常常还使用以下渠道或方式：

（1）训练和鼓励企业的推销人员发现和报告有关环境新的发展变化的信息。

（2）鼓励企业的中间商为企业提供有关的信息。

（3）向专业的信息供应机构购买所需的信息。

（4）由企业建立专门的情报机构收集和传递有关的信息。

3. 市场营销调研系统

在企业的营销决策中，除了要充分利用内部报告系统和市场营销情报系统提供的信息和情报资料外，同时还常常要针对企业特定的决策问题进行更全面深入的专门研究，如市场调查、产品偏好测试、地区销售预测、动机研究或广告效果研究等。这些专门研究要借助于市场营销调研系统（Marketing Research System）来进行。

市场营销调研系统是系统地设计、收集、分析和报告与特定营销环境有关的资料和研究结果的活动。它具有通过信息把营销人员同消费者、客户和公众联结起来的职能。

4. 营销决策支持系统

营销决策支持系统又称营销分析系统（Marketing Analysis System），是指利用先进的技术对营销信息资料进行科学分析，为决策者提供量化分析结论，进而提出多种决策建议，供决策者参考、选择的系统。一个完善的市场营销分析系统通常由资料库、统计库和模型库三个部分组成，如图1-2所示。资料库有组织地收集外部环境资料和公司内部记录的有关营销资料，使公司营销管理人员能随时得以研究分析；统计库（Statistical Bank）是指一组有意义的、随时可以用于汇总分析的特定资料统计程序；模型库（Model Bank）是由高级营销管理人员运用科学方法，针对特定营销决策问题建立的，包括描述性模型和决策模型的一组数学模型。

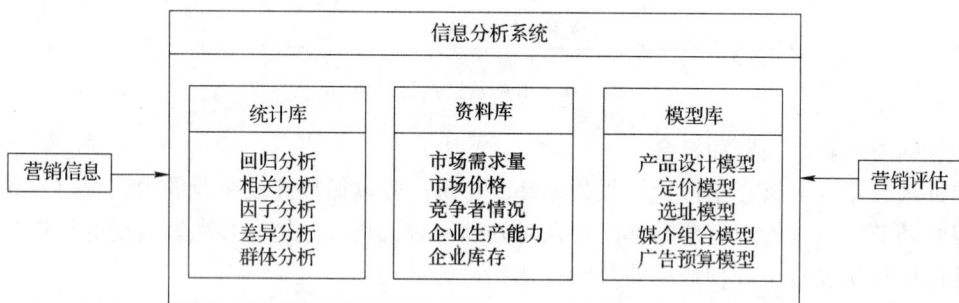

图1-2　营销决策支持系统及运行过程

第二节　市场调查与预测的内涵界定

基于国内读者对市场、调查和预测这些词汇的不同认识，以及不同的汉语使用习惯，理解和把握市场调查与预测的内涵有必要先剖析人们对市场、调查和预测的不同理解。

（一）市场、市场营销与营销管理

市场（Market）是企业营销活动的出发点与归宿点，全面理解市场的含义是开展市场调查与预测的前提。时空意义上的市场是指买卖双方聚在一起进行商品交换的地点或场所；经济学认为市场是指社会再生产过程中商品交换关系的总和；营销学指出市场是由那些具有特定需求或者欲望，而且愿意并且能够通过交换来满足这种需要或者欲望的全部潜在顾客所组成。因此，市场营销理论所指的市场为商品的消费者或消费需求量。

市场营销（Marketing）也称为营销，是指企业根据目标市场需求和不可控因素的变化，对可控因素实施动态组合，以盈利的方式满足目标市场需求，实现企业目标的活动。而营销管理就是针对这种活动进行的计划、组织、领导和控制。因此，我们讲营销时多指营销管理（Marketing Management）。

（二）调查、预测与研究

研究（Research 或 Study）是与调查（Survey）和预测（Forecast）密切相关的一个词，泛指对有关问题或现象进行探求的整个过程。在研究的整个过程中，包括调查和分析两大环节。调查是收集数据的过程和方法，分析是对数据进行加工处理的过程和方法，包括专为预测进行的分析。

（三）市场调查与预测内涵的界定

市场调查与预测是以市场为对象，以科学的方法收集数据和资料，对市场变化趋势做出推断的活动。本书取名为"市场调查与预测"，意在强调为应用研究提供方法论上的指导，同时秉承了国内早期学科建设的习惯术语。

市场调查与预测的内涵包括以下几层意思：

（1）市场调查与预测的对象不仅仅是市场，还包括同营销管理与决策相关的所有内容。

（2）市场调查与预测的方法和理论，不仅包括市场调查和市场预测，还包括市场分析。

（3）市场调查与预测以应用研究为导向，为企业的营销决策和营销管理提供信息。

（4）作为一门课程，市场调查与预测主要是为企业的市场调查、研究或者咨询机构提供调查研究方法论方面的指导。

第三节　市场调查概述

市场调查是市场营销的重要职能之一，是企业市场预测及科学决策的基础和前提。在现代企业市场营销活动中，市场调查已经成为企业市场营销活动的重要组成部分，成为企业在战略上和战术上都必须认真对待和重视的工作。

一、市场调查的含义与特征

市场调查（Marketing Research）又称市场研究、市场调研、市场营销调查和营销调研等，在调研实践中有时简称"市调"。随着社会经济的发展，市场营销始终处于不断发展之中，市场调查也在不断地发展，加之研究角度不同和认识上存在差异，导致不同国家和地区对市场调查有不同的理解。

中国台湾学者樊志育认为，市场调查有狭义和广义之分。狭义的市场调查（Market Research）主要是针对顾客所做的调查，即以购买商品、消费商品的个人或工厂为对象，以探讨商品的购买、消费等各种事实、意见及动机。广义的市场调查（Marketing Research）包括市场运营或营销的每一阶段，而以市场运营所有的功能、作用为调查研究的对象。

根据美国市场营销协会（AMA）的定义（1988年），市场调查是通过信息的运用，把消费者、公众和营销者联系在一起的一种职能，是为了提高决策质量以发现和解决营销中的机遇和问题而系统地、客观地识别、收集、分析和传播信息的工作。

国际商会/欧洲民意和市场调查协会（ESOMAR）在《市场营销和社会调查业务国际准则》中对市场调查进行了界定，认为市场调查是指个人和组织（工商企业、公共团体等）对有关其经济、社会、政治和日常活动范围内的行为、需要、态度、意见、动机等情况的系统收集、客观记录、分类、分析和提出数据资料。

综合国内外学者的观点，我们认为，市场调查是指个人和组织为了给市场营销决策提供依据，针对某一特定的市场营销问题，运用科学的方法和手段，系统地判断、收集、整理和分析有关市场的各种资料，反映市场的客观状况和发展趋势的活动。

市场调查作为一项职能活动，它具有系统性、科学性、不确定性、时效性和应用性等基本特征。

（1）系统性。市场调查对市场营销活动、市场状况进行的分析、研究是全过程性的活动，它包括调研立题、调研设计、资料搜集、资料分析、调研报告等阶段。这一过程的每一环节密切联系，并形成一个有机的系统。各个阶段如果不按照这一系统的要求周密计划、精心组织和科学实施，就难以得出正确的调研结果。因此，在进行决策时，一定要系统地进行市场调查，否则根据不完全的调研信息进行决策，将会导致难以挽回的损失。

（2）科学性。在进行市场调查时，调研的目标确定、方案设计、资料搜集方法、资料整理方法和数据信息分析方法都必须以经济学、市场营销学、统计学、消费者行为学、组织行为学等相关学科的理论和方法为指导，依据抽样推断、误差控制等理论以及统计整理、统计分析等方法，并体现该领域工作的逻辑性。特别要指出的是，在进行方案设计时要先提出一定的假设，然后在以后的资料搜集、资料分析中再进一步验证假设，不受感情因素的影响，极大地克服个人偏见和主观影响。

（3）不确定性。市场是不断变化的，政府政策的改变、竞争力量的改变、供应条件的改变等多种因素影响使得市场调查的结果具有不确定性的特点。这种不确定性在产业用品市场调研中并不明显，但在日用消费品的调研中有时会表现得很明显。基于调研结果作出的判断或决策存在着风险。市场调查就是要通过努力，将误差控制在一个允许的范围内，获取尽可能接近市场事实或反映市场状况的信息，以减少信息的不确定性，降低营销决策的失误率。

（4）时效性。市场调查是在一定时间范围内进行的，它所反映的只是特定时间内的信息和情况，在一定时期内调研结果是有效的。随着新情况和新问题的出现，以前的调研结果就会滞后于形势的发展，变为无效。若此时企业仍沿用过去的结论，则会延误时机，甚至陷入困境。

（5）应用性。市场调查可以分为基础性调查和应用性调查，两者的不同之处在于两者的研究目的不同。基础性调查旨在拓展新的知识领域，或者扩大一个学科的知识体系，而不是以某个具体问题为目标。通常，基础性调查的结果在短期内不能直接应用于实践。应用性调查是为了解决企业所面临的特定问题而进行的调查，如更好地了解市场，为决策提供依据，减少决策的盲目性等。在实际中，企业进行的市场调查大多数是应用性的。

二、市场调查的作用

国际知名的市场调查专家、美国得克萨斯大学阿灵顿分校市场营销系主任小卡尔·迈克丹尼尔（Carl McDaniel, Jr.）博士在其著作《当代市场调查》中指出："市场调查具有三种功能：描述、诊断和预测。"描述功能是指搜集并陈述事实。例如，描述某个行业的历史销售趋势是什么样的，消费者对某产品及其广告的态度如何。第二种功能是诊断功能，是指解释信息或活动。例如，改变包装对销售会产生什么影响。换句话说，为了更好地服务顾客和潜在顾客，应该如何对产品/服务提供进行调整。最后一种功能是预测功能。例如，企业如何更好地利用持续变化的市场中出现的机会。正是由于具有这三种功能，市场调查被视为企业的"雷达"或"眼睛"，其重要作用主要表现在以下几个方面：

1. 有利于为企业决策或调整策略提供客观依据

经营决策决定了企业的经营方向和目标，它的正确与否，直接关系到企业的成功与失败。企业进行经营决策必须了解和掌握市场及其营销环境的基本状况和发展趋势，了解和掌握企业自身的经营资源和条件，使企业的资源、活动范围和营销目标在可以接受的风险限度内与市场环境提供的各种机会相协调。进行系统、周密的市场调查和研究，为决策提供可靠的依据才能保证企业的经营战略方向是正确的，企业的战略目标是可行的，企业营销活动的中心和重点是符合市场要求的，企业的发展模式同外部环境是相适应的。

企业针对某些问题进行决策或修正原有策略，如产品策略、定价策略、分销策略、促销策略等，通常需要坚持不懈地进行市场调查，不断收集和反馈消费者及竞争者的信息，才能正确把握营销策略的制定和调整，从而在市场上站稳脚跟，立于不败之地。显然，科学决策或调整策略必须以市场调查为基本前提。

小案例 1-1：李维斯牛仔裤的市场调查与决策

以生产牛仔裤闻名世界的李维斯企业设有专门机构负责市场调查。在调查时应用心理学、统计学等知识和手段，按不同国家分析消费者的心理和经济情况的变化、环境的影响、市场竞争条件和时尚趋势等，并据此制订销售、生产计划。1974 年企业对原联邦德国市场的调查表明，多数顾客首先要求合身，企业随即派人在该国各大学和工厂进行合身测验，一种颜色的裤子就定出 45 种尺寸，因而扩大了销路。企业根据市场调查，了解到美国青年喜欢合身、耐穿、价廉、时髦，故把合身、耐穿、价廉、时髦作为产品的主要目标，故而产品长期打入美国青年人市场。近年来，在市场调查中，企业了解到许多美国女青年喜欢穿男裤，企业经过精心设计，推出了适合妇女需要的牛仔裤和便装裤，使妇女服装的销售额不断上升。如此，虽然在美国及国际市场服装业竞争相当激烈，但李维斯企业靠分类市场调查，制订的生产与销售计划同市场上的实际销售量只差 1% ~3%。由此可以看出，企业开展市场调查，能够为企业做出各项经营决策提供科学的依据。

2. 有利于企业发现市场机会，开拓新市场

市场机会与市场营销环境的变化密切相关。通过市场调查，企业可以随时掌握市场营销环境的变化，并从中寻找到新的市场机会，为企业带来新的发展机遇和新的经济增长点。随着科学技术的进步，新技术、新工艺不断涌现，企业只有通过市场调查，了解国际国内市场的需求情况，分析产品处在市场生命周期的哪个阶段，并分析市场空缺，才能确定在什么时候开发研制、生产和销售新产品，以满足消费者的需求，把握市场机会，使企业不断开拓新市场。

小案例 1-2：状元红酒二进上海市场的启示⊖

状元红酒是我国古代的名酒，产于河南，"文革"期间秘方遗失，"文革"后河南上蔡酒厂经过查找整理，成功生产出状元红酒。状元红酒第一次进入上海市场，厂领导认为该酒一定能旗开得胜，打开上海市场。结果，状元红酒不但没有"红"起来，反而成了滞销品。这种打击并没有击垮河南上蔡酒厂的领导，他们经过慎重思考，决定依托河南上蔡酒厂在上海的五家特约经销酒店开展一次详细的市场调研。通过调研他们发现，状元红酒的主要购买者是青年人，其购买的目的一是装饰房间，二是作为礼品。为此厂领导制定了如下经营策略：①目标市场定位于青年人；②价格适中，高于一般酒低于纯补酒，符合青年人的消费水平；③包装以长口径仿"白兰地"样式和仿古瓷瓶式为主，同时以手提式包装盒装瓶，便于提拿；④色泽鲜红，质地纯正，口味香醇。

1981 年，状元红酒二进上海，400 箱酒不到两个小时就被消费者抢购一空，上海的市场打开了。

⊖　资料来源：全洪臣. 市场调研原理与应用［M］. 大连：东北财经大学出版社，2008.

3. 有利于准确地进行市场定位，更好地满足顾客需求，增强竞争力

企业要在竞争中求得生存和发展，关键是要比竞争者更好地满足目标顾客的需求。顾客的需求多种多样，而且会发生变化。企业只有通过市场调查，才能了解和掌握顾客的需求变化情况并进行准确的市场定位，按其需求提供其所需要的产品和服务，才能提高顾客的忠诚度，从而确立竞争优势，使企业在激烈的市场竞争中立于不败之地。

小案例1-3：英国航空公司（British Airways）的挽留术

在经过详细的市场调查后，英国航空公司改变了它在横跨大西洋航线上头等舱的服务。对跨大西洋航线的头等舱，大多数航空公司强调的都是高档服务。而英国航空公司通过调查发现，大多数头等舱的乘客希望的仅仅是能够睡安稳觉。据此，该公司实施新的营销策略，现在头等舱的顾客在起飞前，可以在头等舱休息室就餐，登机后，他们可以穿上英国航空公司提供的睡衣，枕在枕头上，盖上毯子，享受一次免受打扰的旅行。到达目的地后，头等舱旅客可以吃早餐，进行梳妆和洗浴，并且可以在离开前穿上熨烫平整的衣服。

4. 有利于企业建立和完善市场营销信息系统，提高企业的经营管理水平

市场营销信息系统包括内部报告系统、市场营销情报系统、市场营销调研系统和营销决策支持系统四个子系统，其任务是准确、及时地为营销决策者收集、挑选、分析、评估和分配有关信息。其中，市场营销调研系统是对特定的问题和机会进行研究，是非常重要的子系统，缺少它必然影响整个市场营销信息系统的运行，影响企业生产经营的正常进行。通过持续的、系统的市场调查，可以加深对市场机制作用及方式的了解，提高对影响市场变化诸因素及相互联系的认识，增强把握市场运行规律的能力，从而增强参与市场活动的主动性和自觉性，减少盲目性。同时，可以把握行业发展态势，了解消费者需求、竞争产品的市场表现，评估和监测市场运营情况，从而提高企业的经营管理水平。

小案例1-4：环球时装公司的营销信息中心

日本服装业之首的环球时装公司，从20世纪60年代创业时的小企业发展成为日本有代表性的大企业，靠的主要是掌握第一手"活情报"。他们在全国81个城市顾客集中的车站、繁华街道开设侦探性专营店，陈列公司所有产品，给顾客以综合印象，售货员的主要任务是观察顾客的采购动向；事业部每周安排一天时间全员出动，3个人一组、5个人一群分散到各地调查，有的甚至到竞争对手的商店观察顾客情绪，向售货员了解情况，找店主聊天。调查结束后，当晚回到公司进行讨论，分析顾客的消费动向，提出改进工作的新措施。全国经销该公司时装的专营店和兼营店均制有顾客登记卡，详细地记载了每一个顾客的年龄、性别、体重、身高、体型、肤色、发色、使用的化妆品、常去的理发店以及兴趣、嗜好、健康状况、家庭成员、家庭收入、现时穿着及家中存衣等详细情况。这些卡片通过信息网储存在公司信息中心，只要根据卡片就能判断顾客眼下想买什么时装，今后有可能添置什么时装。营销信息中心为环球时装公司进行营销活动提供了完备的数据和资料，使环球时装公司迅速扩张。

（资料来源于：http：//www.ccmw.net/article/160。）

三、市场调查的内容

市场调查的内容十分广泛，涵盖营销管理活动所涉及的全部领域，企业可根据确定的市场调查目标进行取舍。国外的统计资料表明，在对美国798家公司日常市场调查活动所做的研究中，最普遍的 10 种市场调查活动是：市场特性的确认、市场潜量的衡量、市场份额的分析、销售分析、企业趋势分析、长期预测、短期预测、竞争产品研究、新产品的接受和潜量研究、价格研究等。下面介绍市场调查的主要内容。

1. 市场营销环境调查

市场营销环境是企业生存和发展的基础。市场营销环境调查的主要目的是发现市场机会和可能产生的威胁，以便把握环境变化带来的机会，避免或减轻环境变化造成的不利影响。营销环境调查的具体内容包括经济环境、人口环境、技术和自然环境、政治和法律环境、社会和文化环境调查以及各种微观环境因素。一般来说，制订长期战略发展计划时，经营方向发生重大变化或者战略性转移时，对业务进行整合和重组时，发展和开拓新的区域性市场和国际市场时，都必须对市场营销环境进行调查，通过对环境的分析，把握环境的变化趋势，增强企业对环境的适应能力。

资料链接 1-2："懒蚂蚁效应"

生物学家研究发现，在成群的蚂蚁中，大部分都很勤劳，寻找、搬运食物争先恐后，但是也有少数蚂蚁东张西望不干活。当食物来源断绝或者蚁窝被破坏时，那些勤快的蚂蚁一筹莫展。这时，"懒蚂蚁"就会"挺身而出"，带领众伙伴向它早已侦察到的新的食物源转移。

在激烈的市场竞争中，市场调查研究人员能产生"懒蚂蚁效应"。他们承担着分析市场营销环境的重任，在营销活动中观察市场、研究市场、把握市场，寻找新的市场机会。

2. 市场需求调查

对市场需求进行调查能够最大限度地满足消费者需求，从而获得最丰厚的利润。主要调查内容包括市场潜力、市场总需求规模、市场特征、市场发展趋势、目标市场、消费结构、消费者购买行为以及消费者满意度等。

资料链接 1-3：宝洁公司的消费者购买行为研究⊖

在消费者购买行为的研究上，宝洁公司无疑是最重视也是投入最大的公司之一。这家公司每年都会把销售额的 5% 用来做消费者购买行为的研究。例如：

1973 年，宝洁公司实施了关于"父母在给儿童购买生活必需品时，内心最关心的因素是什么"的市场调研。

1976 年，宝洁公司实施了关于"儿童接受一个全新概念的过程，以及影响认知过程建立的最有效的因素有哪些"的市场调研。

1978 年，宝洁公司实施了关于"生活用品的特征与大众心中的权威人物的关系，以及各种权威人物的潜在影响力"的市场调研。

1980 年，宝洁公司实施了关于"男性护肤行为倾向，以及对气味的敏感指数如何影响他们的选购行为"的市场调研。

1983 年，宝洁公司实施了关于"亚洲人的文化背景对日用品的购买影响体现在哪些日常行为中"的市场调研。

3. 产品调查

产品调查的目的主要是支持企业的产品发展战略决策。产品决策是企业最重要的决策之

⊖ 资料来源：圣路可商务顾问咨询公司. 举手投足之间的必然［J］. 销售与市场，2006（1）上旬刊.

一，正确的产品决策是企业占领市场的"武器"。现代产品概念是多层次的，所以产品调查也是多方面和全方位的。产品调查的内容主要包括：产品生命周期调查、新产品开发调查、产品实体调查、品牌价值和品牌忠诚度调查、产品包装调查等。

4. 价格调查

价格调查的主要目的是支持企业的价格决策和价格战略。价格调查的内容主要有：需求弹性调查与分析、竞争产品的定价水平、对各种替代品和互补品价格的调查、消费者对产品价值的认知调查、消费者对价格变化的理解或反应调查等。

5. 分销渠道调查

分销渠道调查的目的主要是支持企业的分销战略决策，使分销渠道达到最佳组合。渠道调查的内容主要包括：渠道结构调查、批发商和零售商调查、分销渠道关系研究、分销绩效调查以及运输和仓储调查等。

6. 促销调查

促销调查的目的主要是支持企业的促销战略与战术决策，使促销组合达到最佳，以最少的促销费用达到最大的促销效果，并及时就出现的问题对促销方式进行调整和改进。这方面的调查内容也比较丰富，主要包括广告、人员推销、销售促进、公共关系等方面的调查，具体的内容有：广告媒介、广告效果评价、广告策划等方面的内容；优惠、赠品、有奖销售等促销方式对销售额的增加幅度和市场占有率变化的影响等。

7. 竞争者调查

市场竞争者调查的目的主要是支持企业营销的总体发展战略，做到知己知彼，发挥竞争优势，主要是侧重于本企业与竞争对手的比较研究。其内容主要有：了解行业的竞争结构和变化趋势，了解竞争者的战略目标、核心能力、市场份额、产品策略、价格策略、销售渠道策略、促销策略等，以识别企业的优势和劣势，判断出本企业所具备的与竞争对手相抗衡的条件或可能性，确定企业的竞争策略，以达到以己之长克他之短的功效。

四、市场调查的分类

为了正确设计市场调查方案和保证市场调查预测的顺利实施，有必要按照不同的标准区分不同的市场调查类型。

1. 按市场调查的功能分类

市场调查按其功能可分为探索性调查、描述性调查、因果性调查和预测性调查四类。其中，探索性调查的重点是"问题在哪里"，描述性调查回答"是什么"，因果性调查重点是回答"为什么"，而预测性调查侧重定量研究，阐述"将来会怎样"。

（1）探索性调查。探索性调查是指对所研究的问题在不确定的情况下进行的试探性调查，掌握和识别所要研究问题的基本特征和与之相关的各种影响因素，其目的在于发现问题，找出关键所在，明确调查对象，确定调查重点，为深入研究做必要的准备。探索性调查一般采用简便易行的方法，如收集二手资料、小规模的试点调查、案例分析、定性调查、专家或相关人员的意见集合等。

（2）描述性调查。描述性调查是指对所研究的问题做出结论性的或准确性的描述，使人们了解问题是什么样的。其目的是客观地反映研究对象的实际情况。按描述的时空角度分类，描述性调查可分为时序描述和概观描述两类。时序描述又称时序分析或纵向分析，是指通过对一组固定样本的连续调查，分析和描述市场因素的变化趋势。概观描述也称横断面设计或横断面分析，是指通过对市场样本的时点调查或横断面调查，概观地描述市场的特征。常见的描述性调查有：市场分析研究、销售分析研究、产品分析研究、销售渠道研究、价格分析研究、形象分析研究、广告分析研究等。

小案例 1-5：美国《青少年博览》杂志的描述性调查

美国《青少年博览》杂志为了了解读者的特点，针对 12～15 岁的少女使用香水、口红等情况进行了一次描述性调查。调查数据显示：12～15 岁的少女中有 86.4% 的人使用香水，有 86.9% 的人使用口红。而在使用香水的女孩中，有 27% 的人使用自己喜爱的品牌，有 17% 的人使用共同品牌，有 6% 的人使用别人推荐的品牌。调查结果表明，美国 12～15 岁的大多数少女使用化妆品，而且开始使用化妆品的年龄较小，对品牌忠实程度高。

（3）因果性调查。因果性调查是指为了研究某种市场现象与各种影响因素之间客观存在的关系而进行的市场调查。因果性调查在探索性调查和描述性调查之后，即在探索性调查和描述性调查的基础上进一步研究产生某种结果的原因，是对事物更深入的认识，它要回答"为什么"的问题。

探索性调查、描述性调查与因果性调查的比较见表 1-1。

表 1-1　探索性调查、描述性调查与因果性调查的比较

	探索性调查	描述性调查	因果性调查
目的	发现新的思想、观念、问题等	描述事物总体的特征、功能、性质	确定变量之间的因果关系
特征	具有灵活性、多样性；小样本代表性小；处于调查研究过程的开始阶段；研究过程有伸缩性且无结构；是事先设计好的、有结构的	提出假设，说明问题；大样本研究过程是事先设计好的、有结构的；定量分析	大样本有代表性、所需信息清楚地定义、研究自变量和因变量的关系、研究过程是正规有结构的；结果说明决策原因
方法	专家研究 试点研究 个案研究 二手资料 定性研究等	实地调查 抽样调查 小组座谈会法 观察法 二手资料等	实验法 定量研究 抽样调查 一手或二手资料调查等

（4）预测性调查。预测性调查是指在说明研究对象的状况及变量之间关系的基础上，通过收集、分析和研究过去和现在的各种市场情况，运用预测方法，进一步研究和推测发展趋势的一种市场研究类型。

2. 按市场调查的主体分类

按市场调查的主体不同，可以分为委托调查和自行调查两种类型。

（1）委托调查。委托调查即委托专业调查机构代理调研。专业调查机构长期从事研究活动，专业技能强，专业程度较深，经验丰富，可以不受委托企业固有看法的影响，客观地进行调研，但需要与委托单位进行协调才能达到预期效果。

（2）自行调查。自行调查是指企业自己设置调研部门专门负责企业的市场调查工作。自行调查成本低，便于积累经验。不足之处是缺乏客观性和使用调研方法的局限性。

3. 按市场调查的范围分类

（1）专题性市场调查。专题性市场调查主要是为解决某个具体问题而进行的有针对性的市场调查。它所涉及的范围较小，研究目的明确，所需投入的资源较少，时间也较短。企业所做的大多数市场调查都是专题性的，如改变包装对产品销售的影响，对广告效果的评价，影响消费者购买某种产品的最主要的因素等。

（2）综合性市场调查。综合性市场调查一般是指企业为全面了解市场所进行的全面调查。企业开发某个新产品或为进入一个新的市场领域所进行的市场调查属于这类调查。综合性市场调查涉及的问题比较多，时间长，费用高，决策难度大，风险高。

4. 按调查时间不同分类

（1）一次性调查。一次性调查又称临时性市场调查。市场范围、规模、交通条件等市场基本情况在一定时间内具有相对稳定性，又是企业进行经营活动的前提，针对其开展的市场调查属于一次性调查。例如企业开拓新市场、建立新的经营机构或根据市场的特殊情况而开展的临时性市场调查活动。

（2）定期调查。定期调查是指企业针对市场情况和经营决策的要求，按时间定期所做的市场调查。其形式有月末调查、季末调查和年终调查等。

（3）经常性调查。经常性调查又称不定期市场调查，是指按照企业管理和决策的需要，随时开展的调查活动，每次调查的时间和内容不固定。

此外，市场调查还可以按空间层次区分为全国性市场调查、区域性市场调查、地区性市场调查；按照调查的对象可分为消费者市场调查、生产者市场调查；按产品层次可以分为服装、百货、鞋帽、五金、家电、食品等各类商品的市场调查等。

五、市场调查的产生与发展

市场调查是随着商品生产和交换的发展而产生和发展起来的。然而，市场调查形成一门学科是在20世纪初在美国发展起来的。

小卡尔·迈克丹尼尔博士在其著作《当代市场调查》中指出，市场调查形成为一门学科，大致经历了三个阶段。

第一阶段，萌芽期（1900年以前）。最早且有记载的市场调查是1824年8月由《宾夕法尼亚哈里斯堡报》（*Harrisburg Pennsylvanian*）进行的一次选举投票调查。而为制定营销决策而开展的第一次营销调查是1879年由N. W. Ayer广告公司系统地进行的。它对州和地方官员进行调查以决定谷物产量的期望水平。调查目的是为农业设备制造者制定广告安排。大约在1895年，学院研究者开始进入市场调查领域。当时美国明尼苏达大学的心理学教授哈洛·盖尔（Harlow Gale）将邮寄调查引入广告研究。他邮寄了200份问卷，最后收到了20份完成的问卷，回收率为10%。随后，美国西北大学的W. D. 斯考特（Walter Dill Scott）将实验法和心理测量法应用到广告实践中。

第二阶段，成长期（1900~1950年）。这一阶段可进一步分为成长初期（1900~1920年）和快速成长期（1920~1950年）两个时期。进入20世纪后，消费者需求激增和大规模生产的发展导致更大、更远市场的出现。为满足了解消费者的购买习惯和对制造商产品的态度的需求，1911年第一家正式的调研机构柯蒂斯出版公司（Curtis Publishing Company）商业调研部应运而生，并聘请派林（C. Parlin）担任首任经理，先后对农具销售、纺织品批发和零售渠道进行了系统调查。后来派林又亲自访问了美国100个大城市的主要百货商店，系统收集了第一手资料，将美国各大城市的人口地图、分地区的人口密度、收入水平等资料记录在《销售机会》一书中。在美国，由于派林第一个从商品经营上把便利品和选购品区分开来，又提出了分类的基本方法等，人们推他为"市场调查"这门学科的先驱，美国市场营销协会（AMA）每年都召开纪念派林的报告会。

受柯蒂斯出版公司或派林的成功经验的影响，越来越多的企业开始建立市场调研部开展系统的市场调查工作，如美国橡胶公司（United States Rubber Company）于1915年成立了商业调研部；斯韦夫特公司（Swift Company）于1917年成立了商业调研部。

1929年，在美国政府和有关地方工商团体的共同配合下，对全美进行了一次分销普查（Census of Distribution），这次普查被美国看成是市场调查工作的一个里程碑。后来，这种普查改叫商业普查（Census of Business），至今仍定期进行。这些普查收集和分析了各种各样商品的信息资料，如各商品分销渠道的选择状况、中间商的营销成本等，它可以称得上是对美国市场结构的最完整的体现。

20世纪30年代，问卷调查法得到广泛使用。尼尔森（A. C. Nielsen）于1922年进入调研服务业。他在怀特（P. White）早期工作的基础上提出"市场份额"概念以及提供其他很多服务，从而为后来成为美国最大的市场调查机构之一奠定了基础。

到20世纪30年代末，人们已不再满足于对应答者回答的简单分析，于是开始根据收入、性别和家庭地位等方面的差异对被调查者进行分类和比较。简单相关分析开始得到应用，但并不广泛。使用这种方法的人必须有条件借助当时该领域先驱所做的工作，如尤尔（G. Udeny Yule）、伊齐基尔（Mordecai Ezekiel）、西克里斯特（Horace Sechrist）等人。

第二次世界大战迫使社会学家从事前线所要求的研究。战前被认为是新奇事物的一些方法和工具被用于研究士兵的消费行为以及后方家庭的行为，其中包括实验设计、民意测验、人为因素调查和运筹学等。到20世纪40年代末，随机抽样的重要性得到广泛的认识，在抽样方法和调查过程等方面取得了很大进步。少数曾在美国陆军军需部门服务的心理学家战后进入企业界，推出了有关产品的消费者的测试方法。

与此同时，美国哈佛大学商学院建立了一个商业调查研究所，由马丁（Seldon O. Martin）任第一任所长。他们进行调查研究后提出的第一个报告是关于鞋店流通费用的报告。在开始调研时，由于各鞋店所用会计科目和记录各不相同，他们就逐个帮助，搞了一个统一的科目分类，以利于进行系统的调研、比较和分析。后来他们又对杂货店、专业商店、百货商店等进行了调研，并发表了这些商业企业的流通费用的调查报告。

美国芝加哥大学教授邓肯（C. Duncan）于1919年发表的《商业调研》是市场调查方面的第一本学术专著。怀特（P. White）于1921年发表的《市场分析》是第一本调查手册书，当时发行量很大。布朗（L. Brown）于1937年发表的《市场调查与分析》成为当时最流行的大学教科书之一。20世纪40年代在罗伯特·莫顿（Robert Merton）的领导下又创造了"焦点小组"方法，使得抽样技术和调查方法取得了很大进展。20世纪40年代后，发达国家有关市场调查的教科书不断出版，越来越多的大学商学院开设了市场调查课程。在发达国家，市场调查已经作为一门分支学科从市场营销学中独立出来。

第三阶段，成熟期（1950年至今）。第二次世界大战后，卖方市场向买方市场的转变使得产品的竞争力日益下降，使得通过市场调查发现市场需求，然后再生产适销对路的产品满足这些需求变得越来越重要。

20世纪50年代中期，出现了依据人口统计特征进行的市场细分研究和消费者动机研究。市场细分和动机分析的综合调研技术又进一步促进了心理图画和利益细分技术的发展。20世纪60年代，先后提出了许多描述性和预测性的数学模型，如随机模型、马尔可夫模型和线性学习模型。更为重要的是计算机的快速发展，使得调查数据的分析、储存和提取能力大大提高，市场调查已成为这一信息系统的重要组成部分，并日益发挥其在现代企业经营管理中的重要作用。

20世纪90年代以来，信息技术在市场调查中得到大力发展，如通过安装在超市的账单扫描器收集市场信息，用微机和移动式终端来分析资料，用计算机来辅助电话访谈，应用多媒体信息技术进行电视访谈和用因特网进行网上市场调查等。

六、市场调查的原则

（一）市场调查的基本原则

市场调查是一个复杂而细致的过程，为了提高市场调查工作的效率和质量，必须遵循一定的原则，按照科学的程序进行。

（1）科学性原则。市场调查不是简单地收集情报、信息的活动，而是通过科学的方法获得市场信息。它要求市场调查人员从调研设计、抽样设计到资料收集、数据分析和统计处理等过程，特别是在抽样设计、资料采集方法和统计方法的运用上必须严格遵循科学的程序。坚持对调研的管理和监督，有效降低各种功利因素对市场调查活动的影响，防止各种伪科学的干扰，以保证调研活动的质量标准；坚持定性调研和定量分析相结合的科学方法，精确地反映调研结果，以便为预测和决策提供科学的依据。

（2）客观性原则。客观性原则是指在调研过程中，尊重客观事实，真实准确地反映客观情况，切忌以主观臆造来代替科学的分析。特别不要受制于委托方，不要为得到委托方所要求的结果而故意发生一些调研偏差，从而隐瞒事实真相，得到一些片面性的结论，对委托方做不切实际的宣传。市场调查是为企业的决策提供依据的，如果调研后获取的资料内容虚假，则可能会对企业产生误导作用，它所造成的危害可能比没有调研还要大得多。

（3）时效性原则。时效性原则是指用时间的标准来要求市场调查工作，对信息的收集、加工处理、分析和提供必须及时，以便为企业适时地制定和调整经营策略创造条件，掌握市场竞争的主动权。如果不能充分利用有限的时间尽可能多地搜集所需的资料情报，不仅会增加费用支出，更严重的是会造成经营决策滞后，对生产经营的顺利进行极为不利。

（4）经济性原则。经济性原则是指在调研活动中考虑投入和产出之间的对比关系，尽可能地用较少的支出获得更可信有用的信息资料。在调研内容不变的情况下，采用的调研方式不同，费用支出也会有所差别；同样，在费用支出相同的情况下，不同的调研方案也会产生出不同的效果。因此，进行市场调查时，必须根据调研目的，结合企业自身的实际情况，制订切实可行的调研方案，选择适当的调研方式和方法，力争以较少的投入取得最好的效果，以确保调研工作的顺利进行和调研结果的准确。

（5）保密性原则。市场调查的保密性原则体现在两个方面：①为客户保密。许多市场调查是由客户委托市场调查公司进行的，市场调查公司以及从事市场调查的人员必须对获得的信息保密，不能将信息泄露给第三方。②为受调研者提供的信息保密。不管受调研者提供的是什么信息，也不管受调研者提供的信息重要程度如何，都必须保密。

（二）市场调查业务的国际准则⊖

为了在国际上维护市场营销和民意调查的道德准则，为了保障公众的权利，特别是使被调查人的权利受到充分的保障，同时使调查机构与客户的利益受到相互的尊重，欧洲民意和市场调查协会（European Society for Opinion and Marketing Research，ESOMAR）于 1948 年制定了第一部《市场营销和社会调查业务国际准则》。其后，各国市场研究协会和国际商会（ICC，代表国际市场营销组织）等机构也拟定了许多有关的准则。1976 年，欧洲民意和市场调查协会与国际商会共同起草了一部国际准则以替代以前各机构自己制定的准则，并于 1986 年做了修改。这一新的准则尽可能简明地阐述从事市场和社会研究的基本职业道德和行业运作原则，同时，准则还规定了在研究过程中研究人员同各方面人士（如公众和商业机构，包括客户和其他类型的业内人士）接触时应该遵循的规则。现将主要内容介绍如下：

1. 定义部分

（1）市场研究。市场研究是市场信息领域中的一个关键元素。它把消费者、顾客、公众与商家通过信息的形式联系在一起。这些信息用于判断市场营销中的机会和问题，制定、改进和评估营销活动，加深对营销过程和达成更有效的营销活动途径的理解。

市场研究将阐明解决这些问题需要搜集哪些信息、设计信息搜集的方法、管理并实施数据收集过程、分析研究结果、得出结论并确定其含义。

市场研究包括定量研究、定性研究、媒介和广告研究、商业和工业研究、对少数民族和特殊群体的研究、民意研究以及桌面研究。

在这个准则之中，市场研究一词也包含社会研究，即使用类似的方法和技术来研究与商品和服务的营销无关的问题。这些社会研究同样依赖于科学的研究方法并验证它们的假设，为政府、学术界或其他部门所理解并预测社会内部的发展，并为这些发展提供指导。准则中的市场研究不同于其他形式的信息收集——信息提供者是匿名的，数据库营销和其他将所接触的人的姓名、地址等信息用于单独的销售、促销、资金筹措或其他非研究目的的任何活动在任何情况下不得视为市场研究，因为这类行为违背了被访者匿名权的前提和基础。

（2）研究者。研究者是指任何个人、研究代理公司、组织、部门或分部。他们在市场研究项目之中作为顾问进行活动，或为此提供咨询服务。

此概念还包括客户所在机构中从事市场研究的部门。按照此准则，与客户在研究方面有关联的研究者同完全独立于客户的研究者负有同样的责任。

此概念也包含分包商。分包商在各个环节中承担的责任和工作大致有抽样制定、样本出租、数据收集或分析、专业咨询等，在这种情况下，研究者必须保证任何分包商完全遵循准则规定的内容。

（3）客户。客户是指对市场研究项目的整体或任何一部分提出需求、订购或委托他人研究的任何个人、组织、部门或分部（包括与研究者属于同一机构的部门）。

（4）被访者。被访者是指研究者为了特定市场研究项目可以从中寻求任何信息的任何个人或组织。此概念涉及通过如下途径获取信息的情形，包括口头访问、邮寄和其他自填式问卷、机械或电子设备、观察法和其他可记录或能够跟踪被访者的方法。

⊖ 资料来源：郑丹，孙更杰. 市场调查实务 ［M］. 北京：中国对外经济贸易出版社，2002：22-35.

（5）访问。访问是指使用上述任何一种直接或间接的方法与被访者接触的行为。其目的是将获取的数据或信息，全部或部分地用于市场研究项目。

（6）记录。记录是指任何与市场研究项目全部或部分相关的简要说明、研究方案、问卷、被访者资料、审核表、研究记录表、视听记录、数据报告或计算机打印的资料、电子数据处理磁盘或其他储存介质、公式、图表、报告等。它既包括客户做的记录，也包括研究者做的记录。

2. 总则

（1）市场研究必须客观地执行，并与已有的科学原则一致。

（2）市场研究必须遵循研究项目所在国家的国内法规以及国际法规。

3. 被访者的权利

（1）被访者在市场研究项目中的合作在任何阶段完全是自愿的。在要求被访者提供合作时，不允许误导被访者。

（2）被访者匿名在任何时候都必须严格保障。如果被访者应研究者的要求允许数据传递，而此时被访者的身份将会暴露时：①被访者必须被提前告知该信息的提供对象和使用目的；②研究者必须确保该信息不用于非研究目的以及接收者也同意遵守该准则的此项要求。

（3）研究者必须采取所有合适的措施，以确保被访者在参与一项市场研究后不会受到直接的伤害或者其他负面的影响。

（4）研究者在访问儿童等时要特别注意，访问前要经过其父母或监护人的应允。

（5）如访问中使用观察方法或录音录像设备，应告知被访者（一般在访问的开始），除非这些方法运用于公共场所。如果被访者提出要求，则录音录像或其相关部分必须销毁或删除。在使用这些方法时不得侵犯被访者的匿名权。

（6）被访者（通常是在访谈开始时）必须被告知是否使用了观察技术或记录设备，在公共场所除外。如果被访者希望，则该记录或记录的有关部分必须销毁或清除。被访者的匿名权不容因为采用某一研究方法而受到侵犯。

（7）被访者须能够无困难地核查研究者的身份及其正当意图的真实性。

4. 研究者的职责

（1）研究者不得有意或无意地做出任何有损营销研究职业声望和信誉的行为。

（2）研究者对于其技能、经验或所在机构的其他情况不能做出不切实际的表述。

（3）研究者不得对其他研究者做出不公正的评价或污蔑。

（4）研究者必须不懈地努力，在节省费用并保证质量的前提下设计研究方案，征得客户同意后，按照合同的细则去实施研究。

（5）研究者必须保证对自己所掌握的所有研究记录保密。

（6）在没有充分数据支持的情况下，研究者不能有意散布从市场研究项目中得出的结论。研究者必须随时准备好必需的技术信息以评价其发布的市场研究结论的有效性。

（7）当研究者在运用其研究能力时，他们不得从事任何非研究活动，比如，数据营销包括了很多可以用于直复营销和促销活动的个人资料。任何非营销活动的组织与实施，必须始终与市场营销研究活动区别开来。

5. 研究者与客户的相互权利和职责

（1）研究者与其客户的权利与义务通常由其间的书面合同进行约束。双方如果提前以书面形式达成一致，则可以修改以下（4）～（8）项的准则条款；但是，该准则的其他要求不能以此方式变换。市场营销研究必须按照通常理解和接受的公平竞争原则来进行。

（2）研究者必须告知客户为其实施的项目是否与为其他客户实施的相同项目联合进行，但研究者不得泄露其他客户的身份。禁止泄露其他客户身份的规定不适用于客户事先同意可以泄露的情况，如某种共同资助的"工业"研究的情况。

（3）当项目的任何部分需要分包给研究者以外的机构（包括任何外来的顾问）时，研究者必须尽快事先通知客户。如果客户要求，则必须告知客户分包商的身份。

（4）在有关各方签署协议之前，客户没有独家使用研究者或其所在机构的服务的权利，不论这种使用是全部的还是部分的。在为不同客户提供服务时，无论如何，研究者必须努力避免在向客户提供服务时可能出现的利益冲突。

（5）下列记录应视为客户的财产，在未经客户允许的情况下，研究者不得将其泄露给第三方：①由客户提供的市场研究的研究说明、具体内容和其他信息；②从市场研究项目中得到的数据和发现（除非是共享或多客户项目或服务，即同样的数据可提供给一个以上的客户）。客户无权知道被访者的姓名和地址，除非研究者事先得到了被访者的明确许可。

（6）除非有特殊协议，下列研究记录的所有权属于研究者：

1）研究建议书和报价单（除非客户已经支付）。它们不得由客户泄露给任何第三方，为该客户同一项目工作的顾问除外（该顾问如果同时为该研究者的竞争对手工作，则不能例外）。该研究者的研究建议书和报价单特别不得被客户用来对来自其他研究者的研究建议书和报价单施加影响。

2）联合的和/或多客户项目或服务的报告内容。在此，多个客户可以获得同样的数据，而且可以清楚地知道，研究报告可以通过一般购买或订阅取得。未经研究者允许，客户不得将研究结论透露给任何第三方（客户自己的顾问用于与其相关的业务除外）。

3）研究者准备的其他所有研究记录（提供给客户的非联合性项目除外，研究设计和问卷成本已经由客户的支付所抵消的情况也在例外）。

（7）研究者必须遵守行业现行惯例，即在项目结束后一段时间内保留记录。在双方同意的记录保存期内，客户支付合理的相关费用后，研究者在不违背匿名权和保密条款的前提下，向客户提供上述记录的副本。

（8）没有客户允许，研究者不得向任何第三方透露客户身份（除非有法律要求必须这样做）或关于客户业务的任何机密信息。

（9）只要客户要求和支付额外的费用，研究者必须允许客户对实地研究的质量和数据进行复核。

（10）研究者必须向客户提供所有为客户实施的任何项目的恰当的技术细节。

客户有权获悉其订购于任何市场研究项目的下列信息：

1）背景信息：①研究为谁而进行；②研究的目的；③分包商及进行任何实质性工作的顾问的名称。

2）样本信息：①计划和实际涵盖的描述；②样本的大小、特性和地区分布（计划的和实际完成的）；③抽样方法和任何使用的加权方法的细节；④如与技术相关，回收率的陈述和对任何因无回应而可能产生的偏差的讨论。

3）数据收集：①收集信息的方法的描述；②对实地工作人员，简要说明和所用的实地质量控制方法的描述；③邀请被访者的方法及取得他们合作所提出的鼓励性措施；④何时实施实地研究；⑤对于信息的来源和它们的可信程度的清晰陈述。

4）结果简报：①取得的有关实际结果；②百分比的基数（加权的和不加权的）；③可能的统计误差量（要附在主要结果后）及主要数字间统计的差异显著性水平的指数；④使用过的问卷和其他相关文件资料，合作项目中与报告相关的部分或其他参考资料。

（11）在汇报市场研究项目的结果时，研究者必须对研究发现以及研究者对结论所做的解释和在此基础上提出的建议之间做出明确的区分。

（12）客户公布任何研究结论时，有责任确保这些结论不会有误导作用。客户必须就发表形式和内容提前向研究者咨询并征得其同意，还要采取措施纠正任何关于该研究及其发现的误导问题。

（13）研究者不得允许他们的名字与任何研究项目关联使用，以确保研究项目遵循本准则而进行，除非研究者确信那些研究项目的所有细节都符合本准则的规定。

（14）研究者必须确保客户知道这一准则，而且需遵循本准则的规定。

小案例1-6："市场调查"遭遇信用危机⊖

根据 ESOMAR 提供的数字，中国内地早在 2005 年就已有 3000 多家市场调查公司，数量及增幅均居世界首位。

而与如此硕大的"蛋糕"不相和谐的是市场调查行业内迄今还缺乏规范的操作模式和相应的操作规则；而更令人担忧的是市场调查中"会虫"泛滥，数据"掺水"的现状已使市场调查遭遇到信用危机。近几年来，在市场调查行业内出现了"会虫"这个称呼，指的就是寄生在某些市场调查公司里的"开会的虫子"。他们在"会头"的组织下参加各种市场调查，胡说八道一番后能得到 50～150 元的劳务费。而由此得出的市场调查数据却毫无准确性可言，并让一些花费巨资期望得到市场调查真实数据的企业空欢喜一场，因为最终拿到手的是一堆垃圾数据。更让人感到惊讶的是，当时仅上海就有近 7000 个职业"会虫"，而且"会虫"们随身携带的各种假证件居然已成为了假证市场的经济支撑点。

按理说，企业委托市场调查公司进行市场调查的目的，就是在进行战略决策前有所依据，而市场调查公司在进行市场调查时也不应受企业左右。但有一些企业为了达到通过市场调查来满足"自身在行业中的领先地位，自身的品牌最受消费者欢迎"等要求，并使一些市场调查数据能够演变为企业争夺顾客与挤压竞争对手的工具，从而使一些委托的市场调查性质发生了质的变化。而个别职业操守较差的市场调查公司则更是翻手为云，覆手为雨，谁出大价钱，调查数据就会对谁有利。

难怪一位"会虫"会说出这样的话："有些所谓的市场调查数据实在是太假了，而一些企业只要认为对自己是有利的，就会想尽办法去吹嘘，真可谓是瞎猫碰到死耗子。"

虽然"会虫"的话有些偏颇，但他所讲的情况的确还是存在着的。例如，2004 年年初，有一家调查公司的数据显示，上海 4 家渠道商在 2003 年零售的空调数量达到了 1300 万台，竟然与上海的人口数相差无几；2005 年年初，另一家公司的所谓调查数据显示，有超过 63% 的上海消费者会选择某品牌的空调。但实际的情况却是，不但大多数的上海消费者不认这个品牌的空调，并且就在 6～7 月两个月的时间内，这个品牌的空调还因为产品质量问题和售后服务拖延而被上海的几家媒体多次曝光。

⊖ 资料来源：肖月."市场调查"遭遇信用危机［N］.中国电子报，2005-8-11.

上海一家知名家电连锁渠道商的董事长日前感叹道："商海搏浪无异于茫茫黑夜中的沧海行舟，而市场调查数据无疑应该是一座灯塔，但近年来水分数据的泛滥已对企业的决策形成了干扰。"

在2005年4月的上海国际车展期间，曾经发生了调查公司中的"大户翻船"事件：某知名的汽车经销商委托一家市场调查行业中的"大户"调查有关汽车市场的项目，并要求这家市场调查公司邀请200名拥有高档汽车的调查对象来参加座谈会。然而，这家调查公司虽然有心赚钱却无力请人，在来座谈会现场开会的200名调查对象中只有5个人是开着车来的，其余的都是骑自行车、助动车或乘公交车来的，而这一切又恰恰让汽车经销商事先安排在会场外的企业"侦探"拍摄下来。面对如此丑剧，汽车经销商怒不可遏，而这家在市场调查行业中被公认的"大户"也不得不赔偿给对方200万元。

从道理上来讲，作为第三方调查机构的市场调查公司，其价值的体现就在于独立、客观、公正和没有偏见，如果不能够不折不扣地做到这几点，那么"市场调查"遭遇信用危机将是必然的结果。

七、市场调查机构

（一）市场调查机构的一般分类

以问卷调查为基础的调查过程有四个层次，每个层次对应不同的市场调查机构（见表1-2）。处于第一层次的属于信息的最终使用者（企业营销部门），处于第二层次的是信息使用者（广告代理商），处于第三层次的是调研设计者和提供者（定制及辛迪加服务调研公司），数据收集者（现场服务公司或专业服务公司等）属于第四层次。其中：

表1-2　市场调查机构的一般分类表

层　次	机　构	功　能
第一层	企业的营销部门	信息的最终使用者
第二层	广告代理商	信息使用者
第三层	辛迪加服务调研公司	调研设计者和提供者
	定制或专业调研公司	
第四层	现场服务公司	数据收集者
	专业服务公司	
	其他（政府机构、大学调研机构和采访者等）	

（1）企业营销部门利用营销调查数据来支持营销决策，需要用连续的市场调查数据来明确各目标顾客群将对不同的营销组合做出何种反应；评价实施中的营销战略的成效；评估外部或不可控环境的改变及其对产品或服务战略的意义；识别新的目标市场；为新目标市场创造新的营销组合。这些公司及其营销调查部门可能会同时使用定制调查机构和辛迪加服务调研公司，也可能直接去找广告代理商，还可能使用所有类型的调查机构或部分机构来满足营销调查的需求。

（2）广告代理商处在为企业客户服务的位置，也可能是营销调查数据的最终消费者。广告代理商的主要业务是广告活动的设计与实施。为准确完成任务，他们通常需要市场调查数据。他们可能从定制调查机构以及辛迪加服务调研公司那里获得数据，也可能从现场服务公司那里获得，或者使用其他一些组织的数据。

（3）定制及辛迪加服务调研公司，代表了调查行业的最前沿。他们提供调查服务、设计调查研究报告、分析结果并向客户提供建议。他们设计并组织实施调查方案，购买、收集数据，或接受下列其他公司提供的服务。

（4）现场服务公司是为辛迪加服务调研公司、定制调查公司、广告代理商和企业收集数据的。大多数定制调查机构和许多辛迪加服务调研公司依靠现场服务公司来满足收集调查数据的需求。第四层次中的机构是实际数据的收集者。他们大都是兼职的，以随叫随到的方式工作并同时为几家不同的现场服务公司服务。一般而言，这主要取决于在一定时间内不同现场服务的业务量。

（二）市场调查机构的其他分类

市场调查机构是一种服务性的组织机构，按照其提供的服务类型可分为完全服务公司和有限服务公司。

完全服务公司（Full-service Supplier Firms）有能力完成其委托人所要求的全部市场调查工作。这种完全服务公司能够自己找出问题，进行调查设计，收集和分析数据，并且完成最后的报告，如标准服务公司、广告研究公司、辛迪加信息服务公司和定制服务公司等。这里对辛迪加信息服务和辛迪加信息服务公司进行一下简单介绍。

辛迪加是 Syndicate 的译音，其原来的意思是报业的联合组织，有新闻可以在各报同时发表。所谓辛迪加信息服务，就是定期地收集各种各样的数据和信息，一般都整理成数据集以刊物的形式有偿提供给订户（提供软盘等）。而辛迪加信息服务公司则是为很多企业收集并提供相同市场调查数据的公司。这类公司数量相对较少，但规模较大，主要提供手中的媒体资料和产品流通资料。他们不是专门为某个客户服务的，任何人都可以购买他们的资料。美国营业额排名在前面的调研公司（如 AC 尼尔森公司）一般都是这类公司，中国的央视调查咨询中心下属的央视索福瑞媒介研究有限责任公司也属于辛迪加信息服务公司。

有限服务公司（Limited-service Supplier Firms）专门从事某个方面或某几个方面的调研工作。这些公司拥有专门的人才开展某种调研技术工作，如目测、佯装购买或从事某个调研领域的工作，再如对年轻人的调研，对某项体育项目（如高尔夫球）的调研。这些有限服务公司可以根据他们从事的不同领域进行进一步的分类，如现场服务、市场细分、数据输入服务、数据分析以及特殊调研技术服务。

（三）市场调查机构的部门

1. 市场研究部门的设置原则

市场研究部门是企业的重要职能部门，合理设置是企业市场研究目标成功实现的重要保证，是产生有价值的营销策略建议的重要手段。其设置并没有一定的固定模式，一般是根据企业本身的人力资源状况、资金条件及对市场信息的需求程度来确定的。每一种市场研究部门的设置方式都各有利弊，企业在选择时应考虑以下原则：市场研究部门应隶属于制定营销决策的部门；研究人员应避免受到不适当的影响或操纵；部门设置的方式应使企业能够快速而有效率地满足对市场研究工作的需要；市场研究部门应由企业高层主管直接负责，该主管应熟悉市场研究工作，了解市场研究的作用，并具有足够的建议权或决策权。

随着市场调查业的不断发展成熟，专业化的市场调查机构越来越成为第一手资料的主要提供者。不管是政府机构还是商业性组织，对专业化市场调查公司所提供的数据资料的依赖性都越来越强。专业化的市场调查公司，由于服务性质、范围不同，公司各部门的构成以及名称也不完全一样。但是作为一个专业化的市场调查公司，一般来说都要具备以下几个职能部门：总经理室、客户服务部、研究开发部、调查部、统计部、资料室、财务部。

2. 机构成员及职责

不同的市场调查机构，其组织机构的形式可能不同，但其人员的构成却大同小异，一般都包括以下人员：

（1）调研主管（Research Director）。调研主管是市场调查公司或企业市场调查部的高级职务。例如，美国通用食品公司的市场调查部有一个主管和4个分主管，后者分别主管国内调研、国际调研、资料调研和调研开发。有的公司设一个市场调查副总经理兼市场调查部的主管。调研主管的职责是负责接受调研项目，并负责项目的实施和向客户报告调研的成果。

（2）调研主管助理（Assistant Director of Research）。调研主管助理也是高级职务，地位仅次于调研主管，其职责是协助调研主管开展工作。

（3）统计专家或资料处理专家（Statistician/Data Processing Specialist）。统计专家或资料处理专家主要负责调研项目的统计技术、实验设计和资料处理等比较复杂的工作，其职务比较高，一般仅次于调研主管助理和调研主管，在市场调查部或公司具有特殊的地位。

（4）高级分析师（Senior Analyst）。高级分析师是市场调查部或公司较高级的职务，负有多项职责，主要参与调研项目的计划、负责指导项目的实施（不是直接的监督）、拟定问卷、选择调研技术、负责调研分析、撰写调研报告和预算控制。

（5）分析师（Analyst）。分析师是市场调查部或公司的重要职务，主要在高级分析师的指导下负责调研项目的实施和管理，协助完成问卷的拟定和试答，负责文献资料和企业内部资料的收集，完成资料分析的前期工作。

（6）助理分析师（Junior Analyst）。助理分析师是在分析师的管理下负责项目日常的任务，负责较高层次的问卷编辑、整理和简单的文献资料收集。助理分析师的工作大部分是听从上司的安排。

（7）资料管理员（Librarian）。资料管理员也是市场调查部或公司的重要职务，其地位与分析师相当，主要负责整个资料库（或室）的管理，负责向整个调研部或公司提供参考资料。

（8）资料整理监督员（Clerical Supervisor）。资料整理监督员主要监督资料整理的质量和工作进程，对资料的准确性和处理进度负责。

（9）实地调查主管（Field Work Director）。实地调查主管是与分析师地位相当的一个重要职务，主要负责项目的实地调查或实地访谈，负责招聘和培训实地访谈员，负责监管整个实地访谈的进程和效果。

（10）固定调查员（Full-time Interviewer）。固定调查员或固定访谈员是指在市场调查部或公司全日制工作的访谈员，负责实地访谈。发达国家企业市场调查部或市场调查公司一般较少聘用固定的访谈员，主要因为实地访谈具有临时性，聘用临时访谈员的成本比较低。在发达国家市场调查职业中，访谈员这个职业大多数是临时的。

（11）资料整理员（Tabulating and Clerical Help）。资料整理员主要负责日常大量的资料整理工作，如制表、制图、资料打印等操作性工作。

第四节 市场预测概述

市场预测是市场调查的延伸，是对企业未来的营销条件与营销状况的预测和推测。这一节将介绍市场预测的种类和一般步骤等。

一、市场预测的概念与作用

所谓预测，是指在科学分析的基础上运用预测方法对研究对象未来的状态及其变动趋势进行推断的过程。通俗地说，预测就是通过对过去和现在的研究，来预计和推测未来。

市场预测是指在市场调查的基础上，运用科学方法或者数学模型分析调查资料，对未来一定时期影响市场营销活动的各种因素及其变化趋势进行推测和估计，从而为企业的营销决策提供科学依据的活动。

同市场调查一样，市场预测与企业生产经营活动密切相关。市场预测对市场营销全过程具有十分重要的作用：能够帮助企业科学地确定营销目标和制定市场营销发展战略；有利于企业做出正确的经营决策；有利于企业主动适应市场变化，提高企业竞争力；有助于企业选择营销方案，提高管理水平，实现经济效益和社会效益最大化。

资料链接1-4：营销调研与决策成效

某年春天甫过，一家罐头材料厂加足马力生产做易拉罐的特质铝皮。这一年雨季特别长，已经是7月初了，还是陆续不断地下着暴雨。厂长果断下令，将特质铝皮的生产量减少2/3。原来，厂长根据气象预测，当年高温时短，易拉罐销量会大大减少，特质铝皮势必降价。后来，该厂果然因此减少了损失。次年初夏，雨季仍然很长，但厂长得知，气象专家对这年夏季气候的预测是炎热异常，于是下令大量生产。当年7月中旬到8月中旬持续高温，清凉饮料销量猛增，易拉罐用特质铝皮成了紧缺货，价格上涨2倍，该厂获得了可观的效益。

二、市场预测种类

市场预测的方法多种多样。对预测者来说，究竟选择何种类型的市场预测方法，应根据市场调查与预测的目的而定。市场预测方法可以按以下方式分类：

（一）按性质分类

市场预测按预测的性质可以分为定性预测和定量预测。

1. 定性预测

定性预测又称判断分析法，是指预测者凭借个人的主观经验、业务水平和逻辑推理能力，或集体的智慧，在充分利用现有信息的基础上，对事物未来的发展状况或者变化趋势做出判断与推测。经常采用的方法有德尔菲法、主观概率法等，其内容将在后续章节中讲述。

定性预测方法能较好地发挥人的主观能动性，简便易行，而且时间快，费用省，因此得到广泛采用。特别是进行多因素综合分析时，采用定性预测方法效果更加显著。因此，定性预测方法在市场预测中得到了广泛的应用。但是，定性预测方法对未来变化趋势难以做出精确的说明，对预测结果难以估计其误差和评价可信程度。因此，在采用定性预测方法时使预测过程更科学、预测结果更准确的有效途径是把定性预测和定量预测结合起来。

2. 定量预测

定量预测是指以历史的数据资料为依据，运用数学模型和计量方法，对事物未来的发展趋势进行数量方面的估计与推测。常用的定量预测方法主要包括时间序列预测与因果分析预测两大类。

定量预测有几个明显的优点：一是以统计数据和历史资料为基础，运用数学方法来进行预测，受主观因素的影响较少，有利于保证预测的科学性和客观性；二是可以估算出预测误差和可信度，决策者可以了解使用预测结果的风险范围；三是电子计算机的发展和运用，可以存储和调出大量数据，并有较成熟的计算软件包和专用程序可以直接使用，大大提高了预测的效果。随着统计方法、数学模型和计算机技术日益为更多的人所掌握，定量预测的运用会越来越广。

但是，定量预测时间限制性较强、对预测人员的数学知识要求较高、对数据资料的准确性要求比较高，而有些数据难以取得或取得数据成本过高，因而定量预测方法的运用也存在一定的局限性。

（二）按预测的经济活动范围分类

如果从整个经济活动的范围来研究，可将市场预测分为宏观市场预测与微观市场预测。微观市场预测是宏观市场预测的基础和前提，宏观市场预测是微观市场预测的综合与扩大。

从宏观经济管理的角度对整个市场总体进行预测分析，研究总量指标、相对数指标以及平均数指标之间的联系与发展变化趋势称为宏观市场预测。它对企业确定发展方向和制定营销战略具有重要的指导意义。

从企业的角度对影响企业营销活动的市场环境以及企业自身生产经营活动进行的各种预测则称为微观市场预测。它是企业制定正确的营销战略的基础。

（三）按空间范围分类

市场预测按空间范围可分为国际市场预测、国内市场预测和区域性市场预测。

1. 国际市场预测

国际市场预测是指以世界范围内国际市场的发展动态和趋势为对象的市场预测。随着世界经济一体化进程的加快，越来越多的企业进入世界市场开展国际化经营，需要了解和把握国际营销环境的发展趋势，需要对营销渠道、营销机会、市场潜力等做出估计。但是由于预测面广，涉及范围大，变量和不可控因素多，收集资料困难，国际市场预测的难度很大。

2. 国内市场预测

国内市场预测是指以全国范围的市场状况为预测对象的市场预测。它实际上就是对整个行业市场某一类（种）产品的国内需求以及市场竞争态势进行的预测。

3. 区域性市场预测

区域性市场预测是指以某一个市场区域为对象的市场预测。它主要是对地区的市场潜力、消费习惯、企业的产品销售额等进行的预测。相比较而言，区域性市场预测具有预测面较小，涉及范围不大，变量和不可控因素较少，收集资料相对容易，预测的难度相对小等特点，是最为普遍的一类市场预测。

（四）按预测的时间层次分类

按照所涉及的时间层次，市场预测可分为长期预测、中期预测和短期预测。一般而言，长期预测为中期预测和短期预测提供方向和依据，中期预测是长期预测的具体化和短期预测的依据，短期预测则是在中期预测基础上的进一步具体化。

1. 短期预测

短期预测（Short-term Forecasting）一般是指一年以内的预测。它通常为年度、季度、月度预测，有时包括旬度预测等。短期预测主要是为企业的日常经营决策和年度计划的制订提供依据，帮助企业适时调整营销策略，实现企业经营管理的目标。

2. 中期预测

中期预测（Medium-term Forecasting）一般是指一年以上五年以下的预测。它常用于市场潜力、价格变化、商品供求变动趋势、国家政策措施等的预测，为企业的中期经营决策及经济发展五年计划提供参考依据。

3. 长期预测

长期预测（Long-term Forecasting）一般是指五年和五年以上的市场变化及其趋势的预测，又称远景预测。它通常用于企业营销条件的长期趋势，如与企业产品有关的技术发展趋势、消费趋势、原材料和能源供应的变化趋势、产品市场的长期变化趋势、产品行业的发展趋势等的总体预测和战略预测，为企业制定总体发展规划和重大营销决策提供科学依据。

（五）按预测的产品层次分类

市场预测总是对一定产品的供求进行预测，按产品层次市场可分为单项产品预测、同类产品预测和总量预测。其中单项产品预测是指按照某种产品的品牌、规格与型号进行预测，为企业编制季度计划、年度计划与安排生产进度提供科学依据。同类产品预测是指按照产品类别进行预测。例如，对食品、家电、化妆品等大类或电视机、空调、肉食品、豆制品等中小类进行预测。而总量预测是指对消费者需要的各种产品的供求总量进行预测，一般属于行业预测。

三、市场预测的基本步骤

市场预测是在市场调查研究的基础上对预测对象未来趋势得出预测结论的过程。这一过程包括以下基本步骤：确定预测目标、收集与整理资料、选择预测方法、建立预测模型、评估预测效果和编写预测报告。

1. 确定预测目标

确定预测目标是开展市场预测工作的第一步。确定预测目标，就是要明确预测的目的和要求，包括要确定预测对象、预测项目、预测的空间范围和时间要求。具体详尽的目标有助于研究人员根据预测目标制订预测计划、选择预测方法、编制预算、组织实施，以保证市场预测工作有计划、有节奏地进行。对企业而言，预测目标的确定应服从于企业经营管理与决策的需要。例如，预测某种商品的需求量，就是一个具体的预测目标。确定了这个目标之后，才能为收集市场商情资料、选择预测方案、确定预算费用指明方向。只有根据企业经营活动的需要制订预测工作计划、编制预算、调配力量、组织实施，才能以较少的费用取得满意的预测结果。

2. 收集与整理资料

预测目标确定后，围绕目标收集、整理所需的各种资料是进行市场预测的重要一环，也是预测的基础性工作。市场预测所需资料包括关于预测对象本身的历史和现实资料，还包括影响预测对象发展过程各种因素的历史和现实的资料。资料的收集一定要注意广泛性、适用性和可靠性。同时，将收集来的资料进行分析、加工和整理，判别资料的真实程度和可用程度，剔除偶然性因素导致的不真实资料，减少预测误差，提高预测准确性。

3. 选择预测方法

根据预测的目标、历史数据的类型、预测费用、时间要求、预测适用程度等各种因素选择合适的方法，是预测成功的关键。在实际预测活动中，如果只要求预测发展趋势，则选择定性预测方法即可；如果要求预测出一个具体数据，就必须运用定量预测方法；如果预测目标用于企业战略性决策，一般采用适合中、长期预测的方法；如果预测目标用于企业策略性决策，可采用适合近、短期预测的方法。如果预测项目是短期和近期的，一般选用集合意见法、市场调查预测法、移动平均法、指数平滑法等。如果预测项目是中、长期的，一般采用趋势延伸法、回归分析法、德尔菲法等。

4. 建立预测模型

预测模型就是按照预测目标应用预测方法建立起来的数学模型。一般来讲，定性预测时可以建立逻辑思维模型，定量分析预测时必须建立数学模型来确定预测值。建立预测模型应注意以下问题：

（1）在满足预测目标和要求的前提下，尽可能使预测模型简单化。

（2）在应用预测模型时，要对模型进行必要的检验，以判断模型是否适用。

（3）当预测模型不够合理时，必须及时进行修正。

5. 评估预测效果

预测效果的评估就是估计预测误差、判断预测结果的可信程度。预测即是估计和推测。由于各种原因，预测值和实际情况出现一定偏差难以避免。因此，预测人员通常还要分析预测误差产生的原因，测定误差的程度，并找出把预测误差控制在允许值范围内的方法。

6. 编写预测报告

编写、提出预测报告是市场预测工作的最后一环。预测报告的主要内容需要概括预测研究的主要活动过程，包括预测目标、预测对象及有关因素的分析结论、主要资料和数据来源，预测方法的选择和模型的建立，以及对预测结论的评估、分析和修正等。预测报告的表述，应尽可能利用统计图表及数据，做到形象直观、准确可靠。

📖 **关键词**

市场调查 Marketing Research

探索性调查 Exploratory Research

描述性调查 Descriptive Research

因果性调查 Causal Research

预测性调查 Predictive Research

辛迪加服务调研公司 Syndicated Service Research Firms

定制调研公司 Custom, or Hoc Research Firms

横断面研究 Cross-sectional Study

定量预测 Quantitative Prediction

纵向研究 Longitudinal Study

描述功能 Descriptive Function

诊断功能 Diagnostic Function

预测功能 Predictive Function

市场预测 Marketing Forecasting

长期预测 Long-term Forecasting

中期预测 Medium-term Forecasting

短期预测 Short-term Forecasting

👥 **思考题**

1. 如何定义"市场调查"？

2. 简述市场调查的分类。

3. 简述市场调查的特征和作用。

4. 探索性调查、描述性调查、因果性调查和预测性调查各有何特点？

5. 简述辛迪加服务调研公司的特点。
6. 简述市场调查机构的层次。
7. 简述市场预测的种类。
8. 简述市场预测的步骤。

案例分析讨论

新口味可乐配方的市场调查○

20 世纪 70 年代中期以前，可口可乐公司是美国饮料市场上的"老大"，可口可乐占据了全美 80% 的市场份额，年销量增长速度高达 10%。然而好景不长，20 世纪 70 年代中后期，百事可乐的迅速崛起令可口可乐公司不得不着手应对这个饮料业"后起之秀"的挑战。

1975 年全美饮料业市场份额中，可口可乐领先百事可乐 7%，到 1984 年，可口可乐的市场份额仅领先百事可乐 3%，市场地位的逐渐势均力敌让可口可乐胆战心惊起来。百事可乐公司的战略意图十分明显，通过大量动感而时尚的广告冲击可口可乐市场。

首先，百事可乐公司推出以饮料市场最大的消费群体——年轻人为目标消费者群的"百事新一代"广告系列。由于该广告系列适宜青少年口味，以心理的冒险、青春、理想、激情、紧张等为题材，赢得了青少年的钟爱；同时，百事可乐也使自身拥有了"年轻人的饮料"的品牌形象。

随后，百事可乐又推出一款非常大胆而富有创意的"口味测试"广告。在被测试者毫不知情的情形下，请他们对两种不带任何标志的可乐进行品尝。由于百事可乐口感稍甜、柔和，因此，百事可乐公司此番现场直播的广告中的结果令百事可乐公司非常满意：80% 以上的人回答是百事可乐的口感优于可口可乐。这个名为"百事挑战"的直播广告令可口可乐一时无力应付。市场上百事可乐的销量再一次激增。

为了着手应战并且找出为什么可口可乐发展不如百事可乐的原因，可口可乐公司推出了一项代号为"堪萨斯工程"的市场调研活动。

1982 年，可口可乐广泛地深入到 10 个主要城市中，进行了大约 2000 次的访问，通过调查，确定口味因素是否是可口可乐市场份额下降的重要原因，同时征询顾客对新口味可口可乐的意见。于是，在问卷设计中，询问了例如"你想试一试新饮料吗？""可口可乐味变得更柔和一些，您是否满意？"等问题。

调研最后结果表明，顾客愿意品尝新口味的可乐。这一结果更加坚定了可口可乐公司决策者们的想法——秘不示人、长达 99 年的可口可乐配方已不再满足今天消费者的需要了。于是，满怀信心的可口可乐开始着手开发新口味可乐。

可口可乐公司向世人展示了比老可乐口感更柔和、口味更甜、泡沫更少的新可口可乐样品。在新可乐推向市场之初，可口可乐公司又不惜血本进行了又一轮的口味测试。可口可乐公司投资 400 万美元，在 13 个城市中，约 19.1 万人被邀请参加了对无标签的新、老可乐进行口味测试的活动。结果 60% 的消费者认为新可乐比原来的好，52% 的人认为新可乐比百

○ 资料来源：http://jpkc.sbs.edu.cn/marketing/download/cases-4-1.pdf，2007-7-5.

事可乐好。新可乐的受欢迎程度一下打消了可口可乐领导者原有的顾虑，于是，新可乐推向市场只是个时间问题。

在推向生产线时，因为新的生产线必然要因不同瓶装的变化而进行调整，所以可口可乐各地的瓶装商因加大了成本而拒绝新可乐。然而可口可乐公司为了争取市场，不惜又一次投入巨资帮助瓶装商们重新改装生产线。

在新可口可乐上市之初，可口可乐又大造了一番广告声势。1985 年 4 月 23 日，在纽约的林肯中心举办了盛大的记者招待会，共有 200 多家报纸、杂志和电视台记者出席，依靠传媒的巨大力量，可口可乐公司的这一举措引起了轰动效应，终于使可口可乐公司进入了变革"时代"。

起初，新可乐销路不错，有 1.5 亿人试用了新可乐。然而，新可口可乐配方并不是每个人都能接受的，不接受的原因往往并非因为口味原因，而是这种"变化"受到了原可口可乐消费者的排挤。开始，可口可乐公司已为可能的抵制活动做好了应付准备，但不料顾客的愤怒情绪犹如火山爆发般难以驾驭。

顾客之所以愤怒，是认为长达 99 年秘不示人的可口可乐配方代表了一种传统的美国精神，而热爱传统配方的可口可乐就是美国精神的体现，放弃传统配方的可口可乐意味着一种背叛。在西雅图，一群忠诚于传统可乐的人组成"美国老可乐饮者"组织，准备发起全国范围内的"抵制新可乐运动"。在洛杉矶，有的顾客威胁说："如果推出新可乐，将再也不买可口可乐。"即使新可乐推广策划经理的父亲，也开始批评起这项活动。

当时，老口味的传统可口可乐由于人们的预期会减少而居为奇货，价格竟在不断上涨。每天，可口可乐公司都会收到来自愤怒消费者的成袋信件和 1500 多个电话。

为数众多的批评，使可口可乐公司迫于压力不得不开通 83 部热线电话，雇请大批公关人员来温言安抚愤怒的顾客。

面临如此巨大的批评压力，公司决策者们不得不稍做动摇。在此后又一次推出的顾客意向调查中，30% 的人说喜欢新口味可口可乐，而 60% 的人却明确拒绝新口味可口可乐。可口可乐公司又一次恢复传统配方可口可乐的生产，同时也保留了新可口可乐的生产线和生产能力。

在不到 3 个月的时间内，即 1985 年 4～7 月，尽管公司花费了 400 万美元，进行了长达 2 年的调整，但最终还是彻底失算了！

案例思考题：

1. 新口味可乐配方的市场调查中存在的主要问题是什么？
2. 新口味可乐配方市场调查的内容应包括哪些方面？
3. 从新口味可乐配方的市场调查失败能否得出市场调查只能起副作用的结论？

第二章　设计市场调查方案

本章要点

- 市场调查的程序
- 市场调查策划书的含义
- 市场调查策划书撰写的基本格式及注意事项
- 访问员的挑选和管理

导入案例

男士护肤霜市场调查策划书

一、问题的提出

某公司在充分考察现有化妆品市场竞争状态的情况下，结合该公司目前对轮藻的研究水平，决定进行化妆品的研发生产。为了了解市场需求，制定公司的相关策略，公司决定进行一次新产品开发前的市场调查，迎合消费者需求，做到有的放矢。

二、调查目的

为了给新产品开发提供客观数据支持，本次市场调查工作的主要目的是：

（1）了解消费者对男士护肤霜的消费现状，分析男士护肤霜市场的竞争态势，了解男士护肤霜的市场容量，为新产品市场定位提供依据。

（2）研究男士护肤霜消费者的消费心理、动机及其消费行为特点，为新产品确定目标消费群并为制作广告提供参考依据。

（3）了解消费者获取化妆品的具体渠道，为新产品上市推广策略的制定提供依据。

（4）了解消费者对该公司新产品——男士护肤霜的接受程度。

三、调查内容

根据上述调查目的，本次调查内容主要包括如下各项：

（1）了解消费者对男士护肤霜的消费现状，分析男士护肤霜市场的竞争态势，了解男士护肤霜的市场容量，为新产品市场定位提供依据。所需信息主要有：

1）了解消费者购买男士护肤霜时所考虑的因素（包装、渠道等）。

2）了解目前男士护肤霜市场上的竞争对手，以及其市场占有率（明确自己的市场地位及竞争对策）。

（2）探究男士护肤霜消费者的消费心理、动机及其消费行为特点。

1）了解消费者购买男士护肤霜的目的（广告诉求点）。

2) 了解消费者购买男士护肤霜的主要途径（广告宣传渠道选择）。

3) 了解消费者在化妆品方面的消费水平（根据消费水平进行市场细分）。

（3）了解消费者对该公司新产品——男士护肤霜的接受程度。

1) 被访者对该公司所开发新产品的接受程度。

2) 被访者对新产品开发的建议及意见。

四、调查对象

因本次调查是一项探索性研究，要求样本有广泛的代表性，以期能够基本反映消费者对男士护肤霜的认知和评价，以及对本产品的接受程度和期望。故对调查对象要求如下：

（1）其亲戚朋友不在化妆品公司或广告公司工作。

（2）年龄在 20~50 岁之间，衣着讲究。

五、调查方法

根据本调查的特点，本次调查方法与抽样设计为：

（1）本次调查采用问卷式。

（2）访问采用街头拦截式。

考虑到本次市场调查对样本量的要求、成本方面的经济性及时间问题，本次调查所需要的样本量约为 300 个（由于时间等原因实施时为 110 个）。

六、调查时间与进度安排（自项目确定日起）

4 月 16~20 日：方案与问卷设计。

4 月 21~24 日：调查实施。

4 月 25~27 日：数据处理与分析。

4 月 28 日~5 月 1 日：报告撰写与发布。

七、数据处理与分析

参与本产品开发调查的数据录入人员及编码人员将参与问卷的制作与调查培训；在数据录入后需抽取 10% 的样本进行录入复核，以保证录入质量；数据处理采用 SPSS 软件进行。

八、费用预算

项目费用预算约为 1850 元，其用途如下：

（1）问卷设计、问卷印刷：150 元

（2）调查与复核费用：500 元

（3）数据处理（编码、录入、处理、分析）：500 元

（4）报告撰写与制作：700 元

合计：1850 元

九、调查组织计划（略）

（资料来源：http://blog. sina. com. cn/s/blog_4ae852390100chjc. html。）

以上是某公司男士护肤霜市场调查策划书的部分内容。市场调查方案的设计应该包括哪些环节？具体应该如何进行？本章将介绍有关知识。

第一节　市场调查程序

市场调查是以科学的方法收集、分析、研究有关市场活动的资料，以便帮助信息的使用者

解决有关问题或提供决策参考的依据而进行的活动，它是一个由不同阶段、不同步骤、不同活动构成的动态过程。为保证调查工作有序、高效地进行，必须对整个动态过程预先进行统筹规划，研究确定优选方案，并提出调查策划书。总的来讲，市场调查的全过程可以划分为确定问题和调查目标、制订调查计划、收集资料、分析资料、提交调查报告、跟踪研究六个步骤。

一、确定问题和调查目标

为了保证市场调查的成功和有效性，首先要明确所要调研的问题，然后在此基础上提出特定的调查目标。这是确定市场调研内容的主要依据，也是设计市场调查方案和问卷的前提。对研究问题的描述不够清晰或者问题的界定不正确都可能导致市场调查无法顺利进行、必要的决策所需信息不能取得、大量冗余信息及非必需的预算支出的产生。

为了准确界定研究问题，市场调查人员需要对研究问题产生的背景进行深入的了解。比如，客户要做市场调查的原因；行业发展的基本状况与趋势；客户以往的经营情况、销售量、利润、市场占有率；可利用的资源（资金和研究技术）和面临的限制条件（成本和时间）；客户对市场前景的主观预测；客户要做的决策及要实现的目标；现有顾客与潜在顾客的人数及地域分布、人口统计及心理统计特征、产品消费习惯等；相关的经济、法律环境等。

市场调查人员一般需要借助二手资料的收集和分析以及小范围的定性研究来进行背景分析。二手资料主要包括企业内部有关生产、销售的记录与预测数据，外部有关政治、法律、人文方面的信息，有关产品的目标消费者信息以及来自竞争者的消息尤为重要。小范围的定性研究经常通过与业内的专家以及其他有见识的人（比如关系良好的销售商等）的深度访谈或小组座谈来进行。将收集的二手资料与定性研究资料进行整理、分析，请企业决策者参与讨论，在财力的限制范围内归纳出问题点。

市场调查人员必须解决的问题有两种类型：营销管理问题与营销调研问题。营销管理问题以行动为导向，回答决策者需要做什么、可能采取什么行动，是决策者面对的问题，例如"是否应实施降价策略""是否应增加广告支出"等。营销调研问题则以信息为导向，涉及为解决营销管理问题到底需要什么信息、如何有效获取这些信息，是研究者面临的问题，例如"某类产品的价格需求弹性""顾客消费行为中的广告支出效应"等。因此，为了保障调研内容的合理性，首先必须做到准确地识别企业的营销管理问题，这是市场调研的出发点。

营销管理问题的识别与确认一般包括如下步骤：

（1）确定问题的征兆（如销售量、市场份额、利润等）。

（2）列举产生征兆的各种可能原因（竞争者、顾客、企业自身及其他环境因素），确认关键原因。

（3）提出营销经理能接受的可能解决方案。

营销管理问题确认之后，研究人员应据此确定营销调研问题。其中，应遵循三个基本原则：

（1）确保调研者获得营销决策所需的全部信息。

（2）能指导调研者开展调研活动。

（3）调研问题不能过于宽泛，也不能过于狭窄。

营销管理问题与营销调研问题之间的关系见表 2-1。

为了避免定义问题时过宽或过窄，可以将调研问题用比较宽泛的、一般的术语来陈述，但是同时具体地规定其各个组成部分。比较宽泛的陈述可以为解决问题提供较广阔的视角，而具体的组成部分集中了问题的关键方面，可以为如何进一步操作提供清晰的指引路线。

表 2-1 营销管理问题与营销调研问题之间的关系

营销管理问题	营销调研问题
是否应推出一种新产品	确定消费者对此产品的偏好程度及购买意向
是否应进入新市场	确定市场规模、支付能力、竞争状况
是否应改变广告活动	确定现行广告活动的效果
是否应提高某产品价格	确定价格需求弹性、不同价格水平对销售和盈利的影响

市场调查目标是设计调查方案、编制市场调查策划书的重要依据。确定市场调查目标，是指出在市场调查中要解决哪些问题，通过调查要取得哪些资料，获取这些资料有何用途。随着营销管理问题与营销调研问题的逐步明晰，市场调查目标便可相应得到确认。例如，某公司因原材料涨价导致利润降低，管理层考虑将成品提价，有关调查目标可描述为：通过对价格需求弹性的调查研究，确定不同价格水平对产品销售和盈利的影响，为公司制定合适的价格政策提供依据。

小案例 2-1：某航空公司如何确定问题与调查目标[注]

某航空公司在决定进行一项关于在飞机上提供电话服务的调研活动时，首先提出："探求你能够发现的空中旅客所需要的一切。"结果得到大量不需要的信息，而实际需要的信息却得不到。后来又提出："探求是否有足够的乘客在某航线的飞行中愿意使用电话，使得这项服务不至于亏损。"营销人员可能认为："如果这项服务能增加新乘客，不是可从机票中盈利吗？"最后提出："如果这项服务成功了，竞争者的模仿速度是多快？"据此确定以下特定研究目标：乘客在航行期间通电话的主要原因是什么？哪些类型的乘客喜欢在航行中打电话？有多少乘客可能会打电话？各种层次的价格对他有何影响？这一新服务会增加多少新乘客？这项新服务对公司的形象会产生积极影响吗？电话服务和其他因素如航班次数、食物和行李处理等相比，重要性如何？

二、制订调查计划

这一阶段主要解决的问题是要编制出切实可行的调查策划书。具体来讲：首先，要确定调查主题，拟定调查项目并制定调查表；其次，要确定调查对象，明确资料收集的方式和方法，明确调查时间和期限；最后，制订调查的组织实施计划。具体内容在本章第二节将进一步阐述。

三、收集资料

收集资料是市场研究人员根据调查方案采用各种手段和方法通过各种途径和渠道获取所需信息的过程。制订市场调查计划后，收集资料是执行计划的第一个重要步骤。资料收集的

○ 资料来源：吴建安. 市场营销学［M］. 北京：高等教育出版社，2004.

数量和质量直接关系到调查结果的准确性和有效性，因此要特别重视。

市场调查所需要的信息资料具有复杂性和多样性，资料来源可以是公司内部，也可以来自消费者、经销商、竞争者及其他外部环境。因此，不仅要按照有关要求具体地收集一手资料（原始资料），还包括二手资料（文案资料）的收集。实地调查成果的有效性和真实准确性取决于调查人员的素质、责任心和组织实施管理的科学性。具体来讲要注意两个方面：首先，要对参与调查的人员进行培训，让调查人员理解调查主题和有关计划，掌握调查技巧及与调查目标有关的专业知识及注意事项。具体内容将在本章第三节介绍。其次，科学组织实施实地调查，即调查人员按之前设计的调查计划书所规定的时间、地点及方法，收集有关资料。

收集资料的有关方法和手段将在后续章节中详细介绍。

四、分析资料

资料收集完成以后，市场调查人员必须按照一定的标准和要求对所获取的各种一手资料和二手资料进行处理与分析，形成有用的信息，给出一定的结论。

这一阶段的任务主要是对所收集的资料进行"去粗取精、去伪存真、由此及彼、由表及里"的处理。采用实地调查方法收集的原始资料大多是零散的、不系统的，只能反映事物的表象，无法深入研究事物的本质和规律性，这就要求对大量原始资料进行加工汇总，使之系统化、条理化。因此，结合调研所收集的各类资料，进行整理加工，把零星散乱的资料整理成有条理的、有用的信息资料，具体包括数据输入、数据分析、数据传输等。目前这种资料处理工作一般由计算机完成。同时，随着经济理论的发展和计算机的运用，越来越多的现代统计分析手段和软件可供我们在分析时选择，例如世界上公认的 SAS、SPSS 和 SYSTAT 三大数据分析软件，在社会经济统计中已经得到广泛应用。

五、提交调查报告

市场调查报告一般由调查报告的前言、正文、结尾等几个部分组成。其基本内容主要包括开展调查的目的、被调查单位的基本情况、所调查问题的事实材料、调查分析过程的说明及调查的结论和建议等。具体内容将在本书有关章节进一步介绍。

六、跟踪研究

在提交了调查报告以后，并不能认为调查过程就此完结，还应进行跟踪研究，继续了解其结论是否被重视和采纳、采纳的程度和采纳后的实际效果以及调查结论与未来市场发展是否一致等，以便积累有关经验，不断改进和提高调查工作的质量和效率。

第二节　市场调查策划书的编制

如上所述，市场调查过程主要包括设计市场调查方案、收集资料、分析资料、提交调查报告等一个完整的工作过程。市场调查策划书的编制是整个调查过程的第一步，起着统筹兼顾、统一协调的作用。

市场调查策划书的编制，又叫市场调查方案设计，就是根据调查研究的目的和调查对象的性质，在进行实地调查之前，对调查工作的各个方面和各个环节进行通盘考虑和安排，并提出相应的调查实施方案，制定出合理的工作程序。调查方案的设计是整个调查工作的指导大纲，有了调查方案的设计，调查研究就有了方向。因此，市场调查策划书的编制是否科学可行，关系到整个调查工作的成败。

一、市场调查策划书的基本格式

市场调查策划书对市场调查活动及其所需要的各种资源从时空上做出具体的统筹安排和经费预算，确定市场调查的目标、内容、程序、方法和操作技巧等，并制订一个具有可行性的市场调查工作实施方案。

具体来讲，市场调查策划书包括以下几个方面的主要内容：

1. 前言

前言或序言是策划书正文前的情况说明部分，内容应简明扼要，篇幅以不超过一页为宜，字数可以控制在1000字以内，主要包括概要和调查背景。概要是整个市场调查策划书中各部分的要点，提供整个调查策划项目的概况。调查背景简明扼要地介绍与整个市场调查课题相关的背景和来龙去脉。

2. 调查目的

调查目的的确定是编制市场调查策划书的首要问题，只有明确了为什么要进行此次调查，才能确定调查的范围、内容和方法，否则就会列入一些无关紧要的调查项目，而漏掉一些重要的调查项目，无法满足调查的要求。例如《关于××高校大学生网上购物行为的调查策划书》中，其调查目的就交代得十分清楚，即"随着互联网的飞速发展，网络开始冲击人们的传统消费习惯、思维和生活方式，网上购物已经慢慢地从一个新鲜的事物变成日常生活中的一部分，并以其特有的优势而深入人心。现在，越来越多的大学生开始接触网上购物这一新兴的消费方式，他们追求时尚、个性，乐于接受和尝试新事物，将会成为网上购物的新生力量。为了进一步了解我校大学生对网上购物的了解、接受程度，以及他们的消费习惯，特展开了此次关于大学生网上购物行为的调查。"

资料链接2-1：全国人口普查的目的

我国每隔若干年都要开展一次全国人口普查，每一次人口普查都有明确的调查目的。比如我国1953年进行的第一次人口普查的目的就规定得十分明确，即"此次人口普查的目的是配合召开全国人民代表大会，确定选民及人大代表名额，制订第一个五年计划，因而共涉及4项（姓名、性别、年龄和民族）"。1964年进行的第二次人口普查的目的是"为制订第三个五年计划和长远规划提供依据"。1982年第三次人口普查是基于结束动乱，为国家制定政策和计划提供人口数据。1990年我国第四次人口普查的目的是"准确查清第三次人口普查以来我国人口在数量、地区分布、结构和素质方面的变化，为科学地制定国民经济和社会发展战略与规划，统筹安排人民的物质文化生活，检查人口政策执行情况提供可靠的依据"。2000年第五次人口普查的目的是"制定国民经济和社会发展战略规划，实现人口与资源、环境的协调发展"。2010年第六次全国人口普查的目的是"查清十年来我国人口在数量、结构、分布和居住环境等方面的变化情况，为实施可持续发展战略，构建社会主义和谐社会，提供科学准确的统计信息支持。"

可见，确定调查目的，就是明确调查主题和目标，这样在调查中才能知道要解决哪些问题，通过调查要取得什么样的资料，取得这些资料有什么用途等。此外，在确定调研主题的时候，可以对调查本身进行可行性研究，还可以组织非正式的探索性调查，以明确需要调查的问题及方向，弄清楚究竟需要调查什么，哪些问题是调查的重点。要衡量一个调查策划书的编制是否科学，主要就是看调查方案的设计是否体现其调查目的和要求，是否符合客观实际。

3. 研究方法

研究市场调查问题的方法就是明确市场调查问题中应用到的有关方法，因此也应在策划书中做适当的交代。一般课题研究的基本方法主要分为一手资料收集即实地调查法，包括观察法、调查法、实验法等；二手资料收集即文案查阅法、经验总结法、个案研究法等。市场调查方法的确定应根据调查资料搜集的难易程度、调查对象的特点、数据取得的源头、数据的质量要求等做出选择。在一个课题研究过程中，可以根据不同的研究目的和要求，用到两种及两种以上的方法。常用的调查方式主要包括普查、重点调查、典型调查和抽样调查。在市场经济条件下，为准确、及时、全面地取得市场信息，尤其应注意多种调查方式的综合运用。有关内容也将在本书有关章节进一步介绍。

4. 调查设计

调查设计的要求是具体化，主要包括确定调查项目和制定调查表。调查项目是指对调查单位所要调查的主要内容，是所要反映的调查单位的特征（标志），而要确定调查项目就要明确向被调查者了解些什么问题。例如，在消费者市场调查中，消费者的性别、民族、文化程度、年龄、收入等，其标志可分为品质标志和数量标志，品质标志是说明事物质的特征，不能用数量表示，只能用文字表示，如上例中的性别、民族和文化程度；数量标志表明事物的数量特征，它可以用数量来表示，如上例中的年龄和收入。标志的具体表现是指在标志名称之后所表明的属性或数值，如上例中消费者的年龄为 25 岁或 50 岁，性别是男性或女性等。又如，在调查大学生网购行为时，每个大学生的基本情况，如性别、年龄、月生活消费等都是可以作为反映调查单位特征的标志。

在确定调查项目时，除了要考虑调查目的和调查对象的特点外，还要注意以下几个问题：首先，考虑需要且尽可能少而精，凡是调查目的需要又可以取得的调查项目要充分满足，否则不应列入；其次，调查项目的含义必须明确、具体，否则会使被调查者产生不同理解而给出不同的答案，造成误差的发生；最后，调查项目之间应尽可能有联系，使取得的资料有一定的逻辑关系，以便了解现象发生变化的原因、条件和后果，便于核查答案的准确性。

此外，当调查项目确定后，还要把已确定的调查项目按照一定的结构和顺序排列成相应的表格，以方便调查登记和分析汇总。调查表一般可以分为单一表和一览表两种。单一表是每张调查表登记一个调查单位的资料，常在调查项目较多时使用。它的优点是便于分组整理，缺点是每张表都注有调查地点、时间及其他共同事项，造成人力、物力和时间的较大耗费。一览表是一张调查表可登记多个单位的调查资料，它的优点是当调查项目不多时，一览表能使人一目了然，还可将调查表中各有关单位的资料相互核对，其缺点是对每个调查单位不能登记更多的项目。

调查表的制定事实上就是调查问卷的设计。一般由表头、表体和表脚三个部分组成。具体而言，表头包括调查表的名称、调查单位（或填报单位）的名称，有时为了让被调查者积极配合，还包括一些问候语，以说明调查者的身份、调查的目的、调查结果的使用与保密措施等，必要时还应附有填写说明，以明确填写问卷的要求和方法。

小案例 2-2：农村医疗保险意识的问卷调查

_____女士/小姐/先生：

您好！我是××市场调查公司的访问员，我们正在进行一项有关农村医疗保险意识方面的调查，目的是想了解人们对农村医疗保险的看法和意见，以便更好地促进我国农村医疗保险事业的发展。您的回答无所谓对错，只要真实地反映了您的情况和看法，就达到了这次调查的目的。希望您能积极参与，我们对您的回答完全保密。调查要耽搁您一些时间，请您谅解。谢谢您的支持与合作！

填写说明：

1. 请您在所选择答案的题号上画圈。

2. 对只许选择一个答案的问题只能画一个圈；对可选择多个答案的问题，请在你认为合适的答案上画圈。

3. 需填写数字的题目在留出的横线上填写。

4. 对于表格中选择答案的题目，在所选择的栏目内画勾。

5. 对注明要求您自己填写的内容，请在规定的地方填写上您的意见。

表体是调查表的核心部分，包括调查项目、栏号和计量单位等，它是问卷设计的关键。表脚主要是指相关作业记录，包括调查时间、操作者基本情况等，其目的是为了明确责任，以保证调查的严肃性和真实可靠性，一旦发现问题，便于查寻和核实。具体内容将在本书有关章节详细介绍。

5. 资料分析

在设计市场调查策划书时应对资料的审核、订正、编码、分类、汇总、陈示等做出具体的安排。大型的市场调查还应对计算机自动汇总软件开发或购买做出安排。因此，首先要计划好打算采用什么方法对所获取的资料进行分析处理以及分析结果的表达形式等。比如采用实地调查方法搜集的原始资料大多是零散的、不系统的，不能说明问题，这就要求对大量原始资料进行加工汇总，使之系统化、条理化。一般常用的资料分析方法比如统计分组法、指标分析法、交叉列表分析法、因子分析法、灰色关联法、相关与回归分析法等，随着计算机技术的进步及统计分析软件的广泛应用，资料整理和分析的方法越来越多，分析速度大大加快，数据的精度越来越高。

6. 成果提交

资料分析的成果主要表现为资料的输出和管理，具体以提交调查报告的形式体现，包括调查结果的汇报形式，比如阶段性成果的报告、最终报告的形式等。具体内容将在本书有关章节详细介绍。

7. 经费预算

市场调研活动是一项庞大的系统工程，对调查经费的预算是编制调查策划方案的一个非常重要的内容。可以说，预算往往成为市场调研活动的一个前提条件。预算不仅关系到调研工作的顺利开展，同时还关系到调研结果的科学性、准确性。调查经费预算一般需要考虑以下几个方面：

（1）总体方案策划费或设计费。

（2）抽样方案设计费（或实验方案设计费）。

（3）调查问卷设计费（包括测试费）。

（4）调查问卷印刷费。

（5）调查实施费（包括选拔、培训调查员费用，试调查费用，交通费，调查员劳务费，管理督导人员劳务费，礼品或谢金费，复查费等）。

（6）数据录入费（包括编码、导入、查错等费用）。

（7）数据统计分析费（包括上机、统计、制表、作图、购买必需品等费用）。

（8）调研报告撰写费。

（9）资料费、复印费、通信联络等办公费。

（10）专家咨询费。

（11）劳务费（公关、协作人员劳务费等）。

（12）上交管理费或税金。

（13）鉴定费、新闻发布会及出版印刷费用等。

（14）其他费用。

值得注意的是，经费预算的设计要有一定的弹性，以应付可能发生的意外事件。因此，预算应充分考虑到各项可能的支出，尽可能准确地估算可能需要的经费总额，在经费总额一定的前提下，要尽量合理分配、使用好资金，少花钱多办事，以提高资金的使用率和效益。在备选方案的选择时，通常是在误差达到一定要求的条件下，选择费用最少的方案。

8. 调查时间及进度安排

为了保证课题的研究进度，在编制调查策划书时，还必须明确调查时间和调查期限以及详细的时间进度日程表的安排。调查时间是指调查资料所属的时间。如果所要调查的是时期现象，就要明确规定资料所反映的是调查对象从何时起到何时止的资料。如果所要调查的是时点现象，就要明确规定统一的标准调查时点。调查期限是规定调查工作的开始时间和结束时间，包括从调查方案设计到提交调查报告的整个工作时间，也包括各个阶段的起始时间。其目的是使调查工作能及时开展、按时完成。为了提高信息资料的时效性，在可能的情况下，调查期限应适当缩短。

市场调查进度安排一般可分为以下几个阶段：

（1）总体方案的论证、设计。

（2）抽样方案的设计、调查实施的各种具体细节的规定。

（3）问卷的设计、测试、修改、定稿。

（4）问卷的印刷、调查者的挑选和培训。

（5）调查组织实施。

（6）调查数据的整理（计算机录入、汇总与制表）。

（7）统计分析研究。

（8）调查报告的撰写、修订与定稿。

（9）调研成果的鉴定、论证、发布。

（10）调研工作的总结。

9. 调查的组织实施计划

制订调查的组织实施计划是为了保证调查工作的顺利开展，主要包括：调查的组织领导机构和调查人员的组成及具体分工；调查前的准备工作，如宣传、培训等；制定调查工作程序以及其他事项。企业委托外部市场调查机构进行市场调查时，还应对双方的责任人、联系人、联系方式做出规定。

10. 附录

调查策划书的最后还应附上与调查主题有关的各种有价值的附录，比如调查项目负责人和主要参加者名单及团队成员的基本情况介绍，抽样方案细节及技术说明，问卷及有关参数技术说明，数据处理所用软件等。

二、市场调查策划书撰写应注意的问题

策划工作是一项复杂的系统工程，策划书作为策划方案的物质载体，在编制过程中必须注意它的合理性及其技巧。具体来讲，在撰写市场调查策划书时应该注意以下几个方面：

1. 注意完整性

市场调查策划书编制的基本格式是人们在长期的市场营销策划实践中总结出来的，因而一份完整的市场调查策划方案，上述几个部分的内容均应涉及。当然，在具体格式方面可以灵活调整把握，也可以创造性地加以应用。

2. 尽量简洁朴实

调查策划书的编制必须建立在对调查课题背景的深刻认识上。尽量做到科学性与经济性的结合。市场调查策划书在编制中应注意突出重点，抓住该课题所要解决的核心问题，深入地进行分析，提出可行的建议及对策。要防止用散文式文笔去描述策划书，给人留下浮躁或不实在的感觉。市场调查策划书的编制也不可长篇大论，言不及义，哗众取宠。总之，要以简洁朴实、具体实用、针对性强为原则，让人一下子能抓住策划书的主要内容并一目了然，知道接下来该怎么开展工作，这样才能真正体现市场策划书的"纲领性"作用。

3. 遵守可操作原则

市场调查策划是市场调研活动的蓝图，它是在现实基础上的一种超前性的构思。策划书中所制定的有关方面，首先应符合市场变化的需要，以保证后续活动的有序开展和目标的准确。其次，市场调查策划作为一个整体，还要注意各子系统及各具体环节之间的衔接与联系，它的指导性涉及市场调查活动中每个人的工作及各个环节的关系处理。而策划中的创意表现手法，则要考虑人员、经费等的限制，注意其方案设计的可行性、可操作性。

第三节 访问员的挑选与管理

市场调查访问人员是调查工作的主体，其数量和质量直接影响到市场调查的结果。因此，市场调查机构必须根据调查工作量的大小及调查工作的难易程度，配备相应的调查访问人员。调查访问人员包括专职访问员和兼职访问员。专职访问员是指调查公司内部的专业人员，而兼职访问员一般是公司为了业务需要临时聘用的，目前主要是招聘在校大学生来做兼职访问员，也有社会人士。例如，日本的电通广告公司，不仅拥有全职的市场调查人员，而且还特约数百名30～35岁的家庭主妇，这些经过调查专业训练的特约调查员，一旦有了调查项目，便从事调查工作；若无调查项目时，则各自管理自家家务。她们除了调查时按调查

内容及数量按件计酬之外，每月还享受一定的津贴。

一、访问员的挑选与培训

（一）访问员的挑选

按市场调查的客观要求，访问员应具备如表 2-2 所示三方面的基本素质。

表 2-2　访问员应具备的基本素质

基 本 素 质	具 体 素 质 要 求
思想道德素质	坚持四项基本原则，具有强烈的社会责任感和事业心；具有较高的职业道德修养，工作中能实事求是、公正无私；工作认真细致；具有创新精神；具有团队协作能力；谦虚谨慎、平易近人
业务素质	具有较广博的理论知识，具有较强的业务能力（具有利用各种信息资料的能力，具有较强的对调查环境的适应能力，具有分析、鉴别、综合信息资料的能力，具有较强的语言和文字表达能力）
身体素质	一是体力保证，二是性格

注：资料来源：范伟达. 市场调查课程［M］. 上海：复旦大学出版社，2002.

总的来讲，一个合格的访问员应是勤学好问、有思想、有知识并具有创造性的，他们必须善于倾听，善于思考，善于提出问题、分析问题和解决问题。但是在挑选访问员的时候也要注意以下两点：

（1）注意访问员的可塑性。人的素质和才能是有差异的，造成这种差异的原因既有先天因素，也有后天因素。无数事实证明：先天不足是可以通过后来的教育、培训来弥补的，是可以扭转的，要达到调查工作需要的理想标准，就要不断地通过各种途径加强对访问员的培训，利用各种方法提高其素质。

资料链接 2-2：管仲观德"四术"

一观嫉妒心。嫉妒心人人皆有，但过于强烈，就是严重的性格缺陷了。这种人一不能用公平的目光看别人，二不能实事求是地对待自己。这种人德不合格。

二观是否急功近利。只知追求眼前之功，不管计策可行不可行的人是最严重的短期行为。这种人不可用。

三观是否过于简单。把任何事都看得过于简单，这种人大多是志大才疏，办事态度不认真、不严肃，往往把事情弄得一团糟。这种人德不合格。

四观是否说大话。有的人接受任务时，大包大揽，真正做起来一拖再拖，并寻找种种借口。这种轻易说大话的人不可用。

小案例 2-3：考察人才的角度选择○

有这样一个故事：某公司董事长决定要找一位德才兼备的人担任总经理，但连续来应聘的几个人都没有通过董事长的"考试"。这天，一位三十来岁的留美博士前来应聘，董事长却通知他凌晨三点去他家考试。这位年轻人于是凌晨三点就去按董事长家的门铃，却未见人

○　资料来源：吕国荣，曹永福. 向唐太宗学管理［M］. 武汉：湖北人民出版社，2009.

来应门，一直到八点钟，董事长才让他进门。董事长拿出一张白纸说："请你写一个白饭的'白'字。"他写完了，却等不到下一题，疑惑地问："就这样吗？"董事长静静地看着他，回答："对！考完了！"年轻人觉得很奇怪，这是哪门子的考试啊？

第二天，董事长宣布这个年轻人通过了。他解释道："一个这么年轻的博士，他的聪明与学问一定不是问题，所以我考其他更难的。"又接着说："首先，我考他的牺牲精神，我要他牺牲睡眠，半夜三点钟来参加公司的应考，他做到了；我又考他的忍耐力，要他空等五个小时，他也做到了；我又考他的脾气，看他是否能够不发飙，他也做到了；最后，我考他的谦虚，我只考堂堂一个博士五岁小孩都会写的字，他也肯写。一个人已有了博士学位，又有牺牲精神、忍耐、好脾气、谦虚，这样德才兼备的人，还有什么好挑剔的呢？所以我决定任用他！"

对于如何选择人才、考察人才，唐太宗所著的《帝范》中有一段经典论述："贵则观其所举，富则观其所养；居则观其所好，习则观其所言；穷则观其所不受，贱则观其所不为。"这是一种多角度的观察方法，它强调在人们的地位、处境变化中，观察人的举止、言谈、兴趣、修养和追求等方面，动态地对人进行考察，这些方法，至今仍有借鉴价值。

（2）注意整合团队资源。前面所讲到的各种素质是针对访问员的个人素质而言的。在实际调查中，调查任务是通过组建一支良好的调查团队来完成的。因此，除对访问员基本的思想、道德要求外，也不可能要求所有访问员同时具备这些素质，而只能对调查队伍的整体结构加以考虑，包括职能结构、专业知识结构、年龄结构，甚至包括性别结构等，通过人员的有机组合，取长补短，来提高调查效率。

小案例 2-4：深圳威尼斯酒店互补型领导层成功之道⊖

深圳威尼斯酒店坐落于深圳华侨城，是一家开业仅一年的高档酒店。其投资方为华侨城集团，由一家著名的酒店管理机构管理，其独特的身份决定了它是一个典型的"混血儿"。酒店管理层由来自德国、美国、新加坡、菲律宾和中国等的人员组成，成为一支名副其实的"多国部队"。

从酒店行业来讲，欧洲的管理特点是讲求高标准、高质量和高规格，文化气氛浓厚，尊重客人的身份和地位，管理上追求一丝不苟；而美国的特点是最关注成本底线和盈利能力，管理上追求高效率、高利润，在此前提下，鼓励创新和发挥；以中国为代表的亚洲，则人文气氛浓厚，管理上讲求亲和力，因此"关系"是国外经理人必须学习的课题。这些管理风格和文化本身没有先进与落后、好坏优劣之分，它们是相互补充、互相融合的关系。为了使酒店脱颖而出，管理上就要兼收并蓄各方优点。他们选择了在美国生长的法国人为驻店经理。财务总监是个美籍华人，熟悉东西方的财务制度，既能按照国际标准进行财务管理，又可按中国习惯进行运作。主管餐饮的总监来自亚洲酒店相对发达的新加坡，部门配备了中国本土和澳大利亚的顶级厨师，以满足中外客人的不同需求。销售总监是在新西兰和中国内地工作多年的菲律宾人。这种文化熔炉将世界各种管理风格汇聚到威尼斯酒店这个大家庭中。

为了使不同的文化、知识经验和风格的领导团队成员尽快融合，酒店聘请了专业的团队教练来把关，分批参加野外团队拓展训练，使管理层成员增加了解、加强友谊，消除沟通时

⊖ 资料来源：http://club.hr.com.cn/bbs/viewthread.php？tid=17505&page=1&auth=5003.

的心理障碍，培养团队合作、互补精神。在这个互补型团队的经营管理下，威尼斯酒店开业仅一年，其经济效益和社会效益就在高档酒店林立的深圳名列前茅。

（二）访问员的培训

1. 培训的基本内容

我们通常会遇到这样的问题，对同一个厂家的促销活动不同的促销人员有不同的说法，使得消费者无所适从，这与厂家统一促销活动的宗旨完全相违背，为什么会存在这种现象呢？这主要是促销人员对厂家的促销活动理解不一致所造成的结果。对于市场调查来说，也会面临相同的问题。由于调查人员是临时组织的一支调查队伍去完成新的调查任务，他们对调查的内容基本是陌生的，有的甚至根本没有接触过市场，因此为了保证市场调查的顺利进行和市场调查的质量，必须在市场调查开展前做好市场访问员的培训工作。毕竟市场访问员承担着收集原始资料的任务，因而其执行能力的好坏对整个调查工作有很大影响。访问员的重要作用以及对访问员的客观要求，都提出了应对人员进行培训的问题。对于专业的调查访问员，由于其具备一定的专业基础，所以主要侧重于此次调查任务及要求以及访问技巧等方面；而对一般的兼职人员，则需要进行系统培训。因此，培训的具体内容应根据调查目的和受训人员本身的具体情况而有所不同，结合访问员应该具备的基本素质，对访问员的培训通常包括以下几个方面的内容：

（1）学习市场经济的一般理论，进行国家政策、法规以及有关规章制度的教育，使他们充分认识市场调查的重要意义，有强烈的事业心和责任感，具有较高的职业道德修养。例如，为了在国际上维护在市场营销和民意调查中的道德准则，ICC 和 ESOMAR 于 1977 年联合制定和颁发了有关准则，并于 1986 年做了修改，制定准则的主要目的是使被调查者的权利得到充分的保障。因此，访问员就应了解并遵守国际准则和惯例。例如，承诺为被调查者保密的项目，一定要说到做到，不能言而无信。

（2）学习市场调查相关原理，统计学、心理学、消费者行为学等知识，加强对问卷设计、提问技巧、访问应变能力、信息处理、分析技术及报告写作技巧等专业业务技能方面的训练。

（3）对访问员在热情、坦率、谦虚、公关礼仪等方面进行培训。

（4）与本次调查主题相关的介绍及注意事项等方面的培训。

资料链接 2-3：市场调查人员的礼仪知识点滴摘录⊖

1. 自我介绍礼仪

正确地利用自我介绍，不仅能扩大自己的朋友圈，而且有利于自我宣传、消除误会、减少麻烦。展示自我介绍的语言艺术需注意的问题如下：

（1）镇定、清晰而充满自信地报出自己的姓名，并善于使用体态语言，表达自己的友善、诚意和愿望。

（2）自我介绍时应先向对方点头致意，得到回应后方可向对方介绍自己的姓名、身份、单位等。

（3）自我评价掌握好分寸，要实事求是。

⊖ 资料来源：全洪臣.市场调研原理与应用［M］.大连：东北财经大学出版社，2008.

（4）自我介绍的时间以半分钟为宜，特殊情况也不能超过 3min。

2. 握手礼仪

握手是交际的一个部分。握手的力量、姿势和时间的长短能够表达出对对方的不同态度，给人留下不同印象。

（1）正确的握手时机。遇见认识的人或道别时与对方握手，能够准确传递友好的信息。一般的握手时机有：当某人进入办公室或离开时与对方握手；当两人经介绍互相认识时握手；当某人得到晋升或失意时握手表示祝贺或安慰。

（2）握手的姿势。握手时，距对方约一步远，上身稍前倾，两脚立正，伸出右手，大拇指朝上，虎口张开。握手时双眼正视对方，面带笑容。

（3）握手的力量。握力应达 10N 左右，不能太轻。

（4）握手的时间。3~5s 为宜，应尽量简短。

（5）握手的顺序。长辈与晚辈间，长辈伸手后晚辈才能伸手相握；上下级之间，上级伸手后，下级才能接握；男女之间，女方伸手后男方才能伸手相握；主宾之间，客人抵达时主人先伸手与客人相握，客人告辞时，客人先伸手与主人相握。

（6）人数较多时，可只跟相近的几个人握手，向其他人点头示意，或微微鞠躬即可。

3. 名片礼仪

（1）名片的规格。通用的名片规格为长 9cm，宽 5.5cm。

（2）名片的颜色与图案。宜选庄重朴素的白色、米色、淡蓝色、淡黄色、淡灰色，且一张名片一色为好，不要用黑色、红色、绿色以失去庄重的感觉。关于名片的图案，不提倡在名片上印人像、漫画、花卉、宠物。文字要使用汉语简体字。

（3）递送名片。注意以下几点：第一，观察意愿。名片必须在交往双方均有结识对方并打算建立联系意愿的前提下发送。第二，把握时机。发送名片一般应选择初识之际或分别之时，不宜过早或过迟。第三，讲究顺序。首先由位低者向位高者发送名片，再由后者回复前者。但在多人之间，发送名片的最佳方法是由近而远，按顺时针或逆时针方向依次发送。上司在时不要先递交名片，等上司递上名片后才能递上自己的名片。第四，先打招呼。递上名片前，应先向对方打个招呼，如"可否交换一下名片"等；递名片时，要说声"请多指教""请多关照"之类的寒暄语。

（4）递送名片的姿势。要表现得郑重其事，起身主动走向对方，面带微笑，上体前倾 15° 左右，以双手或右手持握名片，举至胸前，并用拇指夹住名片，其余四指托住名片的反面递出。文字方向是接收者易读易看的正向。

（5）接收名片。做好以下几点：第一，态度谦和。接收他人名片时，必须起身接收，面带微笑，用双手接，不能用左手接。同时应当即刻回给对方一张自己的名片，没有名片、用完或忘记带名片，应向对方解释并致歉意。第二，认真阅读。接收名片时，要认真看一遍，至少用 1min 时间将其从头到尾默读一遍，或轻读出声以示尊重。第三，精心存放。接收他人名片后，应将其谨慎置于名片夹、公文包、办公桌或上衣口袋内，且与本人名片区别放置。

需要补充说明的是，针对不同的资料收集方法，比如调查究竟是采用询问法、观察法还是实验法，访问员的培训要求也有所区别，所以在培训的时候应该结合不同调查方法及自身的特点来进行。

小案例 2-5：星巴克成功秘诀之———注重员工培训⊖

只用了短短几年时间，星巴克在中国就成了一个时尚的代名词。它所标志的已经不止是一杯咖啡，而是一个品牌和一种文化。1971 年 4 月，位于美国西雅图的星巴克创始店开业。1987 年 3 月，星巴克的主人杰拉德·鲍德温（Gerald Baldwin）和戈登·波克（Gordon Bowker）决定卖掉星巴克咖啡公司在西雅图的店面及烘焙厂，霍华·舒兹（Howard Schultz）则决定买下星巴克，同自己创立于 1985 年的每日咖啡公司合并改造为"星巴克企业"。现在，星巴克已经在北美、欧洲和南太平洋等地开出了近 12 000 家分店，近几年的增长速度每年超过 500 家，平均每周超过 10 000 万人在店内消费。目前，星巴克的分店遍布北美洲、南美洲、欧洲、中东及太平洋区等。作为一个市场跟进者，进入的又是一个充满竞争的完全成熟的市场，星巴克靠什么从一间小咖啡屋发展成为国际最著名的咖啡连锁店品牌？

"以顾客为本，认真对待每一位顾客，一次只烹调顾客那一杯咖啡。"这句取材自意大利老咖啡馆工艺精神的企业理念，道出了星巴克快速崛起的秘诀。星巴克认为他们的产品不单是咖啡，而且是咖啡店的体验。星巴克一个主要的竞争战略就是在咖啡店中同客户进行交流，特别重视同客户之间的沟通。每一个服务员都要接受一系列培训，如基本销售技巧、咖啡基本知识、咖啡的制作技巧等。要求每一位服务员都能够预感客户的需求。星巴克坚持每一位员工都拥有最专业的知识与服务热忱。"我们的员工犹如咖啡迷一般，可以对顾客详细解说每一种咖啡产品的特性。只有通过一对一的方式，才能赢得信任与口碑。这是既经济又实惠的做法，也是星巴克的独到之处！"

2. 培训的途径和方法

（1）培训的途径。培训主要有两条基本途径：一种是业余培训，另外一种是专业培训。业余培训是访问员自己利用业余时间完成充电式学习，这是提高专业访问员素质的有效途径，也是调动访问员树立终身学习意识、培养学习积极性的重要方法，它具有投资少、见效快的特点。专业培训则是一种比较正式的系统训练方法，它要求访问员集中精力和时间进行系统学习。一般也可以采取两种方式：一是参加所举办各种类型的专业的访问员培训班；另一种是继续深造，根据访问员的工作特点和本部门的需要，送他们到各类经济管理院校相应专业，系统学习一些专业基础知识、调查业务知识、现代调查工具的使用知识等。这种途径能使访问员有较扎实的基础，但投资成本比较大，学习周期长。

（2）培训的方法。培训方法主要有以下几种，培训时可根据培训目的和受训人员情况选择一种或者几种来综合加以应用。

1）课堂集中讲授方法。这是目前培训中普遍采用的主要方法，优点是针对性强、讲求实效。和其他大部分培训相同，这种方法也是基本采取课堂授课的方式对访问员进行培训，授课老师一般是由市场调查的主要策划人来担任。培训重点是结合之前所设计的市场调查策划书，对调查课题的意义、目的、要求、内容、方法及调查工作的具体安排等进行讲解；在必要的情况下，还可讲授一些调查基本知识，介绍一些背景材料等。当然，在资源充足的情况下，还可聘请一些经验比较丰富的市场调查专家交流经验。

2）模拟调查训练法。模拟调查训练法即人为地制造一种调查环境，由培训者和受训者

⊖ 资料来源：http://bbs.chinaacc.com/forum-2-49/topic-1663724.html。

或受训者之间相互分别装扮成调查者和被调查者，进行模拟调查。模拟调查应该说是调查人员的"实验田"，经过课堂集中讲授之后访问员对调查的内容和要求有了一个基本的认识和了解，同时也掌握了一些基本的调查方法，唯一缺乏的就是没有市场调查的实践，所以应该为访问员提供机会去实践和验证课堂上的知识，练习某一具体的调查过程。模拟时，要将在实际调查中可能遇到的各种问题和困难表现出来，让受训者做出判断、解答和应对处理，以增加受训者的经验。采用这种方法，应事先做好充分准备，这样模拟时才能真实地反映调查过程中可能出现的情况。

3）召开会议法。一般有两种形式的会议：一是开研讨会，主要就需要调查的主题进行研究，从拟定调查题目到调查的设计、资料的搜集和整理以及分析调查的组织等各项内容逐一研究讨论共同修正确定；二是开经验交流会。在会上，大家可以相互沟通交流，互相介绍各自的调查经验、先进的调查方法和手段以及成功的调查案例等，以集思广益、博采众长、共同提高。

4）以老带新实践法。这是一种传统的培训方法，它是由有一定理论和实践经验的人员，对新接触调查工作的人员进行亲自指导，使新手能尽快熟悉调查业务，在实践中发现各种问题，在实践中培养应变能力和处理解决问题的能力，从而使新人尽快成长和提高。这种方法能否取得成效，取决于教者是否无保留地传授，学者是否虚心求教。当然，常言道"师傅领进门，修行看个人"，受训者想要真正掌握调查要领，还要自己去努力。

二、调查实施过程中的管理

之所以要加强市场调查实施过程中的管理，其目的就是要确保调查资料的真实可靠性，并合理控制时间和资金成本，以保证后续工作的顺利有序开展。

（一）确保调查资料的质量

市场调查的各项准备工作完成后，开始进行实地调查工作，为了确保调查资料的真实可靠性，组织实地调查要做好以下两方面工作：

1. 做好实地调查的组织领导工作

实地调查是一项相当复杂烦琐的工作。每一个环节都要严格按照事先编制的市场调查策划书进行。例如，划定调查区域，确定每个区域调查样本的数量、访问员的人数、每位访问员应访问样本的数量及访问路线；明确调查人员及访问员的工作任务和工作职责，做到工作任务落实到位，工作目标、责任明确。又如，某个调查项目，调查样本数为 1000 人，并要求调查男性 600 人，女性 400 人，调查对象的男女比例为 3：2，则要求每个访问员所调查样本的男女比例都应控制为 3：2，从而保证对总样本中男女比例的控制。

2. 做好实地调查的协调、控制工作

调查组织人员要及时掌握实地调查的工作进度完成情况，协调好各个访问员的工作进度；要及时了解访问员在访问中遇到的问题以帮助其解决，对于调查中遇到的共性问题，提出统一的解决思路和办法。要做到每天访问调查结束后，访问员首先对填写的问卷进行自查，然后由督导员对问卷进行检查，找出存在的问题，核查调查信息的真实可靠性，以便后面工作的改进和开展。

（二）严格控制成本

成本控制主要包括两个方面：一个是时间成本，另外一个是资金成本。为了确保市场调查任务的如期完成，时间进度安排十分重要，如果实地调查没能如期进行，一方面可能影响到资料收集的时效性，另一方面甚至可能会影响到后续工作的开展。因此，在市场调查实施过程中，应严格按照市场调查策划书所规定的时间进度来进行，某个访问员某天该调查多少个样本，该完成多少工作量，一定要尽量按时保质完成。此外，资金成本控制也很重要，因为每次调查任务都涉及相应经费的开支问题，而在调查策划书的编制时就有一个基本的预算，比如人力经费即调研人员的报酬、物资经费即问卷及相关有用资料的复印费甚至包括给被调查者的礼品费等、差旅费即访问人员的交通费用等，都必须尽可能严格控制在之前的预算范围之内，因为每一个环节都有相应的费用预算，只有这样才能保证整个调查任务的顺利开展。

📖 关键词

市场调查过程 Market Research Process
市场调查策划书 Market Research Planning Document
市场调查方案 Market Research Programs
时间成本 Time Cost
资金成本 The Cost of Capital
质量控制和管理 Quality Control and Management
访问员的挑选 Interviewer Selection
访问员的培训 Interviewer Training

思考题

1. 市场调查的基本过程包括哪些步骤？
2. 市场调查策划书的基本格式主要包括哪些内容？
3. 市场调查访问员应具备哪些基本素质？应如何挑选？
4. 如何对参与市场调查的访问员进行培训？
5. 市场调查策划书的撰写应该注意哪些问题？
6. 某市为制定经济适用房建设和分配政策，特准备对该市居民家庭的住房情况进行一次调查。试根据所学内容，制定出一个周密的市场调查方案。

案例分析讨论

中国粮油食品进出口总公司调查案例

一、背景资料和调查目的

中国粮油食品进出口总公司（以下简称粮油公司）自 20 世纪 60 年代开始向日本出口冻鸡，销路一直较好，70 年代中期日本冻鸡市场竞争加剧，中国冻鸡出口呈下降趋势。粮油公司的调查目的是要重新确定目标市场和调整市场营销策略，以应付激烈的竞争，制定具体的调查目标如下：

（1）识别主要的竞争对手。
（2）评估中国冻鸡与竞争者的冻鸡在质量、品种、规格和包装方面的差异。
（3）研究日本消费者对冻鸡的消费偏好和购买行为。

（4）判断不同类型的消费者对冻鸡不同的态度和要求。

（5）确定对不同消费人群各自具有吸引力的价格。

（6）确定有效的促销和分销策略。

二、调查方案

粮油公司决定采用两种方法展开调查：

（1）二手资料调查。主要通过查阅和分析国内外公开发表的有关肉鸡饲养和加工方面的文章和资料，查阅各国有关肉鸡生产方面的统计资料，分析肉鸡饲料加工业的行业报告等来收集信息。

（2）实地调查。根据调查目标设计一份问卷，采用个人访问的方式进行资料收集。每次访问时间为 30～45min，在访问期间，对于一些敏感性问题另附一份自答问卷，让访问对象自己填写。

三、抽样方案

抽样样本确定为 500 人，其中包括饮食业用户和其他团体用户的一些管理人员，样本将从日本的 5 个主要大城市中根据概率抽样方法抽取，抽样的分配比率大致如下：

家庭妇女	50%
饮食业用户经理	25%
团体用户经理	25%

四、资料收集

实地调查人员的招聘由日本友好商社帮助进行，每个城市约选 4 人进行采访，由日本友好商社进行监督管理，采访工作拟在 1 周内完成。

五、资料处理和分析

使用标准的编辑和编码程序处理资料，使用方差分析（ANOVA）法对资料进行统计分析。

六、调查报告

使用书面形式报告调查结果。

七、成本预算

全部调查项目的成本预算为 5000 美元，浮动幅度为 10%。

八、时间安排

调查计划阶段	2 周
二手资料调查	2 周
实地调查	1 周
计算机处理资料	2 周
资料分析	1 周
撰写调查报告	1 周

整个项目拟在 7 月底以前完成。

案例思考题：

1. 市场调查策划书包括哪些内容？

2. 该调查策划书存在哪些问题？如何进行修改和完善？

第三章 资料收集方法(一)

本章要点

- 二手资料的含义与分类
- 二手资料的来源
- 文案调查的步骤
- 网络调查的方式

导入案例

日本人如何得到大庆油田的情报

20世纪60年代,日本出于战略需要,非常重视中国石油的发展,于是把大庆油田的情况作为情报工作的主攻方向。当时,大庆油田的具体情况是保密的。然而,由官方对外公开播发的极其普通的旨在宣传中国工人阶级伟大精神的照片,在日本信息专家的手里变成了极为重要的经济信息,由此揭开了大庆油田的秘密。

从1966年7月的一期《中国画报》上,日本人看到铁人王进喜的照片,根据王进喜的着装判定"大庆油田是在冬季为零下30℃的东北北部,大致在哈尔滨与齐齐哈尔之间"。通过分析照片中炼油厂反应塔上的扶手栏杆的内径,计算出原油加工能力为每日3000m³。

1966年10月,日本人又从《人民中国》上找到了王进喜的事迹,分析得知大庆油田在1959年以前就开钻了,具体位置在马家窑,并且大体上知道了油田的规模。根据这个油田的出油能力和炼油厂规模,日本人得出结论:中国将出现炼油设备不足的状况,急需进口大量设备。

这就是日本三菱重工财团的商业情报研究。随后,三菱重工财团迅即集中有关专家和人员,全面设计出适合中国大庆油田的采油设备,做好充分的夺标准备。果然,不久中国政府向世界市场寻求石油开采设备,三菱重工财团以最快的速度和最符合中国要求的设备获得中国巨额订货,赚取了一笔巨额利润。

启示: 每天的经济生活中,我们接触到大量的信息,却很少有人精心系统地收集整理并从中提取所需信息。其实市场调查并非都需要大量的资金成本,只要我们认真科学地收集二手资料,同样可以收到事半功倍的效果。

本章将围绕二手资料的含义和类别、文案调查和网络调查进行阐述。

第一节　二手资料的收集

一、二手资料的含义

二手资料是相对于一手资料而言的。市场信息最初以分散状态存在，并未构成可直接利用的资料。例如某企业的工作日进度，用产品的完成量来衡量，原始信息就是指其工人每天的实际完成量。一手资料是通过日报表形式汇总而形成的工作量汇总表及其分析。可见，一手资料也叫原始资料，是指调查人员为解决特定问题而通过现场实地调查，直接向有关调查对象收集的资料。它是调查活动中所产生的各种文字和数据资料，原始资料是调查的基础。

上例中，如果该企业的主管人员在工作报告中引证此项工作量来说明该企业内部管理中存在的问题，该信息在此报告中的出现就属于二手资料。二手资料也叫次级资料，是根据调查活动的需要，对原始信息进行加工、处理和分析后所形成的信息。也就是说，二手资料是经过他人收集、记录、整理所积累的各种数据和资料。二手资料是为了其他目的以前已经收集好的，因此不一定与当前的调查主题密切相关。

二、二手资料的分类

二手资料可以从不同的角度来划分，通常有以下五种划分方式：

（一）按资料来源不同划分

按资料来源不同，二手资料可分为外部资料和内部资料。

1. 外部资料

外部资料（External Data）是指那些从公司以外的机构收集的资料。例如从公开发行的报纸、杂志上获得的各类信息。外部资料的来源通常有以下几个：

（1）公共机构

1）各高校和各省市的图书馆、档案馆。

2）政府机构，如工商、物价、统计、商务部门，我国的国际贸易促进委员会及各地分会也掌握着大量的国外销售和投资方面的信息。

3）各行业协会和消费者组织。行业协会（商会）通常能为市场调查人员提供的信息有：他们成员的名单、当地商业状况和贸易条例的信息、有关成员的资信以及贸易习惯等。大商会通常还拥有对会员开放的商业图书馆，非会员也可前去阅览。各行业定期组织同业峰会，在这些会议上，还可以搜集到其他企业的大量信息。因为很多会议除提供论文、产品说明书、产品目录这类资料外，还有各展台的文字图片介绍、科技或市场信息手册、交流活动中产生的大量文件等，其中都含有大量的市场信息。

4）各科研单位，如高等学校或学术团体。

5）国际组织，如经济合作与发展组织，国际货币基金组织，国际贸易中心，驻外使、领馆，各国际组织的驻华机构，世界银行等。

（2）新闻出版部门。电视、广播、报纸、期刊、书籍、论文和专利文献等类似的传播媒介，不仅含有技术情报，也含有丰富的经济信息，对预测市场、开发新产品、进行海外投资具有重要的参考价值。

1）报纸杂志，如《经济日报》《国际商报》《中华工商时报》《中国经营报》《经济研究》《管理世界》《销售与市场》等。

2）统计公报，如《中华人民共和国统计年鉴》和各省的统计年鉴。

（3）调研公司特别是辛迪加组织或其他企业。各种各样的辛迪加服务调研公司（如 AC 尼尔森公司）定期进行调查，它们使用预先设计的问卷对大量样本进行访谈，因此辛迪加数据是外部二手资料的另一个主要来源。这些数据包括心理测量和生活方式、广告评估、一般性调查等。另外上市公司还会定期公布财务报表和其他公告，这也是获得二手资料的一个重要来源。

（4）因特网。可以通过各大门户网站、搜索引擎、论坛、电子公告牌系统（BBS）、新闻组、电子邮件等收集到大量二手资料。此内容将在本章第三节详细介绍。

（5）数据库。数据库可分为在线数据库（Online Database）、因特网数据库（Internet Database）和脱机数据库（Offline Database）。在线数据库由通过电信网络与计算机相连的中心数据库构成。因特网数据库可以在因特网上被获取、检索和分析，还可以下载数据并储存在计算机或其他辅助存储设备中。脱机数据库将信息存储在磁盘和只读光盘（CD-ROM）上以供使用，不必借助外部电信网络，用户就能在当地使用脱机数据库。

数据库还可进一步分类为文献摘要数据库、数字数据库、全文数据库、目录数据库和专门数据库。

1）文献摘要数据库。文献摘要数据库由杂志、报纸、市场营销研究、科技报告、政府文件等文章的引用信息构成，往往提供所引用文章的摘要或者概要。例如，能源文献摘要库（Energy Citations Database）、全国报刊索引数据库等。

2）数字数据库。数字数据库包含数字和统计信息。一些数字数据库提供关于经济和特定行业的时间序列数据，例如国家商务部统计数据库、商务部产业安全数据库等。还有以普查为基础建立的数字数据库，例如全国工业普查数据库、全国污染源普查数据库等。

3）全文数据库。全文数据库包括数据库源文件的全文，如中国知识资源总库、维普数据库、国研网等。

4）目录数据库。目录数据库提供有关个人、组织和服务的信息。例如全国期刊联合目录、中国电子黄页等。

5）专门数据库。例如市场战略对利润的影响（Profit Impact of Market Strategies，PIMS）数据库，是关于企业战略研究和分析的及时更新的数据库。

目前，各大高校的图书馆基本都有相关的数据库供读者免费使用。

2. 内部资料

内部资料（Internal Data）是指调查活动的委托方组织内部产生并记载的资料。内部资料可能以现成的、可以直接使用的形式出现。随着信息化程度的提高，越来越多的企业已经建立起内部局域网，安装企业资源计划（ERP）系统、客户关系管理（CRM）系统或供应链管理（SCM）系统。例如，可口可乐公司开发出了功能强大的局域网应用软件，位于全球各地的可口可乐经理根据关键词就可以在线搜索或获取过去和当前的研究，以及各种与市场营销相关的信息。

内部资料主要是收集企业经济活动的各种记录，包括：

（1）业务资料。业务资料包括与企业业务经营活动有关的各种资料，如订货单、进货单、发货单、合同文本、发票、销售记录、业务员访问报告等。通过对这些资料的了解和分析，可以掌握本企业所生产和经营产品的供应情况，分地区、分用户的需求变化情况等。

（2）统计资料。统计资料主要包括各类统计报表，企业生产、销售、库存等各种数据资料，各类统计分析资料等。统计资料是研究企业经营活动的数量特征及规律的重要定量依据，也是企业进行预测和决策的基础。

（3）财务资料。财务资料是由企业财务部门提供的各种财务、会计核算和分析资料，包括生产成本、销售成本、各种商品价格及经营利润等。财务资料反映了企业劳动占用和消耗情况以及所取得的经济效益，通过对这些资料的分析，可以确定企业的发展前景，考核企业的经济效益。

（4）企业积累的其他资料。这些资料如各种剪报、调研报告、经验总结、顾客意见和建议、同业卷宗及有关照片和录像带等。这些资料都对市场研究有一定的参考作用。例如，根据顾客对企业生产的产品质量和售后服务的意见，就可以研究如何对其加以改进。

（二）按连续性不同分类

按连续性不同，二手资料可分为正规资料和非正规资料。

正规资料是指定期汇编的，可与各个时期进行比较的资料，如月刊、季刊和年鉴等。非正规资料是指除正规资料以外的其他资料，如"城乡家庭家具调查报告""产品质量报告"等。

（三）按物理特点不同分类

按物理特点不同，二手资料可分为纸载资料和机读资料。

纸载资料是指以纸张为载体的资料，包括印刷资料、复印资料和手写资料，如统计报表、调研报告。机读资料是指借助机器才能查询、阅读或使用的资料，如数据库资料、电视、广播、录音、录像和网络声像资料等。

（四）按信息的范围不同分类

按信息的范围不同，二手资料可分为宏观资料和微观资料。

宏观资料是关于调查对象外部环境的各种信息，如国民经济发展情况、居民购买力、股市行情、商品供求状况等信息。微观资料是反映调查对象个体的各种信息，如个人简历、习性爱好、某日活动情况等。

（五）按是否适宜公开分类

按是否适宜公开，二手资料可分为秘密资料和可公开资料。

秘密资料是指不对公众提供，仅在限定范围内合法阅取的资料。它具体又包括：

（1）法定的秘密资料。它通常是官方或半官方机构的有密级文件。

（2）商业秘密。它属于可受法律保护的知识产权范畴，通常是指企业内部的财务、营销策略、管理制度等竞争情报方面的资料。

（3）约定的秘密资料。它是以合约方式约定的，持有人负有保密义务的资料。例如，商业调查项目中通常都会在委托合约内规定，在一定的年限内调查机构"承担对本项研究成果的保密义务，未经委托人同意不得对外公布、转让"。

可公开资料是指对获取对象没有限定条件的资料。可公开资料的范围相当广泛，又可分为无偿取得的公开资料（如媒体信息和相当大一部分的政府统计数据）和有偿取得的公开资料（如可销售的调研报告）。

三、二手资料与原始资料的区别

与原始数据相比，二手资料可以在更短的时间内迅速便捷地收集到，且成本相对较低。二手资料与原始资料的区别具体见表3-1。

表3-1　二手资料与原始资料的区别

比　较　项	原始资料	二手资料
收集目的	为了当前的调研主题	为了其他调研主题
收集程序	非常复杂	快且容易
收集成本	高	低
收集时间	长	短

除此以外，二手资料与原始资料相比的优势还包括以下几点：

（1）有助于明确调查主题。二手资料在探索性研究中起着非常重要的作用。例如，银行要调查其在顾客心目中的形象。通过收集二手资料可以发现，银行的顾客包括零售顾客、会计人员和关联银行，如此调查主题可改为测量在三类顾客中的银行形象。

（2）可以提供一些解决问题的方法。管理者所面对的问题，以及下达给市场调查者的问题，从很大程度上来说不可能是从未遇见的，很可能曾经有人研究过同样的或类似的问题。有时，二手资料能直接符合研究的主题，从而不需在当前的调查中重复类似的问题。

例如，许多行业都有生产商名录，记载了各生产商的地址、市场、产品名录、工厂数量、主要领导的姓名、员工数量以及销售水平等信息。例如，一家为半导体企业进行咨询的公司需要有关潜在客户的地区性简介，就可以利用半导体生产商名录来编辑这份简介，而无须收集原始资料。

小案例3-1：阿托搬家公司的命名

1977年日本阿托搬家公司的创始人夺四千代通过查看电话黄页，发现电话簿是按行业分类、按日语字母顺序排列的，她就给自己的公司取名为"阿托搬家中心"，以保证电话黄页中本公司在同行业中排在第一位，同时，她又在电话局的空白号码中，选了一个醒目又容易记的号码——0123。正因如此，公司开业后一炮而红，迅速成长为同业中名列前茅的企业。

（3）可以提供收集原始资料的备选方法。二手资料可以作为后续调查方案的参照基础。为提高原始资料收集工作的效率，市场调查者应广泛吸取提供不同收集方法的信息。比如：要为一个欲开拓网上业务的企业设计调查方案，在设计问卷之前就可以参考中国互联网络信息中心（CNNIC）的一项研究报告——《2009年中国网络购物市场研究报告》，报告中有抽样方法的介绍，设计问卷时也可以参阅报告。这样，不仅抽样方法和问卷可以借用，研究结果还可以与上述报告中的数据进行比较。

（4）提醒市场调研者注意潜在的问题和困难。除了提供方法外，二手信息还能暴露出潜在的危险，如某种调查方法不受欢迎、样本选择有困难或被调查者有敌对情绪等。假设调查者计划进行一项衡量对某种特定的兴奋药物满意程度的研究，通过查阅一项对麻醉学家的调查，可以发现电话调查的拒绝率很高。那么，这位调查者应将原定的电话调查改成邮寄问卷，并对回复者给予奖励，以提高响应率。

（5）提供必要的背景信息以使调查报告更具说服力。二手资料能为设计调查方案提供大量的背景信息。它能够粗略地概括出潜在的顾客和非顾客、产业数据、新产品所需的特别广告、购买者在描述该产业时所使用的语言方式，以及新产品和已有产品的优缺点等。了解目标消费者使用语言的方式，有助于组织问卷的语言，使被调查者更准确和全面地理解问卷。有时二手资料能提供对调查资料的进一步分析，或者是对当前的发现提供支持，从而丰富调查发现。较权威的二手资料还可帮助验证样本的有效性。

所以，收集二手资料是进行市场调查研究的先决条件，分析二手资料能够为收集原始资料打下基础，只有当二手资料已经得到充分利用或产生的边际回报很小时，才有必要展开一手资料的收集工作。

除了有上述优点外，二手资料还存在着一些危险和错误：

（1）缺乏可得性。对于某些问题，可能并不存在二手资料。如果麦当劳想了解它在武汉市民心目中的形象，由于目前没有企业做过这方面的调查，并无二手资料可查，就必须去收集原始资料。同样，如果福特公司想了解大学生对新款两座跑车的反应，市场上没有企业做过这一调查，也必须向学生们展示跑车原型然后评价他们的意见。所以，与某些新问题、新产品的评价等相关的二手资料缺乏可得性。

（2）缺乏相关性。许多二手资料因为形式和方法上的原因而不能直接为调查者所用，致使所收集和整理的二手资料与调查目的、决策要求不能很好地吻合。例如，王先生是地毯零售商，其主要目标顾客是年收入在 40 000~80 000 元的家庭。当他考虑是否在广东省内另一个城市开一家分店时，他收集到两份二手资料：2011 年的信息资源提供的阶层划分是从 30 000~50 000 元，50 000~70 000 元，70 000~90 000 元，以此类推。2013 年另一个二手资料来源将收入划分为低于 15 000 元，15 000~30 000 元和 30 000 元以上。很显然，这些收入信息不适用。即使收入阶层资料符合王先生的需要，他又遇到了另外的问题：缺少最新的公开资料。

小案例 3-2：使用和侦察——网上儿童数据库

在糖果制造商哈曼·利兹有限公司（Herman Goelitz Inc.）的万维网上，圆圆的吉祥物 Jelly Belly 先生总是对许多孩子具有吸引力，免费提供给参观者一盎司大豆果冻——只要他们在购买大豆时留下自己的姓名、地址、性别、年龄及购买地点。

成千上万个上网者成为经营者们追踪的热点。公司希望争取到热情开放的观众而不是那些埋头于垃圾邮件的成人。公司经常用游戏或竞赛来取悦那些孩子。但是，要想玩，孩子们需要填写关于他们自己、他们的家庭和朋友的调查问卷。这些有价值的数据，将被专业的人员加工整理出来，储存在营销数据库中。

公司努力地从网上浏览者身上获取点滴细节，不管他有多小。在微软公司的儿童网页上，用于登记的客人名册包括姓名、电子邮箱和家庭住址等信息。在回答关于上网他们想做什么的问题时，不管是男孩还是女孩，孩子们都得到很好的鼓励。但他们也被提问："……微软代表能和你联系吗？"如果可以，"请留下你的电话号码和邮政编码。"

（3）缺乏准确性。市场调查要求所搜集的信息资料必须有科学的依据，信息来源要可靠。如果信息失真，决策就会被误导。二手资料因收集者、发布者、转载者的业务素质、工作态度等原因，会有许多潜在的错误，缺乏准确性。通常从以下几个方面来判断二手资料的准确性：是谁搜集的信息？调查的目的是什么？搜集的是什么信息？信息是何时搜集的？信息是如何搜集的？所获得的信息是否与所需要的信息一致？等等。要提高资料的准确度，调查人员应当深入研究获得这类二手资料时所用的方法，推敲一下它们是否能经得起科学考验。比如，有些部门提供的数据只是估计数，准确性不高。另外，由于调查过程中的抽样误差和系统误差无法完全避免，如果一份调查报告没有注明任何可能存在的误差和误差范围，没有进行任何的误差分析，那么调查人员应该对其准确性持有必要的怀疑态度。

（4）资料不充分。即使调查者确定资料是可获得的、相关的，而且是准确的，但还是不足以据此做出决策或完全解决问题。沃尔玛折扣商店的一名管理者要从美国艾奥瓦州的五个人口在 2 万以下的城市中选择一个建立新店。它可能拥有充分的关于收入、家庭规模、竞争对手数量和增长潜力的二手资料，然而，因为缺乏关于所选城市交通情况的资料，所以必须收集原始资料，才能为新店选择明确的地点。

四、收集二手资料的要求

收集二手资料往往是资料收集工作的第一步，为更好地发挥二手资料的优势，使之成为营销决策的依据，或为后续的实地调查活动创造条件，收集二手资料时应严格遵循以下原则：

1. 真实性原则

真实性原则也叫可靠原则，是指对所获二手资料要认真鉴别和筛选，以保证获得准确的、有效的而且是可靠的信息，能够真实地描绘出现实情况。

2. 及时性原则

二手资料大多是历史资料，而营销领域瞬息万变，过时的信息很容易导致错误决策。所以调查人员在信息搜集过程中，要考虑所收集资料的时间是否能保证调查的需要，摒弃过时的、与市场当前状况不相符的资料内容，确保资料能准确反映市场变化的规律性。

3. 针对性原则

这是二手资料调查的首要原则，也是选择二手资料的最主要标准。在信息爆炸的时代，案头放着的资料可能很多，关键问题是，调查人员能否根据特殊需要对现成资料进行辨别，着重收集与调查主题紧密相关的资料。调查人员必须研究他所找到的资料是否最能切中问题的有关方面，所搜集的信息必须有助于营销问题的认识和解决，所有信息最终都应该与营销决策有关，任何牵强附会只能使调查结果得出错误的结论。

4. 完整性原则

必须全面、广泛，从不同渠道，利用各种机会，采集系统、完整的信息资料。一般说来，收集的二手资料既要有宏观资料，又要有微观资料；既要有历史资料，又要有现实资料；既要有综合资料，又要有典型资料。这样才能在分析中保持二手资料的准确性，并有效地加以利用。

5. 经济性原则

二手资料调查最主要的优点是省时省费用。因此，人们在选用二手资料时应该考虑这些问题：所需的资料是否能被调查人员迅速、方便、经济地使用？一般只有在迫切需要信息时才会使用昂贵的资料来源。另外，还要注意二手资料取得的阶段性任务，切不可为求深入全面，而使得工作拖沓，费用过高，违反经济效益原则。

第二节 文案调查

一、文案调查的概念与作用

文案调查（Desk Research）又称案头调查、室内调查或者间接调查法，是指调查研究人员通过收集各种历史和现实的动态文献资料，从中摘取与市场调查课题有关的情报并在办公室内进行统计分析的调查方法。

在市场调查中，文案调查有着特殊的地位，其作用主要表现在以下四个方面：

1. 文案调查可以发现问题并为市场研究提供重要参考

在调查实践中，文案调查常被作为首选方法。几乎所有的市场调查活动都可始于收集现有的二手资料，了解目前有哪些已知信息，避免无谓的重复性研究，只有当现有资料不能为认识和解决调查主题提供足够的依据时，才有必要进行实地调查。

2. 文案调查可以为实地调查创造条件

文案调查可为实地调查提供经验和大量背景资料，具体表现在：

（1）通过文案调查，可以初步了解调查对象的性质、范围、内容和重点，提供实地调查无法或难以取得的各方面的宏观资料，便于进一步开展和组织实地调查。

（2）文案调查所收集的资料可用来证实各种调查假设，帮助探讨各种市场现象发生的原因并进行说明，即可通过对以往类似调查资料的研究来指导实地调查的设计，用文案调查资料与实地调查资料进行对比，鉴别和证明实地调查结果的准确性和可靠性。

3. 文案调查可用于有关部门和企业进行经常性的调查

实地调查费时费力，操作起来比较困难，故不能或不宜经常进行，而文案调查如果经调查人员精心策划，尤其是在建立企业及外部文案调查体系的情况下，具有较强的机动性和灵活性，能随时根据需要搜集、整理和分析各种调查信息，定期为决策者提供有关的市场调查报告。

4. 文案调查有助于正确理解和使用原始资料

借助文案调查可以了解许多与问题的背景环境相关的因素，有助于澄清现有的调查议题，帮助鉴定、证明实地调查资料的可信度。还能为研究人员提供一个概念框架，帮助其更好地研究与解释自己或他人的研究成果。

二、文案调查的步骤

文案调查的组织工作虽然相对简单，但一些基本的程序是调查人员所必须共同遵循的。文案调查的步骤如下：

1. 确定市场调查目的，辨别所需信息

资料收集过程始于调查者与委托方深入沟通并确定调查目的，就调查内容的涵盖范围达成一致意见。为圆满实现调查目标，避免调查问题订立错误或过于笼统，导致调查方向不够精准或贸然投入的缺陷，调查人员应自我充实相关行业知识，还要主动要求委托者提供必要的资料及其他必要协助。必要时市场调查员应主动要求对方指定业务联络人，以协助调查时突发事件的处理。此阶段还要确定提交调查报告的最后期限。

2. 拟订详细调查计划

确定调查目的后，可依调查范围大小和深入程度不同决定资料收集方向。接着要判断调查属于描述性调查还是验证假设问题的调查。文案调查以描述性调查为主，对验证假设的调查作用不大。调查人员应自由发挥想象力，系统思考调查目的，形成调查框架，并将调查框架和轮廓与其他相关人员交谈，借助他人客观地评价，以确定自己的想法是否正确并补充遗漏的项目。

拟订计划时，调查人员应详细列出各种调查目标并按其优先级别排序；再列出各种可能使用的资料及其来源；然后列出各类协助调查人员及其学识能力；预计使用的时间和最后完成的日期，为适时完成调查任务，通常借助甘特图或计划评审技术（PERT）流程图来妥善安排日程；最后要对调查成本进行估算与控制，避免造成无谓的浪费；还要计划好如何训练调查人员和分配工作。

3. 展开相关资料的收集

辨明信息源后，研究者要从各种可能的来源，利用关键词依次索引寻找可供利用的资料和档案。主要方法有网上搜索、查找、索取、交换、有偿购买等。

4. 评估资料

收集到案头资料后，应加以评估过滤，排除不可靠、不必要的资料，加以重点摘要，使之进入可使用状态。在过滤资料时，应秉持质疑态度和原典主义的原则，避免资料夸张、渲染及曲解。评价的具体标准主要包括内容、时间、准确性、目的等。

（1）案头资料的来源真实可靠。案头资料的来源是正确性的关键。国家机构和大型商业调研机构等专业研究机构提供的资料往往真实性较强。而在查阅会议资料时应该特别谨慎，如一个商会总是要展示其好的一面，同样行业协会也总是坚持自己的立场。

（2）调查目的清楚。进行案头资料评价时，首先要考虑"最初为什么收集这些数据"。了解调查的动机有助于评判调查过程中是否存在为实现某一目的而夸大事实的行为，可以提供一些评估资料质量的线索。例如，曾经有广告商被他们的客户雇用，评价广告方案的影响力。换句话说，要求广告代理商自己评价他们为客户工作的质量。对于这样的调查结论，要持谨慎态度。

小案例 3-3：可处理尿布的两次调查结果

美国可处理尿布行业是在 20 世纪 60 年代出现的。但到了 20 世纪 80 年代末，其环境因素变得非常敏感，购买老式棉尿布的顾客数目成倍增长。而且有 12 个以上的州立法机构正在考虑对可处理尿布出台禁令、加税甚至在它上面贴上警示标签。于是有公司进行了有关可处理尿布和棉尿布对环境影响的对比研究，发现可处理尿布对环境的危害没有超过可再生的棉布尿布。很快反对可处理尿布的运动消散了，是谁执行的研究呢？是在可处理尿布市场上份额最高的宝洁公司请 Arthur D. Little 国际咨询公司进行的。可是为什么 1988 年，一项研究却表明可处理尿布产生大量的废弃物并对环境产生破坏呢？谁赞助的这个项目？棉布尿布行业！

（3）资料的性质和内容准确、统一性好。调查所得资料与实际所需资料之间可能出现偏差，因此调查者应准确判定所收集的是什么样的信息资料，对数据的性质和内容进行检验。要特别注意关键变量的定义、测量单位、分类方法和所检验的关系，评价各种资料之间的一致性。例如，在一项狗食品调查中，是否对听装、脱水和半湿食物的购买者都进行了面谈，或是只对一两种食物的购买者进行了调查？在美国对选举人的调查中，是否只与民主党党员或共和党党员进行了面谈？是否所有的受访者都确是注册登记的选民？是否做了任何尝试以查明受访者在下次投票中的倾向？是否用了主观资料来推断实际行为？

（4）信息搜集时间符合文案调查要求。为鉴别案头资料的科学性，还要分析调查者收集资料的时间段能否保证信息的代表性。例如，一项只调查周末顾客的调研不能反映出"典型的"光顾某购物中心的顾客，在上午9点至下午5点做的电话访谈不能反映上班族的情况，对夏季桂林游客做的调查可能反映出与冬季游客不同的动机和兴趣。

（5）信息搜集方式明确。搜集数据时所使用的具体方式、样本容量和抽样方法要经过严格审核，以便发现可能存在的偏差。例如，问卷的设计、填写、发放程序是怎样的，资料是通过邮寄、电话还是个人访谈的方式收集的？采用什么方式抽选样本？样本容量是多少？调查误差是如何测算的？回收率是多少？是否与决策者或者决策者的代表进行了面谈？简而言之，调查者必须努力辨明由于信息搜集过程而带入资料中的偏见。

5. 资料调整、衔接及融会贯通

文案调查通常使用两种以上的资料档案，各种资料之间难免有矛盾现象，或有互补作用；调查人员应用自身的学术知识和判断能力，借助演绎法或归纳法，进行资料的衔接和融会贯通。

经整理后的资料必须结合其他资料，才能发现资料间的比较作用或互补作用。还要对相同特性的资料做必要的调整及补足，把不同计量单位转换为标准单位；对调查资料做逻辑性探讨。此外，要将整理后的数字作成曲线图、条形图、饼图等统计图，或使用百分数、指数、平均数、时间数列、相关系数及回归分析等统计数字，然后进行必要而深入的分析与解释。

6. 调查报告的制作

将融会整理后的资料，依照资料脉络所显示的趋势及重要内容，形成调查结论。由于文案调查资料不可能是完整的，调查报告的结论也不必苛求十全十美。至于调查报告的标准格式和具体要求将在本书有关章节详细介绍，此处从略。

三、文案调查的方法

文案调查主要有文献资料筛选法、报刊剪辑分析法、情报联络网法和网络搜索法等几种方法。

1. 文献资料筛选法

文献资料筛选法是指根据调查目的从各种文献资料中有针对性地分析和筛选出与调查主题相关的信息和资料。在我国，此方法主要是指从图书、科研报告、会议文献、论文、专刊、档案、政策条例、内部资料、地方志等印刷出版的文献资料中筛选。印刷出版的文献资料传播广泛，方便系统积累和长期保存，是企业获取市场信息的最主要来源。

2. 报刊剪辑分析法

报刊剪辑分析法是指调查人员从各种报刊所登载的文章、报道中，分析和搜集情报信息。报纸、杂志、广播、电视作为传统的四大传播媒介，每天传播着各类时事新闻，反映瞬息万变的市场形势。很多企业都设有专人负责观察、搜集和分析各类报刊所载信息，以获取与企业经营相关的情报信息，及时发现并利用市场机会。

小案例3-4：康师傅方便面通过二手资料分析进入大陆市场

20世纪90年代初期，中国大陆有400多条方便面生产线，企业之间的竞争十分激烈。当时生产康师傅方便面的在我国台湾只是一家很不起眼的小企业。他们通过对公开媒体的调查发现，大陆的方便面市场存在一个"需求空当"，即大陆厂家大多生产的是低档方便面，而中高档方便面却无人生产。他们认为，随着大陆经济的发展，人们生活水平的提高，对中高档方便面的需求必将越来越大。在调查中还发现，大陆厂家生产的方便面不太注重口味与营养，也未能达到真正的"方便"。基于这次调查，他们决定以中高档产品为拳头产品打入大陆市场。目前，康师傅方便面已形成红烧牛肉面、翡翠鲜虾面、香菇炖鸡面、上汤排骨面、炸酱面、辣酱面等十几个品种。

3. 情报联络网法

情报联络网法是指在全国各地或国外有限地区设立情报联络网，使信息可以通过联络网加以汇总并及时传输给决策者。由于人力、财力、物力所限，大多数企业只会选择在目标市场或潜在目标市场设立资料收集点。此方法涉及的范围广，可获得大量情报信息，对信息的综合能力强，有助于决策者客观评估市场形势，形成合理的科学决策。

4. 网络搜索法

通过网络查询可以更方便、快速、经济地收集到大量二手资料，具体步骤将在本章第三节详细介绍。

收集资料后，重点是对文献资料的分析利用。文献分析的方法繁多，而且在不断地完善。目前常用的是定性分析法和定量分析法。

（1）定性分析，也称为传统古典分析，是传统的分析方法。调查人员根据需要和观察将文献资料的原始形式改变为需要的形式，实际上只是对文献内容的解释和说明。传统分析时要进行外部分析和内部分析。外部分析就是分析文献的"来龙去脉"，弄清资料在何时、何地产生，当时的研究目标如何，文献的可靠性和可信度如何等。内部分析则是对文献内容的分析，包括把握文献最深刻、最隐蔽的内容，厘清文献的主题与核心思想，弄清实际内容与文字内容之间的差别等。传统分析是一种独立的创造性过程。这种过程取决于文献本身的形式和内容，取决于研究的目的和条件，取决于研究人员的丰富经验和创作直觉等。不过无论研究人员怎么认真、公正、客观地研究材料，其解释多多少少总是有主观性。

（2）定量分析，也称为内容分析或形式化的数学分析。所谓内容分析，是指对确切的文件内容进行客观的、系统的和定量的描述研究。它的基本特征在于将文字的、非常量的文献转化为定量的数据。这种方法的实质就是要在文献中找出必然能反映文献内容的本质方面而又易于计数的性质和属性。这样质的内容就变成可以测量的，可以进行精确的数量运算。分析的结果在相当大的程度上是客观的。内容分析的局限性在于并非所有的文献内容都能借助形式指标来测量，但这种分析方法把非统计性材料转化为可以进行统计操作的资料，以便能被计算机识别，大大加快了文献分析的进度和广度。内容分析已经在国外发展起来，在我国也越来越受到重视。

小案例3-5：广东香蕉如何通过二手资料分析进入欧洲市场

广东某上市公司是专营新鲜水果、新鲜蔬菜等农产品出口的企业，主要出口货物是香蕉，销往美国、西欧、日本等地。公司拟展开一次香蕉出口攻势。鉴于公司资源有限，只能把力量集中放在一个盈利潜力最佳的目标市场。从历史情况分析，芬兰、瑞典、英国、瑞士、西班牙和葡萄牙都是进口香蕉的国家，公司的管理部门要求调查人员从中挑选一个国家作为自己的香蕉出口目标市场。

公司的调查人员从经济合作与发展组织（OECD）所发表的贸易统计资料着手，开始文案调查。搜集到的六国香蕉进口数量如表3-2所示。

表3-2　各国香蕉进口数量统计表

香蕉进口国	1982 年进口金额/万美元	1983 年进口金额/万美元	1984 年进口金额/万美元	1984 年进口量/万 t
芬兰	4000	5000	7500	33
葡萄牙	1500	1600	1000	5
西班牙	900	1200	1500	5.5
瑞典	10 000	12 000	12 500	45
瑞士	12 500	15 500	15 000	45
英国	45 000	50 000	55 000	180

公司调查人员就市场规模、增长速度、单价三个方面，求出六国中香蕉出口最佳的目标市场。所做的案头分析见表3-3。

表3-3　各国市场状况分析

市场 国别	市场规模位次	增长速度位次	单价位次	排名合计	市场全貌
芬兰	4	1	5	10	4
葡萄牙	6	6	6	18	6
西班牙	5	2	4	11	5
瑞典	3	4	3	10	4
瑞士	2	5	1	8	2
英国	1	3	2	6	1

调查人员对市场规模、增长速度和单价进行综合分析，发现英国市场是盈利潜力最佳的市场。最后，经过位次排列分析，挑选英国作为该公司的目标市场，供公司管理部门决策时参考。

四、文案调查的局限性

文案调查可以超越时空条件的限制收集到比实地调查更广泛的信息资料，调查费用低、效率高，而且不受调查人员和调查对象主观因素的干扰。但是文案调查也有不足之处，其局限性表现在以下几个方面：

1. 时效性差

文案调查依据的主要是历史资料，随着时间的推移和市场环境的变化，过时资料比较多，现实中正在发展变化的新情况、新问题难以得到及时的反映。因此，文案调查获得的资料需要分析其时代、社会条件，结合现实情况创造性地加以利用。

2. 调查结果的准确性不高

文案调查受各种客观条件的限制，很难掌握所需的全部资料；所收集的资料都是为其他目的而取得的，与当前调查目的往往不能很好地吻合，数据对解决问题不能完全适用，而且资料数量急剧增加，质量良莠不齐，即使经过整理也难保证准确无误。例如，调查所需的是分月商品销售额资料，而我们所掌握的是全年商品销售额资料，尽管可计算平均月销售额，但精确度会受到影响。

3. 对调查人员素质要求较高，不利于组织调查

文案调查要求调查人员有较广的理论知识、较深的专业知识及技能、较强的判断能力；否则难以取得较好的效果。此外，由于文案调查所收集的二手资料的准确程度较难把握，在分析这些资料时通常使用难度较高的数量分析技术，有些资料是由专业水平较高的人员采用科学的方法收集和加工的，准确度较高，而有些资料只是估算和推测的，准确度较低，因此，调查时应明确资料的来源并加以说明。

第三节　网络调查

随着当代社会生活节奏的加快和生活形态的变化，市场调查需要一种更快速、便捷、容易触及目标消费者的新的调查方法。随着互联网用户数量的不断增加以及互联网技术和计算机技术的不断提高，网络调查这种新兴的调查方式受到了调查机构和企业的欢迎，得到了迅速的发展。

国外进行市场调查的方法已经历了面对面访问和电话访问这两个阶段，目前已经开始了第三个阶段——向网络调查方式转变。在欧美及日本等互联网比较发达的地区和国家，网络调查作为对传统调查方式的一种补充和替代，已经得到了广泛的应用。

国际互联网数据统计网站"互联网统计数据（Internet World Stats）"发布的最新数据显示，截至2014年6月，全球网民数量已经突破30亿大关，全球约42%的人口已经成为互联网用户，在当前的互联网用户群体中，亚洲地区数量最多，约有13.8亿个互联网用户。根据中国互联网络信息中心的官方数据，截至2014年6月中国的网民已达6.5亿。可以预见，21世纪网络调查将会成为主要的调查手段之一。

一、网络调查的定义、特点与步骤

（一）网络调查的定义

关于网络调查的名称、定义尚未统一。在国外，网络调查称为 Internet Survey、Web Survey、Online Survey、Electronic Survey 等。国内的叫法也不统一，有的称为"网络调查""在线调查"，也有的称之为"互联网调查""电子调查""网上调查"等。本书将名称统一称为网络调查，并定义为：网络调查是指企业利用互联网搜集和掌握市场信息的一种调查方法。它充分利用网络的特殊功能和信息传递与交换的技术优势，将企业需要的相关市场信息通过网络进行搜集、处理和分析，以获取有价值的数据和资料。

（二）网络调查的特点

与传统调查方法相比，网络调查可以节省时间、人力和费用，在组织实施、信息采集、信息处理、调查效果等方面具有明显的优势。其主要优点如下：

1. 经济性

网络调查的信息采集和录入工作通过分布在网上的众多用户终端完成，不需要派出调查人员，不需要印制调查问卷，信息检验和处理也由计算机自动完成。可见，网络调查可以节省访问员劳务、印刷、录入、复核、交通、联络等时间和费用，调查成本低，具有经济性。

2. 范围广

网络调查不受空间的限制，可以进行区域性调查，也可以进行全国性调查，亦可进行无国界的调查和商业咨询,实施大范围、大样本调查。

3. 周期短

网络调查的最大优点是信息处理速度快,可以和数据收集同步进行。将问卷直接放在网上,要求被调查者在线答题,被调查者只需轻点鼠标就可表明自己的立场,轻而易举地完成并很快提交问卷;被调查者在填写并提交问卷的同时,也就完成了问卷的录入过程。由于互联网的包容性,还可以同时进行多人答卷多人提交,不会相互干扰。可见,网络调查能够通过网络迅速地获取信息、传递信息和自动处理信息,可以大大缩短调查周期,提高调查的时效性。此外,网络调查还能进行24h的全天候调查,不间断地接收调查表,直到满足样本量的要求为止。一般资料收集时间可由过去的几周甚至一个月缩短到几天。

4. 互动性

网络调查能够直观地通过文字、图形和其他表现形式设计出多媒体问卷;网络调查员可以通过视听技术,与网民(自动被调查者)自由交谈,询问和解释各种调查问题,因而具有较强的互动性。网络调查可以实现传统调查难以实现或难以控制的"题目顺序循环""量表题选项循环"和"联合分析中卡片的随机抽取"等操作。另外,通过相关技术充分发挥声音、图形、动画等表现形式的优势,可以使不同的被调查者所看到的问卷更具个性化,有针对性,从而增加亲和力。

5. 客观性

与传统调查相比,网络调查的被调查者是匿名的、自愿主动参与的,如果对调查项目不感兴趣,他不会花费时间在线填写调查问卷。同时,被调查者在完全独立思考的环境下填写问卷,不会受到调查员和其他外在因素的误导与干扰,能最大限度地保证调查结果的客观性。

6. 可靠性

网络调查的信息质量具有可靠性,人们在网上回答时隐瞒较少,更愿意表达自己的思想。网络调查可以借助一些技术来提高信息的质量,主要表现在:

(1)在网络调查问卷上附加全面、规范的项目解释,有利于消除因对项目理解不清或调查员解释口径不一致而造成的误差。

(2)问卷的复核检验由计算机依据设定的检验条件和控制措施自动实施,在被调查者回答问卷的过程中实现"题目之间逻辑错误检查""多选题选项之间的逻辑错误检查""排序题序位混乱检查""数值题有效范围判定"等控制。也就是说,所有被调查者都是在完成全部问题并符合逻辑的前提下提交问卷的,这就避免了实地执行中后期查错、复核、补充样本等后续工作,可以有效地保证问卷检验的全面性、客观性和公正性。

(3)通过被调查者身份验证技术,可以有效地防止信息采集过程中的虚假行为。

(三)网络调查的步骤

网络调查五个步骤可以概括为图3-1所示的流程。

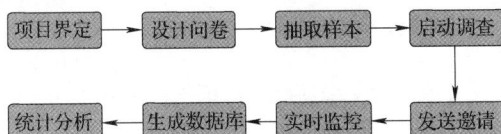

图3-1 研究者设计与控制网络调查的流程

1. 确定网络调查的目标

与传统调查方法相同，网络调查的首要任务也是根据市场调查的实际需要，确定调查的目的与任务。

2. 确定调查对象

根据调查主题确定调查对象，确定哪些人能够提供调查所需信息，并借助人文、地理、心理等指标具体描述出调查对象的特征。通常企业产品的目标市场或潜在消费者是调查的对象。由于网民通常只是具有较高文化背景和教育层次的人，调查前必须先分析一下网民与调查总体重合度有多大。

3. 设计调查问卷

将调查目标转换为具体的问题组成调查问卷。由于因特网交互机制的特点，网络调查可采用一种传统调查无法实施的方式，即调查问卷分层设计。这种方式适合过滤性的调查活动，因为有些特定问题只限于一部分调查者，可以借助层次的过滤寻找适合的回答者。与其他调查方法不同，一般网络调查不适用于那种较复杂的项目，调查表应设计得尽量简单、易答，调查问题的表述也要充分考虑受访网民的特征及心理特点。调查问卷应在 10 ~ 15min 内答完为宜，除了特殊的问题需要被调查者录入文字来回答外，尽可能让被调查者通过单击鼠标来选择答案。

4. 确定网络调查的具体方法

网络调查的具体方法包括站点法、电子邮件法、随机 IP（即 Internet Protocol，互联网协议）法、视频会议法等。研究者要根据调查主题和被调查者的特征选择一种恰当的方式，如有必要还可以利用其他方法作为辅助。为了鼓励大家积极参与调查，除调查内容有趣、易答外，还应适当使用物质奖励，以提高大家参与调查的兴趣。

5. 分析调查结果

对回收的问卷进行检查、数据处理、统计分析，然后得出所需结论。这一步骤是网络调查能否发挥作用的关键，与其他调查方法的结果分析类似，也要对回收的大量问卷进行综合分析和论证，尽量排除不合格的问卷。还要具体分析被调查者没有完成全部问卷的原因，是厌烦、断线还是失去耐心。

二、网络调查的主要方式

按照采用的技术不同网络调查可分为站点法、电子邮件法、随机 IP 法、视频会议法等；按照调查者组织调查样本的行为不同，可分为主动调查法和被动调查法。主动调查法是指调查者主动组织调查样本，完成有关调查；被动调查法是指被调查者被动地等待调查样本单位造访，完成有关调查。按照所获信息的不同，网络调查可分为直接调查和间接调查。直接调查法包括电子邮件问卷法、在线焦点小组访谈法、在网站设置调查专项收集一手资料。间接调查法包括利用搜索引擎、访问专业信息网站、用相关的网上数据库查找二手资料。下面我们介绍几种常用的网络调查方式：

（一）网上在线座谈会

网上在线座谈会也叫在线（或网上）焦点小组访谈法，是在同一时间随机选择 4 ~ 6 位被调查者，发出邀请信，告知其可以进入一个特定的网络聊天室，相互讨论对某个事件、产品或服务的看法和评价。网上在线座谈会通过在线筛选简历的方法，从表达参与兴趣的人员名单中挑选合格的调查对象，通过电子邮件向他们发出关于座谈的时间、统一资源定位符（URL）、聊天室名称以及进入密码等信息。

它是基于 Web 的计算机辅助访问（CAWI），将分散在不同地域的被调查者通过互联网视频会议功能虚拟地组织起来，在主持人的引导下讨论所要调查的问题。这种调查方法属于主动调查法，其原理与传统的专家调查法相似，不同之处是参与调查的专家不必实际地聚集在一起。这种方法适合于对关键问题的定性调查研究。

在座谈会开始之前，参与者收到关于专题组的信息，包括如何通过打字来表达感情。例如"☺"表示笑脸，"☹"表示哭脸。通常在意味感情的地方以文本的方式插入，还能够用不同的颜色来表达。当然感情的选择有一个很大的范围：皱眉、笑、尴尬、很难过、充满热情的响应等，这些都可以跟在回答之后。参与者还可以通过访问指定网址、读信息或者下载电视广告到个人计算机上观看，事先浏览专题组主题的信息。然后，在座谈会开始之前，参加者登录网站并得到最新的指示。

当座谈会开始时，他们进入一个网络聊天室。点击给定的网址（URL），并点击"进入座谈会"。要想进入，他们必须提供聊天室的名称、用户的名字，以及事先通过电子邮件通知的密码。在聊天室中，主持人与参加者实时地通过打字来传达信息。主持人提问时所有的文字通常都加黑并加大字号，要求被调查者回答时不必加黑字体，还要求他们必须表明回答问题的题号。这样主持人可以很快地将回答与对应的问题联系起来，也使座谈会的转录工作快且容易。小组交互讨论的时间大约为1h。座谈会结束，就可以得到原始记录稿，在48h内可以得到一份编辑好的记录，整个过程比传统方法更快。

网上座谈会通常会选择在网上论坛、BBS 或聊天室与人谈论看法或者倾听与调查目标有关的内容，从而了解人们对调查内容的看法。在论坛中，用户可以张贴消息，还可以上传图片和文件与他人共享，和论坛成员在线聊天并就某个话题投票等。BBS 是在网上提供的一个公开"场地"，任何人都可以在上面留言回答问题或发表意见和看法，也可以查看其他人的留言。BBS 的用途多种多样，一般可以作为留言板，也可以作为聊天（沙龙）、讨论的场所。

（二）电子邮件调查

电子邮件调查是指通过网络借助电子邮件，将调查问卷发送给一些特定的网上用户，由用户填写后在规定的时间内又以电子邮件的形式反馈给调查机构。这是进行网络调查最常见的方式。这种方法以较为完整的电子邮件地址清单作为抽样框，使用随机抽样的方法发送问卷，被调查者在填写问卷时甚至可以不用上网，他们将电子邮件下载下来，回答后上线提交即可。电子邮件调查法属于主动调查法，与传统的邮寄调查法相似，只是邮件在网上发送与反馈，邮件传递的时效性大大提高。这种方法的具体流程如图3-2所示。

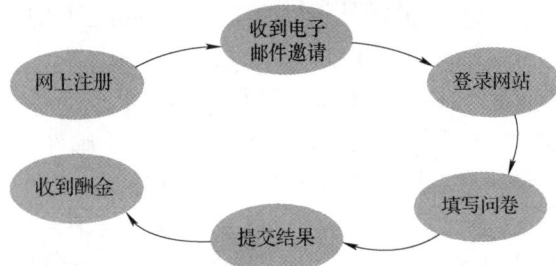

图 3-2　被调查者参与电子邮件调查的流程

进行电子邮件调查时企业无须有自己的网站，只要有被调查者的电子邮件地址即可。这种方式简便快捷，费用很低，容易引起被调查者注意，不过被调查者可能由于不能充分了解调查者的背景，因不信任而不愿填写调查表。这种调查有一种强加于人的感觉，处理不当，很容易招致反感。所以，它主要适用于企业对老客户进行调查，双方有基本的信任。另外，问卷的交互性很差，一些问题的跳问不能自动进行；数据的处理也很麻烦，每份问卷的答案都是以邮件的形式发回，必须重新导入数据库进行处理。

不过，目前 Decisive Technology Corporation 公司发明了两种软件工具：Decisive Survey 和 Decisive Feedback，用于设计、管理和分析电子邮件调查，以向用户提供图表的方式来设计调查，实现了自动制表和图形输出，系统可支持单选、多选和填空等多种题型，一旦信息被反馈回来，数据就可以通过数据库和统计软件（如 SAS 和 SPSS）来进行处理。

（三）网页调查

网页调查也叫站点法或在线调查，是将调查问卷以超文本标记语言（HTML）文件的格式，附加到那些访问率高的网站或自己的网站上，由浏览站点的网民按其个人兴趣，选择是否访问有关主题，然后以在线方式直接在问卷上进行填写和选择，完成后提交调查表。此方法要利用网络调查系统，其中的可视化问卷编辑器可以完成整体问卷的设计，传输软件可将其自动传输到网络服务器上，通过网站调查者可以随时在屏幕上对回答数据进行整体统计分析。中国互联网络信息中心（CNNIC）每半年进行一次的"中国互联网络发展状况调查"就是采用的这种方式。

站点法属于被动调查法，是目前网络调查的基本方法。如果企业网站已经拥有固定的访问者，则完全可以利用自己的网站开展网上调查。例如，Sun 公司希望了解 Java 或 Solaris，就可以在自己的网站做类似的调查；海尔公司希望获得用户使用投诉调查，也可以利用自己的网站。如果企业自己的网站还没建好，或访问量不大，可以利用别人的网站进行调查。这与在报纸上登调查表相似，为了取得较好的调查结果，应选用针对性较强的网络媒体，特别是借助访问率很高的网站或者是与调查课题相匹配的专业性信息站点。

网页调查在几个方面优于电子邮件调查：①可以基于被调查者的回答自动完成问题的跳问；②可以在被调查者回答问卷时，实时进行错误检查；③图片、动画等可以加入到问卷中去。所有这些都使得网页调查更迅速、更有趣，问卷质量更好。

（四）网络调查的概率方法与非概率方法

网络调查时抽选样本的方法同样有概率方法和非概率方法。其具体形式如下：

1. 概率抽样调查

（1）随机 IP 法。随机 IP 法是以产生一批随机 IP 地址作为抽样样本进行调查的方法。随机 IP 法属于主动调查法，其理论基础是随机抽样。利用此法可以进行简单随机抽样调查，也可依据一定的标准组织分层抽样、系统抽样或分段抽样。

（2）随机抽选电子邮箱。这种方法要事先取得总体的电子邮箱地址作为抽样框，在电子邮箱地址中进行随机抽样，然后通过电子邮件的形式或电子邮件＋Web 的方式进行调查。如果调查机构拥有一个已经同意参加各类调查的被调查者资料库，每个成员都提供了背景信息和电子邮箱地址，并同意接受调查邀请，则根据项目的要求，可以按一定的甄别条件（如对性别、年龄、所在地区和收入等的要求）在相应的抽样框中随机抽样。如果抽样框的招募是采用随机的方式（如通过电话随机访问招募），则抽样就具备完全的随机性。如果抽样框的招募是非随机的，则不具有完全的随机性。

（3）网上系统抽样。这是美国 Surveysite 网站发明的一种方法，也叫网上拦截调查，是一种在网站上拦截浏览者的调查方法。通过 Surveysite 配套的软件，可以对浏览站点的人数进行统计，并标记浏览者的 IP 地址，按预先设定好的间隔（如每隔 50 个访问者）弹出一个窗口，邀请访问者参加访问。这种方法类似于传统的街头拦截方式，但由于自动控制，随机性更好。

为避免同一人多次填答问卷，调查采用 Cookie⊖技术加以控制。此类调查的抽样框严格限定为该网站的浏览者，特别适合于对网站评价或消费者满意度调查。但是存在访问周期长和拒答等问题。

（4）电话预约网民随机抽样。预先借助电话进行随机拨号抽样，搜集个人的基本信息，区分出上网群体，直接或通过电子邮件邀请符合条件的受访样本到指定的网站上参加调查，通过 URL 中的用户名（ID）和个人鉴定密码进行控制，调查网站只允许受邀请的被调查者加入。这样既实现了完全的随机性，又充分利用了网络调查的优势。但是此调查方法经常遭遇拒答，打电话预约时可能被拒答；电话交谈中由于被调查者无法上网或提供错误的邮箱地址，样本会流失；网络调查执行中还会出现问卷回答不完整等情况，所幸调查中的拒答率可以计算，有助于正确分析调查结果。

（5）电话预约总体随机抽样。这种方法与前一种调查方法相似，都是通过随机拨号借助电话事先预约被调查者，但是前一种方法只对上网的群体继续调查，而此方法为所有样本提供必要的上网设备，以换取他们在后续网络调查中的合作。AC·尼尔森和 Arbitron 等大型调研公司都曾借助这种方法进行网络调查。通过为样本提供统一的上网设备解决浏览器的兼容问题，这是唯一的一种可以将调查结果推广到总体（而非仅仅是网民）的网络调查方法。不过此方法费用昂贵，目前还不能评判高费用和调查结果高质量之间的关系。但此方法很有可能替代概率抽样基础上的传统调查方法。

2. 非概率抽样调查

这种方法是完全在网站上公开调查问卷，进行广泛的链接和广告，被调查者主动参加。几乎无法对被调查者进行控制，随机性很差，而且无法对所调查的内容进行保密。

（1）娱乐性网络调查。一些网站出于娱乐的目的张贴问卷供人作答，他们并不追求调查的科学性与代表性，只是作为一个交换意见的平台。调查结果只反映参与调查的上网者的意见，不能推广到所有网民，更不能推广为普通民众的意见。这种快餐式的调查方式在访问量极高的网站中常出现，譬如许多媒体网站的"每日热点"调查。

（2）不严格的自选调查。此类调查通常是在门户网站或某大型网站的入口发出调查邀请，与传统调查中在杂志内插入问卷进行调查的方式相似。但是一般而言，这类调查对样本没有任何限制，也无法控制多次完成问卷的情况，接受调查的网民也不是通过严格抽样组成的，因此调查结果存在较大偏差，调查结论有很大的局限性。

（3）志愿者组成的网络调查。通过在门户网站或高访问量的网站招募志愿者进行调查，志愿者注册时可以搜集到其个人信息组成抽样框。调查时研查者根据一定的过滤条件筛选被调查者，向其发出调查邀请，以电子邮件和密码确认的形式来控制样本。由于抽样框是由志

⊖　Cookie 是指某些网站为了辨别用户身份，进行会话（Session）跟踪而储存在用户本地终端上的数据（通常经过加密）。

愿者构成的，抽样框误差很大，这种调查方法所得的结论存在一定的误差。

三、网络调查应注意的问题

（一）网络调查技术与传统调查技术的结合

网络调查完全可以和传统的调查方法结合起来，以便更好地获得调查资料。

1. 网上二手资料收集

网上信息来源的渠道主要有 WWW（万维网）、Usernet News（网络新闻组）、BBS、Email（电子邮件）。其中 WWW 是最主要的信息来源，目前全球有近 10 亿个 Web 网页，网页上信息包罗万象，无所不有。

网上二手资料的收集主要通过搜索引擎搜索所需信息的网址，然后访问所想查找信息的网站或网页。常用的搜索引擎有：百度（www. baidu. com）、新浪（www. sina. com）、网易（www. 163. com）、Yahoo（www. yahoo. com）、Excite（www. excite. com）等。

如果事先知道载有所需信息的网站名，在浏览器的查询框中直接键入网站名即可查找到需要的信息。通过检索相关的网络数据库或利用新闻组也可以收集二手资料。

通过网络收集二手资料速度快、信息容量大，足不出户就可以收集到世界各地各方面的资料。与传统的文案调查法相比，网络调查能够有效地缩短收集资料的过程，提高了调查活动的实效性。目前文案调查中二手资料的收集越来越多地通过网络来进行。

2. 网上定性调查法

网上定性调查的实施主要有三种办法：网上焦点小组访谈法，网上深度访谈法，网上论坛、BBS 或聊天室访谈。除网上焦点小组访谈法外，事实上深度访谈和我们即将讨论的所有的投射法都可以在网上进行。例如，在网络上提供一张图片，然后要求调查对象写一个关于它的故事。研究人员通过分析调查对象的人文特征和所写的故事，就能够了解这个人的心理特征和消费模式等信息。

网上定性调查可以邀请到世界各地的被调查者，无须占用任何场地，组织工作方便、快捷，并且被调查者彼此互不见面，没有群体压力，没有面对面的尴尬，得到的回答较为真实。与传统的定性调查相比，网上定性调查组织起来时间短、成本低，省去了被调查者或访问员在路途上花的时间和精力，较好地节约了调查的时间和费用。但是由于没有面对面交流的机会，无法通过被调查者的面部表情、肢体语言、语调和行为的变化来判断被调查者的动机和态度，无法辨别他们回答问题的真实程度。同样也无法借助访问员表情、语气和肢体语言的改变使被调查者身心放松，更好地参与调查。

3. 网上询问法

根据前面的介绍，我们知道调查问卷可以通过网站或网页发布，还可以通过电子邮件直接发送给被调查者，以完成询问调查收集一手资料。网上访问者与被调查者互不见面，这使得被调查者更愿意表达自己真实的想法，但也使得调查者难以通过表情、语调等因素的变化来判断被调查者回答的真实程度。

4. 网上观察法

它是对网站的访问情况或网民的网上行为进行观察和监测。借助相关软件可以对本网站的会员（注册者）和经常浏览本站的 IP 地址进行分析，掌握他们上网的时间、点击的内容及浏览的时间，从而了解他们的兴趣、爱好和习惯，了解他们在网上喜欢看什么商品的页面，看商品时先了解商品的哪些方面，是价格、服务、外形还是其他人对商品的评价，是否有就相关商品与企业进行沟通的愿望等。还能够记录不同商品的点击率、不同广告的点击率、文字信息的点击率等观察数据。使用这种方法最具代表性的是法国的 Net Value 公司，他们可以基于 TCP/IP⊖进行全景测量。

通过提供其他网页的链接，可以观察哪些链接更经常被点击，可以了解目标人群的信息需求和兴趣等重要信息。对链接站点进行深入分析，可以了解关于广告、竞争者、消费者和目标市场的人口状况、心理特征等方面的信息。调查者还可以派一些人在相关论坛、新闻组和聊天室"倾听"人们的想法或意见。这些观察记录对于了解消费者的需要，他们的地域分布、产品偏好和购买时间，从而改进商品和服务以及网上广告的发布都是非常重要的。

5. 网上实验法

也可以借助综合统计分析软件包 Minitab 通过网络调查实施实验法进行因果性调查。在不同的网站可以展示不同的实验处理，被调查者在这些网站注册并回答问卷。例如，为了检验不同广告的效果，可以将不同的广告放在不同的网站上，经过判断筛选的或随机选择的被调查者可以注册访问这些网站，当然每个组只访问一个网站。如果需要获得实验前的数据，可以先要求被调查者回答一份问卷，然后给他们看网站上一则特定的广告，看过广告后，被调查者再回答这份问卷，提供实验后的数据。控制组也以相同的方式执行。后面将要介绍的所有实验类型都可以借助网络调查来实现。

（二）网络调查的质量问题

由于网络调查过程中没有访问员参与，在收集数据时很难进行质量控制。网络调查有三种特殊的误差：完成的问卷被多次提交、欺骗和样本的代表性误差。为控制上述误差，企业进行网络调查时通常采取以下措施：

1. 事前控制样本的代表性

这是指选择样本时辨明其是否真正符合调查的条件、是否具备足够的代表性。因为并不是所有的消费者都可以上网或愿意上网，一部分总体（老年顾客、低收入家庭、边远地区的消费者）上网不方便或费用昂贵，他们参加网络调查的可能性较小。网络调查的响应率低（见表3-4）也导致一些个体比目标市场的其他个体参与网络调查的可能性更大。例如在针对保险代理人员的网络调查中，那些经常上网的代理人员的答案对调查结果的影响较大，而那些上网较少的人员的答案在结果中得不到反映。所以应事先根据调查主题和总体的具体特征来决定是否采用网络调查，并借助物质奖励等手段提高回答率。

表3-4　网络调查响应率估计

吸引参加调查的方法	响应率的估计
通过邮件或报纸广告	1%～3%
电话宣传	在电话里同意者的50%～60%
网上旗帜广告、按钮广告	1%或更少
"弹出"广告	15%～30%
通过电子邮件邀请顾客成为数据库里的顾客	20%～50%
预先招募的网络调查样本组成员	40%～50%

⊖ TCP/IP 即传输控制协议/因特网互联协议。

为确保填写问卷的人符合调查样本的要求，可以借助其他的传统方法（如电话）来招募和核实调查对象。要特别加强管理注册用户的规模、群体结构的均匀性、信息的真实性以及抽样框的有效性，为调查的广泛性、代表性与科学性提供保证。

2. 事中控制问卷的质量

由于与被调查者之间不存在任何约束性规则和网络的匿名性，因此问卷主体部分回答的真实性和正确性难以得到保证。况且各人对问题的理解不同，又无访问员当场讲解，被调查者可能曲解问题，以致收集到的数据其实并不是调查所需，研究结果就会偏离实际情况，决策价值降低。幸好通过合理设计问卷并借助系统程序，可以有效实现与被调查者的沟通、对被调查者进行鼓励、对复杂问题进行解释、卡片出示、问题跳答等多种控制措施。

题目遗漏和中断调查在网络调查中也比较普遍，占 20%～30%。如果调查者在网络调查中设置一个选择按钮，应答者可以从中断的地方重新回答问卷，则有超过 50% 的中断问卷会被完成。被调查者还可能在短时间内重复提交完成的问卷，那样他们的观点就会被过分强调，产生误差。控制这种误差的一种方法是要求被调查者留下他们的电子邮件地址，如果某个地址被重复提交，系统会自动将其删除。当然这种方法不能减少同一个应答者由于拥有多个电子邮件地址而产生的误差。

3. 事后检验欺骗行为

在传统市场调查中，访问结束后都会对被调查者进行电话复核，以保证问卷是真实有效的，而非作弊（包括访问员作弊和被调查者作弊两种情况）的结果。网络调查在这一方面做得相对较弱，很多网络调查公司常常省略了这一后期核实工作。然而，网络是一个虚拟的世界，互联网的匿名性会鼓励人们参与调查，被调查者的回答往往会不着边际、过于极端或者是虚假的。针对随意回答或错答的情况，可以通过复核问卷进行检验。服务器自动选择问卷中的几个问题请求被调查者再次回答，根据本次回答与上次回答是否一致可以判断其回答是否真实有效。当然简洁的问卷设计也是避免随意回答的重要手段。

（三）网络调查的安全问题

在互联网上如何防止黑客的恶意攻击，更好地保护国家和企业的机密以及个人的隐私，确保网络调查数据的安全，成为推广与普及网络调查必须解决的重要问题。为了提高安全防范能力，除了要采用防火墙和网络防毒技术，推广信息加密通信与储存外，还要提出一套切实可行的具体办法，实施网络调查的身份认证和授权制度。这方面，一些发达国家的经验值得借鉴。例如，美国进行有关教育机构的网络调查时，对于所有接受调查的教育机构均给定唯一的代码和密码，只有通过身份认证被确认为属于统计调查单位后，才能进入美国普查局的网站，接受相关调查，在填报有关报表后，才有权利检索相关资料。

📖 **关键词**

二手资料 Secondary Data

原始资料 Primary Data

数据库 Database

文案调查 Desk Research Survey

文献资料筛选 Document Screening

报刊剪辑分析 Cut Press Analysis

情报联络网 Information Network

网上在线座谈会 Online Forum

网络调查 Web Survey（or Research by Internet/Online Survey）

电子邮件调查 Email Survey　　　　　　网络调查质量 Internet Survey Quality

思考题

1. 二手资料的来源有哪些?
2. 文案调查法的优缺点是什么?
3. 文案调查法的步骤是怎样的?
4. 二手资料与原始资料的区别有哪些?
5. 简述网络调查的优缺点。
6. 使用网络调查应注意哪些问题?
7. 网络调查的方式有哪些?

案例分析讨论

Wal-Mart 的数据库营销

Wal-Mart 拥有世界上最大的顾客数据库系统,总容量达到 101TB(1TB = 1000GB)。总部位于美国阿肯色州的 Wal-Mart 是世界上最大也是发展最快的零售商,1998 年营业收入达 1392 亿美元。在美国《财富》杂志公布的 1999 年美国 500 家大公司排行榜中上升到第 2 位。Wal-Mart 的数据库建立于 20 世纪 80 年代,1988 年 Wal-Mart 的数据库容量为 12GB,1989 年升级为 24GB,以后逐年增长,1996 年其数据量已达 7.5TB,1997 年为了圣诞节的市场预测和分析,Wal-Mart 将数据库容量扩展到 24TB。

利用顾客数据库,Wal-Mart 对商品进行购物篮分析(Marketing Basket Analysis)——分析哪些商品顾客最有希望一起购买,掌握不同商品一起购买的概率,甚至考虑购买者在商店里所穿行的路线、购买时间和地点,从而确定商品的最佳布局,实施对应的营销策略。

Wal-Mart 通过顾客数据库系统,将成千上万种商品的销售数量和库存数据集中起来,通过数据分析,以决定对各个商店各种货物进行增减,确保适宜的库存。通过数据库系统,可以了解销售全局。各个分店在传递数据之前,先按照商品种类销售数据、商店地点、价格和日期等对数据进行分组,通过这类信息,Wal-Mart 能对每个商店的销售情况了如指掌。在最后一家商店关门后 1.5h,Wal-Mart 就能掌握全天公司总的销售营运情况。

Wal-Mart 还运用数据库进行市场分析。Wal-Mart 通过对数据库数据的分析研究,掌握顾客的购买习惯、广告成功率和其他战略性的信息。

案例思考题:

1. Wal-Mart 在收集顾客信息的过程中使用了什么调查方法?
2. 这种调查方法在收集信息的过程中存在哪些缺点?

第四章 资料收集方法(二)

本章要点

- 焦点小组访谈法的步骤
- 深度访谈法的内涵
- 投射法的技巧
- 询问法的具体操作规程
- 观察法的概念和技术
- 实验法的设计

导入案例

～❀ 宝洁公司的定性调查 ❀～

宝洁公司对如何改进汰渍(Tide)洗衣粉的销售工作感兴趣。于是邀请了一些家庭主妇与汰渍营销人员一起讨论,如何使汰渍洗衣粉更受欢迎,如何改进它的包装,以及讨论其他有关清洁剂方面的问题。通过这种形式,可以总结出一些好的包装建议、产品设计建议,甚至正确的市场定位。

宝洁公司打算设计一个特殊的汰渍店堂陈列形式,但在正式投入前却要测试一下这样的陈列方式的效果。于是宝洁公司选择弗朗西斯科市郊的一家百货店进行陈列,并通过录像观察购物者的反应,营销人员可以通过录像分析:这种陈列方式是否达到了他们预期的效果;是否将汰渍的特点反映出来了;能否吸引顾客在此停留;顾客是否有兴趣阅读陈列品上的文字说明;他们是否有兴趣拿起汰渍的商品仔细研究一下;等等。

启示:我们不能凭借对消费者需求的臆想进行营销,为制定真正有效的营销策略。或检验某项营销策略的有效性,企业经营人员需要进行有针对性的调查,通过小型实验可以提高收集信息的效率,节约营销成本。

第一节 定 性 调 查

一、定性调查概述

(一)什么是定性调查

定性调查(Qualitative Research)是对研究对象质的规定性进行科学抽象和理论分析的

方法，它是选定较小的样本对象，凭借研究者的主观经验、情感以及有关的技术进行深度的、非正规性的访谈，以进一步弄清问题，发掘内涵，为随后的定量调查做好准备。

定性调查是探索性研究所运用的主要方法之一。在市场调查中，定性调查被用来定义问题或者提出研究框架。在提出研究框架的过程中，定性调查经常用来提出假设、确定研究中应该包括的变量。

例如，A企业发现本季度产品的销量比上年同期出现大幅度减少，管理者欲寻找销量下降的原因：①商品质量下降；②商品功能过少；③销售渠道不畅；④广告宣传过少；⑤竞争对手干扰；⑥顾客偏好改变；⑦商品价格过高。

为解决上述问题，A企业可借助定性调查，在一定范围内寻找有关专家、业内人士、顾客等以座谈会形式进行初步询问，发现问题所在，为进一步调研做好准备。

定量调查（Quantitative Research）是一种利用结构式问卷，抽取一定数量的样本，依据标准化的程序来收集数据和信息的调查方式。如果说定性调查更注重对消费者的态度、感觉及动机的了解，注重对事物性质的调查，那么，定量调查则更侧重于被调查对象及事物的统计特征，侧重于数量方面的资料收集和分析。定性调查与定量调查既有区别又有联系，二者之间的理想关系应该是互补的（见表4-1）。

表4-1　定性调查与定量调查的比较

比 较 因 素	定 性 调 查	定 量 调 查
研究类型	探索性	说明性、因果性
样本规模	较小	较大
资料收集	无结构	有结构
资料分析	主观性、解释性的	统计性的
调查人员	较高的素质、特殊的技巧	不需要太多的技巧

（二）定性调查的主要方法

定性调查所采用的方法不尽相同，依据调查对象是否了解项目的真正目的，定性调查方法分为直接法和间接法两大类。直接法对研究项目的目的不加掩饰，项目的目的对调查对象一般是显现的，或者从所调查的问题中可以明显看出。直接法主要包括焦点小组访谈法与深度访谈法；间接法则在一定程度上掩饰调查项目的真正目的。投射法在间接法中较为常用，具体包括词语联想测试法、句子和故事完成法、漫画测试法、照片归类法、消费者绘图法、角色扮演法和第三人称法等。

二、焦点小组访谈法

（一）焦点小组访谈法的概念

焦点小组访谈法（Focus Group Discuss，FGD），又称小组座谈法，源于精神病医生所用的群体疗法。它采用小型座谈会的形式，从研究对象中挑选8～12人组成焦点小组，在一名主持人的引导下就某一主题或观念进行深入讨论，目的在于了解人们心中的想法及其原因。

焦点小组访谈通常在一个装有单向镜和录音录像设备的场所进行，主持人以无结构的自然形式与小组成员进行交谈，获取被调查者对产品、服务、广告、品牌的认识、偏好及行为。焦点小组访谈法是帮助企业和咨询公司深入了解消费者内心想法的最有效工具，在发展产品概念、产品测试、包装测试、广告创意、顾客满意度、用户购买行为等研究中正得到越来越广泛的应用。

小案例 4-1：柯达公司的焦点小组访谈

背景：柯达公司正打算重新设计照相机和胶卷，以使其能为大众接受。公司组织一次焦点小组访谈来调查人们在使用照相机时会遇到哪些问题。这场调查讨论的中心是 35mm 照相机。

主持人：当你们在使用 35mm 照相机胶片时遇到过哪些问题？

玛丽：我们的照相机有许多功能，例如光线不足时会自动使用闪光灯，但我想如果照相机再加一个自动功能，使胶片用完时能自动将胶片卷好，将会更加方便。

主持人：对于胶片本身还有什么意见？注意我们讨论的是胶片。

玛丽：在将新胶片装入照相机时会遇到许多问题，往往需要花很大力气才能将之装好。

萨莉：是的，有时你并没有真正装好，但是你并不知道，而在开拍第一张照片时才发现问题，这样往往会浪费开始的一两张照片。

吉恩：将胶片从胶卷中拉出，并将其塞进照相机中适合位置的过程很难，还会弄痛手。

玛丽：我希望能设计一种新胶卷，使我们可以不用将胶片从胶卷中拉出，再塞入照相机中。

盖尔：是的，但我希望能先解决胶卷装错的问题。如果我将胶卷装错，就必须打开照相机重装，这就很麻烦。

吉恩：是的，我同意。因为我曾因装错胶卷而将事情弄得很糟。不过对我来说，生产照相机的公司最好装上一个安全系统可以每次自动装好胶卷，照相机上的其他功能都可以自动，为什么不能加上一个自动装胶卷的功能呢？

盖尔：是的，我们所需要的就是在照相机上加一个自动安装新胶卷的功能。

主持人：你们能否谈谈 35mm 照相机的生产商如何改进，才能使其产品更为你们所喜爱？

萨莉：我对它们使用的数字计量系统有疑问。当它们说 100、200、400 时，分别代表什么含义？我常会被这些搞糊涂，而店中的营业员也不清楚。

主持人：你们对胶片的数字系统还有什么意见吗？对此你们有什么好的建议？

（二）焦点小组访谈法的实施步骤

1. 访谈前的准备工作

（1）布置访谈环境。焦点小组访谈的环境十分重要，一个轻松的、非正式的开放气氛容易激励大家进行自由充分的讨论。访谈通常在一个测试室中进行，测试室应配备基本的测试设备，包括话筒、单向镜、室温控制、摄像机和观察室。测试室墙上一般装有较大的单向镜，单向镜后面是观察室，观察室里的工作人员可以在被调查者毫不知晓的情形下对其言行进行全面仔细的观察。同时，测试室中还装有录音录像设备，以记录整个讨论过程。

（2）挑选小组成员。焦点小组访谈的参与人员通常是通过街上随机拦截或随机拨打电话号码征选的，需要经过筛选，满足调查对象的过滤条件。还要极力避免职业被调查者（会虫）的参与，在讨论之前，会要求参与者出示身份证以排除职业被调查者。

在选择小组成员时，被调查者应当在人口统计特征上保持同质性，以避免关于枝节问题的解释和冲突。例如，一个女性小组不应该将有小孩的已婚家庭主妇、年轻的未婚工作女性、年长的离婚女性以及丧偶女性安排在同一小组中，这是因为她们的生活方式截然不同。另外，要注意控制小组人数，一般 8 ~ 12 人较为适宜。

2. 精选主持人

优秀称职的主持人对于小组访谈的成功起着至关重要的作用。主持人必须能恰当地组织小组成员和谐相处，还要具备良好的商务技巧，能有效推动讨论进程，鼓励被调查者积极发表看法和表达观点。主持人在分析解释数据时也起着重要的作用。因此，主持人应当有技巧、有经验，对所讨论的问题有相当的专业知识。

优秀称职的主持人应具备以下素质：①良好的倾听能力和敏锐的观察能力；②灵活性与敏感性；③听取问题的客观性；④对访谈主题的熟练性与专业性；⑤宽容、鼓励与参与；⑥掌控访谈方向和进程的能力。

3. 编写访谈指南

访谈指南是一份关于焦点小组访谈中所涉及话题的概要，通常由主持人根据调查客体和委托人的要求而设计，清晰的提纲将保证访谈按一定顺序讨论相关的问题。例如，一份访谈提纲可能从讨论对外出吃中餐的态度和感受开始，然后转向讨论快餐，最后以讨论某一连锁快餐集团的食品口味和服务水平而结束。主持人编写的访谈提纲通常包含三部分内容：首先，试图与参与者建立友好关系，解释访谈规则，并提出讨论的主题；其次，由主持人激发深入的讨论；最后总结重要的结论，衡量信任和承诺的限度。

4. 开展小组讨论

焦点小组访谈通常持续 1.5 ~ 2h，涉及的访谈对象较多，观点各异，所以，主持人依照访谈指南，严格对访谈过程进行有效控制和灵活实施尤为必要。

（1）始终把握访谈主题。访谈中，讨论的主题必须自始至终清晰突出。为避免讨论离题，主持人应善于将小组成员的注意力引向讨论的问题，或是围绕主题提出新的问题，使访谈始终有一个焦点。

（2）协调和引导访谈过程。在访谈过程中，可能会出现诸如冷场、跑题等情形，这就要求主持人及时妥善地做好协调、引导工作，使访谈顺利进行。

（3）防止出现访谈会上中心人物左右会场的局面，避免"从众"现象的发生。

（4）完整详细的访谈记录。访谈过程中一般有专人负责记录，访谈记录应完整而详细，观点客观和中立，不受主持人或记录员情感的影响。

（5）确定访谈的次数。这主要取决于问题的性质、细分市场的数量、访谈产生新想法的数量、时间与经费等因素的影响。一般一个主题应组织 3 ~ 4 次小组座谈，每次座谈的人员不应相同，以便保证每次座谈都有新的内容、新的发现、新的见地。

5. 编制访谈报告

访谈结束后，主持人要及时回顾和研究访谈情况，检查记录是否准确、完整和客观，观点是否具有代表性。若有疑点和问题，还需进一步查证核实和补充调查。对访谈记录整理和分析之后，一般要编写正式的访谈报告。报告的主要内容包括调查目的、调查主题、小组成员情况、访谈过程、调查观点总结、评价和建议等，通常为 2 ~ 3 页的篇幅。

（三）焦点小组访谈法的优缺点

1. 优点

（1）群体动力可以激发新的思考和创意。在主持人的适度引导下，小组成员相互启发，一个人的反应会构成对其他人的某种刺激，从而可以观察到被调查者的相互作用，这就是"群体动力"（Group Dynamics），这种相互作用会产生比同样数量的人单独陈述时所能提供的更多的信息。通过成员互动，访谈产生的观点会出现一种倍增效应，产生更广泛的信息、深入的理解和极富创意的观点。

（2）访谈过程清晰可控。由于访谈过程得到严密监视（如通过单向镜观看访谈现场讨论的情况），访谈记录完整详细（如通过录音录像设备对访谈过程的录制），在一定程度上弥补了调查结果因主观因素而形成的偏差。

（3）灵活性强。焦点小组访谈在覆盖的主题及其深度方面都可以由主持人灵活掌控，调查结果更具针对性和有效性。

（4）简便易行。焦点小组访谈通常比其他方法容易执行。

2. 缺点

（1）对主持人的要求较高。小组访谈过程是主持人与多个被调查者相互影响、相互作用的过程，群体动力所提供的互动作用是焦点小组访谈法成功的关键，因此，要想取得预期效果，不仅要求主持人要做好各种准备工作，熟练掌握主持技巧，还要求他有驾驭访谈的能力。而挑选理想的主持人又往往比较困难，调查结果的质量十分依赖于主持人的专业技术。

（2）主观性强。小组访谈特别容易受被调查者、主持人和记录员偏差的影响，具有主观性。

（3）编码、分析和解释较为困难。小组访谈的数据有可能是凌乱的，回答的无结构性使得后期对资料的分析和说明较为困难。

（4）有些涉及隐私、保密的问题，很难在会上深入讨论。

（5）存在社会文化差异引起的沟通障碍。跨国、跨地区环境下进行小组访谈，还必须注意因社会文化差异而引起的沟通障碍问题。

（四）焦点小组访谈法的发展趋势

传统的焦点小组访谈法（测试室）正面临着三种新的发展趋势的挑战：①电话焦点小组访谈法；②电视会议焦点小组访谈法；③网上在线座谈会。

电话焦点小组访谈法的出现是因为某些类型的被调查者难以征集，通过电话会议设施，被调查者就不用到测试室去了。可视的辅助材料提前寄给被调查者，当主持人指示他们打开时才能打开。访谈时，主持人坐在控制台前，当一名被调查者说话时标有他姓名的灯就亮了，主持人便知道谁在讲话。

电视会议焦点小组访谈法可以让客户在多个地方观察焦点访谈，观察者只需在当地的焦点小组测试室或在会议室中，通过电视监控器就可以观察各地的小组访谈过程。

网上在线座谈会是一种将传统的焦点访谈法搬上网络的创新方式，第三章已详细介绍过，此处不再重复。

三、深度访谈法

（一）深度访谈法的概念

深度访谈法是指调查员采用一对一的形式，直接与被调查者进行单独沟通交流，获得关于个人的某种态度、观念等方面信息的调查方法。通常在轻松和谐的气氛中，调查员与被调查者就某一问题进行深入、充分、自由的探讨交流。

深度访谈法的特点在于它是无结构的、直接的、一对一的访问。因深度访谈是无结构的访问，其调查走向依被调查者的回答而定。在访问过程中，访问员直接面对被调查者，能及时捕捉和抓住被调查者在探讨某一问题时所表现出来的潜在动机、信念、态度和情感。另外，在一对一的访问中被调查者有充足的时间和机会把自己的观点淋漓尽致地予以表达。

（二）深度访谈法的实施步骤

1. 准备阶段

（1）确定调查员。深度访谈与焦点小组访谈法一样，对调查员的访谈技巧和专业水平有较高的要求。调查员应具备：良好的沟通能力和进一步探询问题的能力；把离题话题巧妙地转移到主题范围的能力；快速的笔记能力和综合能力。有时会用心理学家作为访谈员，使用临床的不定向技术来揭示隐藏的动机。

（2）选择被调查者。在确定被调查者时，代表性是一个很重要的因素。作为某产品（或服务）的消费者或潜在消费者，其意见领袖人物通常容易较快地进入调查员的视野。

（3）预约访谈时间。这是一项不能忽视的工作，表达了对被调查者的高度重视和尊重；便于被调查者安排工作和生活；使被调查者有一定的时间对访谈内容进行相应的准备。

（4）其他准备。例如预先拟定访谈提纲，准备访谈用品、资料和纪念品等。

2. 实施阶段

准备工作就绪后，深度访谈即进入实施阶段。这一阶段，调查员扮演着至关重要的角色。

（1）友善地接近被调查者。一般有两种方式，其一是直接接近，开门见山，介绍自己的身份，直接说明调查意图，开始正式访谈。这种方式一般适用于访谈双方相互了解或者事先预约的情形。其二是间接接近，借助某一契机（如开会、学习、娱乐等），在活动中与被调查者建立友谊，融洽情感，再进行正式访谈。这种方式适用于访谈双方较为陌生、直接接近易遭拒绝的情形。

（2）展开访谈。在调查员简要说明此次访谈的目的、意义和主题之后，访谈正式开始。访谈过程中，调查员一定要围绕访谈提纲进行，适时引导，使访谈不偏离主题。调查员应保持中立客观的态度，言语应文明、礼貌、平等、准确、明了、恰当，不随意左右别人的观点和思想。访谈中，调查员无须为一些枝节问题与被调查者纠缠。在被调查者回答问题或陈述观点时，调查员要表示出极大的兴趣认真倾听，在被调查者的理解和认同中得到更多更深入的调查资料。

3. 结束阶段

访谈结束时，调查员应迅速重温访谈结果或检查访谈提纲，看是否有遗漏项目。若无遗漏，调查员也不要迅速离去，在与被调查者进行必要的情感沟通之后，真诚感谢对方对本次调查工作的支持与合作，以寻求下一次的继续合作。

（三）深度访谈法的优缺点

深度访谈比焦点小组访谈更能深入地探索被调查者的内心思想与看法，可将反应与被调查者直接联系起来。深度访谈时可以更自由地与被调查者交换信息，消除了群体压力，因而每个被调查者会提供更诚实的信息。

但是深度访谈也有小组访谈所遭遇的缺点，而且常常在程度上更深。能够做深度访谈的有技巧的调查员（一般是专家，需要有心理学或精神分析学的知识）是很昂贵的，也难以找到。由于调查的无结构使得结果十分容易受调查员自身的影响，结果的质量也很大程度上依赖于调查员的技巧，调查的数据常常难以分析和解释，因此需要熟练的心理学家的服务来解决这个问题。同时，由于只有一个被调查者，无法产生被调查者之间观点的相互刺激和碰撞。另外，占用的时间和所花的经费较多，因而在一个调查项目中深度访谈的数量是十分有限的。

（四）深度访谈法的应用

深度访谈法不如焦点小组访谈法使用得那么普遍，主要用于获取对问题的理解和深层了解的探索性研究，如：

（1）详细地刺探被调查者的想法（例如别墅的买主）。

（2）讨论一些保密的、敏感的或让人为难的话题（如家庭的财政开支）。

（3）那些存在很严密的社会准则、被调查者容易随着群体的反应而摇摆的情况（例如大学生对出国留学的态度等）。

（4）详细地了解复杂行为（例如选择购买私人汽车的经销商）。

（5）访问专业人员（例如对新闻工作者的调查）。

（6）访问竞争对手（他们在小组访谈的情况下不太可能提供有价值的信息）。

（7）调查的产品比较特殊。比如在性质上是一种感觉、会引起某些情绪以及很有感情色彩的产品（香水、洗浴液等）。

四、投射法

（一）投射法的概念和类型

投射法是一种间接的询问方法，它通过让被调查者将信念及感觉投射到第三方或者物体上或者是任务环境之中来揭示（投射）他们对某个问题的真实看法、态度或感受。在投射法中，被调查者不必按某种特定格式来回答问题，他们在采访人的鼓励下，用自己的话来描述有关情况。个人需要根据自己的经历、态度及个性来讲述情况，并表达别人可能掩盖的想法和情绪。投射法的提倡者认为，如果直接询问被调查者，他们一般不会表达自己的真实感受，他们会因某些反面答案而感到尴尬；他们为了取悦被调查者而故意只说"正确"的答案，或者他们不能展示自己无意识的感受。不过，如果给被调查者某些刺激物，并允许他们自由应答，他们可能会说出自己的真实感受。

在市场调查中，投射法可分为词语联想测试法、句子和故事完成法、漫画测试法、照片归类法、消费者绘图法、角色扮演法和第三人称法等。

1. 词语联想测试法

投射法中最常用的是词语联想测试法。在词语联想测试法中，调查者给出一连串的词语，每给一个词语，都让被调查者回答其最初联想到的词语（即反应语）。被调查者对每一个词的反应被逐字记录并且计时，一般要求被调查者迅速做出回答，不让心理防御机制有时间发挥作用，这样反应犹豫者（如花费 3s 以上来回答问题）就可以识别出来。这种技法的潜在假定是，联想可让被调查者暴露出他们对有关问题的内在感情。

例如在对超市顾客光顾情况的调查中，试验词语可以选择"位置""规模""购物""停车场""交通""质量""价格""服务""舒适"之类。又如，"请您写出（或说出）由'酒'这个词所引发的联想。"被调查者的回答可能是"醉""豪爽""暴力""愁闷""痛快""朋友""车祸""粮食"等，这从不同侧面反映了酒的特点，为市场定位、产品包装、定价、销售渠道铺设和广告促销等提供了有用的信息。

诠释词语联想测试法的结果有些困难，调查人员要避免主观臆测。当人们普遍同意自由关联过程时，调查人员假定测试已经揭示了消费者对主题的内心感受。该法还可以根据应答者犹豫的时间来分析。例如，调查人员在调查人们怎么看待几则关于计划生育的广告创意时，应答时的犹豫表示该主题引起了某种情绪。分析结果时，不但要考虑应答者所说的，还要认真研究他们没有说的。

2. 句子和故事完成法

句子和故事完成法也是建立在自由联想原则的基础之上，被调查者需要完成一个或几个不完整的句子或故事。

句子完成法与词语联想测试法类似，给被调查者一些不完全的句子，要求他们完成。不过，句子完成法不如词语联想测试法那么隐蔽，许多被调查者在接受调查时可能会意识到研究的目的。

例如，拥有一辆私人小轿车，这将意味着＿＿＿＿＿＿＿＿＿＿＿＿。

不同的人根据这一情景会迅速联想到不同的内容，可能有的人会认为它将提高生活质量，有的人会认为这只是基本生活的保证，还有的人可能认为这将增加支出或产生负债，或许也有人会认为这将带来一种成就感等。被调查者的这些联想对汽车制造商来讲，无论是对车型设计、质量改进、功能提高、服务保障还是对营销手段变化等都有着不可忽视的参考价值。

故事完成法是提出一个能引起人们兴趣但未完成的故事，由被调查者产生联想来完成，从中领悟其态度和情感。例如，A 顾客在一家汽车经销商那里挑选汽车，他花了数小时之后，终于选中了一辆喜欢的小汽车。在他掏出信用卡准备购买时，恰好遇到一位 B 顾客前来退货。这时，A 顾客将做出何种反应？为什么？

从被调查者完成的故事中就有可能看出他（她）对花费时间挑选商品的相对价值方面的各种态度，以及他（她）在购物中情感投资的各种行为。

3. 漫画测试法

漫画测试法要求被调查者以故事对话或绘图的形式构造一种反应。图画回答法和卡通试验法是其两种主要的方法。

（1）图画回答法。图画回答法的起源为主题幻觉法（Thematic Apperception Test, TAT），之所以称之为主题幻觉法，是因为主题是从被调查者对图片的感觉概念中抽取出来的。调查者让被调查者观看一些内容模糊、意义模棱两可的图画，然后要求其根据图画编一段故事并加以解释。通过被调查者的理解与解释，了解其性格、态度及潜在需求。例如，通过回答，可以将被调查者的特征描绘为是理智的或冲动的，有创造性的或没有想象力的，激情四射的或死气沉沉的等。

（2）卡通试验法。在卡通试验中，将卡通人物显示在一个与问题有关的具体环境内，要求被调查者指出一个卡通人物会怎样回答另一个人物的问话或评论，从被调查者的答案中就可以显示出他（她）对该环境或情况的感情、信念和态度。卡通试验法比图画回答法在实施和分析上都要简单得多。

值得注意的是，图片或卡通可能会引起被调查者的讨论兴趣，但是因为有的过于隐晦，也不易揭示调查项目的真正主题。遇到这种情形，调查人员不应该给被调查者任何提示，以免使调查资料的客观性受到干扰。

4. 照片归类法

照片归类法（Photosort）是由美国最大的广告代理商 BBDO 公司开发的一种投射技术，被调查者通过一组特殊安排的照片来表达他们对品牌的感受。照片展示的是不同类型的人群，被调查者将照片与他所认为的这个人应该使用的品牌连在一起。例如，BBDO 与啤酒市场上的 100 名目标消费者进行了面谈，这些人是男性，年龄在 21～29 岁，每周至少喝 6 瓶啤酒。使用照片归类法，调查人员向每一位被调查者出示了 98 张照片，要求他们将每张照片上的人与其可能选择的啤酒品牌对应起来。结果，被调查者认为喝巴德（Bud）啤酒的人看起来是粗鲁暴躁的蓝领工人；相比之下，喝米勒啤酒的人是有教养而且和善的蓝领工人。

5. 消费者绘图法

有时调查者要求被调查者画出他们的感受，或对一个事物的感知。消费者画的图形可以揭示其消费动机，表达他们的想法。例如，McCannErickson 公司想弄清为什么在某些市场上突击牌蟑螂喷雾剂比格斗牌灭虫剂要好销。调查者让大量使用蟑螂喷雾剂的人——低收入的南方妇女，画出她们逮捕蟑螂的过程，以探究他们内心深处对这种家务活动的感受。

6. 角色扮演法

角色扮演法就是让被调查者扮演某种角色，然后以这种角色的身份来表明对某一事物的态度或对某种行为做出评价。例如在超市顾客光顾情况调查中，要求被调查者扮演负责处理顾客抱怨和意见的经理角色，被调查者如何处理顾客的意见表现了他们对购物的感情和态度。在表演中用尊重、礼貌和负责任的态度对待顾客抱怨的表演者，作为顾客，希望超市的经理也能用这种态度对待他们自己。

小案例 4-2：速溶咖啡为何不受欢迎

运用角色扮演法的一个典型事例是 20 世纪 50 年代在美国有关速溶咖啡的调查。速溶咖啡省时省力，味道也不错，但这一新产品在当时销量平平，徘徊不前。起初用问卷法调查，结论是：消费者不喜欢速溶咖啡的味道，但并没有说出速溶咖啡和新鲜咖啡味道有什么不同。为了找出消费者苦持否定态度的真实动机，公司变换了调查方法，向被调查者展示两张购货单，让其说出购买速溶咖啡和新鲜咖啡的两个家庭主妇的特点。调查结果是：被调查者普遍认为购买速溶咖啡的是懒惰、不会计划开支、不称职的家庭主妇。这个结果帮助公司了解消费者不愿购买速溶咖啡的真实原因。被调查者在形容购买速溶咖啡家庭主妇的特点时，不知不觉将自己的看法投射了上去。

7. 第三人称法

在这种方法中，给被调查者提供一种文字的或形象化的情景，让被调查者将第三者的信仰和态度与该情景联系起来，而不是直接地联系自己个人的信仰和态度。第三者可能是自己的朋友、邻居、同事或同学。让被调查者去反映第三者立场的做法缓解了他个人直接回答问题的巨大压力，因此是可以给出较为真实合理的答案的。

（二）投射法的优缺点

与无结构的直接法（焦点小组访谈法和深度访谈法）相比，投射法的一个主要优点就是，可以获取被调查者在知道研究目的的情况下不愿意或不能提供的调查资料。直接询问时，被调查者常常有意无意地错误理解、妄意解释或肆意引导调查者。投射法可以通过隐蔽研究目的来增加回答的有效性。特别是当要了解的问题是私人的、敏感的或有着很强的社会标准时，作用就更明显。当潜在的动机、信仰和态度处于一种下意识状态时，投射法也是十分有帮助的。

投射法也有无结构的直接法的某些缺点。例如，通常需要有经过专门高级训练的调查员去做个人面访，在分析时还需要熟练的解释人员。因此，一般情况下投射法的费用都是高昂的，而且有可能出现严重的解释偏差。除了词语联想测试法之外，所有的投射法都是开放式的，因此分析和解释起来就比较困难，也易主观。

第二节 询 问 法

在原始资料的收集过程中，除前面介绍的焦点小组访谈法、深度访谈法和投射法之外，还存在着许多科学有效的调查方法，其中询问法运用得最为广泛。

一、入户访问

入户访问是指调查者进入被调查者家中或单位进行调查的一种形式。这种访问曾被认为是最佳的访谈方式。但随着城市扩大化，访问成本增大，社会治安差，楼房电子门、对讲机使得入户难度增加，这种访问形式的使用越来越受到限制。

（一）入户访问的步骤

为保证入户访问工作的顺利进行和调查结果真实有效，调查人员应遵循以下步骤：

（1）明确调查目标。

（2）拟定调查对象的范围（客户或家庭）。

（3）科学抽样。

（4）设计科学问卷。

（5）实施预先测试性调查。

（6）开展正式的入户面访调查。

（二）访问户和访问对象的确定

1. 访问户的确定

如果抽样方案中已经具体地给出了待访问户的具体地址或名单，调查员就只需按方案中指定的访问户进行调查。实际上在更多情形下，抽样方案无法给出具体的待访问户名单，只是给出若干个抽样点（如居委会）和如何抽取待访问户的具体规定，这样调查员就有一定的确定访问户的主动权。不过，为控制抽样误差，研究者赋予调查员的抽样主动权应尽量减小，即规定尽可能详细的抽取访问户的办法。例如，可规定在每个抽样点按等距抽样法抽取 n 户家庭，还要规定起点的确定方法、抽样间距的计算方法以及行走路线的方向等。甚至当抽中的家庭户无人或拒访时，抽样方案也能给出具体的变通处置办法。

2. 访问对象的确定

访问户一旦确定，有针对性地选择访问对象就显得十分重要。不同的研究目的，访问对象的确定也是有差别的。如果调查的内容涉及家庭重大财政支出（如住房、汽车等），一般应访问户主或最具决定权的家庭成员；如果调查内容主要涉及个人的行为或态度（如对服装款式的看法），一般是访问家中某个年龄段的所有成员（如18岁以上），或是按某种规定选取一位家庭成员进行访问。不管是哪一种情况，抽样方案都要规定具体的确定方法。

（三）入户访问的技巧

在入户访问调查中，访问员是一个颇为重要的角色，他（她）的穿着、语气表情、询问方式都会影响到调查能否顺利进行。要想获得访问对象的配合与支持，访问员就必须讲究相应的访问技巧。

1. 获得信任与合作

访问员的首要任务是取得被调查者的理解与合作，因此，访问员需先向被调查者说明来意，讲清访问目的，调查资料做何用，以消除对方的戒备心理，使其愉快接受询问，提供真实情况。访问员必须始终保持精神饱满、自信乐观、保持本身端正的仪容、用语得体、口齿伶俐、态度谦和礼貌，给人以亲切感、友善感、平等感和信任感，以积极友好的态度去感染对方，取得对方的好感，还要尊重对方，切不可盛气凌人或过分自信。

2. 准确、清晰地询问

入户访问调查，访问员掌握表达问题的艺术是非常重要的，否则，极易出现访问调查的误差。询问问题的主要技巧有：①按照问卷中问题的次序发问；②准确、清晰、缓慢地读出每个问题；③详细询问每个问题；④重复被误解的问题。通过读出问题，访问员就能注意在问题中使用的特定用词或短语，并在语调方面避免发生任何变化。

3. 适当追问

追问是进行开放性问题调查的一种常用技术，追问可以分为两类，一类是勘探性追问，另一类是明确性追问即澄清。前者是在被调查者已经回答的基础上，进一步挖掘、深究问题的方法，目的在于引出被调查者对有关问题的进一步阐述；后者是让被调查者对已回答的内容做进一步详细的解释，目的在于进一步明晰被调查者给出的答案。访问员常用的追问技巧有：①重复问题；②观望性停顿；③重复应答者的回答；④提出中性问题等。

4. 客观记录

尽管记录回答看起来非常简单，但错误经常在记录阶段发生。因此，访问员掌握恰当的记录规则是十分必要的。记录封闭性问句的应答规则较为简单，一般是在反映应答者回答的代码前做出相应标记，困难主要在于对那些开放性问句的记录。在记录回答的问题时，访问员应注意两个规则：①边访问边记录；②逐字记录而不以任何方式重新释义、表达或插入自己的语言。

5. 友好地离开

入户访问最后面临的一个问题是如何结束访问退出被调查者家中。访问员只有确信所有调查资料已收集齐全，方能结束访问。仓促离开是一种不明智的做法，一方面，访问员仓促离开，可能无法记录被调查者提供的自发性评论或补充性意见；另一方面，仓促离开也是失礼的一个表现，友好地离开既是对被调查者的一种尊重，也是未来进一步合作的需要。

（四）入户访问的优缺点

1. 入户访问的优点

（1）灵活性大。这是一种私下的、面对面的访谈形式，能直接得到信息的反馈，可以对复杂的问题进行解释，交谈的主题可以突破时间限制。

（2）可运用视觉辅助工具。在需要使用书面材料、视频资料加快访谈速度和提高访谈数据质量的时候，可以使用图片、声像资料、多媒体资料等。

（3）资料质量好。被调查者在自己感到熟悉、舒适、安全的环境里轻松愉快地接受访谈，更容易表达真实想法，同时对于一些新发现的问题，尤其是那些争议较大的问题，调查者可以采取灵活委婉的方式，迂回提问、逐层深入。由于面对面访问，除了获得语言信息外，被调查者还可以获得非语言信息，以判断回答的真伪。

（4）回收率高。这种方式一旦被调查者同意接受访问，通常不会中途结束；而其他的询问方式即使被调查者同意作答，也很容易中止访问。

（5）可深度访谈。由于面对面地进行访问，时间灵活，便于访问员展开深度访谈。

（6）互相启发。当被调查者对某一问题误解或不理解时，调查者可以当面予以解释说明，能够对被调查者进行相应的启发，有利于资料收集工作的顺利进行。

2. 入户访问的缺点

入户访问的调查费用较高，主要表现为：调查员的培训费、交通费、工资以及问卷及调查提纲的制作成本费等较焦点小组访谈法要高；访问调查周期较长；匿名性较差，难以收集个人敏感性问题的资料；对调查者要求高，所获资料的质量在很大程度上取决于访问员的访问技巧和应变能力，而合格负责的访问员却不易找到；主观性强，被调查者的答案很容易受访问员语调、态度、举止的影响；管理困难，入户访问可能会漏掉某些潜在的被调查者，如那些住在装有安全设置的高级住宅里的人，或者有些管理人员因为太繁忙，根本无法在工作时间内接受个人访问。因而入户访问一般不适于大规模的市场调查活动。

二、拦截访问

（一）拦截访问的概念

在购物中心、超市、百货商店或者其他交通便利、人流量大的地方随机拦截路人所进行的个人访问，称为拦截访问或街头拦截访问。访问员一般在商场入口处或街头人流集中的地方友善地拦住购物者或行人，然后就事先准备好的调查问题就地即时询问被访对象，这是非定点拦截的形式；还可进行定点拦截，邀请被调查者到附近一个固定的调查场所，品尝新品种的食物或观赏广告片段等。

小案例4-3：肯德基的拦截调查

美国肯德基在进入中国市场初期，为确定理想的市场定位，采用了拦截访问方式，以了解中国消费者的口味。肯德基选择公园和其他公共旅游景点，向旅游者提供休息场所，同时免费向前来休息的旅游者提供已经烹制好的炸鸡鸡块，征询消费者对食品的意见。采用拦截访问方式，肯德基不仅摸清了潜在消费者对炸鸡口味的种种需求，更为重要的是被调查者迅速和广泛地为肯德基传播了可口美味的产品。

（二）拦截访问的技巧

拦截访问被广泛应用在对产品（或服务）的消费心理、动机、态度及行为的调查之中。调查对象一般为普通的消费者或潜在消费者，他们在性格、文化、购买力和接受访问的态度等方面差别较大。因此，调查者必须注意访问的技巧。

（1）便利和安全的调查地点。拦截访问的地点通常是购物中心、超市、百货商店、车站、码头等，这种选择最大的好处是被访对象集中出现，极易寻找。另外，安全因素也很重要，尤其是欲将被调查者带入有固定调查设施的地点，安全是取得被调查者信任和合作的基本前提。

（2）合适的访问时间。一般可选择在被调查者有充裕时间（如节假日）的时段，尽量避开上下班的高峰期。访问时间不宜过长，一般控制在10min之内，以降低拒答率和无效回答率。

（3）理想的被调查者。为取得有效的调查资料，街头拦截时进行被调查者的甄别十分必要。调查者要根据调查目的，在性别、年龄、职业、收入、购买力和文化等方面瞬时观察和迅速判定样本的代表性，从而降低访问的难度，节省费用，提高调查资料的有用性。这主要取决于调查者的专业水准和经验判断。

（4）调查者得体的仪容仪表、良好的形象、友善的态度、熟练和高超的沟通技巧也是街头拦截访问成功的关键。

（5）拦截访问时，赠送有意义的小礼品也能在一定程度上吸引被调查者的关注。

（6）拦截访问时，不能对周围环境造成干扰或负面影响。

（三）拦截访问的优缺点

1. 优点

（1）访问进程快。拦截访问不同于入户访问，不需要访问员进入被调查者家庭；可以通过访问员的侧面观察来了解某些问题，节省了大量的时间。

（2）执行效率高。访问活动比较集中，持续时间较短，利于现场统一进行质量监控，执行效率高。

（3）成本低廉。拦截访问节省了入户访问所需的人力、财力成本，获得资料的时间也相应缩短，实效性强。

2. 缺点

（1）干扰因素多，效果受影响。拦截访问中的环境有可能较嘈杂，尤其是商业繁华的地点，干扰因素随时出现，可能会影响到被调查者的情绪，使其心不在焉或突然中断。

（2）样本的代表性存在误差。这是因为被调查者的选取受访问员的专业水准和经验判断影响较大。访问员在拦截访问时经常会加入个人的主观判断，如同样是符合条件的被调查者，某些访问员可能更愿意选择表情温和、易于接近的人，而那些表情冷淡的人往往会被访问员放弃，这样势必影响样本的代表性。

（3）回访较难。被调查者因与访问员之间只有短时的接触，会对访问员有一定的警惕性和谨慎性，可能不愿将真实的个人信息（如家庭住址、电话等）留给访问员，因此难以回访复核。

三、电话调查

电话调查是指通过电话向被调查者进行问询，了解市场情况的一种方法。电话调查常用于样本数量多，调查内容简单明了，易于让人接受，需快速获取信息的有关事项（如企业对其售后服务的了解）的调查。采用电话调查可以坐在办公室，利用现代化的通信工具进行，大大节省了时间和调查费用，而且能迅速得到结果。

（一）电话调查的形式

电话调查常用的形式有四种：传统电话访谈、中心控制电话访谈、计算机辅助电话访谈（CATI）、全自动电话访谈（CATS）。

1. 传统电话访谈

传统电话访谈时，访问员给样本中的调查对象打电话，向他们提出一系列问题，借助一份纸质问卷并用铅笔记录下回答。电话调查刚兴起时，采用普通的电话进行调查，但是由于无法对访问员的工作进行实时监督，访问质量难以得到保证，此法近年来使用得越来越少。

2. 中心控制电话访谈

中心控制电话访谈法是通过一套专门设备进行的。现在，几乎所有的电话访谈都通过这种方式来进行。这种访谈方法的优越性归纳为一个词便是"控制"。

（1）可以对实际的访谈过程进行监听。大多数的中心控制电话访谈系统都有一个监听系统。这样，督导人员能够听到访问员的访谈内容。不正确的访谈会被及时纠正，不称职的访问员会被解雇。一个督导员可以监听10～20名访问员。在一般情况下，每名访问员当班时至少要被监听一次。

（2）已完成的访谈可以当场得到进一步的质量检查，访问员能够立刻得知自己工作中不妥当的地方。

（3）访问员在工作时间内始终有可能被监听到，所以必须按时工作。

大多数美国国内调查都是由一台设备控制的。举例来说，一项调查需要达拉斯、萨克拉门托和华盛顿的样本各150名，需要由这三地的调查机构共同完成该项目。如果没有中心控制技术，数据分析员便会遇到这样一个问题：不同城市的数据是否具有可比性，不同城市的调查方法上是否完全一致。然而，如果这项调查的整个过程是由一台设备来控制，则分析人员便能够很肯定地得出结论。

3. 计算机辅助电话访谈

目前，大部分调查公司已经将中心控制电话访谈进行了"计算机化"，计算机辅助电话访谈（Computer Assisted Telephone Interviewing，CATI）技术系统使调查数据收集过程得到改善，主要包括：

（1）以磁盘作为记录工具。每一位访问员都坐在一台计算机终端或个人计算机面前，当被调查者电话接通后，访问员通过一个或几个键启动机器开始提问，问题和选择题的答案便立刻出现在屏幕上。访问员说出问题并键入回答者相应的答案，计算机会自动显示恰当的下一道问题。

（2）大量的过滤型问题。起初，在一些调查中只有20～30个过滤型问题（进行特征的区分或决定是否继续回答）。逐渐地这种类型的问题被用在每一层次的分类过程中。近来许多软件都增加了处理这种问题的功能。例如，我们要问被调查者是不是养狗，如果回答为"是"，接下去会显示一系列有关选择"狗用食品"的问题；如果回答为"没有"，就会显示其他合适的问题。

（3）拨号系统。电话技术将CATI软件与电话拨号联系起来。自动拨号系统确保计算机按照屏幕上所显示号码进行拨叫并防止拨号的错误。例如尼尔森媒体调研公司的"预先拨号系统"会自动转接所有占线和无人接听的电话，而只将有效电话转给访问员。

（4）多重问卷的电话访谈。有时需要在一份问卷进行之中转向另一份问卷。例如，某项调查除了要访问户主外还要访问其他家庭成员，需要能够迅速地更换问卷以防中断，并使其能利用上一份问卷的有关信息。计算机能帮助我们整理转换问卷。

（5）所有权。很难得到的样本，如医生、高层经理人员或短暂旅行者会因其他紧急的事情而中断访谈。当访谈重新进行时，他们通常希望能够与上次的访问员进行合作。因此盖洛普组织要求在重续访谈中，访问员继续自己"所拥有"的那些电话。

（6）省略了数据编辑及录入步骤。由于没有实物的问卷，因此不需要编辑。另外，在大多数计算机系统中不可能出现"不可能"的答案。例如，如果一道问题有三个备选答案A、B、C，而访问员键入D，则计算机不接受，它将要求重新键入答案。

（7）统计工作可以在任何时候进行。根据列表统计的结果，某些问题可能被删掉，以节约以后的调查时间及经费。例如，如果有98%的被调查者对某一问题的回答是相同的，基本上就不需要再问这个问题了。统计结果同样也会提出增加某些问题的要求。如果产品的某项用途在先前的调查中未被涉及，则可以在访谈中加上这道问题。总之，管理者会发现，调查结果的提前统计对调查计划及战略的实施是有帮助的。

4. 全自动电话访谈

一种使用内置声音回答技术（IVR）简化了的电话访谈，被称为全自动电话访谈（Completely Automated Telephone Survey，CATS）。CATS利用专业访问员的录音来代替访问员逐字逐句地念出问题及答案。回答者可以将封闭式问题的答案通过电话上的拨号盘键入，开放式问题的答案则被逐一录在磁带上。

CATS主要有两种类型：向外拨号方式和向内拨号方式。向外拨号方式需要一份准确的样本电话清单，计算机会按照号码进行拨号，播放请求对方参与调查的录音。这种方法的回答率很低，因为人们通常容易挂断电话。而向内拨号方式是由被调查者拨叫指定的电话号码进行回答，这些号码通常是邮寄给被调查者的。

（二）电话调查的注意事项

（1）以问卷形式预先设计电话调查的问题，确保调查工作顺利有效进行。由于受通话时间和记忆规律的约束，电话调查的问题大多采用两项选择法，而且要控制在 5~10min 之内完成。

（2）为降低拒接率、提高访问效率，对某些重要的访问可与被调查者预约。

（3）挑选和培训好调查员。要求调查员普通话标准、音质清晰、音色甜美，使接话者产生好感。

（4）选择理想的访问时机。例如对企业员工的调查，可选择上班时间；对普通消费者的调查，最好避开工作时间，总之不要干扰和妨碍被调查者的休息、生活（如午休、就餐等）。另外，节假日也不是合适的访问时机。

（5）讲究访问技巧。调查员的态度应文明礼貌、平等友善、情绪饱满、语速适中、音量适度。调查员应自始至终掌握通话的主动权，同时学会倾听，及时在电话的另一端给予回应。

（三）电话调查的优缺点

1. 优点

（1）成本低。由于个人访问成本的不断上涨和电话通信网络的快速发展，电话访问就变得相对便宜了。有关调查表明，电话访问的成本仅相当于入户访问的25%，几乎无须耗费途中的时间和费用。

（2）速度快，辐射范围广。电话访问不用花费几个星期来收集数据，上百个电话访问几乎可以在一个晚上完成。如果借助CATI这种形式，数据处理过程还可能更快。

（3）不必面对面接触。电话访问一般不会受个人情感的影响，应答者更容易回答令人尴尬或比较隐私的问题，可能在某些问题上得到更为坦诚的回答。

（4）有可能获得高质量的样本。如果实施了恰当的抽样和回访程序，则电话访谈较其他访谈形式更有可能得到完善的样本。

2. 缺点

（1）调查内容难以深入。电话访问的时间不宜过长，问题不宜过于复杂，难以调查比较深入的问题。

（2）调查者不在现场，很难判断所获信息的准确性和有效性。

（3）拒答率高。随机拨打的电话可能是空号或错号，停机、关机也时有发生，被调查者不在或者被调查者在但不愿意接收访问等因素的存在，都制约着接话率的上升。

（4）回答时间短。被调查者如果对访问失去耐心，他们可以随时挂掉电话。为了鼓励他们参与的积极性，访问长度应适当短些。访问员必须密切关注电话另一端被调查者情绪和态度的变化，细心把握访问时间的长度。

（5）缺乏视觉媒介。因为电话调查无法使用视觉工具，有些需要使用视觉材料的调查就不能通过电话执行，如包装调查、电视广告调查或印刷广告版本调查以及概念测试等。

四、邮寄调查

邮寄调查是指将设计印制好的调查问卷，通过邮政系统寄给被调查者，由被调查者根据要求填写后再寄回来，从而获取信息的一种调查方法。邮寄调查因其具有调查问题的专业性和标准性，调查对象的广泛性与针对性，完成问卷的经济性与简便性等特点，在市场调查中一直被广泛地运用着。除了书籍、杂志出版单位比较普遍地采用征订单邮寄的方法了解市场信息、推销商品以外，工业企业、商业企业也开始通过向用户、消费者邮寄问卷、订单，了解市场需求。特别是近年来，一些社会调查机构、研究咨询机构、信息中心等，纷纷采用邮寄调查法开展调查活动，了解市场需求的一手资料。

（一）邮寄调查的步骤

（1）进行科学抽样，确定调查对象。

（2）问卷发放前，与调查对象进行事先沟通，寻求其支持与合作。

（3）向调查对象寄出调查邮件。调查邮件的内容一般包括信封、信、调查问卷、礼品等。

（4）问卷发放一段时间后，再次与调查对象联系，请求其按时寄回问卷。

（5）统计回收的问卷。如果回收率还未达到理想的水平，则再次打电话或寄提示信。

（二）邮寄调查应注意的问题

（1）调查对象的针对性。一般可利用现有的各种通讯录、花名册等抽取调查对象，也可在专业的报纸、杂志、书籍上刊登或附带调查问卷。调查对象的针对性是提高调查结果有效性的基本保证。

（2）邮寄地址清晰具体，正确无误。

（3）问卷设计科学、规范。邮寄问卷是在无人指导的状况下，由被调查者独立完成的，因此应保证问卷能被正确理解，易于回答，便于统计。

（4）努力提高问卷回收率。如何采取有效可行的办法提高回收率，是邮寄调查人员应高度重视的一个问题，可供借鉴的方法有：

1）提前通知。提前通知被调查者正式问卷到达的时间，提前通知的时间越短，产生的效果就越好。据业内人士分析，提前通知的最佳时间是在邮件调查到达之前3天左右。

2）设置有趣的问题。可以在问卷开头部分加入几道有趣的题目，以提高被调查者的兴趣及合作的积极性。设计并排版具有吸引力的问卷和措辞，令其简单易懂，也可以保证较高的回应比率。

3）附上空白信封并贴上足额邮票。如果被调查者需要自己支付邮资，则可能会大大降低回应比率。

4）承诺给予购物优惠券、一定的咨询费或附寄礼品等。

5）赋予问卷特殊的功能。例如，问卷是参加调查机构举办的某一活动的入场券（如超级女声演唱会）。

6）后续行动。在第一轮被调查者回复之后，大部分调查开始采用后续行动，即使用电话、信件或者明信片，提醒被调查者返回问卷。后续行动可以包括另一份问卷，或仅仅提醒被调查者填写最初邮寄的问卷。

7）权威机构主办。市场调查由受人尊重的权威机构（如政府机构）主办将会在一定程度上提高问卷的回收率。

（三）邮寄调查的优缺点

1. 优点

（1）调查范围广。通过邮寄问卷可以联系到很多地区各个阶层的样本，包括居住在偏远地区的应答者以及难以访问到的人员，如高层管理人士等。

（2）成本低。同入户访问或深度访谈比较，邮寄调查的成本相对较低。

（3）应答时间充裕。邮寄调查留给被调查者的时间一般比其他任何一种调查方式都要充裕，被调查者完全可以根据自己的时间日程安排，在不影响工作、学习和生活的情况下，抽空填写调查问卷。

（4）匿名性强，回答更客观。被调查者是匿名的，加上访问员不到场，被调查者就很有可能会提供一些敏感性或令人尴尬的信息，回答无偏见，更客观。

2. 缺点

（1）回收率低。如果问卷令人感到乏味、表述不清楚或者过于复杂，就很容易被被调查者丢进垃圾桶。另外，邮寄调查的难以控制性也在很大程度上制约着回收率的提高。

（2）耗时。邮寄调查从设计、印刷、邮寄、回收到统计分析调查问卷往往需要较长时间，少则一个月，多则半年以上，使调查结果的时效性受到一定影响。

（3）问卷质量难以控制。调查对象可能随意填制，或找他人代填，或只填部分问题（如放弃开放性问句），这些都将影响调查数据的质量。

（4）受调查对象文化程度或专业水平的限制。

五、留置调查

留置调查是一种介于邮寄调查和面访调查之间的调查方法，它具备邮寄调查由于匿名而保密性强的特点，又体现了面访调查回收率高的优点。具体做法是，由调查员按面访的方式找到被调查者，说明调查目的和填写要求后，将问卷留置于被调查者处，约定在一段时间后，再次登门取回填好的问卷或请求被调查者将问卷寄回。

留置调查的优点是调查问卷回收率高，由于调查员亲自登门拜访，能引起被调查者的高度重视；访问员可以当面说明填写问卷的要求，澄清疑问，避免由于误解提问内容而产生的误差；填写问卷时间充裕，便于思考回忆，匿名性好，被调查者意见不受调查员的影响。其主要缺点是调查地域范围有限，调查费用较高，也不利于对调查员的管理监督。

资料链接 4-1：留置调查的方式

留置调查方式包括将问卷送到被调查者的工作地点，或要求他们在家完成，然后返回问卷。一些旅游业连锁店会将调查问卷置于客人的房间里，并请他们填完后交至结账柜台。一些商店有时会对消费者的人文信息、媒体习惯、购买意向或其他信息做简短的调查，顾客可以在家里完成后在下一次购物时带来。作为一种鼓励，有时会赠送一件小礼物给被调查者。如同一位调查人员偶尔碰上被调查者一样，留置问卷调查方式就是在这种情况下开始的。

第三节　观　察　法

一、观察法的概念和分类

（一）观察法的概念

观察法是指调查者凭借自己的眼睛或摄像、录音等器具，在调查现场进行实地考察，记录正在发生的市场行为或状况，以获取各种原始资料的一种调查方法。

观察调查不同于我们日常生活中无意识的随意观看，它是一种有目的、有计划、有重点、有内容的调查活动。观察员一般在极强的隐秘性下近距离甚至零距离地与被观察对象发生接触，故能真实地、原原本本地、全方位地观察和了解被观察对象的一切动作和行为，获取有用的调查资料。例如，在超市观察顾客选购商品的动作行为和习惯，来了解顾客的消费心理和消费需求特点；或者调查人员以普通顾客的身份选购商品或接受服务，以了解销售人员或服务人员服务态度的好坏与服务水平的高低。

（二）观察法的分类

为取得所需要的市场资料，往往要在不同情况下采取不同类型的观察方法。观察法可以从不同角度进行分类。

1. 自然观察和经过设计的观察

自然观察是在真实的市场环境中进行的，观察者在他们感兴趣的行为中没有扮演任何角色，被观察的人也没有意识到他们受到观察。例如，统计在特定时间内有多少人使用某个银行的驾车者服务台，是一个有关完全自然状态观察的好例子。

经过设计的观察是在一个经过设计的模拟环境中进行，被观察者至少知道自己的行为正被记录。例如，招募一些人在一个模拟超市（在市场调查区设几排货架）中购物，以便仔细观察他们的行为。给参与者每人一辆购物车，并告诉他们随意浏览货架，挑选出他们平时常用的商品。观察者记录下购物者在被测商品前滞留的时间以及此种商品被实际选择的次数，从而对不同展示品的效果形成一定的概念。

经过设计的环境使调查者能够更好地控制对购物行为有影响的外在因素或对此种行为进行解释；可以加快数据的收集过程，不必等到真实的事件发生，而是可以通过指导参与者从事特定的行为来代替；由于在相同的时间内可以进行更多的观察，因而能够收集到较大的样本数据或能更快地收集到目标样本数据；将有效地降低调查活动的成本。经过设计的观察最主要的缺点是环境是人为的，观察到的行为有可能与真实状态下的不一样。所设置的场景越自然，被观察个体的行为就越可能接近自然状态。

2. 公开的观察和掩饰的观察

公开的观察是指观察员以公开的身份出现，被观察的人知道自己正被观察。这样收集到的数据通常会有偏差。

掩饰的观察是指在被观察的人不知情的情况下监视他们的行动。最普遍的形式是在单向镜后观察人们的行为。例如，一名产品经理可以在焦点小组访谈过程中，在单向镜后观察人们对不同包装设计的反应。

3. 直接观察和间接观察

直接观察是直接地观察目前的行为。

当需要观察以前的行为时，求助于以往的行为记录进行间接观察是必要的。例如在进行产品原型测试时，为了了解有多少试验品确实被使用过，可以让当事人交还尚未使用的产品，这样调查者就可得知究竟有多少被使用了。

4. 结构性观察和非结构性观察

结构性观察中，根据所要观察记录的现象，事先设计一份问卷式表格，由观察员对每位被观察者进行观察时填写。通常只是计算某一特定行为发生的次数。例如，调查者可能会对测试有关新蛋糕食谱的两套使用说明书感兴趣。为了解消费者的基本行为，调查者可让参与者利用蛋糕粉准备他们最喜欢的糕点。小组中的一半人使用一套说明书，另一半人用另一套说明书。然后，对参与者的行为进行统计，例如阅读使用说明书的次数、去柜橱取碗和其他设备的次数、搅拌的次数和烤箱的温度等。

非结构性观察，并没有事先准备好的观察表，只是凭借观察员的判断和经验，对被观察者的行为做一下记录。如果调查者对所感兴趣的问题知之甚多，那么做结构性观察可能会更有意义；如果你知之甚少，非结构性观察则比较适合，或至少是一种恰当的候选方法。

5. 人员观察和机器观察

人员观察法即调查者直接到现场亲自察看以收集有关资料。它主要凭借人的感觉器官，即人的眼、耳、鼻、舌、身等（其中主要是眼）对市场营销现象做出直接感知，获得有效的信息。例如，调查者到零售商店观察产品的货架，了解不同品牌产品的陈列、数量、价格、广告张贴等，企业可根据这些信息来制定和调整产品市场营销的策略。又如调查者观察记录一家咖啡厅的客流情况，这一信息可以帮助设计咖啡厅的布局。

机器观察法即利用专门的观察仪器对特定范围内的人或事物所进行的调查。常用的仪器有录音机、录像机、照相机、显微镜、探测器、监视器、扫描仪等，这些观察工具在科学的观察中，不但提高了人类对事物的观察能力，同时还能起到对观察结果进行记载的证据作用，如照片、图片等，从而增加了观察资料的翔实性。

二、常用的观察技术

（一）人员观察使用的技术

1. 神秘购物法

神秘购物法是让观察人员装扮成购物人员，在对商品的挑选与购买过程中，搜集有关商店（尤其是商店雇员）经营信息的调查方法。神秘购物者本身是顾客或者是经过训练的专业调查员，被企业聘请来伪装购物，以发现商家经营管理的破绽。实施神秘购物法的关键是明确目的、选好环境、了解对象、熟记要求、牢记结果。

在这种方法中，神秘购物者可以打神秘电话考察电话服务代表的服务水平；参观并快速地购买些东西，考察企业的交易能力并对场所形象进行评估；造访某企业，用备好的手稿或方案与服务员或销售代表谈话；进行一次需要高超的交流技艺和有关此产品丰富知识的访问。以此衡量员工知识水平、工作效率、服务水平，识别企业的优势和薄弱环节，为业务培训和策略的修订提供指导。

2. 单向镜观察法

本章第一节在介绍焦点小组访谈法时，已介绍过带有单向镜的观察室，也就是在一间特别设计的房间墙壁上镶上一面极大的镜子，这面镜子较为特殊，隔壁房间观察者可以透过这面镜子了解调查对象在房间的一切情况，而被观察者并不知晓。测试室内事先放有杂志、产品的包装或饮料食品等，被测试者进入后，可能会翻阅杂志、看产品的包装、品尝饮料。此时，其视线情形或表情、动作如何等，都可由单向镜后的主持测试人员加以记录。

3. 购物形态和行为观察

购物形态和行为观察是指在商场中秘密注意、跟踪和记录顾客的行踪和举动，以获取企业经营所需的信息资料，主要适用于百货商场、超市和购物中心等场所。这里有一个样本的确定问题，可根据样本量和商场客流量的比例，采取等距抽样的办法来确定观察对象。比如在进入商场的客流中，每隔10人选中1人作为观察对象。此外，还要拟定观察方案，主要包括观察场所和路径，制作观察记录表，边观察边记录。利用这种办法，可了解顾客的行走路线，观察顾客选购商品的言行。

以超市为例，采用此观察法，可以获取下列信息：①前来超市购物或逛店的人的平均滞留时间；②单个和群体性的顾客拜访超市的规模；③顾客逛店的路径；④顾客驻步留意的商品种类和比例；⑤顾客驻步留意各种商品的时间长短；⑥顾客产生购物冲动的次数；⑦顾客对减价商品的反应；⑧顾客对超市购物环境和服务的反映等。

4. 内容分析

内容分析用特定的规则，如形象、语言或角色分析，把书面材料（通常是广告文本）分析为有意义的单元，对沟通内容进行客观、系统、定量的描述，以决定该向目标观众传达些什么。例如，通过内容分析，可以研究大众媒体中黑人、妇女和其他少数群体的出现频率。

5. 人文调查

人文调查是一种参与性观察，观察员深入被观察者内部进行观察。宝洁针对中国消费者的"润妍"品牌构思便来自于人文调查。十几个研究人员分头到北京、大连、广州等地选择符合条件的目标消费者，和她们在一起生活了48h。从被调查者早上穿着睡衣睡眼惺忪地洗脸梳头，到晚上洗发卸妆，女士们生活起居、饮食、化妆、洗护发习惯以及她们的性格和内心世界，导致了一个品牌构思的诞生。

（二）机器观察使用的技术

1. 交通流量计数器

这种机器用以测定特殊路段的汽车流量，可以为户外广告设计者和零售商提供信息。

2. 生理测量

生理测量包括眼动仪、心理电流测量仪、测瞳仪和音调分析仪。

眼动仪一般包括四个部分：光学系统、瞳孔中心坐标提取系统、视景与瞳孔坐标叠加系统和图像与数据的记录分析系统。从对眼动轨迹的记录中提取诸如注视点、注视时间和次数、眼跳幅度、瞳孔大小等数据，进而研究个体的内在认知过程。

心理电流测量仪测量皮肤电阻的变化，在调查对象身上安置监控电阻的小电极，对他们展示广告、包装和广告语等刺激物，调查对象的情感反应和生理变化会导致呼吸加速，从而使皮肤电阻增加，研究人员从电阻变化推断调查对象对刺激物的态度。

测瞳仪主要用于观测并记录调查对象的瞳孔变化情况。可以测试人们在看诸如广告、包装或产品设计时瞳孔大小的变化，瞳孔大小的变化可以反映人们对所看物品的兴趣。

音调分析仪通过检查调查对象声音振动频率的变化来测量情感上的反应。这种仪器已被用于包装调查、预测消费者的品牌偏好、确定目标市场中哪些消费者最合适尝试新产品。

3. 意见与行为测量

（1）阅读器。这种仪器看起来像一盏台灯，被测试者坐在它面前的时候，不会意识到它同时在记录阅读材料和读者眼睛的反应。这种自成一体的装置是全自动的，在不需要使用任何附件的情况下就能够记录任何被测试的信息。它允许被测试者阅读任何大小的杂志或报纸，并给他们足够的时间来回翻阅刊物。通过阅读器和特别设计的隐藏式照相机，能记录许多有关阅读习惯和不同大小的广告的使用情况以及品牌名称回忆等方面的信息。

（2）视听仪。在收视率调查方面，国内外的市场调查公司都在日记式调查、记忆式调查、电话调查的基础上借助视听仪进行调查。例如美国 ARB（American Research Bureau）公司用作调查电视视听率的 ARBITRON 仪器，尼尔森公司在 1961 年开始采用 Audimeter 在日本从事视听率调查。日本电通广告公司也开发了"电视视听测验器"。这种电子记录装置，形体不大，仅 3kg 重，能记录电视机内每 1min 所发生的电视台发振周波数，自动记录被调查家庭的视听时间及电视台代号。这种装置被装在各被调查家庭的电视机下部，因为并非在电视机里设有装置，所以对于每个家庭收看电视毫无约束，也不会感到有何不便。它用胶带记录，即使电视机关闭或停电，由于仪器内装有不停电装置，可在瞬间开动，也能保证胶带正常地不断运行。如果仪器本身或电视机出毛病，则能自动打出特殊符号，因此本仪器具有正确的有效标本的性能。胶带须每周收回一次，将其装入专为本机器调查法而设计的自动统计仪，然后放入电子计算机，便可统计出视听率来。电视视听测验器最大的特色在于机械统计的一贯作业，更由于它是以分钟为单位，一一加以记录，因此能正确地统计电视广告被视、听众接受的情形。

（3）扫描仪。扫描仪原本是零售店用来提高工作效率的，但现在已经成为调查者的有效工具。通过扫描设备（如收款机）扫描商品条码（Universal Product Code，UPC），就能在预先建立的数据库中查询该产品的各类信息，如价格、数量、生产厂家等。UPC 不仅可以随时检索柜台上的销售情况、计算销售的数量、准确控制库存，而且还能及时掌握促销手段是否积极有效，并能预测未来的消费倾向。

资料链接 4-2：扫描仪的使用方法

信息资源公司（IRI）是以扫描仪为基础进行调查的创始者，它的第一个成果被称为"行为扫描"（Behavior scan）。在每个市场中，拥有行为扫描的小市场持续录用一组由 3000 个家庭组成的调查对象。调查对象用特别的识别卡进行购物，这样他们在装有扫描装备的杂货店和药店结账的情况就可以被追踪。每个家庭每次购物的情况、购买的每个产品项目都将被 IRI 逐条记录。利用这种家庭购买测量方法可以巧妙地把握市场变化，例如电视广告、顾客宣传、促销、推出新产品的情况，以便进一步分析顾客购买行为的真正变化。为了对可供选择的营销计划进行战略性测试，行为扫描中的家庭被分为两个或两个以上的小组，完美地平衡了购买习惯、人口统计和所购物商店之间的关系。对于广告问题，可以在单个家庭层次上，让一组观看某个被测试的电视广告，另一组观看参照广告。这使得行为扫描成为评价广告力度、广告词和时间段方面最有效的方法。

三、观察法的优缺点

1. 优点

（1）真实自然。观察人们实际在干什么而不是依赖他们所说的，避免调查者效应，可获得真实客观的原始资料。

（2）可更快、更准确地收集某些类型的数据，用扫描仪记录要比要求人们列举他们食品袋里的每样东西有效得多。不要问孩子们喜欢什么玩具，而是让一些重要的玩具制造商邀请目标儿童群体到一个很大的玩具室，并通过单向镜观察孩子们选择了哪些玩具，这样更能了解孩子们的偏好。

（3）不受被调查者回答意愿和回答能力的影响。

2. 缺点

（1）调查资料的表象性和肤浅性。观察法是一种表象观察，调查双方不做深层次的交流沟通，因此难以了解被调查者内心深处的观念、动机、态度等心理信息资料。例如，顾客在商品面前或营销人员面前所表现出的满意或不满意、坚定或迟疑、信赖或疑惑等表情和行为较易捕捉，但要进一步分析引起这种表情和行为发生的深层原因，观察法就有点勉为其难。

（2）时空局限性。观察法是在特定的场所、特定的时段所进行的实地调查，受时空制约，只能观察到正在发生的动作和现象，而对已知发生的或将要发生的事情却无法得知，有一定的局限性。

（3）调查者需具备较高的业务水平和敏锐的洞察力。

（4）需较高的调查费用和较长的时间。

第四节　实　验　法

一、实验法的含义和特点

（一）实验法的相关概念

实验法是从影响调查对象的若干因素中选出一个或几个因素（即自变量）作为实验因素，在其余诸因素均不发生变化的条件下，了解实验因素的变化对调查对象（即因变量）的影响程度，用以决定企业市场营销策略的一种方法。从某种意义上说，实验法是把事物放在某一特定的条件下进行观察，因而也可以认作是一种特殊的观察法。

进行实验时，接受实验的被研究对象叫作实验组。往往与实验组进行对比实验调查的非实验对象叫作控制组。有的实验是在现实情况下进行的，是现场实验，而有的实验是在受控制的环境下进行的，属于实验室实验。

调查人员进行实验的目标，是要确定实验处理是不是导致正在被度量的结果的原因。所以实验调查通常又称为因果性调查。它有潜能去证明一种变量的变化能否引起另一种变量产生一些预见性变化。为了证明因果关系，即 A 引起 B，我们必须证明 A、B 间符合以下三个条件：

（1）存在相关关系（有时也称为共生变量）。调查人员可以借助统计程序来验证统计关系的存在和方向。

（2）事件发生存在适当的时间顺序。为了证明 A 引起 B，调查人员必须能够证明 A 在 B 之前发生。

（3）不存在其他可能的原因性因素。在许多营销实验中最难证明的是 B 发生的变化并不是 A 以外的其他因素引起的，本章大多数讨论与实验设计问题相关，这使我们能够排除或调整其他可能原因性因素的影响。

（二）实验法的特点

1. 实验法的优点

（1）过程具有可控性和主动性。调查者可以主动地引起市场因素的变化，并通过控制其变化来分析、观察某些市场现象之间的因果关系以及相互影响程度。

（2）实验数据比较客观。通过实地市场实验进行调查，将实验和正常的市场营销活动结合起来，取得的数据比较客观，具有一定实用性和可信度。

（3）调查资料精确度较高。在市场实验中，可以根据调查项目需要，进行合适的实验设计，有效地控制实验环境，进行反复研究，取得相应的数据，提高了调查的精确度。

当然，优点是相对的，实践中影响经济现象的因素很多，可能由于非实验因素不可控制，而在一定程度上影响着实验效果。

2. 实验法的缺点

（1）实验所需的时间较长、费用较高。在许多情况下，经理们可能预料到实验成本要超过所获信息的价值。考虑一下在三种不同地理区域对三种可选择的广告活动进行测试的成本。三种不同的广告活动必须实施；在所有三个市场中媒体必须被购买；所有三个市场的测试时间表必须谨慎地协调；一些系统必须在测试活动的前、中、后使用以测量不同时点的销量；必须对其他外来变量进行测量；必须对结果进行广泛分析。为保证实验的实现，一系列其他工作必须完成，所有这些的花费可能将超过 100 万美元，耗时半年以上。

（2）实施困难，可能会遇到大量阻碍实验完成的问题，主要包括以下方面：

1）得到组织内部合作困难。在实施某种类型的实验时，要想获得组织内的合作可能是极其困难的。例如，一个地区的市场经理可能极不情愿地同意他的市场区域被用来作为降低广告水平或较高的价格的测试市场。他主要担忧实验可能会降低这个地区的销售量。

2）干扰因素太多。实验时，制造商所提供的大量现金折扣以及商业广告上所登的折扣，可能会由于吸引了来自测试地区以外的消费者而造成对调查结果的干扰，扭曲实验结果。外来购买者可能是住在测试地区边缘，看到电视广告，仅仅是因为在测试地区提供了较低的价格、特殊的折扣或其他一些诱因去购买产品。他们的购买将意味着被测试的特殊销售刺激因素比实际情况更有效。

3）测试市场和总体市场之间的差异。我们很难保证实验市场的足够代表性，实验结果能否在总体市场上推广就无法确保。

4）缺少一组人或是作为控制群体可用的地理区域。有时难以找到相似度高的控制组和实验组市场。

（3）保密性差。现场实验或市场测试暴露了在真实市场中要进行的某个营销计划或营销计划的某些关键部分。毫无疑问，竞争者们将会在大规模市场推广之前考虑出对策。这种预先信号使竞争者有机会决定是否做出反应以及如何反应。无论如何，策略失去了出其不意的效果。在许多例子中，竞争者们实际上已经"窃取"了在市场中正被测试的创意，而且在测试产品或策略因素的公司完成市场测试之前就已经进入了全国性的分销网。

二、实验的有效性

实验的有效性是通过两个方面来进行判断的：首先是内部有效性，说明了自变量是不是因变量变化的唯一原因；另一个是外部有效性，说明了实验结果适用于真实世界的程度。

（一）内部有效性

内部有效性主要是从实验内部考察实验结果是否有效。实验结果是否完全由自变量变化引起，有没有外部因素参与影响？如果有，其影响如何？诸如此类的问题都可对内部有效性做出评价。影响内部有效性的因素很多，主要体现在：

（1）历史因素。历史因素（History Effect）是指不受研究人员的控制，发生在实验的开始和结束之间，并影响因变量数值的任何变量或事件。时间越长，历史效应的影响就越大。具体表现在两个实验组的成员经历了不同的历史状况（即不同事件），导致因变量发生的变化。例如，两组经理人员作为对象，一组经历了公司兼并前的混乱环境，而另一组则是在兼并之后才被雇佣的，经历了不同的历史，因而可能在实验中表现不同。

（2）成熟因素。成熟因素（Maturation Effect）主要是指实验对象个人方面的变化，这种效应是时间因素影响的结果，也称时间效应。在一个长时间的实验中，因为实验对象成熟了，变得更加有经验了，就可能会影响到实验结果。假设一个实验是为了测试新的薪酬计划对销售产量的影响。如果这个计划是在一年的时间内进行测试，有些销售人员可能就会因为获得更多的销售经验而变得成熟，他们的销售量就会提高，这是因为他们的知识及经验，而不是薪酬计划。

（3）需求属性。需求属性（Demand Characteristics）是指可以向实验对象无意识地暗示实验设计程序，如果参与者意识到了实验人员的期望或需求，他们很可能以一种与实验处理相一致的方式行动。在大多数实验中，最显著的需求属性就是管理实验程序的那个人。实验人员的每次出现，都可能对正在被观察的结果产生影响。

（4）测试效应。测试效应（Test Effect）也被称为前测效应，因为最初的测试使得应答者适应了实验的特性，摸清了实验规律，如果没有采取任何前测措施，则应答者行为可能会有所不同，从而导致结果的不同。一般来说，应答者在进行第二次测试时都会变得较为敏感，因此通常都会比第一次测验做得更好一些。

（5）测量工具效应。测量工具的变化可能会导致测量工具效应（Instrumentation Effect）的出现。例如，问题的措辞、访员的变化都可能导致测量工具效应，这会危及内部有效性。使用同一个访员在前测和后测中提问，就可能出现一些问题。因为通过实践，访员可能会提高其在访问方面的技能。为了避免这个问题，就要雇佣新的访员。

（6）实验程序误差。如果实验方法要求同样的对象接触到两个或更多的实验处理，那么程序运用的次序就可能会产生误差。例如，某软饮料公司计划要测试消费者们对一种高咖啡因并另外加糖的可乐与普通可乐所做的比较，而其中一种饮料必须在另一种之前被品尝。如果消费者无法说出这两种饮料之间的差别，就可能会倾向于偏好他们最先品尝的那一种饮料。

有些实验，比如实验室实验，从内部考察，有效性相当高；而其外部有效性却很难确定，原因就是在实验室，可以对其内部各种自变量加以有效控制，而对外部因素的变化却显得无能为力。

（二）外部有效性

外部有效性主要是从现实的角度来考察实验结果是否有效，也就是说实验结果能否应用于现实世界？如果一个实验结果从实验内部讲是有效的，但在现实生活中毫无用处，则这样的实验没有必要进行，实验结果更不会得以推广。影响外部有效性的因素有：

（1）选择效应。选择效应（Selection Effect）对有效性的威胁将在以下情形中遇到：实验或测试群体与我们拟使用实验结果推测的总体有系统差异；实验、测试群体与我们想比较的控制群体有系统差异。如同市场调查的其他形式一样，实验可能出现随机抽样误差以及样本选择误差。一个典型的案例是，世界杂交水稻之父袁隆平院士选择南方地区尤其是海南岛进行杂交水稻的实验性测试取得成功，然而，在东北地区（如黑龙江）进行同样的实验，结果就完全不同了，原因就在于南北气候的巨大反差。

（2）磨损效应。长期实验的一个问题就是开始的参与者可能会中途退出，出现样本磨损（Sample Attrition），就会出现一些样本偏差。我们无法知道那些丢失的测试单元是否会与保留下来的那些单元对处理变量做出相同的反应。代表总体的或类似于控制群体的实验群体可能变得不具代表性。因为具有某些特征的被测试者发生了系统损失。例如，在有关音乐偏好的研究中，如果我们在实验过程中丢失了几乎所有25岁以下的研究对象，那么在实验结束时我们有可能得到的是有误差的音乐偏好的记录，这样，结果可能缺少外在有效性。

三、实验方案设计的基本原则

外来变量的存在将影响因变量，搅乱实验结果，严重威胁实验的内部有效性和外部有效性，必须加以控制。在实验方案设计中必须掌握以下基本原则：

（1）稳定性原则。稳定性原则是指实验环境的稳定性，必须努力使得每一个实验组里的所有对象都接触到完全相同的环境，除了不同的因变量环境之外。例如，一个度量消费者对于棉纸柔软度的评价的实验，已经显示了湿度的变化会影响反应。在这种情况下，要保持随机变量恒定，就要求所有的实验都必须在一天中的同一时间在同一个房间里进行。

（2）可比性原则。在采用实验组同控制组对比的方式时，两组的情况必须相同或类似，如规模、地域、购买力、风俗习惯等，否则，外来因素的作用会影响实验结果的准确性。

（3）随机原则。随机选择（Randomization）就是将实验对象及处理随机分配到各组，是一种将随机变量对所有环境的影响平均分配或分散的策略。环境的随机分配提供了"偶然性控制"。对象的随机分配使得调查人员可以假设这些组在所有的变量方面都是等同的，除了实验处理之外。

（4）重复原则。在实验中，同样的对象受到了所有的实验处理，就被称为是反复度量（Repeated Measures）。这一技术消除了由于对象差异而导致的所有问题，一是降低实验误差，扩大实验的代表性；二是估计实验误差的大小，判断实验可靠程度。

（5）匹配原则。根据相关的背景资料，对应答者进行匹配（Matching），是控制分配误差的另一个方法。例如，若预计年龄会影响到储蓄习惯，而且如果所有实验环境中的对象都是根据年龄进行匹配的，那么进行一个储蓄或贷款的实验，就可以更好地保证对象之间没有任何差异。

（6）障眼法。为了减少需求属性，调查人员通常都采取措施，让对象很难知道自己想要找的是什么。障眼法（Blinding）就是用于控制对象，不让他们知道自己是否已经受到了特定的实验处理。在一个可乐的品尝实验中，有一组对象可能会接触到新的配方，而另一组接触到的则是平常的可乐。如果对象被蒙蔽，所有人都可能会被告知给予他们的并不是新配方（或者是所有人都可能被告知他们接触的是新配方）。

（7）抵衡原则。抵衡（Counterbalancing）就是通过让实验对象中的一半先进行 A 处理，然后再进行 B 处理，而另一半却先进行 B 处理，然后再进行 A 处理，以消除程序运用的次序所导致的混淆影响。例如，计算机游戏的生产厂商让对象完成 A、B 两个需要一些技能（也就是玩游戏）的实验任务。一般情况下，对象们可能会把第二个任务完成得更好一些，只是因为他们在完成第一个任务之后已经有了一些经验。因此，运用抵衡原理，实验效果就较为理想。

（8）可推广原则。可推广原则是指实验推广的可行性，要使实验结果有广泛的应用价值，就必须使实验期间、实验地点的各种市场条件与推广时间和推广区域的市场条件一致，否则，就没有推广的价值。

四、实验方案设计的方法

（一）非正规设计

非正规设计是指在选择实验对象时采取非随机原则，这种方法耗资少、易操作。

1. 无控制组的事后设计

在这种设计形式中，用主观的方式选取一组测试单位，进行实验处理，然后对其反应进行记录。不考虑测试单位测试前的任何行为，也不需评估测试过程中外部因素对测试单位行为的任何影响。例如，调查者进入一个超市，向成年男性顾客发放购买西装的优惠券，记录优惠券的发出数量，对使用优惠券进行购买的成功性做出判断。在开发新产品，选定产品的规格、款式、型号时，通常也会采用这种形式进行小规模市场实验。

这种实验设计简单易行，但结论不是十分有效，一般适用于研究者不是特别重视实验结果或内外部有效性的情形，只能算作"探测性"实验。

2. 有控制组的事后设计

将两组条件相当的调查对象，一组作为实验组，另一组作为控制组。实验组按给定的条件进行实验，控制组则按现实的情况开展活动，用来同实验组进行对比，以观察实验结果。在其他主客观环境相同的条件下，两组结果的差异就是实验取得的效果。

设计的结果是通过实验组的观测结果与控制组的结果相减而计算出来的，是对同一时间内不同实验单位，在给定变化条件下的相应资料，做横向比较而得出的调查结果。

小案例 4-4：价格调整实验

某企业进行液晶电视机的价格调整实验，选择两家商场。实验组将液晶电视机降低售价 5%，控制组售价不变，来考察对销售量的影响。实验为期 2 个月，结果见表 4-2。

表 4-2　两商场液晶电视机销售对比　　　　　（单位：台）

组别	实 验 组	控 制 组
事后测定值	58	18

实验效果：58 台 – 18 台 = 40 台

通过计算可以看出价格调整能够促进产品的销售。

这种设计最明显的优点是，实验组与控制组在同一时间内进行现场销售对比，诸如自然季节、商业季节、心理因素等非实验因素基本相同，可以排除由于实验时间不同而可能出现的外来变数影响。这种设计的主要缺点在于，它不能保证实验组和控制组在接受实验处理之前的变量是同等的。如果不等，那么各组之间的系统性差异就可能会使得处理效果的结论变得无效。有控制组的事后设计适用于客观条件如规模、地点、设备、管理水平等大致趋同的单位，这样才能保证实验结果具有可比性，而现实中选择控制组有一定的难度。

3. 无控制组的事前事后对比实验

采用这一方法是在同一市场内，实验前在正常的情况下进行测量，收集必要的数据；然后进行现场实验，经过一定的实验时间后，再测量收集实验过程中（或事后）的资料数据。从而进行事前事后对比，通过对比观察，了解实验变量的效果。

小案例 4-5：包装实验

某企业选定一种商品做包装实验，实验暂定一个月，实验前先记录此商品一个月的销售量，然后在同一商场销售使用新包装的同种商品。经为期一个月的实验后，再统计此商品的销售量，结果见表 4-3。

表 4-3　新旧包装对销售量的影响　（单位：件）

	实验前 Y_1	实验后 Y_2
销售量	180	280

实验效果：$Y_2 - Y_1 = 280$ 件 – 180 件 = 100 件

可见新包装比旧包装的销售量增加了 100 件，商品包装与销售量有密切关系，它可起到"无声促销员"的作用。如果经分析无其他因素影响，则说明新包装可以采用。该企业应在市场上销售新包装的商品，以扩大市场份额，获得更多的利润。

这个对比实验是基于一个假设：销售量增加的任何变化都是由新包装的实施引起的。而实际上，至少有一些变化可能是由其他外部因素引起的，例如一个月内竞争者的产品价格发生了改变，或者竞争者的产品质量出现了某种问题。

无控制组的事前事后对比实验由于简便易行，在市场调查中经常被运用于产品包装、口味、规格、广告投放、价格等的实验对比。

4. 有控制组的事前事后对比实验

有控制组的事前事后对比实验，是指控制组事前事后实验结果同实验组事前事后实验结果之间进行对比的一种实验调查方法。这一实验方法，是在同一时间周期内，在不同的企业、单位之间，选取控制组和实验组，并且对实验结果分别进行事前测量和事后测量，再进行事前事后对比。这一方法实验的变数多，有利于消除实验期间外来因素的影响，从而可以大大提高实验变数的准确性。

小案例 4-6：商品陈列实验

某连锁家电企业欲了解其音响商品陈列方式对销售的影响，选择了两个商店分别作为实验组和控制组，两个商店该种商品销售额事前测量均为 $X_1 = Y_1 = 5000$ 元，他们在一家商店

(实验组) 采用新的陈列方式，而在另一家商店（控制组）采用老的陈列方式，一个月后又收集了两家商店音响商品的销售额，实验组为 $X_2 = 6200$ 元，控制组为 $Y_2 = 5500$ 元，见表4-4。

表 4-4   新旧陈列方式对销售额的影响 （单位：元）

组别	事前测量	事后测量	变动	实验效果
实验组	5000	6200	1200	700
控制组	5000	5500	500	

分析结果，实验组销售额增加了 $X_2 - X_1 = 6200$ 元 $- 5000$ 元 $= 1200$ 元。这增加的 1200 元销售额中，既有实验变数——陈列方式的影响，又有外来变数，即应季商品动销的影响，因为这一时期正是该类商品销售季节。在实验期间，控制组执行原有陈列销售，没有实验变数，只有季节动销这一外来变数的影响，它的销售变动结果为 $Y_2 - Y_1 = 5500$ 元 $- 5000$ 元 $= 500$ 元，这新增的 500 元销售额，是受外来变数——季节动销因素影响的结果。由于在实验期间，实验组同控制组在受外来因素影响这一点上是相同的，可以认为它们都会受季节动销影响而增加销售额 500 元。所以，在实验组变动结果中，把这一影响 $Y_2 - Y_1$ 从 $X_2 - X_1$ 中排除掉，剩下的自然就是实验变数影响的结果了，按此例数字 (6200 元 $- 5000$ 元) $-$ (5500 元 $- 5000$ 元) $= 700$ 元。这说明，通过改变陈列方式，可以收到增加销售额 700 元的实际效果。

实验组与控制组前后对比实验，其实验过程既有时间变化又有空间变化，因此这种实验法既能消除非实验因素对实验效果的影响（如季节），又能避免实验单位事后实验中难以选择非实验单位（即控制组）的难题，是一种比较好的实验方法。但这种实验法在实际应用过程中操作较为复杂，工作量大。

前面阐述的四种实验设计方法，尽管特点不同，但是在选择实验单位上都有一个共同点，即都是按照判断分析选出的。在对调查的对象情况比较熟悉、实验单位数目不多的条件下，采取判断分析法选定实验单位，简便易行，也能够获得较好的调查效果。但是，当实验单位很多、市场情况十分复杂时，按主观的判断分析选定实验单位就比较困难。这时可以采用正规设计实验，即采用随机抽样法选定实验单位，使众多的实验单位都有被选中的可能性，从而保证实验结果的准确性。

（二）正规设计

正规设计的特点是只考虑一个变量的市场效果，同时消除非实验变量的影响。正规设计的方法很多，包括完全随机设计、分组随机设计、拉丁方格设计和复因素设计等。这里只讨论完全随机方法。

完全随机方法的优点是能够测算实验误差，从而有助于提高实验结果的准确性。同时，可以节省分析过程和时间，并与其他实验方法互相结合、互相补充，解决实验单位不易选定或选定不准的困难。但是也要看到，随机对比实验也有缺点，主要是应用中花费时间长，费用开支大。因此，它的实际应用受到一定的限制。

小案例 4-7：包装实验

某果酱生产厂长期采用罐头包装，现欲增加利乐包装和塑料瓶装。随机抽样选定三家商店作为实验单位，分别销售一种包装。实验期为一周，重复次数为四次，各商店每次销售何种包装也由随机抽样决定。实验结果见表4-5。

表4-5 包装对销售量的影响 （单位：件）

实验次数	各种包装（j）对应的销售量		
第 i 周	1（罐头）	2（利乐包）	3（塑料）
1	40	50	26
2	50	54	34
3	22	48	45
4	31	63	42
合计	143	215	147
平均	35.75	53.75	36.75

从表4-5我们可以发现，利乐包的销售量明显高于另外两种包装，但这也有可能是由随机因素引起的差异，所以还需要经过 F 检验（本书第八章将会详细介绍，此处从略），推断三种包装的实际销售量存在显著性差异，决定采用利乐包装。

关键词

定性调查 Qualitative Research　　　访问 Interview Survey
焦点小组访谈 Focus Group Discuss　　观察法 Observation Methods
深度访谈 Depth Interview　　　　　实验法 Experiment Methods
投射技术 Projective Techniques　　　内部有效性 Internal Validity
角色扮演 Role Playing　　　　　　外部有效性 External Validity
定量调查 Quantitative Research

思考题

1. 焦点小组访谈法的实施步骤有哪些？
2. 投射法有哪些具体方法？如何应用？
3. 入户访问要注意哪些技巧？
4. 电话调查人员如何避免拒答现象？保持和延长通话时间有何诀窍？
5. 什么是实验的内部有效性和外部有效性？影响实验有效性的因素有哪些？
6. 某公司所属四个商店进行某种商品的包装改革实验，控制组用原包装，实验组在实验期间用新包装，实验前后对比时期各为三个月，实验前后的销售量见表4-6。

表4-6 某商品实验前后销售量对比表 （单位：件）

组别	实验前三个月销售量	实验后三个月销售量	实验前后变化量
实验组	20 000	30 000	10 000
控制组	19 500	26 000	6500

请计算：采用新包装后，该商品较原包装实际增加了多少销售量？

案例分析讨论

如何进行营销调查

图森动物管理中心（ACCT）对其每年处理的走失或被丢弃的狗的数量不断增长一事感到忧虑。按照制度，这些狗在到达 ACCT 10 天后如仍无人收养，就将被杀死。因为没有足够的空间及食物，也没有足够的护理人员，所以 ACCT 被迫每年杀死 10 万多条狗。因此，ACCT 想进行一次营销调查，以了解图森居民对狗数量过多的看法，以及他们对收养狗的态度。

为帮助 ACCT 了解这些问题，一个调查公司进行了两组焦点访谈，每组 10 个图森居民。研究表明，当地大多数居民并没有意识到狗数量过剩的严重性，而且他们也不清楚从 ACCT 领养的狗都已经被做过卵巢切除或阉割手术。在这个探测性调查的基础上，该调查公司设计了一份电话访问卷，并雇用了当地的一个机构进行电话访问。访问对象是从图森电话簿中随机抽出的 500 个户主。结果共有 350 人接受了本次调查，剩余的人中有些不符合访问要求，有些则拒绝接受调查。将原始资料制表后得出，多数受访对象（63%）想在次年领养一只雄性混血狗，其原因是个人感情需要（46%）或将其作为家庭宠物（31%）；但只有一半受访对象表示愿意领养一只被做过手术的狗；不到 1/4 的受访对象（22%）认为图森存在狗数量过剩的问题。

在这些信息的基础上，ACCT 开展了一次公众服务性宣传活动，以使人们了解图森存在着严重的狗数量过剩问题，从而推动其宠物领养计划。在宣传活动中，强调了确保领养的狗不生产人们不需要的小狗的重要性。活动结束后，狗的月领养数增加了 500%。这次活动的效果将在未来的 2~5 年中体现出来，届时人们所领养的将是在 18 个月以后才成熟的小狗。

案例思考题：

1. 在这个案例中使用了哪些定性研究方法？
2. 本案例还可以使用其他调查方法吗？若可以请列举。

第五章　问卷设计技术

本章要点

- 问卷的作用
- 问卷的类型
- 问卷的结构、问卷设计的程序
- 问句类型与答案的设计
- 问卷设计的技巧

导入案例

〜 高大图书礼品公司问卷 〜

____女士/小姐/先生：

您好！

我是南方开拓市场调查公司的访问员，我们正在进行一项有关图书礼品的调查，目的是想了解人们对图书礼品的看法和意见。您的回答无所谓对错，只要是您真实的情况和看法即可。我们将对您的回答完全保密。可能要耽误您15分钟左右的时间，请您配合，谢谢您的合作。

一、您对一流的图书礼品公司的期望是：	非常不重要	不重要	普通	重要	非常重要
1. 该公司的产品应该要物美价廉					
2. 该公司的产品应该要符合我的需要					
3. 该公司的产品应该可在各相关卖场内找到					
4. 该公司的产品应该要跟得上社会潮流					
5. 该公司的声誉应该要卓著					
6. 该公司应该要值得我信赖					
7. 该公司应该经常从事社会公益活动					
8. 如果相关卖场没有卖该公司的产品，我会试着到别家找					
9. 即使我现在还没有立即需要，我还是会购买该公司的产品					
10. 一旦有需要，我就会购买该公司的产品					
二、您对本公司的意见是：	非常不重要	不重要	普通	重要	非常重要
11. 高大公司的产品物美价廉					

（续）

二、您对本公司的意见是：	非常不重要	不重要	普通	重要	非常重要
12. 高大公司的产品符合我的需要					
13. 高大公司的产品可在各相关卖场内找到					
14. 高大公司的产品所提供的新知识跟得上社会潮流					
15. 高大公司的声誉卓著					
16. 高大公司能让我信赖					
17. 高大公司经常从事社会公益活动					
18. 如果相关卖场没有卖高大公司的产品，我会试着到别家找					
19. 即使我现在还没有立即需要，我还是会购买高大公司的产品					
20. 一旦有需要，我就会购买高大公司的产品					

三、消费状况

21. 您最喜欢本公司所提供的何种产品？（可复选）

1. □杂志　2. □书籍　3. □文具　4. □礼品　5. □影音

22. 您购买过本公司的产品吗？1. □有　2. □没有（回答 2 者请跳答 24 题）

23. 您最近一次购买本公司产品的消费金额是多少元？ _____元

24. 整体而言，您会给本公司几分？（0 至 10 分） _____分

25. 您会向别人推荐本公司的产品吗？　1. □会　2. □可能会　3. □不会

四、基本信息资料

26. 性别：1. □男　2. □女

27. 受教育程度：1. □高中（职）及以下　2. □大专　3. □本科及以上

28. 年龄：1. □15 岁以下　2. □16～20 岁　3. □21～25 岁　4. □26～30 岁　5. □31～35 岁　6. □36 岁以上

　　启示：一份完美的问卷是由多个部分组成的，每个部分的内容都要恰如其分地表达调查者想要了解的内容，体现调查者的调查目的，有的放矢的设计问卷才能达到调查的最终目的。

　　调查目的必须转化为具体的问题才能从被调查者那里搜集所需信息。问卷是连接着研究目标与被研究者的纽带，在数据搜集过程中起着重要作用。问卷设计是问卷调查的关键环节，问卷设计的好坏将直接决定能否获得准确可靠的信息，影响调查的质量。如果问卷设计得不好，那么所有精心编制的抽样计划、训练有素的访问人员、科学的数据分析技术和良好的编辑及编码都将毫无意义可言。不恰当的问卷设计将导致不完整的信息、不准确的数据，在此基础上甚至会产生错误的市场预测与决策，从而导致企业在激烈竞争中的惨败。

第一节　问卷的一般问题

一、问卷的概念与作用

　　采用问卷调查是国际上通行的调查方式，也是我国近几年来推行最快、应用最广的调查方式。问卷调查最早起源于古代中国和埃及以课税和征兵为目的所进行的调查。近代问卷调查始于

1748年瑞典进行的全国规模的人口普查，而现代意义上的问卷调查是从20世纪30年代，以美国新闻学博士乔治·盖洛普（George Gallup）成功地运用问卷进行美国总统选举的调查预测后开始的；之后，问卷调查得以迅猛发展。我国自20世纪80年代引入问卷调查，目前已得到了长足的发展。

（一）问卷的概念

问卷（Questionnaire）是用来收集调查数据的一种工具，是调查者根据调查目的和要求所设计的，按照一定的理论假设设计出来的，由一系列问题、备选答案、说明以及代码表所组成的书面文件，是向被调查者收集资料的一种工具。问卷设计的目的是设计一份理想的问卷，这份问卷既能描述出被调查者的特征，又能测量出被调查者对社会经济现象以及某事物的态度，并能在一定条件下以最小的计量误差得到所需要的数据。

（二）问卷的作用

问卷的诞生使市场调查获得了质的飞跃。问卷作为提问、记录和编码的一种工具，能够帮助我们获得关于市场的第一手资料，其作用主要体现在以下几个方面：

（1）问卷是调查中广泛使用的一种工具。由于问卷是进行调查的一种工具，它广泛用于各种范围和对象以及各种类型的市场调查方法中，因此，从调查内容的范围上来看，问卷既可以适用于国际市场调查、全国市场调查，又可以适用于区域市场调查。从对象的广度上来看，问卷既可以针对消费品市场调查、生产资料市场调查，又可针对服务市场调查。从调查方法上来看，它不仅在问卷调查法中使用，而且在面访调查法、邮寄调查法、网上调查法、电话调查法中也使用。

（2）问卷通俗易懂，实施方便。问卷可以锁定研究目标并展现与主题相关的必要问题，将所要的信息转化为被调查者可以回答并且愿意回答的一系列具体问题。采用文案调查法查寻资料时，有时不可能获得调查目标所要求的全部资料和信息；采用面访调查和电话调查时又要求调查者具备相当高的询问技巧和记录技巧，在具体实施中还难免会出现对有些问题回答不完全或回答得模棱两可的情况。采用问卷形式可以将所要问的问题以提问的方式写在卷面上，大多数情况下，还同时提供多种备选答案，由被调查者从中选择。因此，采用问卷形式进行调查，形式上方便，表达上容易为被调查者所接受；同时问卷也不要求调查者一定要具备很高的交流技巧，实施起来比较方便，只要调查者说清意图，并能回答被调查者的问题就可以完成调查任务。

（3）问卷作为调查工具，方便创造容易执行的应答气氛和条件，引导调查者参与并完成调查，减少由被调查者引起的计量误差；以近乎同一的标准提出问题和要求作答，确保问题环境的相似性和一致性，使调查人员的提问标准化，减少由调查人员引起的计量误差。

（4）问卷作为调查的记录和证据，根据它来记录被调查者的回答，并根据它来进行编码，便于保存和核对调查结果，便于对资料进行统计处理和定量分析，使回答误差率很低、节省时间、调查效率高。

二、问卷的类型

问卷的设计必须与调查目的、调查主题、调查对象和调查方式及要求相适应，不同的研究问题、调查对象和调查方式所适应的问卷类型也不一样。

1. 根据使用问卷方法的不同分类

根据使用问卷方法的不同，可分为自填式问卷和访问式问卷。自填式问卷是由调查者发给（邮寄或网上提供）被调查者，由被调查者自行填答完成的一种问卷。报刊式问卷、邮寄式问卷和送发式问卷均属于自填式问卷，自填式问卷是问卷调查的主要形式。访问式问卷是调查者事先设计好问卷，然后向被调查者当面提出问题，根据其口头回答由调查者代为填写完成的一种问卷。访问式问卷主要适用于派员访问调查、座谈会调查以及电话调查等。

由于这两类问卷的填制主体不同，所以它们在具体结构、问题类型、措辞以及版式等方面都有所差异。一般来说，自填式问卷由于可以借助于视觉功能，在问题的制作上要求格式清晰、内容详尽、全面，便于被调查者接受并正确理解和填答；而访问式问卷更注重问卷的实地处理，灵活性较强。一般而言，访问式问卷要求简便，最好采用两项选择题进行设计。

2. 根据问卷发放方式的不同分类

根据问卷发放方式的不同，可将调查问卷分为送发式问卷、邮寄式问卷、报刊式问卷、人员访问式问卷、电话访问式问卷和网上访问式问卷六种，其中前三类属于自填式问卷范畴，后三类属于访问式问卷。

（1）送发式问卷。送发式问卷是市场调查人员直接将调查问卷发送到选定的被调查者手中，待被调查者填写完毕后，再派专人收回问卷。

（2）邮寄式问卷。邮寄式问卷是通过邮局向选定的被调查者寄发问卷，被调查者按照问卷要求进行填写，并通过邮局寄还给调查者。

（3）报刊式问卷。报刊式问卷是随报刊的传递发送问卷，并要求报刊读者对问题如实作答并回寄给报刊编辑部。

（4）人员访问式问卷。人员访问式问卷是由市场调查人员按照统一设计的问卷，向被调查者当面提出问题，然后再由调查者根据被调查者的口头回答来填写问卷的一种调查方式。

（5）电话访问式问卷。它是一种通过电话向被调查者进行访问调查的问卷类型。在计算机辅助电话访谈中，市场调查人员按照计算机内统一设计的问卷，向被调查者提出问题，然后再由调查者根据被调查者的口头回答来填写调查问卷。

（6）网上访问式问卷。它是将设计好的调查问卷通过各种网络传递给被调查者，被调查者点击回答之后，调查者通过有关程序来统计网上问卷的调查结果。

三、问卷的结构

一份完整的问卷包括以下六大组成部分：标题、问卷说明、被调查者基本情况、调查主题内容、编码和作业证明的记载（见图5-1）。

（一）标题

问卷的标题是调查主题和内容最直接的概括，需要用简洁、鲜明和准确的语言表达，使被调查者对所要回答的问题有一个大致的了解，以便引起其兴趣。设计标题，也是问卷设计者加深理解和把握调查的目标和内容的过程，有利于提高问卷的设计质量。例如"你为什么而工作——2005年工作价值观调查问卷"（正副标题形

图5-1 问卷六大组成部分图

式），"乘用车油耗国标出台——车市将如何改变?"（设问形式），"湖南省投资环境调查"（直接陈述形式）。对于问卷标题，采取正副标题形式与设问形式比采用直接陈述形式能更

好地得到被调查者的合作，因为这样的标题更能够引起被调查者的注意力，在报纸、杂志、网络上经常能见到这样的调查问卷标题。不要简单采用"调查问卷"这样的标题，它容易引起回答者的怀疑而拒答。

（二）问卷说明

问卷说明旨在向被调查者说明调查的目的、意义。有些问卷还有填表须知、交表时间、地点及其他事项说明等。问卷说明一般放在问卷开头，可以使被调查者了解调查目的，消除顾虑，并按一定的要求填写问卷。问卷说明既可采取比较简洁、开门见山的方式，也可在其中进行一定的宣传，以引起调查对象对问卷的重视。

问卷说明具体分为两部分：问候语和填写说明。

1. 问候语

在问卷特别是自填式问卷中，写好问候语十分重要，它可以引起被调查者对调查的重视，消除顾虑，激发参与意识，以争取他们的积极合作。问候语要语气亲切，诚恳礼貌，文字要简洁准确，并在结尾处表明对被调查者的参与和合作表示感谢。问候语一般由下面的内容构成：①称呼；②问好；③自我介绍；④调查内容；⑤责任交代；⑥保密承诺；⑦配合请求；⑧致谢。其中：①、②、③、④、⑧是必备要件，问候语中必须具有这几项；⑤、⑥、⑦是可选项，有时也可以不明确提出。

特别要注意的是，问候语不能拖沓冗长，引起被调查者的反感，影响问候语内容的可靠性和有效性。如果问候语内容或措辞不当，可能导致误答率增高，从而加大调查成本，甚至引起偏差和误差，影响调查结果。

下面是一份"公众医疗保险意识问卷"中的问候语：

____女士/小姐/先生：

您好！

我是北方市场调查公司的访问员，我们正在进行一项有关公众医疗保险意识的调查，目的是想了解人们对医疗保险的看法和意见。您的回答无所谓对错，只要是您真实的情况和看法即可。我们对您的回答将完全保密。可能要耽误您 15 分钟左右的时间，请您配合，谢谢您的合作。

小案例 5-1：关于学校校名的调查研究⊖

亲爱的同学：

英国国会正在讨论的一项议案的结论是，联合王国工业学校将在今年下半年重新改造为大学。对于像我们这样所在城市已有老大学的学校，随之而来的校名是一个难题。校名中保留曼彻斯特非常重要，因为过去已经证明该城市的吸引力。可是，新名字必须把我们与邻近的姐妹学校区别开，并且已经讨论过多种可能性。

这不只是个名字改变的问题，它是曼彻斯特工业学校在教育领域的一次重新定位。情况的任何改变都将影响到你。作为咨询过程的一部分，如果你对下列问题予以严肃的关注，我将感激不尽。由于问卷设计得能快速、容易地回答，它用不了你几分钟的宝贵时间。

问题的答案无所谓对错，所以，谨请你把你感觉合适的写下来。

可以肯定地指出，没留记录你姓名的地方，所以你的回答绝对是匿名的。

⊖ 资料来源：保罗·海格，彼得·杰克逊. 市场调研［M］. 张天赐，译. 北京：中国标准出版社，香港：科文（香港）出版有限公司，2000.

我们只从本工业学校的部分人中抽样，希望送出的每份问卷都能返回。我们的工作时间很紧，需要你最好在星期五以前答复。请你直接填写后投入你所在大楼附近的一个票箱内。

感谢你的参与和帮助。

敬礼！

保罗·海格 主任

（签字）

2000 年 5 月

2. 填写说明

填写说明是用来指导被调查者回答问题的各种解释和说明。不同的调查问卷，对指导语的要求不一样，指导语所采取的形式也多种多样。有些问卷中，指导语很少，只在说明信末附上一两句，没有专业的"填表说明"（如在问候语的结尾处加上：下面列出的问题，请在符合您情况的项目旁"□"内打"√"）；有的问卷则有专业的指导语，集中在说明信之后，并有专业的"填表说明"标题；还有一些问卷，其指导语分散在某些较复杂的问题前或问题后，用括号括起来，对这一类问题做专业的指导说明（例如：本题可选三项答案，并按重要程度将其顺序排列）。

在自填式问卷中要有详细的填写说明，让被调查者知道如何填写问卷，如何将问卷返回到调查者手中。填写说明一般包括以下内容：①有关记录工具的统一规定（如笔的种类、颜色）；②答题符号的统一；③各种题型的答题规则；④各种题型答题符号的约定；⑤问卷的回收时间；⑥问卷的回收方式。下面是一份自填式问卷集中填写说明的例子：

填写要求：

（1）请您在所选答案的题号上画圈。

（2）对只许选择一个答案的问题只能画一个圈；对可选多个答案的问题，请在您认为合适的答案上画圈。

（3）需填数字的题目在留出的横线上填写。

（4）对于表格中选择答案的题目，在所选的栏目内画"√"。

（5）对注明要求您自己填写的内容，请在规定的地方填上您的意见。

（三）被调查者基本情况

被调查者基本情况是指被调查者的一些主要特征。例如，在消费者调查中，消费者的性别、年龄、民族、家庭人口、婚姻状况、文化程度、职业、单位、收入、所在地区等。又如，对企业调查中的企业名称、地址、所有制性质、主管部门、职工人数、商品销售额（或产品销售量）等情况。通过这些项目，便于对调查资料进行统计分组、分析。在实际调查中，列入哪些项目，列入多少项目，应根据调查目的、调查要求而定，并非多多益善。

（四）调查主题内容

调查主题内容是调查者所要了解的基本内容，是调查问卷中最重要的部分，最终以问句和答案的形式体现出来。它主要是以提问的形式提供给被调查者，这部分内容设计得好坏直接影响整个调查的价值。主题内容主要包括以下几方面：

（1）对人们的行为进行调查，包括对被调查者本人行为进行了解或通过被调查者了解他人的行为。

（2）对人们的行为后果进行调查。

（3）对人们的态度、意见、感觉、偏好等进行调查。

（五）编码

编码是将问卷中的调查项目以及备选答案给予统一设计的代码。编码可以分为预编码和后编码。预编码是指在问卷设计的同时就设计好编码。后编码是指在调查工作完成以后再进行编码。调查实践中常采用预编码。在问卷设计的过程中就对调查项目以及备选答案给予统一设计，有利于调查资料准确、及时、完整地收集，便于计算结果的统计处理（如计算机输入）。

（六）作业证明的记载

在问卷的最后，附上调查人员的姓名、访问日期、时间等，以明确调查人员完成任务的情况。如有必要，还可写上被调查者的姓名、单位或家庭住址、电话等，以便于审核和进一步追踪调查。但对于一些涉及被调查者隐私的问卷，上述内容则不宜列入。

以上六个部分是一份规范、完整的调查问卷应该具备的主要内容，对于某些简单的调查问卷，如意见征询表、学生就业意向调查表等，只需要有标题、问卷说明、问题以及作业证明的记载就行，无须面面俱到。

四、问卷设计的程序

问卷设计由一系列相关工作过程所构成。为了更好地收集调查者所需要的信息，反应问卷设计的科学性和可行性，问卷设计需要遵循一定的程序进行。通常，问卷的设计可分为以下几个步骤（见图5-2）：

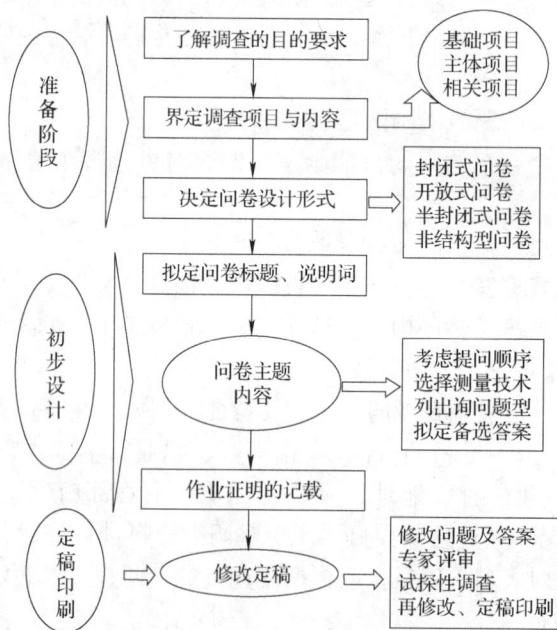

图 5-2　问卷设计流程图

1. 准备阶段

在准备阶段，应充分征求各类有关人员的意见，以了解问卷中可能出现的问题，力求使问卷切合实际，能够充分满足各方面分析研究的需要。

准备阶段需要确定问卷调查主题的范围和调查项目，将所需问卷资料一一列出，分析哪些是主体项目，哪些是相关项目，哪些是调查的基础项目，哪些是可要可不要的，并分析哪些资料需要通过问卷来取得，需要向谁调查等，对必要资料加以收集。同时要分析调查对象的各种特征，即分析了解各调查对象的社会阶层、行为规范、社会环境等社会特征，文化程度、知识水平、理解能力等文化特征，需求动机、行为等心理特征，以此作为拟定问卷的基础。

根据所要收集的资料决定问卷的形式。由于调查的形式和方法不同，对应的问卷形式和内容就会有所区别。在面谈调查中，调查者与被调查者能够进行面对面的交流，问卷中可以设计一些较长和较复杂的问题。在电话调查中，由于未知因素很多，不可能进行长时间的通话，所以只能有一些较短或较简单的问题。邮寄调查问卷由于是被调查者自行填写，询问的问题可以多一些，但必须给出详细的填写说明。网络调查收集资料一般是匿名访问，而且速度也快，可以询问一些社会热点和敏感性的问题。

2. 初步设计

在完成准备阶段的工作后，接下来就是问卷的初步设计了，主要内容包括确定问卷结构，拟定并编排问题。在初步设计中，首先要标明每项资料需要采用何种方式提问，并尽量详尽地列出各种问题，然后对问题进行检查、筛选、编排，设计每个项目。对提出的每个问题，都要充分考虑是否有必要，能否得到答案。同时，要考虑问卷是否需要编码，或需要向被调查者说明调查的目的、要求、基本注意事项等。此处需要强调的是，问卷中的问题并不是越多越好，在问卷的有限空间内，问题太多可能导致调查对象感到厌倦而拒绝合作，同样也增加了调查成本和数据处理的难度。一份成功的问卷，不设置一个多余的问题，也不遗漏一个必不可少的问题。

3. 定稿印刷

初步设计出来的问卷需要在小范围内进行试验性调查，以便弄清问卷在初稿中存在的问题，了解被调查者是否乐意回答和能够回答所有的问题，哪些语句不清、多余或遗漏，问题的顺序是否符合逻辑，回答的时间是否过长等。如果发现问题，应做必要的修改，使问卷更加完善。试验性调查（又称试调查）与正式调查的目的是不一样的，它并非要获得完整的问卷，而是要求回答者对问卷各方面提出意见，以便于修改。问卷修改后即可印制，制成正式问卷。在印刷阶段，调查者要根据调查费用决定问卷的外观、纸张的质量、页面的设计、字体的大小等。印刷精良、外观大方的问卷能够获得更多被调查者的重视，才能最终达到调查问卷的功能和作用。

第二节 问卷设计技术

问卷设计是根据调查目的和要求，将所需调查的问题具体化，使调查者能顺利地获取必要的信息资料，以便于统计分析的一种手段。能否根据实际情况设计出一份完美的问卷，在很大程度上决定了调查问卷的回收率、有效率，以及回答的质量，甚至一项调查的成败。但是，设计一份完善的问卷并非一件轻而易举的事情，问卷设计人员除了要具备统计学、社会学、经济学、心理学、计算机软件等多方面的知识外，还需要掌握一定的技巧，可以说，问卷设计是科学与艺术的结合。

一、问句的含义

问句设计是问卷设计的主要内容，就是确定调查所要询问的问题及其表达方式。问句由询问的语句、要记录的答案、计算机编号和说明四个部分组成。问卷中的问句不一定是问的形式和口吻。问句的表述必须准确、简洁、易懂，使每个被调查者都能理解并且是同一种理解，所以要认真琢磨、反复推敲。在问卷设计中，问句的数量不能过多，一般控制在 20 个左右，答题时间控制在 15~30min 内。

二、问句的类型

根据问句分类标准的不同，问句可以有以下三种分类方式：

（一）按照问句内容的结构来分

按照问句提出问题的结构，可以将问句分为直接性问句、间接性问句和假设性问句。

1. 直接性问句

直接性问句是指在问卷中能够通过直接提问方式得到答案的问句。直接性问句通常给定回答者一个明确的范围，询问个人基本情况或意见。例如，您最喜欢的洗发水是什么牌子的？

2. 间接性问句

间接性问句是指那些不宜于直接回答而采用间接的提问方式得到所需答案的问句。对于被调查者因对所需回答的问题产生顾虑，不敢或不愿真实地表达意见的问题通常采用间接性问句。例如：在本地您的收入属于哪一档次？（不选择：您月收入有多少？）

3. 假设性问句

假设性问句是通过假设某一情景或现象存在而向被调查者提出的问句。例如：如果只能选择一种，在购买汽车和住宅中您可能会选择哪种？

（二）按照问句要收集的资料性质来分

按照问句要收集的资料性质，可以将问句分为事实性问句、行为性问句、动机性问句和态度性问句。

1. 事实性问句

事实性问句是指要求被调查者回答已经发生的、客观存在的事实的问句。问题十分明确，答案也十分明确，只要求回答事实，不要求做任何描述。提问的目的是为了获得事实性资料，如问卷中关于年龄、职业、收入、文化等个人背景资料的问句就属于典型的事实性问句。一般事实性问句在选择提问方式时，多会采用直接提问的方式。

2. 行为性问句

行为性问句是指要求被调查者回答有没有做过，或者是否准备做某事，以及是否拥有某物的问句，是对被调查者的行为（包括对被调查者本人行为进行了解或通过被调查者了解他人的行为）特征进行调查。对于某些涉及个人隐私、个人声誉或社会道德的特殊行为问题，被调查者回答会有顾虑，不愿直接回答，可借用他人的行为特征来征询被调查者的意见，从侧面了解被调查者的行为特征。

3. 动机性问句

动机性问句是指要求被调查者回答采取某种行为的原因或动机的问句。对于动机性问题的调查可以采取直接提问的方式，也可以采取间接提问的方式，或假设性方式。例如虚拟提问法、漫画测试法、填词连句法等。例如：你为什么每天晚上七点看电视？

4. 态度性问句

态度性问句是指要求被调查者回答对某件事情、某种商品或某个企业等的评价、态度、意见、感觉、偏好的问句。例如：你认为中央一台哪个时段的电视节目可视性最强？询问态度性问题最常用的方式是采用态度量表，将评价、态度等按不同程度列出备选答案，被调查者根据自己对所列事物的评价、态度选择其中的一个答案。

（三）按照问句答案设计的不同来分

按照问句答案设计的不同，可以分为开放式问句与封闭式问句。

1. 开放式问句

开放式问句也称开放式问题（Open-ended Response Question），是指所提出问题并不列出答案，而是由被调查者自由作答的问句。开放式问句的优点是回答者可以充分发表自己的看法和意见，尤其适宜某些答案过多的问题。但开放式问句答案多种多样、不规范、资料分散、难以量化、编码困难，对某些较复杂的问题，回答者要用较多的时间去思考，容易引起回答者的不快或拒绝回答。此外，这种问句要求回答者要具有一定的写作技巧和语言表达能力。

2. 封闭式问句

封闭式问句也称封闭式问题（Closed Question），是指已事先设计了各种可能的答案，要求被调查者从给出的固定选项中选定一个或几个现成答案的问句。封闭式问句的优点是：答案标准化，便于归类整理；可事先编码，有利于信息处理；被调查者只需选择其中的答案，可以节省答卷时间。但是，封闭式问句由于规定的答案有限，往往不能充分体现不同回答者的各种意见；同时，不同的人对同一问题的理解是不相同的，甚至会产生相反的理解，因而对问题的不正确理解难以识别。

三、问句的答案设计

在问卷中，不管采用什么类型的问句，设计时要满足以下要求：内容要具体、单一，问题用词要通俗、准确，句子要简练，提问态度要客观，提问方式要易于接受。

问句的答案的设计具有相当的难度，通常设计问句的答案的方法有以下几种：

1. 二项选择法

二项选择法又称是否法或真伪法，提出问句的答案只有两种，必须二者择一，答案是对立的、排斥的，非此即彼。被调查者可用是或否、有或没有、喜欢或不喜欢、需要或不需要来回答。二项选择法仅用于询问较简单的问题。这种方法的优点是态度与意思不明确时，可以求得明确的判断，能在短暂的时间内求得回答，并使持中立意见者偏向一方，条目简单，易于统计。缺点是不能表示意见程度的差别，结果也不是很精确。

2. 多项选择法

多项选择法是指所提出的问句事先预备好两个以上的答案，回答者可任选其中的一项或几项。由于所设答案不一定能表达出填表人所有的看法，所以在问句的最后通常可设"其他"项目，以便使被调查者表达自己的看法。该法的优点是比二项选择法的强制选择有所缓和，答案有一定的范围，也比较便于统计处理。

采用这种方法时，设计者要考虑以下情况：①要考虑到全部可能出现的结果，及答案可能出现的重复和遗漏；②要注意选择答案的排列顺序，有些回答者常常喜欢选择第一个答案，从而使调查结果发生偏差。此外，如果答案较多，会使回答者无从选择或产生厌烦。一般这种多项选择答案应控制在 8 个以内，当样本量有限时，多项选择易使结果分散，缺乏说服力。

3. 顺位法

顺位法是列出若干项目，由被调查者按重要性或者喜爱程度的不同决定先后顺序。顺位法对于顺位的项目要求具有同种性质，能够进行比较。这种方法适用于对要求答案有先后顺序的问题。

例如：你选用空调的主要条件是（将答案按重要顺序 1，2，3，…填在□中）：

□价格便宜　　□外形美观　　□维修方便　　□牌子有名　　□经久耐用　　□噪音低
□制冷效果　　□耗电量低　　□其他

顺位法主要有两种：一种是对全部答案排序；另一种是只对其中的某些答案排序，究竟采用何种方法，应由调查者来决定。具体排列顺序，则由被调查者根据自己所喜欢的事物和认识事物的程度等进行排序。

顺位法便于被调查者对其意见、动机、感觉等做衡量和比较性的表达，也便于对调查结果加以统计。但调查项目不宜过多，过多则容易分散，很难顺位。同时所询问的排列顺序也可能对被调查者产生某种暗示影响。

4. 回忆法

回忆法是指通过回忆了解被调查者对不同商品质量、品牌等方面印象的强弱。调查时可根据被调查者所回忆品牌名称的先后和快慢以及各种品牌被回忆出的频率进行分析研究。例如：请您举出最近在电视广告中出现的电冰箱有哪些牌子？

5. 比较法

比较法是对于列出各种对比项目，采用对比提问方式，要求被调查者根据自己的看法做出肯定回答的方法。比较法一般用于了解被调查者对产品质量、使用功能等方面的评价意见。使用比较法要考虑被调查者对所要回答问题中的商品品牌等项目的熟悉程度，否则将会导致空项发生。

常用的比较法是配对比较法，依次列出两个对比项目，由被调查者做出对比结果。

例如：请您逐一比较下列各组不同品牌的洗衣机质量，在认为质量好的牌子后面打"√"：

（1）小天鹅牌□　　海尔牌　　□
（2）海尔牌　□　　荣事达牌□
（3）荣事达牌□　　西门子牌□
（4）西门子牌□　　海尔牌　　□

需要指出的是，在对比的两个项目中间，还可列出评价程度的差别，这样不仅可测量被调查者的态度顺序，而且还可测量评价的程度。

6. 程度评价法

程度评价法是将所提出问题的答案按不同程度给出，请被调查者自己选择的一种方法。其答案没有对或错的选择，只有不同程度的区别。

程度评价法常用的两种形式：

（1）矩阵式，即一种将同一类型的若干个问题集中在一起，构成一个问题的表达方式。

（2）表格式，是矩阵式的一种变体，其形式与矩阵式十分相似。如果研究目的是对某一事物的若干个特征进行程度比较，则可将特征与反映特征的程度排列成表格形式，由被调查者在表格中确定得分。最终汇总时只需将每一特征的分数和项数统计出来，即可知道该特征的程度。

例如：你觉得表5-1中的现象在你们学校是否严重？（请在每一行适当的方框内打"√"）

表　5-1

程度 现象	很严重	比较严重	不太严重	不严重	不知道
a. 迟到					
b. 早退					
c. 请假					
d. 旷课					

7. 自由回答法

自由回答法也称开放回答，是指只设置问题而不提供任何备选的答案，让调查对象自由发表意见而不给予任何限制。此法适用于那些不能预期答案或不能限定答案范围的问题。

这种方法的优点是涉及面广，灵活性大，回答者可充分发表意见，可为调查者搜集到某种意料之外的资料，缩短问者和答者之间的距离，迅速营造一个调查气氛。缺点是由于回答者提供答案的想法和角度不同，因此在答案分类时往往会出现困难，资料整理较难，不易统计处理，还可能因回答者表达能力的差异形成调查偏差。同时，由于时间关系或缺乏心理准备，被调查者往往放弃回答或答非所问。因此，此种问句不宜过多。

总之，市场调查问卷答案的设计方法很多，在设计调查问卷时，应尽量结合使用。

四、问卷设计的技巧

掌握一定的问卷设计技巧，对调查者来说是必要的，同时也是十分重要的。下面从问句、答案设计等方面来加以说明。

（一）设计问句时的技巧

问句是整个调查所要询问的问题及其表达方式，在整个问卷中处于核心地位，在设计问句时要注意如下几点：

1. 问句必须与调查主题有密切关联

在设计问卷时必须始终以调查主题为中心，重点突出，避免可有可无的问题。根据调查目的，找出与"调查主题相关的要素"，并逐次分解为具体的、明晰的问题。围绕调查课题和研究假设选择最必要的题目时问卷题目既不能简略，也不能过于烦琐，更不能脱离实际。过于简略，无法达到调查的目的；过于烦琐，不仅增加工作量，还会降低问卷的回收率和填答质量。

2. 问句所提的问题容易让被调查者接受

对被调查者来说，调查是一种额外负担。由于被调查者对是否参加调查有着绝对的自由，他们既可以采取合作的态度——接受调查，也可以采取对抗行为——拒绝回答，因此，问句所提的问题应容易让被调查者接受，以便最大限度地减轻被调查者的负担。问题的设计应着眼于取得最基本的信息，避免包含过多的计算，计算应在数据处理阶段通过计算机程序进行，这样可以减少被调查者的负担。例如，不能出现这样的问题："请问你家每人平均每年的食品支出是多少？"而应该换成"请问你家每月食品支出大概是多少"和"请问你家有几口人"两个小问题。问题的设计同时必须选择与被调查者填答问题的能力相符合的题目，凡是被调查者不能正确理解或不太理解的问题，都不应作为测试题目。例如，有的问卷中询问小学生"你的价值观是什么"，像这样一些问题，可能因被调查者不理解而不予回答。

3. 问句中避免使用模糊词语

避免使用含糊的形容词、副词，特别是在描述时间、数量、频率、价格等情况的时候。像有时、经常、偶尔、几乎、很少、很多、相当多这样的词，对于不同的人有不同的理解。因此，应用定量描述代替这些模糊词，以做到统一标准。

例如："上个月你到百货商店的采购情况如何？"

（1）A. 从不　B. 偶尔　C. 经常　D. 定期

（2）A. 少于 1 次　B. 1 到 2 次　C. 3 到 4 次　D. 超过 4 次

上面这个例子中，答案（2）显然比答案（1）精确得多。

4. 避免出现倾向性诱导问句

面对外界压力，被调查者提供的是符合压力施加方偏好的答案，而不能反映他自己真正的想法。因此，提问应创造被调查者自由回答的气氛，避免诱导性倾向。例如可以问"您觉得这种包装怎么样？"而不能问"您觉得这种包装很精美，是吗？"

诱导性问句会使得被调查者放弃思考而随意做出自己的判断，导致回答结果不客观。避免诱导性问题的策略有：

（1）尽量避免使用褒义词、贬义词和双重否定问题。褒义词或贬义词带有感情色彩，具有一定的主观性，会加重被调查者的倾向性回答。

（2）注意措辞的形式。不同形式的措辞对被调查者的影响是比较微妙的。

小案例 5-2：措辞形式对公众支持率的影响比较 ⊖

当拉辛斯基（Keneth Rasinski）分析几个关于针对政府开销的支持态度的结果时，发现方案被接受的程度影响着它们所获得的公众支持态度，比较结果见表 5-2 所示。

表 5-2　措辞形式对公众支持率的影响比较

更多支持	更少支持
"帮助穷人"	"福利"
"遏制不断上升的犯罪率"	"法律实施"
"解决吸毒问题"	"禁毒"
"解决大城市问题"	"援助大城市"
"提高黑人境况"	"帮助黑人"
"保护社会安全"	"社会安全"

5. 要合理安排问句顺序

合理的顺序意味着使问卷条理清楚，顺理成章。这样不但可以使各个问题紧密衔接，而且还有助于创造融洽的气氛，以提高回答问题的效果。

问卷中的问句一般可按下列顺序排列：

（1）先易后难、先简后繁。容易回答的问题放在前面，难以回答的问题放在后面；简

⊖　资料来源：艾尔·巴克. 社会研究 ［M］. 邱泽奇，译. 北京：华夏出版社，2005.

单的问题放在前面，复杂的问题放在后面。问卷的前几道题目容易作答能够提高回答者的积极性，有利于把问卷答完，这是一种预热效应。

（2）先一般性问题，后敏感性问题。在安排问句顺序时，可将那些虽涉及对方情况，但又不属于机密或敏感性的问句置于前面，这样可以创造一种宽松、随和、融洽的调查气氛，以便进行深入调查。对于那些较为敏感的问题一般应放在靠后位置，这些问题包括：

1）关于被调查者本人的问题，如受教育程度、经济状况、年龄、婚姻状况等。

2）涉及被调查者公司内部机密问题，如公司的营业额、利润水平、购销渠道、具体进货价格、营销策略、发展规划等。

3）较难回答的问题，如类似测试智商的问题、涉及个人政治态度以及难度较大的自由回答问题等。

资料链接 5-1：问卷中问题的逻辑性顺序（见表 5-3）⊖

表 5-3 问卷中问题的逻辑性顺序

位 置	类 型	例 子	理 论 基 础
过滤性问题	限制性问题	"过去的 12 个月中您曾滑过雪吗？" "您拥有一副雪橇吗？"	为了辨别目标回答者，对去年滑过雪的雪橇拥有者的调查
最初几个问题	适应性问题	"您拥有何种品牌的雪橇？" "您已使用几年了？"	容易回答，向回答者表明调查很简单
前 1/3 的问题	过渡性问题	"您最喜欢雪橇的哪些特征？"	与调查目的有关，需稍费些力回答
中间 1/3 的问题	难以回答及复杂的问题	"以下是雪橇的 10 个特点，请用以下量表分别评价您的雪橇的特点。"	应答者已保证完成问卷并发现只剩下几个问题
最后部分	分类和个人情况	"您的最高受教育程度是什么？"	有些问题可能被认为是个人问题，应答者可能留下空白，但它们是在调查的末尾

（3）先封闭式问题，后开放式问题。从问题类型来看，一般应将封闭式问句放在前面，开放式问句放在后面。因为封闭式问句较易回答，若将较难回答的开放式问句放在前面，可能一开始就有遭到被调查者拒绝的危险。

（4）先总括性问题后特定性问题。总括性问题是指对某个事物总体特征的提问。例如①"在选择冰箱时，哪些因素会影响你的选择"？就是一个总括性的问题。特定性问题是指对事物某个要素或某个方面的提问。例如②"您在选择冰箱时，耗电量处于一个什么样的重要程度？"总括性问题应置于特定性问题之前，否则特定性问题置前会影响总括性问题的回答。如把②放在①的前面，则①的答案中"耗电量"选择会偏大。

6. 适当加入相倚问句

在设计问句时，常常遇到这样的情况，有的问题只是用于一部分被调查者。而一个被调

⊖ 资料来源：小卡尔·迈克丹尼尔，等. 当代市场调研 [M]. 范秀成，等译. 北京：机械工业出版社，2000.

查者是否需要回答这一问题，常常依据它对该问题前的另一个问题的回答来决定。所谓相倚问句，就是这样一种问句，它对被调查者是否适当，依其对前面过滤或筛选问题的回答而定。例如，"您是退休人员吗？"，"您退休多长时间了？"就是属于相倚问句。通常把前一问题叫作过滤性问题或筛选问题，而把后一问题叫作相倚问题。可设置成以下的形式：

您是退休人员吗？

① 是 ⟶ 请问您是哪一年退休的？
② 不是 _____年

资料链接 5-2：问卷设计中敏感性问题的模糊性处理[一]

1. 敏感性心理状态问题的模糊性处理

被调查者面对敏感性问题往往会产生一种自卫心理，"这是一种担心如实填写会给自己带来不利的影响，会有损于切身利益的心理反应。问卷调查的内容越敏感，这种心理反应就越容易产生。它往往会导致被调查者从稳妥出发，以不影响到自己的利益为标准。"这样就使调查结果因被调查者的防卫心理而受到影响。为了避免这种影响的产生，调查者可以在问题前面写一段使被调查者消除顾虑的功能性文字，从而减轻被调查者的心理负重，使其放松心理上的戒备，以较平和的心态来回答问题。

在农村地区推行费改税新政策之前，被调查者深受"乱收费、乱罚款、乱摊派"之害，却又难以维护自身利益。在被调查者看来，自己在"三乱"面前处于一种劣势地位。这种优劣势的比较，使被调查者感到"你家今年税费共缴纳多少元？"的提问是一个敏感性问题。当调查者在该问题前加上费改税新政策这段功能性文字之后，"新政策"使被调查者形成一种自己不再处于劣势地位的新认识，这种新认识与原认识产生冲突，使被调查者的思维同时受到两种认识的影响，亦新亦旧、亦此亦彼，形成了一种模糊的心理感受。这种模糊的心理感受减弱了被调查者的心理压力，因而也削弱了问题的敏感程度。

2. 敏感性关键词的模糊性处理

在问卷设计中，问题的敏感性往往集中表现在问题关键词的使用上，也就是说，在一个问题中其他词汇都是非敏感的，只有一个（或几个）关键词带有很强的敏感性。因而，我们可以用非敏感性词汇替代敏感性词汇，以实现降低问题敏感性的目的。

例如，"右派"这个词对曾经被打成右派的人来说是敏感性很强的词汇，可以用"不公正待遇"来代替。这种替换实际上是通过不同性质的词汇的使用，来实现敏感性词汇的非敏感化。

词语是带有感情色彩的，包括褒义词、中性词和贬义词。让自己在陌生的调查者面前回答敏感性色彩很浓的问题，是一件有心理压力的事情。当问卷中出现了贬义词的时候，在被调查者心里就会出现一个清晰的二分法比较：褒义和贬义的比较。在褒贬的比较中，被调查者一旦被划分到贬义的范畴里，敏感性心理就出现了。如果引用的是中性词，那么在被调查者心里就会出现一个三分法比较：褒义、贬义、中性的比较。在这个比较中，非敏感性词汇充当着模糊情感色彩的角色，避免了被调查者褒贬的激烈心理冲突。

对敏感性关键词的模糊性处理的核心是剔除敏感性色彩的表述，只要剔除了敏感性色彩

⊖ 资料来源：张美生，毕艳红. 问卷设计中敏感性问题的模糊性处理［J］. 沈阳师范大学学报：社会科学版，2006（2）.

的表述，就会淡化被调查者对敏感性关键词的敏感性反应。在这种情况下，由于被调查者处于褒贬评价的模糊情景中，从而淡化了被调查者对敏感性关键词的褒贬比较心理，降低了被调查者对带有敏感性关键词的提问的敏感程度。

3. 敏感性主体的模糊性处理

敏感性主体的模糊性处理是指：把本应由被调查者根据自己实际情况填答的问题转移到由被调查者根据他人的情况来阐述自己想法的技术处理。在这里，"主体"泛指所有的被调查者。"敏感性主体"特指那些因提问内容较敏感，且针对性较强而产生不安心理的被调查者。"转移"恰恰利用了敏感性主体不愿暴露自己情况的心理，在问题设计中保持调查内容不变，将调查主体由第一人称改为第三人称，不要求被调查者回答自己的情况，而是让其回答他人的情况，以此淡化敏感程度，我们称这种处理技术为敏感性主体的模糊性处理。

敏感性主体的模糊性处理的实质是调查对象的模糊化。被调查者被要求回答的是"别人"情况的时候，被调查者往往是根据"自己"的经验来回答问题的，因而这种方法实际上是将明确的调查对象"自己"变为"自己和别人的模糊体"，亦自己亦他人，调查对象的转换一方面没有违背抽样原则，另一方面得到的调查资料具有更强的真实性，达到了模糊性处理的良好效果。

（二）设计问句答案时的技巧

对于问句的答案设计是针对封闭式问题而言的。通常在设计问卷的答案时需要注意以下几个技巧：

1. 所列答案应满足互斥性与全面性的要求

互斥性是指不同答案之间不能相互包含。一个问题所列出的不同答案必须互不相容，互不重叠，否则应答者可能做出有重复内容的双重选择，影响调查效果。全面性是指所有可能的回答在答案中都要出现。只有将全部答案列出，才能使每一个应答者都有答案可选，不至于因为所列答案中没有合适的选项而放弃回答。在实践中，互斥性比较容易把握，全面性则有一定难度。为做到全面性，设计者在熟悉调查项目关键信息的基础上设置一个"其他"选项，以弥补设计者思维上的空缺，同时也可以使选择项目适当减少。但是如果试调查的结果出现选择"其他"选项的达到10%以上，说明"其他"选项还有关键信息没有提取出来，应重新设计答案。

2. 所列答案是中立的立场，不应出现偏颇

问卷设计者必须站在中立的立场设计问卷，绝不能加入个人的主观看法、意见，尤其在设计备选答案时要全面考虑，避免片面化，否则设计出的问卷无法客观反映被调查者的观点、态度。例如：有位学生在设计"高校新生心理健康状况问卷"时，有这样一道问题："您进入高校后最想做的事是什么？"备选答案有：A. 提高学习成绩；B. 加入学生社团，提高综合素质；C. 参加社会实践活动，增强社会适应性；D. 没想过/不知道。

这道问题的最大缺陷就在于备选答案中只有积极的观点，而没有涉及消极的感受。虽然这些消极感受在现实校园中是极少量存在的，但是如果被调查者确实存在这些消极想法而问卷中没有涉及，那么在问卷分析时就只有积极的一面，无法反映消极态度，过于片面化。

3. 避免出现"先入为主"的倾向

对于多项选择，由于项目较多，又有一定难度，判断上较模糊，就可能出现这么一种"先入为主"的倾向，喜欢选列在前面的选项。对于这种情况，可以考虑将问卷分为两类，

一部分使用 A 顺序排列选项，另一部分使用 B 顺序排列选项。当然这会给调查及过后的数据处理带来一定的麻烦，但在 SPSS 软件中的 Transform 菜单中的 Recode 命令可将 B 顺序转换成 A 顺序。

4. 设置模糊型项目，避免猜答或随便乱答

在多项选择中，由于事先列出了答案，很容易使一个不知道如何回答或者没有看法的人猜着回答，甚至随便乱答。因此一般都设计有"无所谓""不知道""一般"之类的模糊型项目，以便使持有这种态度的人或不太了解情况的人能真实地表达自己的看法与感受。

（三）问卷设计前后的技巧

在问卷设计前，应对所确定的调查主题进行探索性研究。由于问卷设计人员不可能都是实践经验丰富的实际工作者或该方面的专家，因而，无论从实践的角度还是从理论的角度来看，问卷设计人员都不可能对所涉及的主题问题有比较深刻全面的理解。即使一份很成功的问卷，也不是一制定好就是成功的，必须要经历实践的考验，所以在问卷初步设计完成之后，应该设置相似的环境，小范围试调查，并对结果反馈，及时进行修改，只有这样，才能够形成最终的正式问卷。

总之，一份成功的问卷，不应设置多余的问题，最大限度地减轻实际调查的工作量，也不应遗漏一个必不可少的问题，同时还要有利于调查完成后的资料审核、整理和分析比较。所以说问卷设计不仅仅是一门科学，更是一门艺术，是两者完美的结合。

📖 **关键词**

问卷 Questionnaire

问卷设计 Questionnaire Design

问卷的类型 Questionnaire Type

问卷的结构 Questionnaire Structure

问卷设计的程序 Procedure of Questionnaire Design

问卷设计技巧 Artifice of Questionnaire Design

开放式问题 Open-ended Response Question

诱导性问题 Leading Question

敏感性问题 Sensitivity Question

封闭式问题 Closed Question

❓ **思考题**

1. 问卷有哪些基本类型，基本结构包括哪些部分？

2. 问卷设计应遵循哪些程序？

3. 调查问卷问句设计有哪些方法？

4. 问卷设计应注意哪些问题？

5. 请举例来说明下面的问题：(1)双重问题；(2)诱导性问题；(3)带含蓄假设的问题。在每个例子中，提出一个可以减少潜在偏差的修正问题。

6. 请到 BizRate 网站（www. bizrate. com），并评价其网上问卷。

7. 请到 CNN 网站（www. cnn. com），并评价当天的快速投票栏。有没有更好的措辞来表达那些问题呢？若有，请提供新的措辞。

8. 请设计一份关于大学生消费规模和消费习惯的结构式问卷。

9. 某大型商场想了解顾客对商场服务的满意度与忠诚度，决定进行一次市场调查，请您为商场设计一份市场调查问卷。

案例分析讨论

爽心啤酒公司的调查问卷

爽心啤酒公司的经理正在考虑改进啤酒的包装，采用 250mL 的小瓶并采用 4~6 瓶成组包装出售的策略。这样做的目的一方面是方便顾客，因为小瓶容量小，适合单人饮用，不需另用杯子，也不会造成浪费；另一方面是希望对更多的人具有吸引力，使小瓶装啤酒进入一些大瓶装啤酒不能进入的社交场合；此外，还可方便顾客购买并促进销售。这种啤酒在国外早已流行，但目前是不是在我国推出的时机呢？在正式决策之前，必须获得下面问题的答案：新包装是否有足够的市场？目标市场是什么？一般什么时候饮用？顾客希望在哪类商店买到？

研究的目的有以下几方面：

（1）测量消费者对小瓶组包装啤酒接受的可能性。

（2）辨别小瓶组包装啤酒的潜在购买者和使用者。

（3）辨别新包装啤酒的使用场合。

（4）辨别顾客希望在什么地方的商店买到这种啤酒。

（5）判断潜在的市场大小。

样本是 18 岁以上的饮用啤酒的人。信息收集将通过在百货公司等地方拦截顾客并以面谈访问方式进行，这样做可以向被调查者出示新包装啤酒的图片和样品。

调查问卷初稿：

亲爱的女士、先生：

您好！我是爽心啤酒公司的市场访问员，我们正在进行有关啤酒市场的调查，可以占用您几分钟时间问您几个问题吗？您所提供的信息对我们这次调查的结果相当重要。

1. 您已经 18 岁了吗？（看情况发问）

是（　）　　否（　）

2. 您喝酒吗？

是（　）　　否（　）

3. 您喝什么类型的酒？

白酒（　）　葡萄酒（　）　香槟酒（　）　啤酒（　）（到问题5）　其他（　）

4. 您喝啤酒吗？

是（　）　　否（　）（询问结束）

5. 您认为啤酒适合在正规场合还是在非正规场合喝？

正规场合（　）　非正规场合（　）　两者都行（　）

6. 您多长时间喝一次啤酒？

天天喝（　）一星期一次（　）半个月一次（　）一个月一次（　）一年几次（　）

7. 您通常在何种场合喝啤酒？

日常进餐时（　）　来客人时（　）　周末假日（　）　聚会（　）　郊游（　）

感到轻松愉快时（　）　其他（　）

8. 您知道酒类用多个小瓶组合包装出售吗？

是（ ）　　　否（ ）

9. 您认为将250mL的啤酒六个一组包装在一起销售这种方法如何？

好主意（ ）　　不好（ ）　　无所谓（ ）

10. 为什么？_____

11. 您喝过某某啤酒吗？

是（ ）　　　否（ ）

说明：某某啤酒公司现正准备改进啤酒包装，采用小瓶（250mL）六个一组专门包装在市场上推出。（出示照片）。

12. 如果价格不比单瓶装增加的话，您愿意购买这种包装的啤酒吗？

愿意（ ）（到14题）　可能（ ）　　不愿意（ ）　　不知道（ ）

13. 您会在哪些场合使用这种小瓶装啤酒？

正常进餐（ ）　　特别节目（ ）　　小型聚会（ ）　　周末（ ）　　大型聚会（ ）

野餐（ ）　　　休息放松（ ）　　体育运动后（ ）　　其他（ ）

14. 您希望在哪类商店买到这种包装的啤酒？

食品超市（ ）　专门酒店（ ）　百货公司（ ）　连锁超市（ ）　其他（ ）

15. 您觉得这种包装的啤酒应该与哪些酒类摆在一起？

白酒（ ）　　香槟酒（ ）　　葡萄酒（ ）　　其他啤酒（ ）

饮料（ ）　　其他（ ）

谢谢您的合作！

案例思考题：

1. 问卷初稿和研究设计能否取得研究目标？

2. 对于问卷中的内容，还有哪些值得修改的地方？

第六章 态度测量技术

本章要点

本章要点

- 测量的概念与要素
- 测量的尺度
- 直接测量表和间接测量表的设计技术
- 测量技术的信度和效度

导入案例

中国青少年上网行为调查

2008 年年底中国互联网络信息中心，对全国的青少年上网行为进行了一次调查。报告显示：①互联网在青少年中普及率的地区差异进一步缩小；②青少年在网吧上网的比例长期处于高位，手机成为第二位上网工具；③青少年的网络社交使用率较高，能积极拓展其人际交往；④博客使用量增长迅速，青少年使用网络表达意见的意愿强烈；⑤娱乐仍是青少年主要的网络应用；⑥青少年网络教育使用比例较低；⑦青少年上网时间长和网络应用数量有所增加；⑧青少年网民具备较强的网络防范意识。调查使用的生活形态测试语句见表6-1。

表6-1 生活形态测试语句

测 试 项 目		测 试 语 句
网络依赖性	网络学习依赖感	没有互联网，我无法工作和学习
	网络娱乐依赖感	没有互联网，我的娱乐生活会很单调
	网络信息依赖感	重大新闻我一般都首先从互联网上看到
人际交往感	人际拓展	通过互联网我认识了很多新朋友
		互联网加强了我与朋友的联系
	人际隔离	互联网时代，我感觉更孤单
		互联网减少了我与家人相处的时间
网络信任感	网络人际信任感	即使没见过面的网友说的话我也相信
	网络交易信任感	在网上进行交易是安全的
		我在互联网上填写的注册信息是真实的
社会参与度	意见表达意识	互联网是我发表意见的主要渠道
	社会关注倾向	上网以后，我比以前更加关注社会事件

启示：为了获得准确的定量调查数据，达到理想的调查目标，调查问卷中常常设置一些封闭式问题，借助量表的形式搜集数据。一些学者和调查机构在实践中不断发展和调整，逐渐形成了一些固定的测量量表和测试语句。

第一节 测量与态度测量

第五章已经介绍了设计调查问卷的基本方法。收集信息时，该如何提出问题？如何描述各种市场现象？如何将所获信息量化呢？必须借助测量技术。

一、测量的概念与要素

（一）测量的概念

社会科学中的测量与自然科学中的测量有很大的区别。从普通意义上讲，测量是指用标准尺度和仪器对长度、重量、时间、温度、湿度和压力等物理属性差异进行度量或计量。它是对自然现象进行定量研究的前提和不可或缺的重要手段。在社会科学研究中，应用测量比较多的领域是各种社会经济现象的调查研究活动。市场调查中使用的"测量"，是指按照特定的规则将数字或序号分配给目标、人、状态或事件，将其特性量化的过程。测量过程就是对同质总体中每一个体在各个异质属性上的具体差异进行精确观察或仔细询问，并对观察和询问的结果加以系统记录和分析的过程。

测量活动在市场调查中具有重要作用：

（1）测量可以使人们客观而精确地把握各种市场现象和社会现象存在的状况。

（2）测量工具通常比人的感官更敏感。

（3）通过对市场和社会现象的测量，有时可以发现一些未知的现象和规律。

（4）靠一定标准化工具测量的结果不会随特定观察者而变化。

（二）测量的要素

1. 测量客体

我们真正测量的是什么呢？我们测量的客体是调查对象的特性。调查对象包括消费者、品牌、商店、广告或调查人员感兴趣的其他东西。特性是指某一事物可以区别于其他事物的某些特征。假定我们要调查的对象是消费者，其特性如表6-2所示。

表6-2 消费者特性列举表

对 象	特 性	度 量 设 计
一名消费者（王平先生）	年龄	30 岁
	收入水平	50 000 元
	性别	男
	上次购买的品牌	海尔
	对"我们"品牌的评价	相当好

营销经理感兴趣的是，购买某商品的特定人群的人文特征，如年龄、收入水平、性别、购买行为、购买者对不同品牌的印象。这里的每个特性都是测量的客体。表6-3同时比较了三个消费者的年龄、收入水平、对品牌的接受能力和性别。一旦决定了调查对象的特性，就

可以通过某个特性进行测量。

表 6-3　三位消费者特性对比表

测量客体（特性）	度 量 设 计		
对象	王平先生	李红女士	张力先生
年龄	30 岁	34 岁	28 岁
收入水平	50 000 元	55 000 元	40 000 元
性别	男	女	男
上次购买的品牌	海尔	西门子	美的
对"我们"品牌的评价	相当好	特别好	好

2. 数字或序号

既然测量是用数字或序号从理论上反映调查对象特征的过程，我们就可以把测量中的数字当作一种物体或事件特征的代表符号。例如，我们常以 19 岁、20 岁代表一个人的年龄，以 2000 元、3000 元代表一个人的月收入，以 100 表示一个人的智商。

3. 测量规则

测量规则是把数字分派给调查对象的统一标准。通常我们测量的是客观特性，这个过程就相对简单。客观特性是指物理特征，如年龄（19 岁）、月收入（2000 元）、购买的数量（3 个）等。营销调查人员还希望能测量主观特性，它是属于人们思想的东西，如人们的态度、喜好等，不能通过直接的观察获得。为此，调查人员必须制定被调查者主观特性的测量标准，也就是分配数字的测量规则。

二、测量尺度

测量尺度也称测量工具或者量表，就是对客观事物进行定性或定量测量的尺度或者工具。它给出了为事物赋值的规则。根据规则的不同，可以把测量尺度分为以下四种形式：

1. 类别量表

类别量表（Nominal Scales）中的数字分配仅仅是用作识别不同对象或将其进行分类的标记。在量表中所有的数据都有唯一的对应类别。这意味着赋予目标或现象不同的数字是用来命名或分类的，这些数字没有真实意义。数字不能排序或加减乘除，它们只是一种标签或识别数字。例如：

民族　　　　　①汉族　　　②回族　　　③藏族　　　④蒙古族
宗教信仰　　　①佛教　　　②基督教　　③伊斯兰教
购买的品牌　　①海尔　　　②海信　　　③美的　　　④西门子
性别　　　　　①男　　　　②女

类别量表中唯一的量化是对每一类别的客体进行频率、百分比、众数、开方/二次方检验等计算。例如，有 48 位男性（占 48%）和 52 位女性（占 52%）。而计算平均数（对购买的品牌求平均数为 2.8）是毫无意义的。

2. 顺序量表

顺序量表（Ordinal Scales）根据事物的某一特点，将其特性分成等级，用数字表示，分配给对象的数字表示其具有某种特征的相对程度。这种测量水平，能排出等级顺序，如胖瘦、大小、高矮、上中下、名次、质量等级、偏好度、社会阶层等。顺序测量是基于可传递假设的应用，即"如果 a 大于 b，而 b 大于 c，则 a 大于 c"。

顺序数字严格地用于表示等级，既不表明绝对数量，也不表明两个数字之间的差距。例如，对冰箱品牌进行排序的应答者也许认为 A 比 B 略好些，而 C 则是完全不可接受的，但这样的信息不可能从一个顺序量表中获得。只要能够排序，任何可以代表顺序关系的数字都可以接受，A 可以被指定为 40 分，B 为 30 分，C 为 10 分。也可以用其他的数字，只要其顺序不改变即可。例如 A 是 1，B 是 2，C 是 3。

顺序量表除进行次数统计外，仅限于中位数、百分位数、四分位数、等级相关系数，以及符号检验、秩次检验、秩次方差分析。

3. 等距量表

等距量表（Interval Scales）除包含顺序量表的所有特征之外，还增加了量表范围内各点之间的间距相等这一特征。相对顺序量表而言，调查人员更喜欢用等距量表，因为它能表示某一消费者所具有的特性超过另一消费者多少，能够研究两个目标对象之间的差距。这一量表具有顺序和等距的特性，但是零点是任意的。以温度表示法为例，温度表示法有华氏和摄氏两种，水的结冰点为华氏 32 ℉，而在摄氏表示法中是 0℃。

等距量表中的任意零点限定了调查人员对量表值的表述。你可以说 80℉ 比 32℉ 热，或者 64℉ 比 80℉ 低 16℉。然而，你不能说 64℉ 比 32℉ 热两倍。因为在华氏量表中零点是任意设定的。根据公式 $C = 5/9(F-32)$ 对两种温度进行换算。可知 32℉ = 0℃，64℉ = 17.8℃。所以，64℉ 不是 32℉ 的两倍。同理，评估冰箱时，如果给 A 40 分而给 C 20 分，不能得出结论说 A 受喜爱的程度是 C 的 2 倍，因为在量表中没有给出表示不喜欢的零点。

使用等距量表得到的数据可以求极差、算术平均数、标准差和相关系数，也可以利用 Z 检验、t 检验、F 检验、因子分析等参数统计分析方法。

4. 等比量表

等比量表（Ratio Scales）除综合了上述三种量表的功能外，还具备一个真正的零起点，反映了变量的实际数量。产品的销售额、成本、市场份额、消费者数量、收入、价格都是等比量表的例子。一个营业员可能在同样的时间只销售了另一个营业员 1/3 的销售额，这种等比关系没法在等距量表中反映出来，如不可以说一家商店的服务态度比另一家商店好 1/2。绝对零点的存在意味着等比量表可以进行所有的统计运算。

三、态度与态度测量表

（一）态度的含义

态度是一种与周围环境的某些方面相关的，包括动机、情感、感觉和认知过程的持久结构，是对某一客体所持有的一种比较稳定的赞同或不赞同的心理状态。态度难以直接观察或测量，它的存在是从其结果中推断出来的。态度一般包括了一组内在相关的信念，如认知度、偏好度、满意度、信任度和忠诚度等，反映我们对好坏、对错判定标准的价值体系。态度是所有营销人员想要设法了解和影响的"人类变化动因"的重要方面。

（二）态度测量表

在设计或调整市场营销组合时，态度测量通常被认为是"最好的可用工具"。然而，态度是存在于顾客头脑中的一种结构，它不像物理学中的重量那样可以直接观测到。调查人员必须采用特殊的态度测量技术使被调查者能够方便、直观地表达他们的态度，要求被调查者将他的思想转化成可以用数字表示的强度关系。首先要为不同的态度特性分配不同的数字，并使之一一对应，即每个数字代表唯一的态度变量，每个态度变量对应唯一的数字，然后将这些数字和态度按照一定的逻辑关系排序，最后将这种对应关系明确和固定下来，作为态度测量表。

在许多情况下，测量态度的量表属于类别量表或顺序量表，一些更精细的量表可以当作等距量表来分析。大多数心理感受特征是从一个极端到另一个极端，形成一个连续的范围，因此，可以将其划分为一个假定等间隔的量表，用数字来表示这些量表中各个程度之间的级差。量表划分从贬义的极端开始，经过中间点，到达褒义的极端，如表6-4所示。这个中间点不能理解为起点，它只是连续系列中的一个点。

表6-4 态度测量表

贬义的极端	中 间 点				褒义的极端
很不同意	有些不同意		无所谓	有点同意	很同意
1	2		3	4	5
很不满意	非常不满	有点不满	没有意见	有点满意	非常满意	极满意
1	2	3	4	5	6	7
极为不喜欢	非常不喜欢	不喜欢	中性	喜欢	很喜欢	非常喜欢
1	2	3	4	5	6	7

没有必要为每次态度衡量设计一个新的量表，调查人员通常采用行业中的标准形式。这些标准形式包括：评比量表、顺位量表、固定总数量表、语义差别量表、Q分类法、配对比较量表、利克特量表、沙斯通量表、哥特曼量表等。我们将在后面两节中详细介绍这些态度测量量表的含义和制作过程。

四、选择量表时必须考虑的一些基本因素

1. 量表的类型

大多数调查人员倾向于使用那些能够通过电话进行操作从而节省访问费用的量表，易于管理和制作也是重要的考虑因素。例如，顺序量表很容易制作而语义差别量表的开发、制作过程却是冗长复杂的。调查人员还要考虑应答者可能更喜欢哪些类型的量表。最终选择哪种量表，基本上还是取决于顾客的需求、所要解决的问题和想要知道的答案。一次调查中使用多种量表也是常见的。例如，在一项为百货公司进行的形象研究中，调查人员可以设计等级量表来对公司竞争对手排序，设计语义差别量表来测量公司形象的各组成因素。

2. 平衡量表与非平衡量表的选择

如果肯定态度的答案数目与否定答案数目相等，该态度量表为平衡量表，否则为非平衡量表。如果研究人员想得到广泛的意见，那么用平衡量表比较好。如果以往的调查或预先研究表明大多数意见都是肯定的，那么量表就应该有更多的肯定倾向，这能使研究者确定对于被测概念的肯定程度。例如，从进行过的一些调查中得知海尔的整体形象是正面的，再调查海尔的形象时，就可以使用以下分类：①非常好；②很好；③好；④一般；⑤差。

3. 量级层次的个数

如果层次个数太少，例如只有好、一般、差三个层次，那么量表就过于粗略不够全面。一个三层量表无法反映出感觉的强度，然而 12 层量表可能已超过了人们的分辨能力。研究表明，评价量表基本上以 5~9 层为宜。如果采用电话调查形式，量级层次个数只能为 5 层。一般来说，5 层的量表用得最多。

4. 量级层次的奇数与偶数选择

偶数个层次的量表意味着没有中间答案，被调查者将被迫选择一个正向或负向的答案，那些确实持有中立意见的人就无法表达他们的观点。另外，对一种新口味的饮料、一种包装设计或者一个护发素的测试广告，持有某种强烈感受也是不正常的，所以通常选择奇数个量级。

奇数个量级给被调查者设立一个中间点，可以解决被迫选择的问题。然而这也给被调查者提供了一个简单的出路，假设他确实没有某种很强烈的意见，就不必集中思考真实感觉，可以简单地选择中间答案。在使用奇数个层次的量表时，选择中间答案的人可以分为两类，即真正持中间态度的人和那些不知如何回答问题的人。一些研究人员已经通过加入"不知道"这个答案作为附加而解决了这一问题。当然，加上一个"不知道"的意见也可能使部分被调查者偷懒。

5. 强迫性与非强迫性量表的选择

没有"不知道"意见或中间答案的量表迫使被调查者给出一个肯定或否定的意见，甚至强迫那些对所测目标一无所知的人也给出一种意见。支持被迫性选择的论据与支持偶数分层量表的大致相同。反对被迫性选择的根据是，因为这样会使数据不精确或导致被调查者拒绝回答问题。一个问卷若在被调查者实际上缺少足够信息，不能做出决定时仍继续要求他们给出一种意见，就可能导致一种厌恶情绪而使访问过早结束，所以通常设置非强迫性量表。

6. 量级层次的描述方式

量级层次有许多种描述方式，描述方式的不同可能会对测量结果造成影响。量级层次可以用文字、数字甚至图形来描述。量表可以标记全部层次、部分层次或只标记两极的层次。对每个量级层次加以标记并不能提高收集数据的准确性和可靠性，却能够减少理解量表的困难。

对量表两极进行标记时使用的形容词强度不同也会影响测量结果。若使用语气强烈的形容词，如 1 = 完全不同意、7 = 完全同意，被调查者不大可能选择靠近两端的答案，结果的分布将比较陡峭和集中。而使用语气较弱的形容词，如 1 = 基本不同意，7 = 基本同意，将得到较为扁平和分散的结果分布。

第二节　直接测量表

第一节已经了解了关于态度测量量表的基础知识，下面我们进一步学习测量态度的常用方法。

态度测量方法分为直接测量和间接测量。直接测量是指由调查者设计或选择要询问的问题或问句，并直接询问被调查者，然后由被调查者自己测量其态度并选择答案，从而取得有关态度的资料。这种方法所使用的测量表称为直接测量表。间接测量是指由被调查者自己决定询问语句和答案，然后由调查者或评定者来进行态度的测量评定，从而取得有关态度的资料的方法。这种方法所使用的测量表称为间接测量表。这一节首先介绍几种直接测量表。

一、评比量表

评比量表又称评价量表，是以两种对立的态度为端点，在两端点中间按程度顺序排列不同的态度，由被调查者从中选择一种适合自己的态度表现。

评比量表用不同的数值来代表不同的态度，目的是将非数量化的问题加以量化，而不是用抽象的数值随意排列。根据量表的形式可分为图示评比量表和列举评比量表。

1. 图示评比量表

图示评比量表提供给应答者有两个固定端点的图示连续体。通过图示评比量表获得的数据通常作为等距数字使用。图 6-1 描述了三种可以用来评价诺基亚手机的图示评比量表形式。

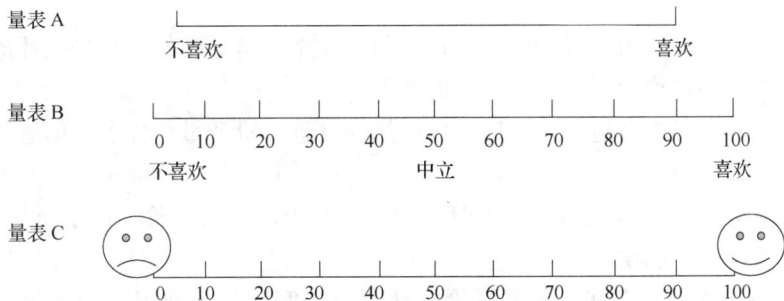

图 6-1　三种图示评比量表

量表 A 是最简单的形式，应答者被指示沿着连续线画出自己的反应。做完回答的标记后，再把直线划分成足够多的部分，每一部分代表一个类别，并分配给一个数字。如果连续线是 12cm，将其分为 10 个类别，每 1.2cm 代表一个类别。量表 B 预先安排了刻度并写上数字，提供给应答者一个稍微容易作答的量表。

图示评比量表容易制作且使用简便。如果打分者有足够的分辨能力，调查人员利用这种量表就可以分辨出微小的差别。图示评比量表的缺点是，应答者在难以决定的情况下，倾向于选择中间答案。此外，调查人员不知道应答者在评价时所使用的评判标准。研究表明，图示评比量表的可靠性不如列举评比量表。

2. 列举评比量表

列举评比量表与图示评比量表非常相似，只不过要求应答者在有限的表格标记中做出选择，而不像图示评比量表是在连续体上做记号。列举评价量表比图示评比量表容易构造和操作，在可靠性方面也比图示评价量表好，使用方便，能对各项指标进行直观比较。但是不能像图示评比量表那样衡量出客体的细微差别。

列举评比量表在市场调查方面应用很广。在问卷中，调查人员根据被调查者的可能态度，拟定有关问题的答案，量表的两端是极端答案，中点是中性答案，每个答案都事先给定一个分数。

利用量表求得被调查者的评分，取得的平均分数便可以代表被调查者的态度，并且还可以计算各个项目的百分率。

小案例6-1：白酒广告偏好测评

下面我将向您列举一些白酒的品牌（见表6-5），当我提到每一种品牌时，请告诉我您认为该品牌的电视广告是非常差的、差的、一般的、好的还是非常好的。

表6-5 白酒广告偏好测评

	孔府家酒	秦池古酒	金六福	五粮液
1. 非常差				
2. 差				
3. 一般				
4. 好				
5. 非常好				

在实际调查过程中，为了减少误差，每一份问卷中列举品牌的起点是循环的。因为每次都从同一个品牌开始也许会成为一个误差的来源。

评比量表具有省时、有趣、用途广、可以用来处理大量变量等优点。但这种方法可能会产生三种误差：

（1）仁慈误差：有些人对客体评价时，倾向于给予较高的评价，产生所谓的仁慈误差；反之，则产生负向的仁慈误差。

（2）中间倾向误差：有些人不愿意给予被评价的客体很高或很低的评价，特别是不了解或难以用适当的方式表示出来时，往往倾向于给予中间性的评价。

为防止中间倾向误差，设计量表时应注意调整叙述性形容词的强度；增加中间的评价性语句在整个量表中的比例；加大靠近量表两端的各级在语意上的差别，使其大于中间各级间的语意差别；增加测量量表的层次。

（3）晕轮效应：如果受测者对被评价的对象有一种整体印象，可能会导致系统偏差。为预防晕轮效应的出现，对所有被评价的对象，每次只评价一个变量或特性；问卷每一页只列一种特性。

二、顺位量表

评比量表是非比较性的，因为应答者是在没有其他客体、观念或人作为参照的情况下做出判断的，而顺位量表是可以比较的。顺位量表又称等级量表，是比较性量表，将许多研究对象同时展示给受测者，要求他们根据某个标准将这些对象排序或分成等级。

小案例6-2：冰箱品牌偏好测评

以下是七种冰箱的品牌，请您根据对各种品牌的喜爱程度进行排序，分别给予1~7个等级，等级1表示你最喜爱的品牌，等级7表示你最不喜爱的品牌，以此类推。（请注意：一个等级号码只能对应一个品牌。）

     品牌名称   品牌等级

     美菱   _____

     西门子

容声	_____
海尔	_____
LG	_____
新飞	_____
三星	_____

　　按照某一评判标准而制定的顺位量表容易制作、使用简便。被调查者比较容易掌握回答方法，被评价的事物被排成一定的顺，促使被调查者用一种现实态度进行评价。

　　顺位量表也有一些缺点，如果在所有的被选项中没有包含被调查者的喜爱项，那么结果就会误导决策，或者要测量的某些因素完全超出了个人的选择范围，产生毫无意义的数据（如某一被调查者从不使用冰箱，他对上述题目的评价结果则无营销意义）。另外，这种量表仅给调查者提供了顺序信息，人们完全不了解被评价的客体间有多大的差距，即搞不清为什么被评价的客体按此顺序排列。而且，卡片上列举对象的顺序也可能带来所谓的顺序误差（如候选人的排名）。最后，用于排序的对象个数不能太多（少于10个），否则很容易出现错误、遗漏。

三、固定总数量表

　　固定总数量表也叫常量求和量表，是指调查者规定总数值（通常是10或100），由被调查者根据一些标准将数值进行分配，通过分配数值的不同来表明不同态度的测量表。如果被调查者认为特性A的重要性是特性B的两倍，那么他分配给特性A的分数是B的两倍，当两种特性被认为具有相同价值时，也可以被如实地表示出来。固定总数量表常用于调查消费者对某种商品不同规格、牌号的态度。

　　小案例6-3：网球运动装特性测评

　　以下是女性网球运动装的7个特性。请将100分分配给这些特性，以便每个特性分得的分数代表您认为它们相对的重要程度。分配给某一特点的分数越多，这个特性就越重要。如果某个特性根本不重要，就得0分。填完后请检查两遍，以保证您的总分加起来为100分。

网球运动装的特性	分数
穿着舒适	_____
耐用	_____
名牌	_____
中国制造	_____
款式新潮	_____
适于运动	_____
物有所值	_____
	100分

　　应用固定总数量表时应注意：

　　（1）由调查者规定的总数值，是固定总数量表的基础标准，并不是随意给出的数。

　　（2）被调查者在填写量表时，必须使被分配的各数值之和等于总数值。有时也可以规定每个特性的评分最高为10分或100分，而不规定各特性的评分总和。

四、语义差别量表

语义差别量表是由美国心理学家查尔斯·奥斯古德（Charles Osgood）、乔治·苏西（George Susie）和珀西·坦纳鲍姆（Percy Tannenbaum）等人研发的，又称 SD 法。最初是为了测量某一客体对人们的意义。在市场调查中，这种量表适用于广泛的调查主题，非常简洁，设计调查问卷时经常将其作为测量人们对商品、品牌、商店印象的形象测量工具。

小案例 6-4：商场形象测评

您对大洋百货的看法怎样？下面是一系列评价标准，每个标准两端是两个描述它的意义相反的形容词。用这些标准来评价大洋百货，在您认为合适的地方打"√"。

可靠	1	2	3	4	5	6	7	不可靠
时髦	1	2	3	4	5	6	7	过时
方便	1	2	3	4	5	6	7	不方便
态度友好	1	2	3	4	5	6	7	不友好
昂贵	1	2	3	4	5	6	7	便宜
选择多	1	2	3	4	5	6	7	选择少

设计语义差别量表的步骤如下：

（1）确定要进行评价的属性，如公司形象、品牌形象或商店形象等。

（2）调查人员挑选一些能够用来描述这一属性的一系列对立的形容词。

（3）由被调查者在一个量表上对测量的属性进行打分。（分值通常是 1~7 分）

（4）调查人员计算出所有被调查者对每一对形容词评分的平均值，并以此数据为基础，构造出图 6-2 所示的"轮廓"或"形象"图。

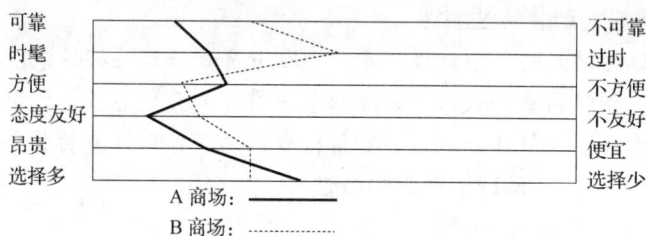

图 6-2　消费者对不同商场的印象比较

语义差别量表所获得的结果，可以进行属性间的对比分析，量表间的对比分析和被调查者间的对比分析，也可以用图示以直观的形式表示，迅速、高效地检查产品或公司形象与竞争对手相比所具有的优劣势。在市场营销和行为科学研究中，语义差别量表在制定决策和预测方面有足够的可靠性和有效性。用于公司形象或品牌形象研究时，从一组客体到另一组都证明语义差别量表在统计上具有适用性。

但是语义差别量表缺乏标准化，调查人员必须根据实际调查主题制定特定的语义差别量表。量表中的评分点数不好确定，如果太少，量表过于粗糙，缺乏现实意义；评分点太多，又可能超出大多数人的分辨能力。另外，被调查者往往倾向于选择中间分值，进行数据处理时对 4 分的解释要非常小心。因为被调查者有可能对所测量的概念持中立态度，也可能对这一问题不大清楚，随意给出选择。最后，语义差别量表还可能产生"晕轮效应"，对一个特定形象的评分可能受到其对测试概念总体印象的影响，从而产生误差。所以调查人员在设计语义差别量表时，应随机地将相应的褒义词和贬义词分布在两端，迫使被调查者在回答前仔细考虑，而不要将褒义词集中在一边，贬义词集中在一边。

五、Q 分类法

Q 分类法是用于研究个体间相互关系的一种方法。由斯蒂芬森（William Stephenson）提出，是等级量表的一种复杂形式。在调查过程中，人们根据事先规定的具体评价类别，将一组客体——品牌、语句、产品特点、潜在顾客、服务等进行分类整理，以便更明确地了解各类客体的特点和要求。

以研究教师和学生之间关系的融洽性为例，介绍一下 Q 分类法的设计步骤。

（1）就"我对教师的看法"和"教师对我的看法"两个主题，拟订 50 ~ 100 个有价值判断的语句，由有利态度到不利态度顺序排列。

（2）制定一个奇数的同意量表，可以是 5 分制或 7 分制。以 5 分制为例，凡同意的语句视同意程度给予 +1 分或 +2 分，不同意的语句视不同意程度给予 -1 分或 -2 分，无所谓的语句给 0 分。

（3）每个分数位置上的语句数目分配应该是正态分布的（可查正态分布表）。若有 50 个句子，可分配为：

量表：　　　　+2　　　　　+1　　　　　0　　　　　-1　　　　　-2
语句数目：　　7　　　　　10　　　　　16　　　　　10　　　　　7

假设有 200 个学生，第一个主题的调查结果可以整理成表 6-6。

表 6-6　Q 分类法调查结果统计表

语　　句	被 调 查 者										
	1	2	3	4	5	6	7	8	9	10	… 200
1. 王老师最好	+2	-1	+2	0	-1	-2	+1	0	+2	-2	… 0
2. 王老师关心同学	+2	-1	+2	0	-1	-2	+1	0	+1	-1	… 0
⋮					⋮						
50. 王老师不好	-2	+2	-2	0	+2	+2	-2	0	-2	+2	… 0

各被调查者的态度经 Q 分类法处理后的资料如表 6-6 所示，被调查者可分为三类：有良好印象的（如被调查者 1、3、7、9）；持中立态度的（如被调查者 4、200）；有不良印象的（如被调查者 2、5、6）。调查人员可联系事先或调查中获取的被调查者背景资料进行分析，以更好地了解这一类被调查者的特点和要求。同理可以整理出第二个主题的评价资料，求出这两组评定值的相关系数，这一相关系数即为教师与学生关系融洽程度的定量描述。

六、配对比较量表

配对比较量表也是一种使用很普遍的态度测量方法。在配对比较量表中，要求被调查者根据某个标准对一系列对象两两进行比较做出选择。

配对比较量表克服了等级量表的缺点。首先，对被调查者来说，从一组对象中选出一个肯定比从一系列对象中选出一个更容易；其次，配对比较可以避免等级量表的顺序误差。但是，由于要对所有的配对进行比较，若有 n 个对象，就要进行 $n(n-1)/2$ 次配对比较，是关于 n 的几何级数。所以测量对象的个数不宜太多，以免被调查者厌烦而影响应答的质量。

小案例 6-5：冰箱品牌配对比较

表 6-7 是十对冰箱的品牌，请指出您更喜欢每一对品牌中的哪一个。在选中的品牌旁边的（　）内打"√"。

表 6-7　十对冰箱品牌配对比较

美菱（　）	西门子（　）
美菱（　）	容声（　）
美菱（　）	海尔（　）
美菱（　）	LG（　）
西门子（　）	容声（　）
西门子（　）	海尔（　）
西门子（　）	LG（　）
容声（　）	海尔（　）
容声（　）	LG（　）
海尔（　）	LG（　）

访问结束后，可将每位被调查者的回答整理成表 6-8 的形式，表中每一行、列交叉点上的元素表示该行与该列的品牌比较后的结果，"1"表示被调查者更喜欢这一列的品牌，"0"表示更喜欢这一行的品牌。将各列取值进行加总，得到表中合计栏，表明各列的品牌比其他品牌更受偏爱的次数。

表 6-8　根据配对比较量表得到的品牌偏好矩阵

	美　菱	西门子	容　声	海　尔	LG
美菱	—	0	0	1	0
西门子	1	—	0	1	0
容声	1	1	—	1	1
海尔	0	0	0	—	0
LG	1	1	0	1	—
合计	3	2	0	4	1

从表 6-8 中看到该被调查者在西门子冰箱和美菱冰箱中更偏爱后者（第二行第一列数字为 1）。在"可传递性"的假设下，可将配对比较的数据转换成等级顺序。将各列数字分别加总，计算出每个品牌比其他品牌更受偏爱的次数，就得到该被调查者对于 5 个冰箱品牌的偏好，从最喜欢到最不喜欢，依次是海尔、美菱、西门子、LG 和容声。假设样本容量为 100 人，将每个人的回答结果进行汇总，得到表 6-9 的次数矩阵。再将次数矩阵变换成表 6-10 的比例矩阵（用次数除以样本数），在品牌自身进行比较时，我们令其比例为 0.5。

表6-9 品牌偏好次数矩阵（臆造）

	美 菱	西 门 子	容 声	海 尔	LG
美 菱	—	20	30	15	20
西门子	80	—	50	40	65
容声	70	50	—	60	45
海尔	85	60	40	—	75
LG	80	35	55	25	—
合计	315	165	175	140	205

表6-10 品牌偏好比例矩阵（臆造）

	美 菱	西 门 子	容 声	海 尔	LG
美 菱	0.50	0.20	0.30	0.15	0.20
西门子	0.80	0.50	0.50	0.40	0.65
容声	0.70	0.50	0.50	0.60	0.45
海尔	0.85	0.60	0.40	0.50	0.75
LG	0.80	0.35	0.55	0.25	0.50
合计	3.65	2.15	2.25	1.90	2.55

从表6-10的合计栏中，可以看出5个品牌中美菱冰箱被认为是最好的，LG次之，再次是容声和西门子，海尔最差。但这是一个顺序量表，只能比较各品牌的相对位置，不能认为"美菱冰箱比LG要好1.1，容声要比西门子好0.1"。要想衡量各品牌偏好间的差异程度，必须先将其转化为等距量表，这里就不再深入讨论了。

当要评价的对象个数不多时，配对比较量表很合适。一旦评价的对象超过10个，这种方法略显麻烦。"可传递性"的假设在实际研究中可能并不成立。列举的对象顺序也可能影响被调查者，造成顺序反应误差。而且这种"二选一"的方式和实际生活中购买选择的情况也不相同，被调查者可能在A、B两种品牌中对A要略为偏爱些，但实际上却是两个品牌都不喜欢。

第三节 间接测量表

第二节详细介绍了衡量消费者态度的直接测量表。在实际调查中，为更科学、更真实地评价被调查者的态度，还会用到间接测量表。

一、利克特量表

利克特量表（Likert Scales）由一系列表达对所研究的概念是肯定还是否定态度的陈述构成，被调查者被要求回答对每一种陈述同意或不同意的程度，每种程度对应一个分数，将这些分数加总起来，就可以测定被调查者的态度。利克特量表非常流行，因为它制作快捷、简便、易于操作，而且可以通过电话来进行，或是给被调查者一个"回答范围"卡，要他从中挑选出一个答案。

小案例 6-6：商场形象测量

对已经在过滤性问卷中回答曾去过大洋百货公司的人们进行调查时，使用利克特量表。表 6-11 是对大洋百货公司的一些不同意见，请指出您对这些意见同意或不同意的程度，1 = 非常不同意、2 = 不同意、3 = 无所谓、4 = 同意、5 = 非常同意。

表 6-11　百货公司利克特量表

	非常不同意	不同意	无所谓	同意	非常同意
大洋百货公司出售高质量的商品	1	2	3	4	5
大洋百货公司的服务很差劲	5	4	3	2	1
我喜欢在大洋百货公司买东西	1	2	3	4	5
大洋百货公司的信用制度很糟糕	5	4	3	2	1
大多数人喜欢在大洋百货公司买东西	1	2	3	4	5
我不喜欢大洋百货公司做的广告	5	4	3	2	1
大洋百货公司出售的商品种类很多	1	2	3	4	5
大洋百货公司没有提供足够的品牌选择	5	4	3	2	1

伦斯·利克特（Rensis Likert）设计该量表的目的是测量个人对概念（消费者协会）、活动（如攀岩）等的态度。量表的设计步骤如下：

（1）确认所要测量的概念，譬如游泳。

（2）收集大量（如 50 ~ 100 个）有关公众对概念（游泳）看法的陈述。

（3）将陈述大致划分为"肯定"或"否定"两类。不必对陈述进行测量，只需实施一次包括全部陈述和有限被调查者的预先测试。

（4）在预先测试中，被调查者指出对每一个陈述同意（或不同意），然后在后面的方向—强度描述语中选择：

A. 非常同意　　B. 同意　　C. 无所谓（不确定）　　D. 不同意　　E. 非常不同意

（5）给每个选项一个数字（如 5，4，3，2，1）。

（6）个人态度得分以被选出的相关陈述句分数的总和表示。在评分过程中，态度的方向（同意到不同意）应与陈述保持一致。例如，肯定陈述句从非常同意到非常不同意分别为 5、4、3、2、1，否定陈述的分数就为 1、2、3、4、5。

（7）分析员只选出那些在高的总分与低的总分之间比较好地表现出差别的陈述。在基础总分中选出最高和最低的四分组数，在这些高、低组中（不包括中间 50% 的语句），比较每个陈述的细微差别。

（8）最后选出 20 ~ 25 个有最大区别的陈述（以平均值表示出最大的差别，可以计算每个项目在高分组和低分组中的平均得分，选择那些在高分组平均得分较高并且在低分组平均得分较低的项目）构成利克特量表。

（9）使用量表时重复步骤（3）~（5）即可。

借助利克特量表，研究人员能够得出一个总分数，识别出某个人对于特定概念的态度到底是肯定的还是否定的。例如，在一个有 20 个陈述句的量表中，最高的赞同总分是 100 分。若某人打 92 分，就可以认定他持肯定的态度。当然，两个都打 92 分的人可能对各种陈述有不同的评价。例如，被调查者 A 可能非常同意（5 分）"大洋百货公司出售高质量的商品"

的观点，而非常不同意（1 分）"大洋百货公司出售的商品种类很多"。被调查者 B 可能持完全相反的态度，但他们总分都为 6 分。

商业调查中很少遵循前面所列的步骤制定量表，通常由客户经理和调查人员共同商议或召开小组访谈会设计量表。商业调查人员在使用这种量表时，兴趣不在于识别单个被调查者的积极或消极态度，而是要了解他们对量表中各个陈述要素的态度。大洋百货公司的例子中，该公司并不是真正关心被调查者 A 是否对大洋百货公司持有肯定或否定态度，而是确定目标消费者不去大洋百货购物的原因是什么。

二、沙斯通量表

市场研究中，经常涉及对某一主题的态度测量，如人们对于电视商业广告的态度、对人寿保险的态度等。沙斯通量表（Thurstone Scales）通过被调查者在若干（一般 9～15 条）与态度相关的语句中选择是否同意的方式，获得被调查者关于主题的看法。量表中可以随意排列语句，每条语句根据其类别都有一个分值，但每位被调查者应该只同意其中分值相邻的几个意见。如果被调查者选择的语句分值过于分散，则判定此人没有明确的态度，或者量表的制作可能存在问题。

沙斯通量表的设计步骤如下：

（1）收集与测量主题有关的语句，一般应在 100 条以上，保证其中对主题不利的、中立的和有利的语句都占有足够的比例，并将其分别写在特制的卡片上。

（2）选定 20 个以上的评定者，按照各条语句所表明的态度有利或不利的程度，将其归为 11 类（多点或少点也行）。第 1 类代表最不利的态度，以此递推，第 6 类代表中立态度，……，第 11 类代表最有利的态度。

（3）计算每条语句被归在这 11 类中的次数分布。

（4）删除那些次数分配过于分散的语句。

（5）计算各保留语句的中位数，并将其按中位数进行归类，如果中位数是 3，则该态度语句归到第 3 类。

（6）从每个类别中选出一两条代表语句（各评定者对其分类的判断最为一致的），将这些语句混合排列，得到沙斯通量表。

小案例 6-7：电视商业广告态度测量的沙斯通量表

（1）所有的电视商业广告都应该由法律禁止。

（2）看电视广告完全是浪费时间。

（3）大部分电视商业广告是非常差的。

（4）电视商业广告枯燥乏味。

（5）电视商业广告并不过分干扰欣赏电视节目。

（6）对大多数电视商业广告我无所谓好恶。

（7）我有时喜欢看电视商业广告。

（8）大多数电视商业广告是挺有趣的。

（9）只要有可能，我喜欢购买在电视上看到过广告的商品。

（10）大多数电视商业广告能帮助人们选择更好的商品。

（11）电视商业广告比一般的电视节目更有趣。

通过计算被调查者所同意陈述句分值的平均数，可求得其态度分数。例如，某人同意第（8）个意见，他的态度分数就是8，如果同意（7）、（8）、（9）三条意见，他的态度分数为$(7+8+9)/3=8$。上述案例中，分数越高说明被调查者的态度越有利，分数越低说明态度越不利。

虽然沙斯通量表进行实地测试和统计汇总很简单，但量表的制作比较麻烦，在调查中使用得并不太多。因为此量表可以借助两个被调查者的态度分数，比较他们对某一问题所持态度的相对有利和不利情况，但不能测量其态度的差异大小。另外，此量表应用时，态度完全不同的人也可能获得相同的分数。例如一个人同意第（5）个意见，得5分；另一个人同意第（3）、（4）、（8）条意见，也得5分。而且沙斯通量表无法获得被调查者对各条语句同意或不同意程度的信息。

三、哥特曼量表

哥特曼量表（Guttman Scales）可用来判断一组指标或测量问题之间是否存在关联，它运用单一维度或累积强度的多重指标来测量人们对某个事物或概念的态度。

哥特曼量表的各陈述句之间有层级逻辑关系，如果调查对象同意高层级问题的陈述，一般也会同意低层级问题的陈述，低层级问题是高层级问题存在的必要条件。所以如果一组问题存在一种层级关系，就具有形成哥特曼量表的基础。

哥特曼量表的编制步骤如下：

（1）研究人员围绕欲测量的某一事物或概念编制一组陈述，这些陈述应该是单维的，即具有某种趋强或趋弱结构。

（2）用小样本对这些陈述进行检验。

（3）将检验结果按最赞成的陈述到最不赞成的，从上到下排列。

（4）去掉不能很好区分赞成被调查者与不赞成被调查者的陈述。

（5）按公式：再现系数 = 1 - 误差系数/回答总数，计算出再现系数（量表正确预测的百分比）。如果再现系数大于或等于0.90，就称该量表是单维度的，能放心地使用利用量表收集到的资料。

构成量表的陈述句为3~20个不等，要求被调查者以简单的"是—否""有—没有"的方式回答。每个人的态度得分就是他回答赞成的陈述句总数。

小案例6-8：对待"超级女声"态度的哥特曼量表

我们分析一下几个对待女性参加"超级女声"态度的陈述：

（1）如果我是女性，我会参加"超级女声"。

（2）如果我有女儿，我会赞成她参加"超级女声"。

（3）女性应该参加"超级女声"。

这几个陈述句在程度上有一种趋强的趋势，调查对象的回答如果符合陈述的逻辑关系，其回答模式应是这样的：全部赞成、赞成1和2、赞成1和全部反对。如果这是个完美的哥特曼量表，则所有调查对象的回答都属于上面几种回答模式的一种。

如果规定赞成一句陈述得1分，反之得0分，那么对应这四种回答模式所得的分数就是3分、2分、1分和0分。一旦知道调查对象的总分，就可以知道他（她）赞成和反对哪些问题，从而很明确地知道其态度。例如，一个调查对象得了1分，就可以知道他（她）赞成第（1）个陈述句。这样一个数字就代表了调查对象对事物的具体态度，研究者可以很方便地对获得的资料进行分析和评价。这是哥特曼量表最大的优点。另外，哥特曼量表作为一种累加量表，易于设计和完成，同其他量表相比，能够辨析出每个调查对象在态度上的细微变化。

哥特曼量表也不是完美的：首先，人们对事物的态度通常是多维的，一组陈述存在的单维向度（趋强或趋弱）很难反映出态度的复杂性；其次，即使某一问题真的具有单维特征，并且适用某个群体，但在其他群体里这组陈述可能就不适用了；第三，哥特曼量表需要区别调查对象的不同回答模式进行计分，这个过程比较复杂，很容易出错。还要注意，再现系数很高时，不一定保证量表能测量所要研究的概念。因为要找到具有层级关系的多个陈述比较困难，当陈述句很少时，再现系数可能也会很高。总之，建构哥特曼量表时，要尽量选取比较多的陈述；使用时首先考察陈述句的表面效度，考察陈述句之间的二元甚至多元关系，注意适用对象和时间，对象不同、时间不同，量表可能都要做相应调整。

第四节　测量的可靠性与有效性

对于测量而言，都会面临一些基本问题：研究所得资料是否为调查者感兴趣的资料？它们能否准确地反映调查者感兴趣的问题？在相同的研究条件下，不同调查者能否得出相同结论？这些问题涉及测量手段或测量工具的信度与效度。

一、测量产生误差的原因

测量值是反映调查对象某个特征的数值。测量值不是调查者感兴趣的真实值，而是对它们的一个观测。可将观测值 O 表示成如下的形式：$O = T + S + R$。观测值 O 和真实值 T 之间的差距称为误差，误差的大小反映了测量精度的高低。误差包括系统误差 S 和抽样误差 R。系统误差 S 是一种偏差，代表着影响观测值的稳定因素，每次以相同的方式影响观测值。R 是随机误差，不稳定，代表影响观测值的暂时性因素，每次以不同的形式出现。

（一）抽样误差

抽样误差是因使用样本而发生的误差。抽样调查旨在通过样本的情况来推断总体的信息，即使样本选择过程是适当的，调查结果仍不免因偶然性而产生一定的误差。这种误差是不可避免的，影响抽样误差的因素有：①总体单位间标志值的变异程度，它与抽样误差成正向关系；②样本容量，它与抽样误差成反向关系；③抽样方法，方法不同抽样误差也不同。不过，调查者可以以一定的置信水平来估计随机抽样的误差。

（二）系统误差

系统误差是指因调查设计或实施抽样中的错误或问题而产生的误差，又被称为非抽样误差，包括除随机抽样之外所有可能产生的误差，有时从系统上影响抽样调查的结果。

1. 设计误差

设计误差是指因调查方案设计不科学、不严谨或存在欠缺所引起的误差。当调查主题确定不恰当时，实际所需信息与调查者所收集信息之间就会产生差距，引起替代信息误差。一个著名的实例是替代信息误差导致新可乐的失败。据报道，新可乐的调查集中在消费者对于产品口味的意见而忽略了他们对于产品变化的态度。

2. 调查对象范围误差

调查对象范围误差是因为对调查对象范围限定的不准确而引起的误差。例如，我们将某项研究对象限定在 35 岁以上的人，后来，发现不少年轻人也应包含在研究中，即当初的范围应该限定为 20 岁以上。如果那些没有被包括进去的年轻人的态度有着显著差异，则便产生了误差。

3. 抽样框误差

抽样框误差是指因不准确或不完整的抽样框而引起的误差，也就是因抽样框与调查总体不一致所产生的误差。最常见的例子是在电话访谈中使用出版的公用电话簿作为抽样框，许多家庭的电话并没有列在电话簿中，或者电话簿上的电话并不完全正确。因为他们可能不希望公开家庭电话或者他们因搬家等原因更改了电话号码。而电话号码簿上所列的人与那些没有列出的人在某些方面有着很大的差异。

4. 抽选误差

抽选误差是因为不规范或不恰当的抽选过程，或者正确的抽选过程未得以恰当执行而产生的误差。例如，在入户访谈时调查员会绕开那些看上去不清洁的住房，他们认为住在这类房子里的人可能是"不友好的"。如果这些房间的主人与那种清洁房间的主人有着系统差别，则调查结果便会产生抽选误差。在非随机抽样中，抽选误差是一个更为严重的问题。

5. 调查员误差

调查员有时会自觉或不自觉地影响被调查者，使之给出不真实或不准确的回答。这种类型的误差是由于访问员的挑选或培训不当或者调查员没有遵循调查指导而造成的。调查员的衣着、年龄、气质、面部表情、形体语言或语音语调都有可能影响被调查者部分或全部的回答。这一问题在入户访谈中尤其突出，有时调查员还会伪造调查记录，以骗取报酬。

6. 测量工具误差

测量工具误差是指因测量工具或问卷而产生的误差。这种误差是由于所提出的问题、量表设置或问卷设计中的某些因素，而导致回答的偏差或者使回答时容易产生错误。这种类型的错误能够通过细致的问卷修改和在实地调查前进行充分的试调查而避免。

7. 处理过程误差

处理过程误差是指调查资料在向计算机输入时或数据分析过程中产生的误差。例如，在 CATI 调查中，调查员可能错误地输入某个问题的答案。这类错误可以在数据录入以及调查结果处理过程中通过严格的质量控制加以避免。

8. 由被调查者引起的误差

由被调查者引起的误差是指在调查中由于各种原因，没能从样本处获取所需信息而引起的误差，可分为答案误差和无反应偏差。

答案误差的产生有两种基本的形式有意错误与无意错误。有意错误是因为被调查者故意对所提问题做出不真实回答。他们可能是回避尴尬的答案或隐瞒属于个人隐私的内容。无意错误是被调查者希望能够做出真实、准确的回答，但由于理解错误、记忆问题或环境干扰等因素，却给出了不正确的答案。例如，在一个有关快餐食品的调查中，被调查者可能很好地回答出他在过去的一个月中去过几次快餐店，但对于去过哪几家快餐店及每一家去过几次，他可能记不清而给出错误的答案。

无反应偏差是指由于各种原因，被调查者对问卷无回答。第一种情况是没有能力回答，譬如询问工人企业的未来发展远景；第二种情况是在特定时间无法联系到被调查者；第三种情况是虽然得到了默许，但在当时的环境下不能或不愿意接受访谈（例如，在全家人吃饭时接到要求访问的电话）；第四种情况是虽然能够联系到被调查者，但被调查者拒绝接受访问。人们拒绝访问的三个主要原因是：

不方便	占 64%
对调查主题不感兴趣	占 22%
害怕携有商业行为	占 13%

　　为了减少测量误差，设计问卷或量表时，需要预先衡量其可靠性和有效性，以提高测量的准确度。

二、测量的可靠性

（一）可靠性的概念

　　可靠性（Reliability）即信度，是指对同一或相近的测量对象进行反复测量时，测量结果的一致性或稳定性，也就是测量工具能够稳定地测量所测变量的程度。系统误差对信度没什么影响，因为系统误差总是以相同的方式影响测量值，不会造成不一致性；而随机误差可能导致不一致性，从而降低信度。

　　例如，用同一台磅秤去称一个人的体重，今天测得 80kg，明天仍是 80kg，称了好几次的结果都相同，我们说这台磅秤可信。若明天所称体重变成 88kg，连称几次结果都不同，经验告诉我们这台磅秤不准，也就是缺乏信度。

（二）评估可靠性的方法

　　通常以信度系数 r 来评估信度的大小，r 是对同一组样本进行两次测量，计算所得到的两组资料的相关系数。信度系数高，说明测量的一致性程度高，测量误差小。例如，当 $r=0.50$ 时，说明测量中 50% 的差异来自测量对象本身的差异，同样有 50% 的差异来自测量对象之外，后者称之为测量误差。若出现这种结果，说明测量就不算成功。那么信度系数多大才能算高，才有信度呢？当 $r=1.00$ 时表示无测量误差，所有的差异都来自测量对象本身，这当然是测量的理想状态；当 $r=0$ 时，表示测量游离于测量对象之外，测量结果与测量对象毫无关联，这一情况不应在研究中出现。一般来说，当 $r \geq 0.80$ 时，可以说该测量达到了足够的信度。

　　进行测量的常用方法是：再次测量、替换形式、内部一致信度。

1. 再次测量

　　用相同的方法对同一测量对象先后进行两次测量，两次测量相距一般在 2～4 周之间。用两次测量结果间的相关分析或差异的显著性检验来评价量表信度的高低。结果越是相关，差异越不显著则信度越高。这是市场调查中最普通、最常用的信度评估方法。

　　用再次测量法评价信度存在一些问题：

　　（1）结果与时间间隔关系密切。在其他方面都相同的情况下，时间间隔越长，信度越低。

　　（2）最初的测量可能会改变被测特征。例如，测量人们对低脂肪食品的态度可能会使他们更为关心健康问题，从而对低脂食品持更为肯定的态度。

　　（3）重复测量有时是不可行的，例如测量消费者对某种新产品的反应。

（4）第一次测量的答案可能会对以后测量有影响，被调查者可能试图回忆第一次受测时给出的答案。

（5）两次测量之间一个有利的信息可能会使被调查者的态度更为有利。

（6）再测信度的相关系数可能会由于被调查者自身之间的相关性而偏高。两次测量中，同一被调查者之间的相关性要比不同被调查者的相关性高。因此，即使不同项目之间的相关性很差，也可能得出很高的再测相关系数。

2. 替换形式

替换形式也叫复本信度。既然再测信度受时间限制，那么就用两个形式不同的等价量表对同一组被调查者在同一时间进行测量，根据测量对象对两种复本测验所得结果，计算其相关系数，即可得复本信度。学校考试时常用的 A、B 卷就是理想的复本模型。它是根据测量目的，制作两套等值的测量工具，对同一对象进行测量，然后比较两套测量工具所得测量结果，计算信度系数的方法。例如，在一次问卷调查中研究者同时应用 A、B 两套问卷，如果被调查者在 A、B 两卷上的得分相同，就说明该问卷具有复本信度；如果两者差异很大，则缺乏复本信度。

应当注意，要保证使用的必须是真正的复本，两者在题目类型、数量、内容及难度等方面都要一致。但是构造等价的量表费时且花钱。况且，很难构造出完全等价的量表。严格来说，两个量表的测量项目应具有相同的均值、方差和相关性，但即使这些条件都满足了，还是有可能出现内容不等价的情况。低相关可能是量表的信度不够造成的，也可能是由于量表形式不等价造成的。

3. 内部一致信度

内部一致信度强调的是组成量表的一组测量项目内部的一致性，用于评价累加量表的信度。在这种量表中，各个测量项目的得分被累加得到一个总分，每个项目测量被调查者的某个方面，项目之间的特征应该是一致的。

折半信度是测量内部一致性最简单的方法。将量表中的项目分成两半，计算测量结果的相关系数。这两半相关系数高，说明量表内部一致性高。量表的项目可按序号的奇、偶性分为两半，也可以随机组合。例如，要了解大学生对学校"混住制"的看法，我们设计了 20 个测量项目，可依据单双数将其一分为二，然后计算两组值的相关系数，得到该测量的折半信度。

问题在于划分两部分的方法可能会影响到评价结果。为克服这一问题通常采用 X 系数。X 系数也称为克朗巴哈 X 系数，是量表所有可能的项目划分方法能得到的折半信度系数的平均值。X 系数的值在 0 和 1 之间。如果 X 系数不超过 0.6，一般认为内部一致信度不足。X 系数的一个重要特性是它的值会随量表项目的增加而增加。因此，X 系数可能由于量表中包含多余的测量项目而被人为地、不适当地提高。

有些具有多个项目的量表可能在结构上是多维的，包含几组，每组项目测量一个方面的特征。例如，商店的形象就是一种多维的结构，包括商品的花色种类、货物保修政策、人员服务、价格、商店位置、店面格局等。用于测量商店形象的量表就要包括测量以上每个维度（方面）的测量项目。这些维度之间是比较独立的，因此在包含各个维度的整个量表内部考察一致性是不适宜的。如果每个维度是由几个测量项目组成的，则可以计算每个维度的内部一致性。

三、测量的有效性

（一）有效性的概念

效度（Validity）又称测量的有效性，是指测量工具能够准确、真实、客观地度量事物属性的程度。当测量工具能够准确地度量所测的内容时，就说这个量表有效度；反之，则无效度。

D. 菲利普斯（D. Phillips）曾指出，从科学的含义上说，对一个特定现象（如由一个特定的概念所规定的现象）的测量若成功，它就被视为一种有效的测量。显然，有效的测量应该包括两个部分：①测量手段实际上测量的正是所要测量的内容；②测量内容被测量手段准确地测量了。例如，想要知道学生们实际的计算机操作水平，就应该给定题目，让学生上机操作，对操作的结果给予评定、比较，而不是出一些有关历史或者政治方面的题目，也不是出几道有关计算机发展方面的题目，因为即使给每一个学生据此给出了分数，这个分数也不能反映学生的实际操作能力，该测量也没有效度。换句话说，如果想测量某一特征 A，只有测验结果准确地测出了特征 A 时，测量才是真实有效的。

（二）测量有效性的检验

通常从以下三个方面来评价测量的有效性：

1. 表面效度

表面效度又称为内容效度或逻辑效度，是指测量内容的适合性和符合性，也就是说量表涵盖研究主题的程度。调查人员必须检查量表中的项目能否足够地覆盖测量对象的主要方面。例如要测量人们的语文知识，所出题目就必须是在语文知识范围之内，否则测量结果将无效。

表面效度可能是最易于理解而在实际研究中最难以有效实施的程序，塞尔蒂兹（Selltiz）等人指出，表面效度归根结底"必须考虑两个主要问题：①量表所测量的是否正是研究人员所要测量的那种行为；②量表是否对这种行为提供了适当的样本"。因此，要知道一种测量工具是否有内容效度，首先得了解所要测量的概念，其次要知道所搜集的信息是否和该概念密切相关。假定被测量的概念是智力，而卷面却偏向于询问回答者的身体状况，这一测量显然就不具有智力测量的表面效度。

表面效度的评估其实就是研究者对测量对象与测量内容进行分析，对所要测量的概念进行研究，以判断所应用的测量手段是否适合这一概念。假如量表明显是测量其他概念的，显然就不具有表面效度。在下列情况下，表面效度就会出现一些问题：①对所测量概念的定义没有一致共识；②概念是由几个亚概念组成的多维度概念；③测量时间过长且过程复杂。

内容效度的主观性使其不能单独地用来检验量表的效度，只能对观测结果做大致的评价。一个更好的评价量是下面介绍的准则效度。

2. 准则效度

准则效度是指使用不同于以往的测量方式对同一事物或变量进行测量，若一种测量手段被公认为是有效的测量手段，可将其作为准则，用新测量方式所得的测量结果与原有准则的测量结果相比较，如果所得结果相同或接近，就说新的测量方式或指标具有准则效度。

根据测量时间的不同，准则效度可分为同时效度和预测效度。当量表的测量数据和准则变量的值被同时收集时，使用同时效度。例如，一个测量消费者对彩电态度的量表，若能正确估计出市场上高、中、低收入家庭分别拥有彩电的数目和比例，它就具有同时效度。当量表的测量数据收集在先，过一段时间才收集准则变量值时，用预测效度。上例中测量消费者对彩电态度的量表如能正确地预测出明年消费者购买彩电的行为，该量表就具有预测效度。调查人员可以在第二年收集有关实际购买的数据，和量表测量结果进行比较，用来评价量表的预测效度。

3. 构念效度

构念效度是指通过对特定命题或理论假设的测量结果进行考察，衡量该测量对理论假设的测量程度。换句话说，如果我们知道这样一个命题：如图 6-3 所示，变量 X 与变量 Y 之间存在因果关系，其中 X 为自变量，Y 为因变量。我们用 X 的指标 X_1 与变量 Y 的指标 Y_1，对 X 与 Y 之间的关系进行测量，因果关系成立，那么现在我们用 X 的指标 X_2 与 Y 的指标 Y_1 进行复测，若所得结果相同，则就称指标 X_2 具有构念效度。

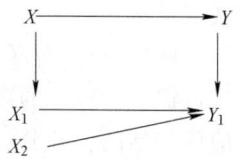

图 6-3　构念效度

效度评估的这三种类型，从内容效度到准则效度，再到构念效度，可视为一个累进或积累的过程。如同类别量表、顺序量表到等距量表、等比量表一样，效度测定后面的类型都比前面的类型包含更多的信息，构念效度需要比准则效度更多的信息，而准则效度又需要比表面效度更多的信息。因此，构念效度通常被认为是最强有力的效度测定程序。因为表面效度只需要对单一概念的单一测量工具，准则效度需要对一个概念的两个以上的测量法，而构念效度需要两个甚至两个以上的相关概念以及两种和两种以上的测量工具。三者的比较如图 6-4 所示。

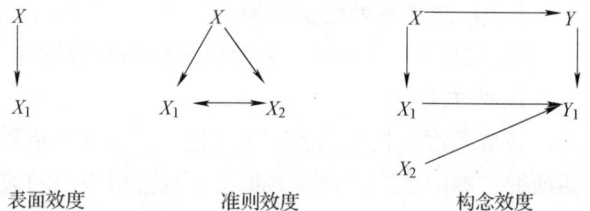

图 6-4　表面效度、准则效度、构念效度的比较

总之，信度是评估测量是否具有稳定性与一致性的概念，只要经反复测量结果一致，就认为该测量是可信的，而不管测量对象的真实情况怎样。例如，经反复测量，称得某人的体重都是 80kg，就可以说这台磅秤有信度，而不管这个人的真实体重是 80kg 还是 88kg。可见，一种测量手段完全可能是可信而非有效的，也就是说信度与效度的关系具有不对称性，因为有效度必然意味着有信度，一种有效度的测量在任何时候都是正确的，也必定是可信的，反之则不成立。

另外，评估效度和信度的成功程度直接取决于测量所要求的精确度。今天测得某人的体重为 80kg，明天测得为 82kg，若要求的精确度为 ±0.5kg，则认为这台磅秤不准、不可信。而现在的测量要求是只要结果在 ±5kg 之内就好，就完全可以说这台磅秤测量的信度还是很高的。

📖 关键词

测量 Measurement	等比量表 Ratio Scales
量表 Scaling	利克特量表 Likert Scales
类别量表 Nominal Scales	误差 Error
顺序量表 Ordinal Scales	信度 Reliability Measure
等距量表 Interval Scales	效度 Validity Measure

思考题

1. 什么是测量？量表的基本概念是什么？
2. 测量的尺度有哪些？
3. 什么是语义差别量表？这种量表用于什么目的？
4. 量表的信度与效度之间存在怎么样的关系？
5. 试用固定总数量表来评价大学生购买服装的特征。
6. 试用利克特量表来测量大学生对学校食堂的看法。
7. 某调查人员根据一张利克特量表得到对甲、乙两人态度的调查结果，如表6-12所示。

表6-12 调查结果

陈述	甲的态度	乙的态度
在图书馆看书是一种享受	强烈反对	同意
图书馆的气氛很沉闷	一般	不同意
在图书馆常能遇到有学问的人	同意	强烈同意
图书馆找资料很不方便	强烈同意	同意
一般地说，图书馆没好书	同意	不同意

请用利克特量表说明甲、乙两人对图书馆态度的度量值分别是多少？他们的度量值差异说明了什么？

案例分析讨论

调味品市场调查问卷

请在您认为合适的答案后的方框内打"√"，感谢您对我们工作的支持与认可！

1. 您认为当前市场上最好的火腿深加工产品品牌是？（多选）

金华火腿□　　　宗泽□　　　李锦记□　　　太太乐□　　　金字□
山花　□　　　华统□　　　雪舫蒋□　　　其他　□

2. 您购买过的火腿深加工产品品牌有？（多选）

金华火腿□　　　宗泽□　　　李锦记□　　　太太乐□　　　金字□
山花　□　　　华统□　　　雪舫蒋□　　　其他　□

3. 您一般通过什么渠道了解火腿深加工产品品牌？（多选）

电视广告　□　　　灯箱广告□　　　车体广告□　　　宣传海报□
直邮宣传单□　　　活动促销□　　　报纸杂志□　　　网络宣传□
其他　□

4. 您是否了解"金华火腿"是一个注册商标？（单选）

是□　　　否□

5. 您为什么会购买火腿深加工产品？（单选）

好奇□　　　尝试口味□　　　品牌促销□　　　品牌名气□　　　其他□

6. 您认为火腿深加工产品最重要的方面是？（多选）

知名度高□　　口碑好□　　品质有保证□　　味道好□

价格便宜□　　品种多□　　购买方便　□　　包装独特新颖　□

其他　　　□

7. 您选择火腿深加工产品最重要的因素是?（多选）

知名度高□　　口碑好□　　品质有保证□　味道好□

价格便宜□　　品种多□　　购买方便　□　　包装独特新颖□

其他　　　□

8. 您所了解的火腿深加工产品有?（多选）

火腿顶酱□　　　火腿浓缩汁□　　　火腿炸酱□　　火腿片□

火腿海鲜酱　□　　其他□

9. 您家中最常用的调味品产品是?（单选）

酱油□　　　食醋□　　　辣椒酱□　　鸡精□　　其他　□

10. 您家中一般由谁购买调味品产品?（单选）

父母□　　　子女□　　您自己□　　您的配偶□

11. 您家中一般在什么时间购买调味品产品?（单选）

早晨□　　　中午□　　　晚上□　　　其他□

12. 您家中一般在什么地点购买调味品产品?（单选）

大型商场□　超市□　社区便利店□　农贸市场□　其他□

13. 您是否会在节庆活动或促销活动时购买火腿深加工产品?（单选）

是□　　　否□

14. 您认为什么样的活动对您有吸引力?（多选）

有奖活动□　游戏活动□　会员制活动　□　试用活动□

积分活动□　赠品活动□　降价打折活动□　展示活动□

其他活动□

15. 您一般习惯从哪里获取信息?（多选）

电视□　　收音机□　　报纸刊物□　　网络□　　其他□

16. 您的年龄大约是?（单选）

18～30岁□　　　30～45岁□　　　45～60岁□　　　其他□

17. 您的性别是?（单选）

男□　　　　女□

18. 您的职业是?（单选）

公务员　　□　企业管理层□　　企业职员□　　个体户□

自由职业者□　学生　　□　　其他　　□

19. 您认为火腿深加工产品适合在哪里销售?

酒店　　□　大型商场□　　土特产店□　　超市□

农贸市场□　其他　　□

案例思考题:

1. 请你对此问卷进行评价:如果好,好在哪里?若不好,请提出相关的改进意见。

2. 请问该问卷中哪些问题可以用量表来代替?分别用哪种量表?

第七章 抽样调查技术

本章要点

- 抽样调查的含义
- 抽样框的含义
- 常用的抽样方法
- 样本容量的确定方法

导入案例

现代抽样方法的先驱——盖洛普

"一种客观测量报刊读者阅读兴趣的新方法"是乔治·盖洛普（George Gallup）在美国艾奥瓦大学写博士论文时用的题目。通过对艾奥瓦州的《狄盟市注册报》（*The Des Moines Register*）和《狄盟市论坛报》（*Des Moines Tribune*）和瑞士数学家雅克布·伯努利（Jakob Bernoulli）的具有 300 年历史的概率统计理论的研究，盖洛普在抽样技术领域取得了进展。他指出，当抽样计划中的调查对象涵盖广泛，涉及不同地域、不同种族、不同经济层次的各种人时，你只需随机抽取而无须采访每个人。尽管当时他的方法不能为每个人理解和认同，但是现在已经被广泛使用。

盖洛普通常引出一些特例来解释他自己在说什么或做什么。假设有 7000 个白豆子和 3000 个黑豆子十分均匀地混在一起，装在一只桶里。当你舀出 100 个时，你大约可以拿到 70 个白的和 30 个黑的，而且你失误的概率可以用数学方法计算出来。只要桶里的豆子多于 1 万个，那么你出错的概率就少于 3%。

20 世纪 30 年代早期，盖洛普在美国很受欢迎。他成为德雷克（Drake）大学新闻系的系主任，然后转至西北大学。在此期间，他从事美国东北部报刊的读者调查。1932 年的夏天，一家新的广告代理商电扬广告公司，邀请他去纽约创立一个旨在评估广告效果的调查部门，并制订一套调查方案。同年，他利用他的民意测验法帮助他的岳母竞选艾奥瓦州议员。这使他确信他的抽样调查方法不仅在数豆子和报刊读者调查方面有效，还有助于选举人。只要你了解到抽样范围具有广泛性：白人、黑人，男性、女性，富有、贫穷，城市、郊区，共和党、民主党，只要有一部分人代表他们所属的总体，你就可以通过采访相对少的一部分人，来预测选举结果或反映公众对其关心问题的态度。

启示：此案例说明，通过科学抽样，可以准确地估测出总体的指标。同时，在抽样过程中，可节省大量资金。本章将介绍抽样调查的相关概念、抽样调查的步骤以及常用的抽样方法和样本容量的确定等问题。

第一节　抽样调查的基本概念

市场调查根据调查对象涵盖面的大小可分为全面调查与非全面调查。全面调查的具体形式是普查，非全面调查的具体形式是抽样调查。

抽样调查（Sampling Survey）是市场调查中使用频率很高的一种调查方法。它是按照一定的原则和程序从调查对象的总体中抽取一部分单位进行观察，并依据所获得的数据对总体的数量特征进行具有一定可靠性的估计判断，从而达到对总体的认识。根据样本抽取方法的不同，抽样调查可分为概率抽样和非概率抽样。

与全面调查相比，抽样调查具有几个显著特点：

（1）经济、高效。例如，我们要进行广州市居民耐用消费品的拥有数量及品牌选择状况的研究，如果采用普查方式，则可以完全、准确地了解有关情况。但是，普查所需经费高、时间长。如果代之以抽样调查，只需从广州市居民中随机抽取一定数量的样本进行调查，既可以节省经费，同时又可以反映总体的特征。

（2）抽样调查能够处理全面调查所无法解决或很难解决的问题。例如有破坏性或损耗性的产品质量检验等。

（3）对已有的数据进行验证。例如，在人口普查的同时，采用抽样调查对普查的数据质量进行评估、检验和修正。

抽样过程包括以下步骤：定义总体、确定抽样框、选择抽样方法、确定样本容量、制订抽样计划、实施抽样。

在抽样调查中涉及一些基本概念，本节我们主要讨论全及总体与样本总体、抽样框与抽样框误差等概念。

一、全及总体与样本总体

（一）全及总体

全及总体也称目标总体（Target Population），是由符合研究目的的所有个体（Individual）所组成的集合。在抽样调查中，全及总体是抽样推断的目标。例如，要调查东北地区的小麦产量情况，那么，该地区所有播种小麦的地块合在一起，就形成一个全及总体。

全及总体可以根据单位数量是否有限，分为无限全及总体（Infinite Population）和有限全及总体（Finite Population）。例如，大气污染研究的总体，各种动态总体和假设总体，都是无限全及总体。社会经济现象总体，一般都为有限全及总体，但有时由于单位数太多，几乎等同于无限全及总体，如居民日常生活用品总体等。

（二）样本总体

样本总体也称抽样总体（Sampled Population）或者"子样""样本"，是指从全及总体中抽取出来的单位集合。如果说总体是所要研究的对象，那么样本则是所要调查的对象。例如，在广州市的所有居民户（总体）中抽取 1000 户来进行生活质量调查，那么这些被抽中户就组成了一个样本。

样本总体通常是有限总体，它所包含的总体单位数目称为样本容量（通常用英文字母 n

来表示)。一般来说,样本单位数达到或者超过 30 个称为大样本,而在 30 个以下的称为小样本。

对于某个调查项目来讲,总体是唯一确定的,但样本不是。一个总体可以抽取很多个样本。样本的可能数目既与样本的容量大小有关,又与抽样的方法有关。因此,样本容量要多大才合适,要怎样抽取样本,样本的数目可能有多少,分布如何,都关系到样本代表性的大小。不同项目的市场调查中样本大小的经验数值如表 7-1 所示。

表 7-1 不同项目的市场调查中样本大小的经验数值

调 查 项 目	最小样本数量/个	典型样本数量(范围)/个
市场研究	500	1000~1500
战略研究	200	400~500
试验市场深度研究	200	300~500
观念/产品测试	200	200~300/单元
名称测试	100	200~300/单元
包装测试	100	200~300/单元
电视商品测试	150/商业	200~300/单元
广播测试	150/广播	200~300/商业
印刷品广告测试	150/广告	200~300/广告

二、抽样误差

在市场调查中存在两类误差:抽样误差与非抽样误差。抽样误差是指在调查中因使用的样本而发生的样本指标与总体指标之间的差异。以下两个因素会导致抽样误差的产生:①样本选择的方法;②样本容量。普查和抽样调查中普遍存在非抽样误差。产生非抽样误差的原因主要包括:抽样框完整性、无回答、调查人员责任和被调查者责任等。

如何估算抽样误差?

假设用 $\hat{\theta}$ 来表示通过样本获得的对总体某个参数 θ(某些书籍用 μ 或其他符号表示)的估计,定义抽样误差为样本估量 $\hat{\theta}$ 与总体参数 θ 之间差异平方的平均数,即

$$\mathrm{MSE}(\hat{\theta}) = E\,(\hat{\theta} - \theta)^{2\ominus} \tag{7-1}$$

式中,E 表示数学期望,即对所有可能情况求平均。

在上面的例子中,θ 表示总体平均数,$\hat{\theta}$ 表示样本平均数。

由于
$$\mathrm{MSE}(\hat{\theta}) = E[\,\hat{\theta} - E(\hat{\theta}) + E(\hat{\theta} - \theta)\,]^2$$
$$= E[\,\theta - E(\theta)\,]^2 + [\,E(\theta) - \theta\,]^2$$
$$= V(\hat{\theta}) + B^2(\hat{\theta})$$

⊖ 李金昌. 应用抽样技术 [M]. 北京:科学出版社,2006.

而在通常情况下，偏倚 $B^2(\hat{\theta})$ 为 0。这样，抽样误差 $\text{MSE}(\hat{\theta})$ 通常与样本估计量的方差 $V(\hat{\theta})$ 间接地估计抽样误差 $\text{MSE}(\theta)$。根据下面的抽样基本定理，在放回随机抽样时，有

$$V(\hat{\theta}) = \frac{1 - \dfrac{1}{N}}{n} S^2 \qquad (7\text{-}2)$$

式中，S^2 称为总体方差，$S^2 = \dfrac{1}{N-1} \sum\limits_{i=1}^{N} [\theta_i - E(\theta)]^2$，它与另一种定义的一般记为 σ^2 的总体

方差的区别是 $\sigma^2 = \dfrac{1}{N} \sum\limits_{i=1}^{N} [\theta_i - E(\theta)]^2$，它们对应的样本方差 S^2 与 σ^2 有无偏与有偏之分。

由于总体方差 σ^2 通常无法计算，可用其估计值样本方差 S^2 代替

在正态分布（根据中心极限定理，绝大多数情况下样本恰好都近似服从正态分布）的假定下，如果客户同意绝对误差 $|\hat{\theta} - \theta|$ 不超过 d，结论正确的概率保证程度为 $1 - \alpha$，而 P 根据正态分布的性质有

$$P\left\{ \frac{|\hat{\theta} - \theta|}{V(\hat{\theta})} \leqslant \mu_\alpha \right\} = 1 - \alpha$$

式中，μ_α 为双侧百分位点。注意，某些文献书籍上记为 $\mu_{\frac{\alpha}{2}}$ 或者 $Z_{\frac{\alpha}{2}}$，则据此可估算出总体参数 θ 的置信区间为

$$\left\{ \hat{\theta} - \mu_\theta \left[V(\hat{\theta}) \right]^{\frac{1}{2}} \leqslant \theta \leqslant \hat{\theta} + \mu_\theta \left[V(\hat{\theta}) \right]^{\frac{1}{2}} \right\} \qquad (7\text{-}3)$$

三、抽样框与抽样框误差

（一）抽样框

1. 抽样框的概念

在实施抽样以前，首先需要确定抽样框（Sampling Frame）。抽样框就是供抽样调查使用的所有调查单位的名单。这份名单为调查者提供了辨别和联系调查总体中所有个体的有效途径。

资料链接：一个抽样框的内容

一个抽样框应该包括以下内容：

（1）识别资料。识别资料是帮助我们识别抽样框架中每个个体的项目，如姓名、家庭住址、身份证号码等。

（2）联系资料。联系资料是指那些在调查时用来确定个体所在位置的项目，如通信地址或电话号码。

（3）分类资料。分类资料在抽样中是有用的。例如，如果对住公寓和有独立住所的对象使用不同的调查方法，能够提供分类资料的抽样框就可以提供区分调查对象的有用信息。

（4）维护资料。当调查项目需要重复进行时，维护资料就是必需的。像加入日期及抽样框中任何资料的变更都属于这类资料。

（5）连接资料。将抽样框中的个体和其他的最新资料来源结合起来，由此更新抽样框。

对于一个抽样框，识别资料和联系资料是不可缺少的，而分类资料、维护资料和连接资料有助于提高抽样的效率。

在抽样调查实践中，抽样框可以有以下几种形式：

（1）名单抽样框，即以名单一览表形式列出总体的所有单位。例如要从5万名职工中抽取300名职工组成一个样本，则5万名职工的名册就是抽样框。

名单抽样框一般可采用现成的名单，如户口、企业名录、企事业单位职工名册等。在没有现成名单的情况下，可由调查人员自己编制。应该注意的是，在利用现有名单作为抽样框时，要先对该名录进行检查，避免有重复、遗漏情况的发生，以提高样本框对总体的代表性。

（2）区域抽样框，即按地理区域划分并排列出总体的所有单位。例如，把一片土地划分为许多面积为$1m^2$的单位进行编号；把一个城市划分为若干人口数为5万人的区域进行编号等，通常要编制成地图。

（3）时间表抽样框，即按时间顺序排列总体单位，如在流水线生产的产品检验抽样调查中，把一天时间划分为许多抽样时间单位并按先后顺序排列。

2. 设计抽样框的要点

准确的抽样框包括两个方面：完整性与不重复性。完整性是指不遗漏总体中的任意一个个体，不重复性是指任意一个个体不能重复列入抽样框。在实际抽样操作中，满足这两项原则非常不容易。例如，在城市居民住户的抽样中，会经常出现一户有多处住房的情况，这样很容易把这一户重复列入抽样框，使得他们在抽样中的中选概率高于其他居民，从而违背了随机抽样的等概率原则；同样，许多城市居民居住条件较差，很多居民使用同一个门牌号，因此很容易遗漏。

（二）抽样框误差

1. 抽样框误差的概念

抽样框误差（Sampling Frame Error）是因不准确或不完整的抽样框而引起的误差。抽样框误差是一种非抽样误差。因为从包含抽样误差的抽样框中抽取的样本有时无法准确地代表调查目标的实际情况，这就存在抽样框误差。举个例子，以电话号码簿作为抽样框，在对某地区所有住户进行某种意向调查时，就存在着抽样框误差。

2. 抽样框误差的形成

（1）丢失目标总体单位，也被称为"涵盖不足"，是指抽样框没有覆盖全部目标总体单位。有些目标单位没有在抽样框中出现，因而也就没有机会被选入样本，这些单位成为丢失目标单位。对丢失的总体单位不能发现并纠正，会造成调查中对总量的估计偏低。

（2）包含非目标单位，也被称为"过涵盖"，是指抽样框中包含了一些不属于研究对象的非目标总体单位。这种偏差的影响很大，但是潜在威胁通常会小一些。因为可以在调查中辨认出非目标元素并把它们剔除。在一般情况下，由于抽样框中存在非目标总体单位，容易造成对估计量的高估。

（3）丢失目标单位和非目标单位共存，是指在抽样框中既丢失了某些目标单位，也包含非目标单位。在实际调查中，丢失目标单位不易被察觉和发现，具有较高的隐蔽性，相比之下，包含非目标单位的抽样框误差的威胁性要小些。此外，如果丢失目标单位和非目标单位数量相当，也相互抵消，估计量是否会产生偏差也难以断定。这要取决于丢失目标单位和非目标单位的数量特征是否有显著差异。

（4）复合连接是指抽样框单元与目标总体单元不完全一一对应，而是存在一对多、多对一或多对多模式的现象。在前一种模式中，若进行简单随机抽样，能保证每个目标总体单位以同等的可能性被抽中。在后两种模式中进行简单随机抽样，每个目标总体单位被抽中的概率不同，从而使估计量产生偏斜。

（5）不正确的辅助信息误差，也被称为"内容上的偏差"，这种误差会降低估计的精度。许多抽样框中包含了辅助信息，可用于特殊的抽样设计和估计技术。可用这些辅助信息来进行分层抽样，对规模大小的测度用于与规模成比例的概率抽样。如果辅助信息的特征与研究的调查变量的特征高度相关，还可以用于比率估计和回归估计。但是这些辅助信息可能有错误，或者一些抽样单位不具备辅助信息，那么就会对抽样精度产生巨大的影响。

（6）抽样框老化，又被称为"抽样框过时"或"不准确的抽样框"，是指随着时间的推移，抽样总体与目标总体产生极大的偏差，即原来的抽样框不符合实际情况，必须进行更新。最典型的例子，就是随着城市建设的大规模展开，许多地区已被改造，地址发生了变化，如果仍按以前的抽样框去抽样，那么精度就会难以保证。

3. 减少抽样框误差的方法

（1）在抽选样本之前，要对抽样框加以检查，发现可能存在的问题，进行识别、处理，并采取一定的措施加以补救。

可以和普查或其他调查资料的总值或记录等相比较、分析，进而查明是否存在遗漏。可以利用客观现实的相互联系，找出平衡关系，推算是否有偏差。发现存在问题时，要及时进行补救。当一些目标总体单位对调查结论不会产生太大影响时，可重新把抽样框定义为可以得到的目标总体单位，将抽样框视为旧抽样框所能提供的总体。当抽样框不能涵盖抽样总体时，可以采用辅助抽样框，但要避免目标单位的重叠。

（2）连接遗漏单位法，就是指把抽样样本遗漏的个体和抽样样本中某个值相连接，其连接规则必须在调查前明确规定。其前提条件是在抽样过程中能发现被遗漏的单位。

第二节 概率抽样设计

概率抽样（Probability Sampling）又称随机抽样，是指抽样调查时每个总体单位都具有同等被抽中的可能性。在概率抽样中，调查人员必须严格遵守正确的选择程序，避免武断或带有偏见地选择样本单位。

根据调查对象的性质和研究目的的不同，随机抽样主要有简单随机抽样、等距抽样、分层抽样、整群抽样和多阶段抽样等。下面分别进行介绍。

一、简单随机抽样

简单随机抽样（Simple Probability Sampling）是最完全的随机抽样。对于大小为 N 的总体，抽取样本量为 n 的样本，若所有可能的样本被抽中的概率都相等，则称这样的抽样为简单随机抽样。它保证了总体中的每一个个体都有同等的被抽取的概率。具体抽样时，根据抽样单位是否放回，可分为放回，简单随机抽样和不放回简单随机抽样。

（一）简单随机抽样的具体操作

如果可以得到一个抽样框（列出所有总体单位的名单），那么调查人员可以选择简单随机抽样方式。其具体步骤如下：

第一，对总体中的每个单位进行编号，总体单位数为 10 000 的总体可编为 00001 到 10 000号。

第二，在随机数码表（一般的数理统计书中都有此表）中从任意一个编号开始，向上、向下或跳跃选取编号，在 00001 和 10 000 之间选出 200 个（样本单位数）。

第三，在有明确总体单位的数字表中选出符合上述数字的总体单位，这些总体单位就是样本。

如果调查的总体单位是消费者，而且已经掌握了消费者出生年、月、日的名单，抽样就会变得比较简单，只需根据样本量的需要选取任意某一天或几天出生的消费者作为样本即可。

简单随机抽样的优越性在于它操作起来简单，并且满足随机抽样的一切必要条件，保证每个总体单位在抽选时有同等被抽中的机会。虽然简单随机抽样以一个完整的总体单位表为依据，但是在现实中编制这样一个完整的总体单位表是极其困难的，在多数情况下是不可能的。

（二）简单随机抽样平均误差

标准差是反映平均数代表程度的一种尺度。用抽样方法来推算总体所产生的平均误差和标准差属同一性质，皆反映抽样指标对总体指标代表程度的一种尺度，两者关系密切。抽样平均误差是一系列抽样平均数（或成数）的标准差，通常用 S 来表示。

简单随机抽样平均误差的计算公式为

$$S_x = \sqrt{\frac{\sigma^2}{n}} = \frac{\sigma}{\sqrt{n}} \tag{7-4}$$

式中，σ 是全及总体标准差；n 是抽样单位数。

成数抽样平均误差的计算公式为

$$S_p = \sqrt{\frac{P(1-P)}{n}} \tag{7-5}$$

式中，P 是全及总体的层数。

在不重复抽样的条件下，上述公式可变为

$$S_x = \sqrt{\frac{\sigma^2}{n}\left(1 - \frac{n}{N}\right)} \tag{7-6}$$

$$S_p = \sqrt{\frac{P(1-P)}{n}\left(1 - \frac{n}{N}\right)} \tag{7-7}$$

（三）简单随机抽样的方法

简单随机抽样的方法有以下几种：

1. 抽签法

抽签法是把抽样框中每个元素的号码写在签上，将签混合均匀后，每次抽一个签，签上的号码即表示选中的样本单位。不把这个签放回，接着抽取下一个签，直到抽足几个为止。实际上也可以一次同时抽几个签。对应号码的几个元素就构成了容量为 n 的一个简单随机样本。

当总体数量较少并且有现成的可用于抽取的材料时，可选用抽签方法。例如，对 100 名学生进行调查，每名学生均有一张学籍卡片。此时，可以将学籍卡片的顺序打乱，再从中抽出若干张。例如，在全市范围内抽选出若干个街道办事处，而一个中等城市的街道办事处数量一般在 20～40 个，这时可以采用抽签法。

2. 随机掷骰子法

随机掷骰子法是一种用均匀材料制成的正 20 面体，面上分别刻有 0～9 的数字各 2 个。使用时，先将总体单位进行编号，然后掷或者摇骰子，产生若干个 0～9 之间的数，按先后顺序进行排列后得到一个任意大的随机数。

3. 计算机随机数法

若利用计算机产生随机数，譬如说执行 BASIC 语言的 RAND 语句可产生 1～N 范围内的数字，用来表示入样的单元号。若代表同一单元的随机数出现两次或两次以上，则从第二次开始就弃去不用，再抽下一个，直到抽足 n 个不同的单元为止。

由于计算机产生的随机数实际上是伪随机数，即在所产生的数列中，存在某种规律性，不是真正的随机数，特别是直接采用一般现成程序时，产生的随机数往往不能保证其随机性，因此应注意尽量少使用这种方法，除非使用其他方法非常不便。

4. 随机数表法

随机数表法是从随机数字表上的任一随机位置开始（例如可以闭上眼睛，用指尖或笔尖在表上确定一个数，这个数就是开始读数的位置），横向（或纵向）连续地摘录数字，直到抽足 n 个元素为止。

5. 使用统计软件直接抽取

使用这种方法的前提是拥有合适的抽样框或使用电子表格软件自动生成了类似前几种方法的 1～N 的编号作为抽样框，流行的优秀统计分析软件 SAS 和 SPSS 等都有此功能，其工作原理与使用随机数类似。

6. 其他方法

当手边没有随机数表或者随机数骰子等工具的时候，也可以采用其他的方法产生随机数，确定样本。

小案例 7-1：硬币取样

可以用一枚硬币进行反复投掷，记正面为 1，反面为 0，将产生的数进行连续记录，可以得到这样的数：111011。利用二进制数对十进制数进行转换，就可以产生一个随机数。二进制数转化成十进制数的做法是：将数的个位乘以 2 的 0 次方，将十位乘以 2 的 1 次方，百位乘以 2 的 2 次方……最后进行相加。如上述这一二进制数，转换方法为

$$1 \times 1 + 1 \times 2 + 0 \times 4 + 1 \times 8 + 1 \times 16 + 1 \times 32 = 59$$

或在有普通骰子的情况下，进行反复投掷，产生一组六进制数，作为随机数。

7. 放回抽样与不放回抽样的比较

用随机数方法选取样本单位时，可能会遇到这样一个问题，即一个数（个体）有可能被选中两次或两次以上，比如说，号码为 050 的居民，由于我们从起点开始，顺序向下数随机数时遇到 050 这个数而中选，但不能排除下面的可能性，即当我们继续数下去时，050 这个数可能还会再次出现。在使用抽签方式抽取简单随机样本时，则不会出现这种情况。

当出现某个个体被抽中两次或两次以上的问题时，可以有两种处理方法。一种方法是，只将每个个体的第一次中选计入样本，如果再次遇到同样的号码就跳过去，使总体中所有的个体数目是 100 个，这种方法称为不放回抽样或不重复抽样，这种方法所得到的样本叫作简

单随机样本（SRS）。

另一种是将再次中选的每一次也都计入样本，如果一个个体中选两次，该个体的统计量就两次计入样本，即把一个个体当成两个个体用（即通常所谓加权），这样实际选出的样本个体数就会小于 100。比如说，如果有 5 个个体中选两次，那么实际样本规模为 95，这 5 个个体的统计量各被计入样本两次。这种方法称为放回抽样或重复抽样，也叫作独立同分布样本，这种方法得到的样本叫作非常简单随机样本（VSRS）。在抽样原理中所举的骰子的例子就相当于放回抽样。

两种方法相比较，不放回抽样误差小一些，即比放回抽样精确程度稍高。在实际进行简单随机抽样时，一般使用不放回抽样方法。

（1）不放回抽样方法的参数计算公式：

$$n = \frac{1}{\frac{1}{N} + \frac{\mu_\alpha^2 S^2}{d^2}}$$

$$\bar{y} = \frac{1}{n} \sum_{i=1}^{n} y_i$$

$$S^2 = \frac{1}{n-1} \sum_{i=1}^{n} (y_i - \bar{y})^2$$

$$V(\bar{y}) = \frac{1 - \frac{n}{N}}{n} S^2$$

$$P\{\bar{y} - \mu_\alpha [V(\bar{y})]^{\frac{1}{2}} \leqslant \bar{Y} \leqslant \bar{y} + \mu_\alpha [V(\bar{y})]^{\frac{1}{2}}\} = 1 - \alpha \tag{7-8}$$

（2）放回抽样方法的参数计算公式：

$$n = \left(1 - \frac{1}{N}\right) \frac{\mu_\alpha^2 S^2}{d^2}$$

$$\bar{y} = \frac{1}{n} \sum_{i=1}^{n} y_i$$

$$V(\bar{y}) = \frac{1 - \frac{n}{N}}{n} S^2$$

$$S^2 = \frac{1}{n-1} \sum_{i=1}^{n} (y_i - \bar{y})^2$$

$$P\{\bar{y} - \mu_\alpha [V(\bar{y})]^{\frac{1}{2}} \leqslant \bar{Y} \leqslant \bar{y} + \mu_\alpha [V(\bar{y})]^{\frac{1}{2}}\} = 1 - \alpha \tag{7-9}$$

（四）简单随机抽样的优缺点

简单随机抽样的优点：方法简单直观，当总体名单完整时，可直接从中随机抽取样本，由于抽取概率相同，计算抽样误差及对总体指标加以推断比较方便。尽管简单随机抽样在理论上是最符合随机原则的，但在实际应用中则有一定的局限性，主要表现在以下几个方面：

（1）采用简单随机抽样，一般必须对总体各单位加以编号，而实际所需调查总体往往十分庞大，单位非常多，逐一编号几乎是不可能的。

（2）由于抽出样本单位较为分散，所以调查时人力、物力、费用消耗较大，实施起来将十分困难。因此，这种方式适用于总体单位数不太庞大以及总体分布比较均匀的情况。

（3）由于简单随机抽样并没有利用关于总体的一些已知信息，因此，它不可能是最有效的。简单随机抽样常常比其他抽样技术有更大的抽样误差，因而结果的精度较低。

（4）某些事物无法适用简单随机抽样，例如，对连续不断生产的大量产品进行质量检验，就不能对全部产品进行编号抽样。

（5）虽然从平均的意义上来说，简单随机样本对目标总体有代表性，但是给定的一个简单随机样本有可能与目标总体相差甚远。如果样本量小，这种可能性就更大了。

二、等距抽样

等距抽样（Systematic Sampling）又称系统抽样，是指先将总体各单位按照一定的顺序排列起来，然后按照一定间隔来抽取样本单位。

（一）等距抽样法的具体操作

第一步，将 N 个总体单位按一定顺序排列，编号为 1，2，…，N。

第二步，根据总体单位数 N 和样本单位数 n 计算出抽样间隔 k（必须是整数），$k = N/n$。

第三步，在 1 和 k 之间随机选一个数字，称为随机起点 r。

第四步，根据 r 和 k 从总体中抽取 n 个样本单位：总体中第 r 个单位即作为第一个样本单位，r 加一个间隔 k 即为第二个样本单位，以此类推。这样，总体中选中的 n 个单位号码依次为：r，$r+k$，$r+2k$，$r+3k$，…，$r+ik$，…，$r+(n-1)k$，抽样完成。

小案例 7-2：等距抽样的设计

要在一个 1000 户的居委会中抽取 20 个家庭。第一步，将 1000 户居民按一定顺序排列（略）。第二步，计算抽样距离，1000 除以 20 等于 50。第三步，在前 50 个家庭中用简单随机抽样的方法抽取 1 个号码。例如，抽中的号码为 23，确定为抽样起点。第四步，确定样本编号，分别为 23，73，123，173，223，273，323，373，423，473，523，573，623，673，723，773，823，873，923，973 共计 20 个样本编号，抽样完成。

（二）等距抽样的实施办法

从上述的操作步骤可以看出，在等距抽样过程中，一旦起始单元确定了，整个样本就完全确定了，这是等距抽样有别于其他抽样的一个特点。

1. 随机起点等距抽样

随机起点等距抽样就是前面概念所描述的方法。具体地说，它是在总体单元排序后的第 1 至 k 单元之间（第一个抽样间隔之内）随机抽取一个整数 i，以它作为起始单元的编号，以后按固定的顺序和间隔依次在每个间隔之内各抽取一个单元组成等距样本。

2. 循环等距抽样

在 $N \neq nk$ 时，把总体中的 N 个单元按一定顺序排列成一个首尾相接的环（圆形图），取最接近于 N/n 的整数为抽样间隔 k，然后在 1 到 N 的单元中，随机抽取一个单元（设为第 i 单元）作为起点，再沿着圆圈按一定方向每间隔 k 抽取一个单元，直到抽够 n 个单元为止。按此方法，可以保证样本量 n 不变。不过此时首尾两个样本单元的间隔不一定恰好为 k，它可能小于 k，也可能大于 k。

3. 中点等距抽样

计算出抽样间隔 k 后，以第一组的组中点为起点，等距抽取单元组成样本。如果 k 为奇数，则以 $(k+1)/2$ 为起点，若 k 为偶数，则以 $k/2$ 或 $(k+2)/2$ 为起点。

4. 对称等距抽样法

对称等距抽样是针对有序等距抽样所提出的，其基本思想是使低标志值的单元与高标志值的单元在样本中对等出现，从而使样本的偏差缩小，增强样本的代表性。对称等距抽样有两种应用方法：塞蒂的方法（1965）和辛等人的修正方法（1968）。[⊖]

（1）塞蒂（Sethi）的方法——两两对称等距抽样。设 $N=nk$，n 为偶数。抽样时，先把总体单元分成 $n/2$ 个抽样间隔，使每一抽样间隔含有 $2k$ 个单元。然后，在每一抽样间隔内，抽取分别与两端距离相等的两个单元，这样共抽取 n 个单元组成等距样本。

（2）辛（Singh）等人的修正方法——中心对称等距抽样。在有序排列的总体单元中，从两端划分抽样间隔，并从两端的抽样间隔开始，成对地抽取到两端距离相等的单元组成等距样本。假定 $N=nk$。当 n 为偶数时，若随机起点为 i，则与之对称的样本单元号是倒数第一个抽样间隔中的 $N-i+1$；与第二个抽样间隔中 $i+k$ 对称的是倒数第二个抽样间隔的 $(N-k)-i+1$；如此，一直抽到中间两个抽样间隔为止。

对称等距抽样既不违反随机原则，又能避免样本产生系统性偏差，改进样本的代表性，因而其估计效率比一般等距抽样要高，所以是实际中应用最多的方法。

5. 总体有周期性变化时的等距抽样

有一些总体，其单元的标志值在随时间的自然排列顺序中，会呈现某种明显或不明显的周期变化趋势。对有周期变化趋势的总体进行等距抽样时，抽样间隔 k 的选择，对估计效率的影响是极为重要的。如果 k 的选择能使样本单元均匀地分布于周期的各个不同相位，则可以增强样本的代表性，除非调查的目的恰好是为掌握这种周期性。

（三）等距抽样的参数估计

1. 估计量

总体均值 $\bar{Y}$ 的估计量用 $\bar{y}_{sy}$ 表示，则

$$\bar{y}_{sy} = \bar{y}_i = \frac{1}{n}\sum_{j=1}^{n} y_{ij} \tag{7-10}$$

是 $\bar{Y}$ 的无偏估计。若 $N \neq nk$，则上述估计量是有偏的，但当 n 充分大时，其偏倚非常小。

2. 估计量的方差

（1）用等距样本内（群内）方差表示。设等距样本为方阵中任意第 i 列单元，且 i 是随机决定的，则

$$V(\bar{y}_{sy}) = \frac{N-1}{N}S^2 - \frac{k(n-1)}{N}S_{wsy}^2 \tag{7-11}$$

式中，$S_{wsy}^2 = \frac{1}{k(n-1)}\sum_{i}^{k}\sum_{j}^{n}(y_{ij}-\bar{y}_i)^2$ 为等距样本（群）内方差；S^2 为总体方差。

这表明，当等距样本内部的方差大于整个总体方差时，等距抽样比简单随机抽样有更高的精度。因此，为了提高等距抽样的精度，只要有可能就在对总体单元排序时尽可能扩大各等距样本内的差异。当且仅当 $S_{wsy}^2 > S^2$ 时，等距抽样比简单随机抽样精度高。

（2）用等距样本内（群内）相关系数 ρ_{wsy} 表示。

⊖　梁小筠，祝大平. 抽样调查的方法和原理［M］. 上海：华东师范大学出版社，1993.

$$V(\bar{y}_{sy}) = \frac{N-1}{N}S^2[1+(n-1)\rho_{wsy}]$$

$$\rho_{wsy} = \frac{E(y_{ij}-\bar{Y})E(y_{iu}-\bar{Y})}{E(y_{ij}-\bar{Y})^2} = \frac{1}{(n-1)(N-1)S^2}\sum_i^k\sum_{j\leqslant u}^n(y_{ij}-\bar{Y})(y_{iu}-\bar{Y}) \quad (7\text{-}12)$$

为同一等距样本内（群内）成对的单元之间的相关系数。当 ρ_{wsy} 的值大于 0 时，方差 $V(\bar{y}_{sy})$ 的值就会变大，说明同一样本内单元之间有正的相关就会使样本均值的方差变大。即使是一个小的正相关也可能有大的影响，因为乘数是 $n-1$。系统样本（群）内相关性越大，也即系统样本内单元越相似，差别越小，则估计量的方差越大，这个结论与上面结论一致。

（3）用同一等距样本内单元对关于层平均值的相关系数 ρ_{wst} 表示。

$$V(\bar{y}_{sy}) = \frac{S_{wst}^2}{n}\frac{N-n}{N}[1+(n-1)\rho_{wst}]$$

式中，$S_{wst}^2 = \frac{1}{n(k-1)}\sum_h^n\sum_i^k(y_{ij}-\bar{y}_h)^2$ 为层内方差；$\frac{S_{wst}^2}{n}\frac{N-n}{N}$ 恰为按比例分配的分层随机抽样的方差；$\bar{y}_h = \frac{1}{k}\sum_{i=1}^k y_{ih}$ 是第 h 层即第 h 间隔的平均值；

$$\rho_{wst} = \frac{E(y_{ih}-\bar{y}_h)E(y_{iu}-\bar{y}_u)}{E(y_{ih}-\bar{y}_h)^2} = \frac{2}{n(n-1)(k-1)}\sum_i^k\sum_{h\leqslant u}^n\frac{(y_{ih}-\bar{y}_h)(y_{iu}-\bar{y}_u)}{S_{wst}^2}$$

$$(7\text{-}13)$$

是等距样本内单位对关于层平均值的相关系数。

可见，当 $\rho_{wst}=0$ 时，等距样本与每层取一个单元的分层随机样本精度相同；当 $\rho_{wst}>0$ 时，等距抽样的精度低于分层随机抽样；当 $\rho_{wst}<0$ 时，等距抽样的精度高于分层随机抽样。

3. 方差估计量

（1）总体单元无序排列（即按无关标志排列）时，可把等距样本看成简单随机样本，因此，其方差估计量可表示为

$$\hat{V}(\bar{y}_{sy}) = \frac{1-f}{n}S^2 \quad\quad\quad (7\text{-}14)$$

（2）总体单元有序排列（按相关标志排列）时，前已指出，等距抽样可看成从每层抽取 1 个单元的分层抽样。但凭一个单元的标志值无法估计层内方差，于是把相邻两行（层）的 $2k$ 个单元组成一层，从中抽取 2 个单元作为样本，这样总体就被合成了 $n/2$ 层（假设 n 为偶数）。

第 h 层的层内方差为

$$S_h^2 = \frac{1}{2}(y_{i2h}-y_{i2h-1})^2 \quad \left(h=1,2,\cdots,\frac{n}{2}\right)$$

将诸 S_h^2 代入比例分配的分层随机抽样的有关公式，则

$$\hat{V}(\bar{y}_{st}) = \frac{1-f}{n}\sum W_h S_h^2 \quad \left(这里 W_h = \frac{2}{n}\right)$$

将上式中的下标 h 改为 j 就得到

$$\hat{V}(\bar{y}_{sy}) = \frac{1-f}{n^2} \sum_{j=1}^{\frac{n}{2}} (y_{i2j} - y_{i2j-1})^2 \qquad (7\text{-}15)$$

（四）等距抽样的优缺点

等距抽样最大的好处在于解决了在抽样中确定被调查者的困难。在简单随机抽样中，设计人员或者访问员要产生数百个随机数以确定被调查者，这个过程非常复杂。但如果采用等距抽样，只需产生一个初值和一个间隔，然后就可以每隔若干个单位抽出一个单位进行调查，在操作上十分简便，且成本较低。如果有关设定特征的信息较易得到，则等距抽样样本比简单随机抽样样本的代表性更强，且更可靠。等距抽样也有一定的局限性，表现在以下几个方面：

（1）运用等距抽样的前提是要有总体每个单位的有关材料，特别是按有关标志排队时，往往需要有较为详细、具体的相关资料。

（2）等距抽样的效率取决于对总体进行排列时所使用的标志值。在等距抽样中，调查人员假设总体是有序的。在一些情况下，排序（例如，按字母顺序排列的电话号码簿）与关注的特征无关；在另一些情况下，其排序与关注特征直接有关。

当个体的排序与设定特征无关时，等距抽样与简单随机抽样所得到的结果差别不大；当个体的排序与设定的特征有关时，等距抽样将使样本的代表性增强。

三、分层抽样

分层抽样又称类型抽样（Stratified Sampling），它是先将总体所有单位按某些重要标志进行分类（层），然后在各类（层）中采用简单随机抽样或等距抽样方式抽取样本单位的一种抽样方式。由于通过划类分层，增大了各类型中单位间的共同性，容易抽出具有代表性的调查样本。该方法适用于总体情况复杂、各单位之间差异较大、单位较多的情况。

小案例7-3：分层抽样的精确度

在对某公司从业人员进行劳动意愿调查时，主题当然是劳动意愿，一般认为学历这个标志是与其密切相关的。假定该公司的职工档案上都记载着学历，统计结果是全部职工当中，大学毕业生占10%，高中毕业生占20%，初中毕业生占70%。如果进行简单随机抽样，样本的学历构成一般不能保证与此比例一致，故抽样误差之外可能还会产生偏差。因此，按学历将总体分成大学、高中、初中三个层次，在各层次中，依照与总体构成相同的比例分摊样本，使样本的学历分布与总体完全一致，无疑将会提高精确度。

（一）分层抽样的具体步骤

把总体各单位分成两个或两个以上的相互独立的完全的组（如男性和女性），从两个或两个以上的组中进行简单随机抽样，样本相互独立。总体中各单位按主要标志加以分组，分组的标志与我们关心的总体特征相关。例如，我们正在进行有关啤酒品牌知名度方面的调查，初步判别，在啤酒方面男性的知识和女性不相同，那么性别应是划分层次的适当标志。

分层抽样与简单随机抽样相比，我们往往选择分层抽样，因为它有显著的潜在统计效果，即如果我们从相同的总体中抽取两个样本，一个是分层样本，另一个是简单随机抽样样本，那么相对而言，分层样本的误差更小些。另外，如果目标是获得一个确定的抽样误差水平，那么更小的分层样本将达到这一目标。在调查实践中，为提高分层样本的精确度实际上要付出一些代价。通常，分层抽样一般包括两个步骤：

第一步，辨明突出的（重要的）人口统计特征和分类特征，这些特征与所研究的行为相关。例如，研究某种产品的消费率时，按常理认为男性和女性有不同的平均消费比率。为了把性别作为有意义的分层标志，调查者能够拿出资料证明男性与女性的消费水平明显不同。

第二步，确定在每个层次上总体的比例（如性别已被确定为一个显著的特征，那么总体中男性占多少比例，女性占多少比例）。利用这个比例，可计算出样本中每组（层）应调查的人数。最后，调查者必须从每层中抽取独立简单随机样本。

（二）分层抽样的方法

分层抽样的方法分为四种：比例分层抽样、纽曼分层抽样、德明分层抽样和多次分层抽样。在实际中，通常采用比例分层抽样，因为这种方法比较简单。而比例分层抽样又分为等比例分层抽样和不等比例分层抽样。

在等比例分层抽样中，要求各类样本单位数的分配比例与总体单位在各类的分配比例一致，即 $n_i/n = N_i/N$（n_i 为从各层中抽出的样本数，n 为样本量，N_i 为各层的总体单位数，N 为总体单元总量）。等比例抽样简便易行，分配比较合理，在实际工作中应用较广。例如，要在一个有 1000 名职工的企业中抽取 100 名职工。以工作岗位为分层指标，主要分为管理人员、一线工人和后勤工人三类，已知的情况是管理人员占职工总数的 10%、一线工人占 60%、后勤工人占 30%，从而确定了各类人员的样本数为管理人员 10 名、一线工人 60 名、后勤工人 30 名。然后，用简单随机抽样的方法对各类人员进行抽样。

在不等比例的分层抽样中，则不受上述条件限制，即有的层可多抽些样本单位，有的层也可少抽些样本单位。从每层中抽取的样本的数与该层的相对大小相关，并与该层元素在所感兴趣的特性（指标、变量）的分布标准差相关。不等比例的分层抽样从逻辑上来说很简单。首先，较大的层在确定总体均值时具有较大影响，因此，这些层应当在推导样本均值时施加较大的影响，所以，从这些相对较大的层中应当抽取较多的元素。其次，为了增加精度，从标准差大的层中应当抽取更多的元素，从标准差小的层中应当抽取较少的元素（如果同一层中的所有元素是一致的，那么只需抽取一个元素的样本就可以得到完善的信息）。当每层内的感兴趣变量的标准差都相同时，上述两种方法实际上就是一致的。

不等比例的分层抽样需要先估计所感兴趣的特性（指标、变量）在层内分布的标准差，但是这方面的信息常常得不到。因此，调查者可能要靠直观和逻辑判断来确定每层的样本数。例如，在研究对某类商品的消费者行为时，估计高收入阶层内的个体差异可能会比低收入阶层内的个体差异大得多，因此，样本中高收入消费者所占的比例可能就比总体中高收入消费者占的比例大得多。

（三）分层指标的选择

用于将总体分层的变量叫分层变量或分层指标。分层指标的选择是分层抽样的中心问题，如果选择不当，可能使得分层随机抽样的误差比简单随机抽样的误差还要大。因此，对于调查标志来说，分层后的层内的差异水平达到最小是分层差异标志选择的目的。

首先，选择分层变量的准则是考虑同质性、异质性、相关性和费用。同一层内的元素应当尽可能是同质的，而不同层间的元素应当尽可能是异质的。分层变量应当与所感兴趣的特性密切相关。上述这些条件或准则满足得越好，分层抽样的效果就越好。其次，分层变量应当是易于测量和应用的，这样才能减少分层抽样的费用。通常用于分层的变量包括人口状况（性别、年龄段、种族、文化程度等）、生活方式（媒介接触行为、运动偏好、娱乐类型）或消费者类型（是否使用信用卡等）、单位规模（大、中、小型）、行业类型（家电类厂家、日用品类厂家）等。分层数一般不要超过六个，如果超过了六层，精度上的任何增益都会由于分层费用的增加和抽样难度的增加而被抵消掉了。

例如，我国国内一般大规模的民意调查都是以居住地分层的，至少分为城镇和乡村两层。因为城、乡居民的观念、行为和习惯等是很不相同的。中央人民广播电台1992年的全国抽样调查是多级分层的，第一级的分层是按经济发展水平将全国467个地区分成四层："经济发达地区""经济一般发达地区""不发达地区"和"贫困地区"，因为根据以往的研究，人们的广播接触行为是与地区的经济发展水平和个人的经济地位相关的。

（四）分层抽样的优缺点

分层抽样比简单随机抽样和等距抽样等方法更为精确，能够通过对较少抽样单位的调查，得到比较准确的推断结果，特别是当总体较大、内部结构复杂时，分层抽样常能取得令人满意的效果。同时，分层抽样在对总体推断的同时，还能获得对每层的推断。

需要指出的是，分层抽样也会带来某些技术问题。首先是层的划分，有时在实际工作中分层并不容易，需要收集必要的资料，从而耗费额外的费用。其次，分层抽样要求各层的大小都是已知的，当它们不能精确得知时，就需要通过别的手段进行估计，这不仅增加了抽样设计的复杂性，而且也会带进新的误差。

（五）分层抽样适用的范围

分层抽样作为一种精度最高的常用抽样技术，特别适用在以下场合：

（1）在调查中不仅需要对总体的参数进行估计，也需要对各层的参数进行估计，并且考虑它们的精度。例如，在一项全国性调查中，既要求获得全国的结果，也需要有分省的结果。

（2）要保证样本更具代表性。由于分层抽样中每层一定有单元被抽到，所以样本分布更均匀。

（3）为使调查的组织及数据的汇总都比较方便，分层抽样中的数据收集、汇总和处理都可按层独立进行。如果层是按一定行政系统划分的，就可按各自的行政系统组织调查与汇总。

简单随机抽样、等距抽样、分层抽样的比较见表7-2。

表7-2　简单随机抽样、等距抽样、分层抽样的比较

类　别	各自特点	共同点	抽样间的联系	适用范围
简单随机抽样	从总体中逐个抽取	（1）抽样过程中每个个体被抽到的可能性相等 （2）每次抽出个体后不再将它放回，即不放回抽样	—	总体个数较少
等距抽样	将总体均分成几部分，按预先制定的规则在各部分抽取		在起始部分时采用简单随机抽样	总体个数较多
分层抽样	将总体分成几层，分层进行抽取		分层抽样时采用简单随机抽样或等距抽样	总体由差异明显的几部分组成

四、整群抽样

在有些实际场合，总体是由许多群集组成的，每个群集包含的个体数目不等，以个体为单位编制抽样不可行。例如，做抽样比为 10 000：1 的全国性抽样调查，将全体中国人连续编号实际上就不可能，即使可能，也要花费太多的精力和时间。况且，即使勉强抽出样本，调查对象遍布全国，实地调查将出现许多不可想象的困难。这时如果把总体分为若干群集，并按群集抽样框进行简单随机抽样，再从抽中的群集里抽取个体，各种工作量无疑将大大减少。这样的方法叫整群抽样（Cluster Sampling），又称聚类抽样、整体抽样，也称集团抽样。

（一）整群抽样的具体操作

整群抽样是当总体的所有基本单位自然组合或被划分为若干个群后，从中随机抽取部分群并对抽中群内全部基本单位进行调查的一种抽样组合形式。假如我们要进行北京市居民家用电器的拥有状况调查，采用整群抽样方法，那么，我们在北京市 3600 个居民委员会中随机抽取 20 个居委会，这 20 个居委会中的所有户都成为我们的调查样本。

划分群时，每群的单位数可以相等，也可以不等。当各个群集包含的个体数目接近时，通常采用不放回简单随机抽样；当各个群集包含的个体数目相差较大时，则可采用概率比例规模抽样（PPS）等不等概率抽样。在每一群中的具体抽选方式，既可以采用等概率抽样（例如简单随机抽样），也可以采用不等概率抽样。

因为以群为单位进行抽选，抽选单位比较集中，明显地影响了样本分布的均匀性，所以整群抽样和其他抽样方式相比，在抽样单位数目相同的条件下抽样误差较大，代表性较低。在抽样调查实践中，采用整群抽样时，一般都要比其他抽样方式抽选更多的单位，以降低抽样误差，提高抽样结果的准确程度。

当然，整群抽样的可靠程度主要取决于群与群之间的差异大小，当各群间差异越小时，整群抽样的调查结果就越准确。因此，在大规模的市场调查中，当群内各单位间的差异较大，而各群之间差异较小时，才可考虑采取整群抽样方式。

（二）采用整群抽样的原因

整群抽样的实际应用比较广泛，除抽样框容易获得之外，还有以下几个方面的原因：

（1）当缺少基本单位的名单而难以直接从总体中抽取所要调查的基本单位，但以由基本单位组成的群体（即组合单位）作为抽样单位却有现成的名单或有明显的空间界限时，整群抽样就显得方便实用，避免了编制基本单位名单（抽样框）的问题。

（2）即使容易获得个体的抽样框，但从费用上考虑，直接从个体抽样获得的样本可能比较分散，从而将增加诸如差旅交通之类的费用，耗时也将增加很多；相反，按整群抽样，由于样本相对集中，既方便调查，又节省费用。因此，虽然对同样多的个体而言，整群抽样的精度稍低，但因每调查一个小单元的平均费用和耗时均低，故可以通过适当增加样本量来达到费用省、精度高的目的。

（3）采用整群抽样是抽样调查本身目的的需要。有些抽样调查，只有进行整群抽样才能说明问题。例如，人口普查后的抽样复查，要想估计出它的差错率，只有通过对一定地理区域（如省、市、县、街道等）的抽样复查后的人口群体进行全面调查才行。类似地，人口出生率、流动率等调查都需要采用整群抽样。

（4）某些总体的各个子总体之间的差异不大。例如，调查目标是中学生的性别比例或城市居民户平均拥有彩电数等，此时对班级或居委会采用整群抽样的精度不比直接抽取学生或居民户的精度低。

（三）整群抽样需注意的几个问题

（1）整群抽样的随机性体现在群与群之间不重叠，总体的任何一个基本单位都必须且只能归于某一群，群的抽选按概率确定。

（2）如果把每一个群看成一个单位，那么，整群抽样就是以群为单位的纯随机抽样。理解这一点，对于给出整群抽样估计量的方差会有帮助。

（3）整群抽样对于群而言是非全面调查，对于被抽中群内基本单位而言则是全面调查，是"先部分，后全部"的抽样组织形式，与分层抽样正好相反。因此，整群抽样的误差取决于群间差异，而不受群内单位之间差异的影响。这就要求总体 N 个基本单位所形成的各个群，尽量有相同或相近的群内结构。也就是说，要尽量把总体方差转化为群内方差。这与分层抽样的"层内差异尽量小、层间差异尽量大"的要求形成鲜明的对比。

（4）整群抽样也是多阶段抽样的前提和基础，因此，如何提高整群抽样的精度是一个很重要的问题。

五、多阶段抽样

在许多情况下，特别是在复杂的、大规模的市场调查中，调查单位一般不是一次性直接抽取到的，而是采用两阶段或多阶段抽取的办法，即先抽大的调查单元，在大单元中抽小单元，再在小单元中抽更小的单元，这种抽样组织方式称为多阶段抽样（Multistage Sampling）。

（一）多阶段抽样的特点

（1）多阶段抽样对基本调查单位的抽选不是一步到位的，至少要两步。

（2）组织调查比较方便，尤其对于那些基本单位数多且分散的总体，由于编制抽样框较为困难或难以直接抽取所需样本，就可以利用地理区域或行政系统进行多阶段抽样。

（3）多阶段抽样是多种抽样方法的结合物。

（二）分层抽样、整群抽样与二级抽样的比较（见表7-3）

二级抽样和分层抽样、整群抽样有相似之处，都必须先将总体分组，然后再抽取一级或二级单元。分层抽样在第一级中实际上抽取了全部的层（一级单元），然后再从各层抽取部分的二级单元；而整群抽样是从全部群中抽取了部分的群（一级单元），然后对抽中的群的二级单元全部进行调查，相当于抽取了全部的二级单元。二级抽样在第一级中和第二级中都分别随机地抽取部分一级单元和部分二级单元，因此，在组织形式上可以把二级抽样看成是分层抽样和整群抽样的综合。

表 7-3 分层抽样、整群抽样与二级抽样的比较

名 称	一级单元	二级单元	精度（样本含量相同时）	提高精度的办法
分层抽样	抽取全部	抽取部分	高于简单随机抽样	扩大层间差异，缩小层内差异
整群抽样	抽取部分	抽取全部	低于简单随机抽样	缩小群间差异，增大群内差异，增加群数
二级抽样	抽取部分	抽取部分	介于整群抽样和简单随机抽样之间	减少一级单元之间的差异，尽量多抽取一级单元

第三节　非概率抽样

非概率抽样（Non-probability Sampling）也称非随机抽样，它不是根据被调查总体中的每一个单位被抽到的可能性相等的原理抽取样本，而是调查人根据自己的主观选择抽取样本，即调查总体中每一个单位被抽取到的可能性是不相等的。非概率抽样包括方便抽样（Convenience Sampling）、判断抽样（Judgment Sampling）、配额控制抽样（Quota Sampling）和雪球抽样（Snowball Sampling）等具体方法。

一、方便抽样法

方便抽样法也称任意抽样法，是根据调查者的方便性，以无目标、随意的方式进行的抽样调查活动。例如，某公司的市场营销部选择公司雇员对公司开发的新产品进行初步测试。固然，这个方法看上去有很大的偏差，但该公司不要求雇员对新产品进行仔细评估，也不要求雇员拿新产品与竞争对手的产品进行比较，他们只要求雇员提供一个总的感觉（如产品的外形、功能、色调等）。在类似情况下，方便抽样是获取必要信息的一种有效而实用的方法。在进行探索性调查时，即缺乏经验而又急需数据的近似值时，这种方法很实用。

与随机抽样相比，方便抽样的应用比率增长得很快，其原因是存在着很多低发生率、低总体单位特征方差和难以获得分类资料的情形。

二、判断抽样法

判断抽样法又称目的抽样法，是指研究人员从总体中选择那些被判断为最能代表总体的单位作样本的抽样方法。当研究者对自己的研究领域十分熟悉，对研究总体比较了解时采用这种抽样方法，可获得代表性较高的样本。这种抽样方法多应用于总体小而内部差异大的情况，以及在总体边界无法确定或因研究者的时间与人力、物力有限时采用。

判断抽样适用于调查人员基于既定选择标准抽取典型样本的任何情形。在购物中心进行的大部分市场或产品测试调查基本上属于判断抽样。为调查产品品味而需要选择的购物中心取决于调查人员的判断。特殊的购物中心会吸引不同阶层的消费者，而有些人恰好是某种被调查产品的既定的调查对象。

判断抽样法的依据有两点：①选择代表普遍情况的对象；②选择多数型或平均型的对象。能否做到这些，关键在于对总体的有关信息是否有相当多的了解。样本的代表性和调查结果的准确性取决于调查者对调查对象的了解程度及其判断能力，因此这是一项对调查者有一定经验要求的工作。

使用此方法进行市场调查，容易出现主观片面的缺点。此法也同任意抽样法和配额控制抽样法一样，样本资料只能说明调查总体某些特征的大致情况，不利于用以准确地推断总体。不过，这种方法简单、方便、节省，若调查要求精度不高，在样本数目不多、不需要推断总体时，可考虑采用此法，且调查回收率高。

三、配额控制抽样

配额控制抽样是根据一定的标志对总体单位进行分层或分类后，从各层或各类中根据总体的实际情况主观地选取一定比例的调查单位的方法。所谓"配额"，是指对划分出的各种类型的总体单位都分配一定的数量样本，从而组成调查样本。因而，配额抽样较之判断抽样加强了对样本结构与总体结构在"量"的方面的控制，能够保证样本有较强的代表性。

配额方式通常有两种：一是独立控制，即只对其中的一个特征样本数目加以控制，即一个控制变量（如年龄或性别或收入）；二是交互控制，即同时考虑几个因素（如年龄、性别和收入）。

配额抽样类似于随机抽样中的分层抽样。不过，二者有两点重要的区别：首先，配额抽样的被调查者不是按随机原则抽出来的，而分层抽样必须遵守随机原则；其次，在分层抽样中，用于分类的标志应联系研究目标来选择，而配额抽样没有这些要求。

假定调查对象（母体）分为三个层次，各层次的规定样本数见表7-4。

表7-4　调查各层面控制表　　　　　　　　　　（单位：人）

工资月收入		职　　业		地　　区	
800 元以下	3	工人	6	沿海	8
800～1499 元	4	农民	10	内陆	12
1500～2999 元	5	教师	4		
3000～4999 元	6				
5000 元以上	2				
合计收入类	20	合计职业类	20	合计地区类	20

可以根据独立层面控制表编制一个交叉控制表（见表7-5）。通过交叉控制表，才能确定对各个层面的样本数如何进行交叉分配，使抽出的样本数与所有层面的数字相一致。有了这份交叉控制表，调查人员便能据以决定应该如何选取所需要的样本。

表7-5　交叉控制表　　　　　　　　　　（单位：人）

		职　　业						共　计
		工　人		农　民		教　师		
		沿海	内地	沿海	内地	沿海	内地	
月收入	800 元以下	—	1	1	1	—	—	3
	800～1499 元	1	—	—	1	1	1	4
	1500～2999 元	—	1	—	3	1		5
	3000～4999 元	1	1	1	2	1		6
	5000 元以上	1	—	—	1	—	—	2
	小计	3	3	2	8	3	1	20
	合计	6		10		4		20

四、雪球抽样法

以若干个具有所需特征的人为最初的调查对象，然后依靠他们提供认识的合格的调查对象，再由这些人提供第三批调查对象……以此类推，样本如同滚雪球般由小变大的抽样方式叫雪球抽样法。

这种方法适用于调查范围内总体单位发生率低或少见的抽样调查。低发生率或少见的总体是指全及总体中所占比例很小的一部分个体。要找到这些少见的全及总体中的个体，代价是很大的，调查人员因为费用的原因不得不采用雪球抽样形式。

采用雪球抽样调查的优点是调查费用将大幅减少。然而，这种成本的节约是以调查质量的降低为代价的。整个样本很可能产生偏差，因为样本的名单来源于那些最初调查过的人，而他们之间可能十分相似。结果，样本可能无法很好地代表总体。另外，如果被调查者不愿意提供其他相关人员的信息，就不能采用这种方法。

五、非概率抽样的优缺点

非概率抽样具有以下几个优点：

（1）非概率抽样比概率抽样的费用低。非概率抽样的这一特点对那些精确性要求不高，只注重方向性的调查有相当大的吸引力，如探索性调查。

（2）一般来讲，非概率抽样实施起来要比概率抽样用的时间少。

（3）如果合理运用非概率抽样，也能产生极具代表性的抽样结果。

但是，非概率抽样也有缺点：

（1）不能估计出抽样误差。

（2）调查者不知道抽样指标代表总体指标的程度。

（3）非概率抽样的结果不能用来推断总体指标。

第四节　样本容量的确定

在开始组织抽样调查之前，确定抽多少样本单位是个很重要的问题，样本数目过少，会使调查结果出现较大的误差，与预期目标相差甚远；而样本数目过多，又会造成人力、财力和时间的浪费。因此，样本容量的确定是组织抽样调查中需要解决的一个重要问题。

一、影响样本容量的因素

抽样调查的样本容量取决于以下几个因素：

（1）调查对象标志的差异程度，即总体方差的大小，总体方差越大，所需的样本容量一般也越大。

（2）允许误差（又称极限误差）数值的大小。允许误差与样本容量的平方根大致成反比，允许误差越小，样本容量越大；反之，允许误差越大，样本容量越小。允许误差的大小主要取决于调查的目的和费用的投入。调查结果要求比较精确，又有足够的费用投入，允许误差可小些；反之，允许误差可以放大些。

（3）调查结果的可靠程度，即置信度或置信水平的大小。所要求的置信度越高，样本容量应当越大；所要求的置信度较低，样本容量可以小些。

（4）抽样的方法。在同等条件下，不重复抽样比重复抽样需要的样本单位数少一些。

（5）抽样的组织形式。采用类型抽样和等距抽样比简单随机抽样需要的样本数目少些。

此外，根据调查经验，调查表的回收率或访问的成功率高低也是影响样本数目的一个重要因素。在回收率低的情况下，应适当加大样本数目。

二、确定样本容量

比较客户关于绝对误差 $|\hat{\theta}-\theta|$ 不超过允许误差 d，而且概率保证程度不低于 $1-\alpha$ 的要求 $P\{|\hat{\theta}-\theta|\leqslant d\}=1-\alpha$ 和正态分布性质 $P\{|\hat{\theta}-\theta|/[V(\hat{\theta})]^{\frac{1}{2}}\leqslant\mu_\alpha\}=1-\alpha$，可以看出，要同时满足这两个要求，就必须保证

$$d=\mu_\alpha[V(\hat{\theta})]^{\frac{1}{2}} \text{ 或 } V(\hat{\theta})=\frac{d^2}{\mu_\alpha^2}$$

而

$$V(\hat{\theta})=\frac{1-\frac{1}{N}}{n}S^2$$

式中，用 $\frac{d^2}{\mu_\alpha^2}$ 代替 $V(\hat{\theta})$，容易发现，样本容量 n 与 d、μ_α 和反映总体分散程度的 S^2 有关。这样，由于 d 和 μ_α 都是事先规定或约定的，属于已知条件，所以如果能够根据以往研究结果或其他知识粗略估计 S^2，就可据此估算出样本容量 n 来。事实上，人们基本就是采用这个方法在抽样之前就确定了样本容量 n 的，其公式为

放回简单随机抽样 $\quad n=\left(1-\frac{1}{N}\right)\frac{\mu_\alpha^2 S^2}{d^2}$

不放回简单随机抽样 $\quad n=\dfrac{1}{\frac{1}{N}+\frac{d^2}{\mu_\alpha^2 S^2}}$

当 N 很大时，上述两种场合的样本容量都可近似取为 $n=\frac{\mu_\alpha^2 S^2}{d^2}$。

S^2 的估计方法有四种：参照近期的经验或研究结果；参照本次调查预试验或调查的结果；参照本次调查先期的结果，有时调查一半即可知道原定样本容量是否合适，可考虑修正方案，调整样本容量的大小；根据某种先验理论，例如在以估计比例为目的的抽样调查里，方差往往取最大值 0.25。不过，需要注意的是在经费允许时，n 的取值应坚持保守主义原则，尽量大一点，以便留有余地。

关键词

抽样调查 Sampling Survey　　　　概率抽样 Probability Sampling

样本 Sample　　　　　　　　　　非概率抽样 Non-probability Sampling

总体 Population　　　　　　　　　简单随机抽样 Simple Probability Sampling

抽样误差 Sampling Error　　　　　抽样框 Sampling Frame

抽样框误差 Sampling Frame Error

思考题

1. 判断题

（1）抽样技术是一种非全面统计调查的技术。（　　）

（2）应用抽样技术的目的就是想通过对总体中部分单位（样本）的调查来认识总体数量特征。（　　）

（3）根据电话号码簿进行民意调查，属于非概率抽样。（　　）

2. 选择题

（1）为了调查学生中所戴眼镜的质量，决定用概率方法从某地区的中小学中随机抽取出五所，然后对这五所学校中学生所戴眼镜都进行质量检查。问这里采用的是哪种抽样方法？（　　）

  A. 等距抽样   B. 分层抽样   C. 整群抽样   D. 简单随机抽样

（2）在总体规模较小、调查所涉及范围较窄的情况下，既节约效果又好的抽样类型是（　　）。

  A. 方便抽样   B. 判断抽样   C. 配额控制抽样   D. 雪球抽样

（3）某高中共有900人，其中高一年级300人，高二年级200人，高三年级400人，现采用分层抽样抽取容量为45的样本，那么高一、高二、高三各年级抽取的人数分别为（　　）。

  A. 15，5，25   B. 15，15，15   C. 10，5，30   D. 15，10，20

3. 简答题

（1）举例说明什么场合适用全面调查，什么场合适用抽样调查？

（2）举例说明概率抽样与非概率抽样之间的区别，并分别说明它们在什么情况下适用。

（3）举例说明抽样调查的基本程序。

案例分析讨论

佳洁士公司牙膏购买者年度调查样本容量的确定

佳洁士公司正在评论其牙膏购买者年度调查的计划。针对表7-6中的每一项，计算出与其所关心的关键变量相适应的样本容量。如缺少信息，则提出适当的假定。

表7-6　佳洁士公司牙膏购买者年度调查

项目	关键变量	差异性	可接受性误差	置信度（%）
1	佳洁士牙膏的市场份额	去年23%	4%	95
2	人们每周刷牙的次数	未知	1次	99
3	佳洁士购买者转换品牌的可能性	去年有30%的人转换	5%	95
4	在黄金时间段观看电视的时间	120min	10min	99
5	有百分之几的人希望牙膏具有牙垢控制功能	两年前20%，一年前40%	3.5%	95

（续）

项目	关键变量	差异性	可接受性误差	置信度（%）
6	人们对牙医推荐的牙膏品牌的接受程度	未知	6%	99
7	人们每年在牙齿上花费的总费用	近期有报告表明是3000元	50元	95

第八章 调查资料的处理与基础分析

本章要点

- 资料的审核与编码
- 数据录入的步骤
- 数据自动清理和数据的图形化
- 数据的描述性统计分析
- 交叉列表分析

导入案例

艾德姆·迪姆与调查资料分析整理

城市国民银行（City National Bank）认为小企业顾客是一个被本银行及其竞争者都冷落了的顾客细分市场。艾德姆·迪姆（Adam Deem）是城市国民银行的见习生，被银行指派针对目前的小企业顾客进行一次形象调查。他首先组织了焦点小组访谈来确认对小企业来说最为重要的问题是什么。然后，他运用这些焦点小组所指出的问题设计出一份定量问卷调查表，以发现城市国民银行与其他银行相比在这些关键问题上做得如何。

艾德姆·迪姆使用从银行数据库中抽取的当前顾客的随机样本来开展调查。调查问卷没有指明城市国民银行为该项目的发起人。艾德姆·迪姆寄出 1000 份调查问卷及附带的封面信来解释本次调查的目的，并说明对回收的每份问卷的回答都是保密的，对那些做出回答的人将付给 25 美元的感谢费。在最初的调查问卷和信件发出一周之后，他又寄出了提醒卡；两周后，寄出了第二封信和调查问卷的复印件。第四周一共收到 487 份调查问卷。随后，调查问卷的返回越来越稀落，银行经理决定终止资料收集工作，并让艾德姆·迪姆转向处理回收的调查问卷，将调查问卷上的回答整理成图表，分析调查结果并准备书面报告。

艾德姆·迪姆现在面临的问题是如何把书面调查得来的所有信息输入计算机，具体来说就是怎样对开放式问题进行总结和编码，怎样把问卷答案制成图表，以及怎样完成资料整理的其他相关事情。

本章将介绍调查资料的审核、编码与录入等数据处理与基础分析的基本方法。

第一节 调查资料的处理

数据收集工作完成以后，摆在调查者面前的是一大堆回答完的问卷，少则几百份、多则几千份，每份问卷从至少几页到 20 页甚至更多，如何分析这些问卷，从中得出所要的信息成为下一步的工作重点。

资料的整理过程包括：编辑检查和修正收集到的资料；问卷编码和数据录入，为列表和统计分析做准备。

一、资料的审核

审核是对问卷资料进行筛选，即发现并"挤出"收集到的调查问卷中的"水分"，选用真正有用的问卷资料。回收上来的问卷主要存在一些问题：不完全回答、明显的错误答案、由于被调查者缺乏兴趣而做的搪塞回答，以及对于开放式问题的无序回答等。问卷资料审核的重点就放在这四类问题的查找、区分和处理上。

（1）不完整问卷的审核与处理。不完整的问卷分为三种情况：第一种是大面积的无回答，或相当多的问题无回答，应视为废卷处理；第二种是个别问题无回答，应为有效问卷，所遗空白待后续工作采取补救措施；第三种是相当多的问卷对同一个问题无回答，仍作为有效问卷。这种"无回答"固然会对整个项目的资料分析工作造成一定的影响，但是反过来也让调查组织者和问卷设计者思考如下问题：为什么相当多的被调查者对这一问题采取了"无回答"的方式？是该问题用词含混不清让他们无法理解，还是该问题太具敏感性或威胁性使他们不愿意回答，抑或是根本就无法给此问题找到现成的答案？

（2）明显错误答案的审核与处理。明显的错误答案是指那些前后不一致的答案或其他答非所问的答案。这种错误到了数据分析阶段很少存在，但一旦发现就不好处理。除了能够根据整份问卷答案的内在逻辑联系对某些前后不一致的地方进行修正处理外，其他情况只好按"不详值"对待。

小案例 8-1：[一]

某问卷中有这样两个问题：

问题 5：逛街购物对我来说是一种享受。

□十分赞成　□赞成　□不赞成也不反对　□不赞成　　□十分不赞成

问题 15：逛街是我生活中的一件愉快的事。

□十分赞成　□赞成　□不赞成也不反对　□不赞成　　□十分不赞成

这两个问题虽然在语义上有些差别，但是对两个问题回答的态度应该是一致的，可能程度不同而已。如果出现某个被调查者在"问题 5"上选择了"赞成"，而在"问题 15"选择了"不赞成"，则出现了答案的逻辑矛盾，其原因可能是被调查者的心不在焉等，包含相互矛盾答案的问卷是不合格的，相应的数据应该予以删除。

（3）无兴趣问卷的审核与处理。有些被调查者对问题的回答反映出他显然对所提问题缺乏兴趣。例如有人对连续 30 个 7 分量表都选择了"7"的答案，或者有人不按答案要求，在问卷上随笔一勾，一笔带过了若干个问题。如果这种缺乏兴趣的回答仅属个别问卷，应视为废卷处理；倘若这种答卷有一定的数目，且集中出现在同一个问题上，就应该把这些问卷作为一个相对独立的子样本看待，在资料分析时给予适当注意。

[一]　资料来源：宋思根. 市场调研［M］. 北京：电子工业出版社，2009.

对于最后判定按"不详值"处理的答案，审核员要用记号笔明确注明"不详值"字样或其代码。

（4）对开放式问题无序回答的审核与处理。在回答开放式问题时，被调查者可能因兴趣浓厚而讲起来滔滔不绝，在答某一个开放式问题时顺口把将要在该问题之后某处才会出现的另一问题的答案也带了出来。访问员心知这正是下几步要问的，也就没有制止。而当访问进行到那个问题时，访问员为了节省时间或避免听到"我上面已经回答过"这样的话，自然跳过此题不问。于是答卷上留下一片空白。如果发现上述情况，就应该把提前给出的答案照抄到它应该出现的地方，填补空白。

另外，问卷资料的审核，其主要任务是更完整、确切地审查和校正回收上来的全部资料。这一工作要求由那些对调查目的和过程有透彻了解，且洞察力敏锐者来进行。为了保证资料的一致性，最好由一个人来处理所有的材料。若出于时间长短的考虑，可将该工作进行分割。但是，这个分割必须是每名审核员分配若干份问卷，对每一份问卷从头审到尾，而不是分段把关、流水作业。尽管后者可能有提高审核效率的一面，但绝对不利于贯彻一致性原则，因而是不可取的。

二、编码

处理问卷资料时面临的一个问题是如何准确地录入资料。为了便于分析，通常要求把文字资料转化成数字形式的数据。编码，就是将资料信息转化为统一设计的计算机语言可以识别的代码，以便于对其进行资料整理和分析的过程。具体来说，编码就是对一个问题的不同回答进行分组和确定数字代码的过程，是对一个问题的不同答案给出一个计算机能够识别的数字代码的过程。

（一）问卷编码的内容

问卷编码工作是问卷调查中不可缺少的流程，同时也是数据整理汇总阶段重要而基本的环节，主要包括三个方面的内容：

1. 问卷代码编码

问卷代码编码是指给每一份问卷设立一个唯一的代码，例如一份问卷的代码为"2160608"，开头的代码"2"表示北京大学，下面两个数字"16"代表具体班级，再后面"06"代表调查人员的编号，最后两位"08"表示为调查员在这个班级收到的第8份问卷。问卷代码编码的目的是在数据分析中发现异常数据可以核对原始问卷，查看数据异常的原因，以便对数据进行正确处理。

2. 封闭式问题的编码

大多数问卷中的大多数问题是封闭式的，并且已预先编码。这意味着调查中一组问题的不同数字编码已被确定。封闭式问题都是事前编码，单项选择题与多项选择题编码方式不一样，单项选择题编码方式比较简单，此处仅介绍单项选择题的编码方式。

常用的封闭式问题编码方法有以下几种：

（1）顺序编码法。顺序编码，即用某个标准对问卷信息进行分类，并按照一定的顺序用连续的数字或字母进行编码的方式。比如调查消费者月收入的项目把不同消费的家庭分为五个档次，然后用1~5分别代表从低到高的五个档次，如下：

01	小于 1000 元
02	1001～3000 元
03	3001～5000 元
04	5001～7000 元
05	大于 7000 元

（2）分组编码法。分组编码法，即根据调查对象的特点和信息资料分类及其处理的要求，把具有一定位数的代码单元分为若干组，每个组的数字均代表一定的意义。所有项目都有着同样的数码个数。例如，对目前在校大学生进行一次关于使用信用卡意向的调查，相关的信息包括性别、类别、月消费、使用意向四项。用分组编码法进行编码如下：

性别	类别	月消费	使用意向
1 = 男	1 = 本科生	1 = 小于 300 元	1 = 已有卡
2 = 女	2 = 硕士生	2 = 301～500 元	2 = 准备使用
	3 = 博士生	3 = 501～800 元	3 = 不准备使用
		4 = 801～1200 元	4 = 无意向
		5 = 1201～2000 元	
		6 = 2000 元以上	

若编码为 1241，就表示为一名男性硕士研究生，每月消费在 801～1200 元之间，并且已经有卡。分组编码容易理解记忆，但是如果位数过多，势必造成数据处理和系统维护的困难。

在 SPSS 软件中，问卷编码一般采取一个问题对应于一个变量，单个进行编码。一般来说，对于类别量表的答案就需根据分类来编码，对于顺序、等距和等比量表的答案一般回答的是多少就填多少。

小案例 8-2：关于美国家庭汽车保有量调查中的几个问题的编码⊖

一个关于美国家庭汽车保有量调查中的几个问题的编码。具体编码方式见表 8-1。

表 8-1　封闭式问题的编码

回 答 问 题	问题的选项	选项的数字编码	答案类型
您的居住区域	A. 北方　　　B. 南方	1 = 北方；　　2 = 南方	类别量表
您的价值取向	A. 自由主义　B. 保守主义	1 = 自由主义；2 = 保守主义	类别量表
您在购车时是否使用信贷手段	A. 是　　　　B. 否	1 = 是；　　0 = 否	类别量表
家庭人口数	（　　）人	填入的数值是几就编码为几	等比量表
您家庭汽车保有量	A. 1 辆　　　B. 2 辆 C. 3 辆　　　D. 多于 3 辆	1 = 1 辆；2 = 2 辆； 3 = 3 辆；4 = 多于 3 辆	等比量表

3. 开放式问题的编码

与封闭式问题不同，开放式问题只能在资料收集好之后，再根据被调查者的答复内容来决定类别的指定号码，适宜采用事后编码。对于开放式问题的事后编码，它所依据的不应该仅是答案的文字，更重要的是这些文字所能反映出来的被调查者的思想认识。这项工作可以

⊖　资料来源：景奉杰. 市场营销调研 [M]. 北京：高等教育出版社，2001.

遵循下述步骤进行：

（1）列出答案，即所有答案都一一列出。在大型调查中，这项工作可以作为编辑过程的一部分或单独的一个部分完成。

（2）将所有有意义的答案列成频数分布表。

（3）确定可以接受的分组数。此时主要是从调查目的出发，考虑分组的标准是否能紧密结合调查目的。

（4）根据拟定从频数分布表中整理出来的答案进行的分组数，对在第（2）步频数分布表中整理出来的答案进行挑选归并。在符合调查目的的前提下，保留频数多的答案，然后把频数较少的答案尽可能归并成含义相近的几组。对那些含义相距甚远，或者虽然含义相近但合起来频数仍不够多的答案，最后一并以"其他"来概括，作为一组。

（5）为所确定的分组选择正式的描述词汇。

（6）根据分组结果制定编码规则。

（7）对全部回收问卷的该开放式问题答案进行编码。

小案例8-3：彩电需求调查中的开放式问题编码

在对某市彩电需求的调查中，有开放式问题：您为什么选择该品牌的彩电？研究者翻阅所有被调查者的答复后，将原因列出，而后归并成六类，并指定编码，如表8-2、表8-3所示。

表8-2　开放式问题答案

问题：您为什么选择该品牌的彩电？列出答案如下（设只有14个样本）		
1. 质量好	6. 耐用	11. 经常在广告中看到
2. 外形美观	7. 高科技	12. 我没想过
3. 价格便宜	8. 体积小	13. 我不知道
4. 清晰	9. 是名牌	14. 没有什么特别的原因
5. 色彩丰富	10. 大家都买这个牌子	

表8-3　对表8-2中开放式问题的合并、分类和编码

回答类别的描述	表8-2中的回答	分类的数字编码
质量好	1，4，7，6	1
外形美观	2，5	2
价格便宜	3	3
体积小	8	4
名牌	9，10，11	5
不知道	12，13，14	6

（二）问卷编码时应该注意的几个问题

（1）提倡使用统一编码表，并对编码表进行测试。无论是开放题还是半开放题，几道问题选项或答案内容相同、相近、类似等情况下，将这几道题目采用统一的编码表。这样做易于控制编码，同时也给后期的数据处理、分析带来很多方便。另外，对于确定的编码表，在正式开展调查前应在小范围内对编码表进行测试，以便对编码表进行修正，并使编码人员充分理解编码表。

（2）编码的合理性。编码应充分反映调查项目之间的内在逻辑联系，如对地区的编码，对本省地市的编码值应该接近，以反映本省地理位置接近这一客观事实，并且在处理和汇总时容易设定条件。在使用数字进行编码时要遵循：能用自然数，绝不用小数；能用正数绝不用负数；能用绝对值小的整数绝不用绝对值大的整数。

（3）编码的广泛性和概括性。它包含两方面含义：①每个答案都可以在最终的编码表上找到合适的对应，否则编码表是不完备的；②最终的编码表应全面涵盖问题设计时所要收集的各个方面的信息，有时候出现频次少但观点特别的回答可能代表一个特定的重要群体，从研究的角度来说包含这类编码也是非常重要的。在确定最终编码表的时候，可以通过经验判断编码表是否包含了各个角度的回答。

（4）编码的唯一性和排斥性。不同编码值不能表示相同的内容或有重叠交叉。每个答案只能有唯一的编码条目与之对应，不应出现同一个答案对应两个或以上编码条目的情况，否则编码表就不满足唯一性。例如：如果编码表中出现5—高兴、8—愉快，那么对于"快乐"这个答案就可以编成5也可以编成8。这时需要对编码表重新进行归纳。

（5）严格界定回答问题的角度。对于同一个问题，不同的人可能从不同的方面或角度考虑，每个方面又会有多种有关的观点和事实。例如：对于"您现在的职业？"这个问题，有可能得到就业状态的回答，如全职、兼职、失业、待业等；有可能得到所属行业的回答，如农业、制造业、商业、金融业、教育、艺术等；如果这些答案都出现在同一道问题中，会给编码工作带来麻烦。比如统计部门的统计师，既可以编为统计师的代码，也可以编为统计部门的代码，同时它也符合全职的含义，在这种情况下编码工作就不能保证唯一性的要求。此类问题是编码人员无法解决的，要避免这种情况的出现应尽量在正式问卷确定之前根据调查目的调整提问的方式。如果调查目的是需要了解一个问题多个方面的属性，则可以将一个问题分为多个问题，每个问题要求从一个方面进行回答。

（6）详略适当。在归纳确认最终编码表的时候，经常会遇到将一些答案归纳在一起还是将它们分开的情况。对于这样的问题要根据研究目的和数据分析上的要求确定取舍。如果问卷的问题是询问事实的，如"您使用什么牌子的洗发水？"，设计人员可能会按研究的要求保留出现频次最高的前20个品牌，而将其余归纳为"其他品牌"。如果问卷的问题询问的是观点、意见，如"您为什么喜欢某牌子的洗发水？"，对较分散的答案则不能简单地以频次确定取舍。对于研究目的来说，即便只有很少的回答者因为"味道"而喜欢一个品牌，也可能是很重要的答案；而过于细致的分类又可能造成分析的不便。所以对这类问题，编码工作是否能做好，决定于设计人员对调查目的的理解程度如何。因此，要想对调查问卷的编码做得科学、合理、规范，设计人员必须对整个调查的目的有一个准确的了解。

三、数据录入

在对调查问卷进行审核和编码之后，就可以进行问卷资料的录入。通常采用SPSS软件进行数据录入与分析处理。打开SPSS软件，首先进入变量视图（Variable View）窗口，对数据进行实质性的编码定义。下面以一个关于美国家庭的汽车保有量调查为例（见图8-1）进行说明。

（一）定义数值的类型

定义数值的类型（Define Variable Type）可以通过单击类型进行设置，设置方式如

	Name	Type	Width	Decimals	Label	Values
1	家庭编号	Numeric	11	0		None
2	家庭收入（百万元）	Numeric	11	0	家庭收入（百万元）(1)	None
3	家庭人口	Numeric	11	0	家庭人口(2)	None
4	家庭受教育年数	Numeric	11	0	家庭受教育年数(3)	None
5	居住地域	Numeric	11	0	居住地域(4)	{1, 北方}...
6	价值取向	Numeric	11	0	价值取向(5)	{1, 保守主义}
7	汽车保有量	Numeric	11	0	汽车保有量(6)	None
8	使用信贷购车	Numeric	11	0	使用信贷购车(7)	{0, 否}...
9	有客货两用车	Numeric	11	0	有客货两用车(8)	{0, 否}...
10	有外国经济车	Numeric	11	0	有外国经济车(9)	{0, 否}...
11	有旅行车	Numeric	11	0	有旅行车(10)	{0, 否}...
12	有其他车	Numeric	11	0	有其他车(11)	{0, 否}...

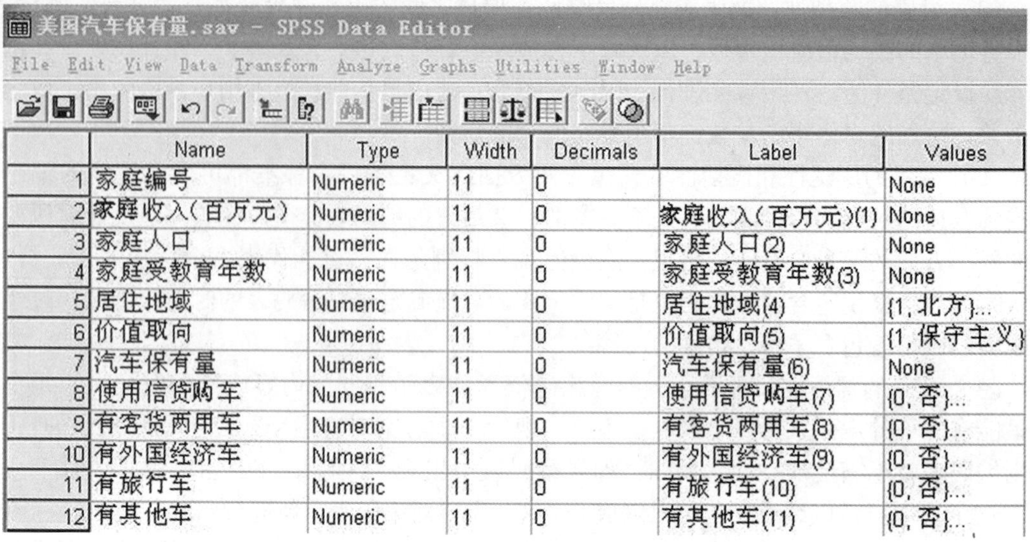

图 8-1　美国家庭汽车保有量变量视图窗口

图 8-2所示。

对话框中列出如下 8 种数据类型：

图 8-2　数值的类型设置图

（1） Numeric：数值型，同时定义数值的宽度（Width），即整数部分 + 小数点 + 小数部分的位数，默认为 8 位；定义小数位数（Decimal Places），默认为 2 位。

（2） Comma：逗号数值型，即整数部分每 3 位数加一逗号，其余定义方式同数值型。

（3） Dot：小数点数值型，无论数值大小，均以整数形式显示，每 3 位加一小点（但不是小数点），可定义小数位置，但都显示 0，且小数点用逗号表示。例如，1.2345 显示为 12.345，00（实际是 12345E-4）。

（4） Scientific notation：科学计数法，同时定义数值宽度（Width）和小数位数（Decimal Places），在数据管理窗口中以指数形式显示。例如定义数值宽度为 9，小数位数为 2，则 345.678 显示为 3.46E +02。

（5） Date：日期型，用户可从系统提供的日期显示形式中选择自己需要的。例如，选择 mm/dd/yy 形式，则 2007 年 6 月 25 日显示为 06/25/07。

（6） Dollar：美元，用户可从系统提供的日期显示形式中选择自己需要的，并定义数值宽度和小数位数，显示形式为数值前有 $ 。

（7） Custom currency：定制货币，显示为整数部分每 3 位加一逗号，用户可定义数值宽

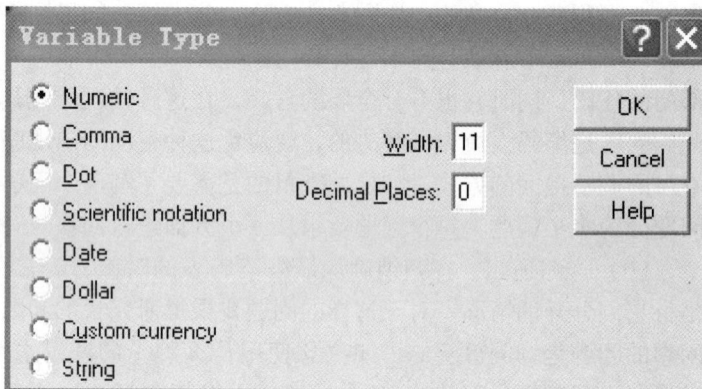

度和小数位数。例如，12345.678 显示为 12，345.678。

（8）String：字符串，用户可定义字符（Characters）长度以便输入字符。

（二）对变量值进行定义

通过单击变量值（Value）进行定义，定义方式如图 8-3 所示。

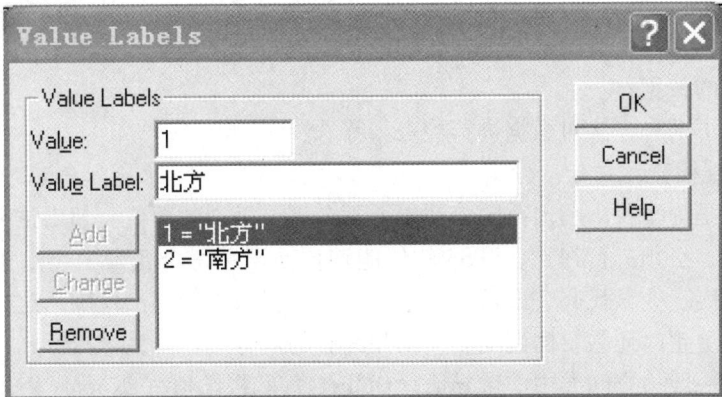

图 8-3　值标签的定义图示

（三）录入数据

完成所有变量的定义以后，就可以进入数据视图（Data View）窗口，根据编码把数据录入到 SPSS 软件中，然后把数据进行保存（SPSS 软件中的数据都是以 .sav 为扩展名），以便以后的分析。美国家庭汽车保有量的资料录入如表 8-4 所示。

表 8-4　美国家庭汽车保有量的资料录入◯

家庭编号	家庭收入/百美元	家庭人口/人	家长受教育年数/年	居住地域	价值取向	汽车保有量/辆	使用信贷购车	有客货两用车	有外国经济车	有旅行车	有其他车
1001	168	3	12	1	1	1	0	0	0	1	0
1002	174	4	12	1	1	1	0	0	0	0	1
1003	143	2	10	1	1	1	0	0	0	0	1
1004	154	4	9	1	1	1	0	0	0	0	1
1005	140	3	8	1	1	1	0	0	0	0	1
1006	172	2	12	1	1	1	0	0	1	0	0
1007	170	4	12	1	1	1	0	0	0	0	1
1008	169	3	10	1	1	1	0	0	0	0	1
1009	167	2	12	1	1	1	0	0	0	0	1
1010	138	4	6	1	2	1	1	0	0	0	1

四、数据自动清理

数据自动清理包括检查数据的一致性和缺失值的处理。虽然在数据审核和录入时会进行

◯ 资料来源：Gilbert A Churchill, Jr. Marketing Research Methodological Foundations ［M］. 4th ed. Illinois：Hinsdale, Dryden, 1987.

初步的一致性检查，但数据自动清理时的检查会更为详细彻底，因为数据自动清理是由计算机来完成的。SPSS 在数据的检查与筛选（Screening Data）方面为我们提供了很多有用的功能。

保证数据准确的最好方法是将原始数据与计算机所呈现的数据清单进行核对。但对庞大的数据这几乎是不可能的。这时就需要应用描述性统计量和统计图来进行筛选和检测。最重要的是解决三个问题：所有的数据都在允许的范围内吗？平均数和标准差都比较合理吗？有无超出取值范围的数据？

通常通过以下两种方法对数据进行检查与筛选：

（一）一致性检查

一致性检查是为了找出超出范围、逻辑上不合理或极端的数值。超出正常范围的数据是不能用于分析的，必须进行纠正。SPSS 软件能够自动识别每个变量中超出范围的取值，并列出调查对象代码、变量代码、变量名、记录号、栏目数以及超出范围。这样做可以系统地检查每个变量，更正时还需要回到问卷编辑和编码的部分。

一致性检查一般检查问卷中的奇异值（Outliers）和极端值（Extreme Values）。

1. 导致奇异值和极端值的原因分析

通常有四种原因可导致奇异值和极端值的出现：

（1）数据输入时出错。

（2）在不同数据格式之间进行转换时，缺失值处的数码代号被当成了实际观测值。

（3）出现奇异值的样本并非属于所要考察的总体。

（4）考察的样本相对于正态分布有比较多的极端值。

2. 奇异值和极端值的检测

在 SPSS 描述统计分析菜单下，单击"Explore"对话框后把变量选入"Variables"框中，单击"统计量"选择"描述统计量"，单击图可以选择箱形图、茎叶图、直方图与正态检验的 Q-Q 图等，检测有无极端值和奇异值。通过箱形图可以发现数据中的异常点，对数据进行核对、检验和筛选。以箱形图为例，箱形图中都标有奇异值的行号，看不清时可拖动边框将箱形图放大查看。箱形图可用于表现观测数据的中位数、四分位数和两头极端值，图形的含义是：中间的粗线为中位数，灰色的箱体为四分位（箱体下端为第二十五百分位数、上端为第七十五百分位数），两头伸出的线条表现极端值（下边为最小值、上边为最大值）。箱形图用离群值和极端值表示那些在绳索外侧的值。离群值是指值与框的上下边界的距离在 1.5 倍框的长度到 3 倍框的长度之间的个案，在图中用"。"号表示。极端值是指值距离框的上下边界超过 3 倍框的长度的个案，用"＊"号表示。框的长度是四分位数之间的全距。

根据美国家庭汽车保有量的资料，对于汽车保有量和家庭收入这两个变量作箱形图，得到的图如图 8-4 与图 8-5 所示。

图 8-4 中只有一个极端案例，经查阅表就会发现"汽车保有量"这一变量有 1、2、3 和 9 辆四种取值。经查阅汽车保有量为 9 的样本单位是 1084 号问卷，再往前查阅第 1084 号问卷知，原答案是 1 辆，9 字实在是一个失误，应予以纠正。数据检查时可能发现一些不正常的数值，经查对原值并非如此，像这种发生在数据编码和录入过程中的误差称为"编误"。

图 8-5 中，既有离群值也有极端值，右端存在着 3 个极端值，最大的 1 个在 1000 百美

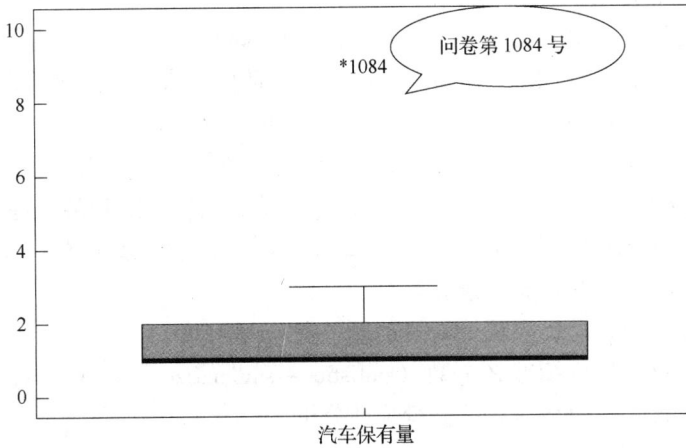

图 8-4　汽车保有量箱形图

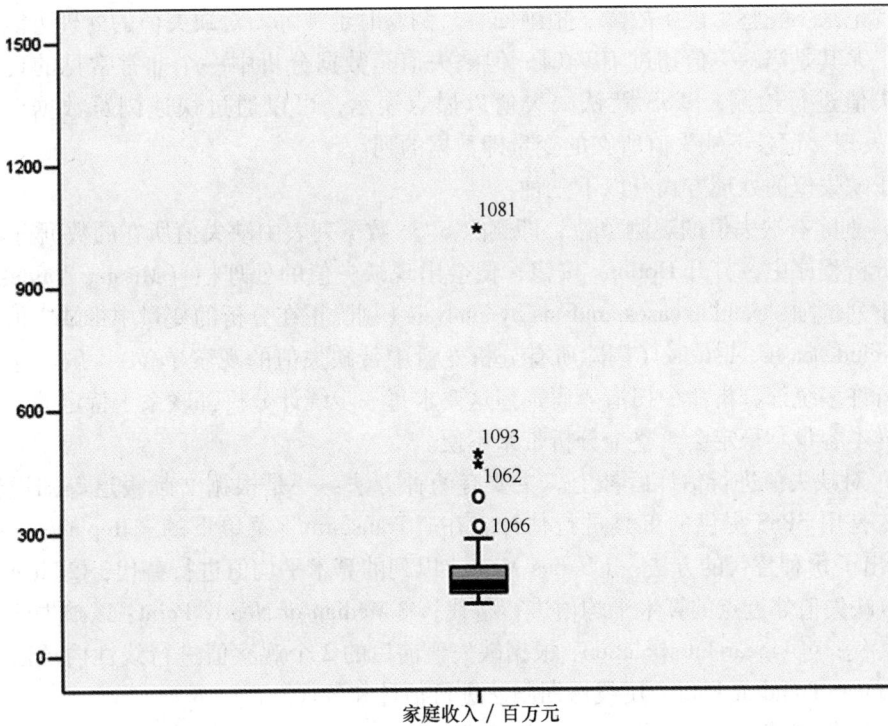

图 8-5　家庭收入箱形图

元以上，另外两个在 400～500 百美元之间。经查，此 3 个极端值为：第 1081 号家庭收入 1042 百美元，第 1093 号家庭收入 490 百美元，第 1062 号家庭收入 464 百美元。另外，还有两个离群值，处于 300～400 百美元之间，经查，它们是第 1067 号家庭收入 387 百美元，第 1066 号家庭收入 324 百美元。与原始问卷核对后，上述数据均无录入错误，鉴于 1042 百美元这个数值远远游离于箱体、绳索及邻近的极端值所组成的群体之外，可以把它视作飞点。

3. 减少奇异值和极端值影响的方法

（1）将奇异值和极端值作为缺失值处理：在"Variable View"中单击"Missing"栏下含有奇异值和极端值的变量，弹出"Missing Values"对话框，有3个选项可以使用：

1）discrete missing values：最多可以指定3个数值为缺失值。

2）range of missing values：指定某一取值范围内的数值为缺失值。

3）range plus one optional discrete missing：指定某一取值范围和某一特定数值为缺失值。

（2）根据检测的奇异值和极端值，用"data select cases"工具中的"if…"对数据的取值范围进行限定，然后再进行统计分析。

（3）对奇异值进行估计，方法同缺失值的估计。

（4）将原始数据转换成标准 Z 分数（statistics→summarize→descriptives→save→standardized value as）或进行其他的转换后再进行统计分析。

（5）删除奇异值所在的观察单位。

（二）缺失值处理

缺失值（Missing Values）是指某个变量的取值不明，原因可能是调查对象的答案不清楚，或者记录不完整、设备故障、拒绝回答、测验时走神等。对缺失值的处理可能会带来一些问题，尤其是当缺失值超过10%时。但缺失值是数据分析中一个非常常见的现象，对此应对缺失值进行检测，SPSS 默认缺失值以黑点表示，可以通过快速浏览数据列表（Data View）发现，记录下缺失值所在的变量即数据的列。

对于缺失值的处理方式有以下三种：

（1）剔除有缺失值的观测单位，即删除 SPSS 数据列表中缺失值所在的数据行。在 SPSS 的统计分析程序中，打开 Options 按钮，便会出现缺失值的处理栏（Missing Values），可分别选择下列选项：exclude cases analysis by analysis（剔除正在分析的变量中带缺失值的观察单位）；exclude cases, listwise（剔除所有分析变量中带缺失值的观察单位）。虽然这种做法可以为执行许多统计分析命令扫清障碍，但这要求每一步统计分析都联系于特定的有效样本容量，而样本容量不稳定会给整个分析带来不便。

（2）对缺失值进行估计后补上。主要有两种方法：一是根据文献报道等知识经验进行估计；二是用 SPSS 提供的工具进行估计。在"Transform"菜单下的"Replace Missing Values"列出了5种替代的方法：①Series Mean：以列的算术平均值进行替代；②Mean of Nearly Point：以缺失值邻近点的算术平均值进行替代；③Median of Nearly Point：以缺失值临近点的中位数替代；④Linear Interpolation：根据缺失值前后的2个观察值进行线性内插法估计和替代；⑤Linear Trend at Point：用线性回归法进行估计和替代。

（3）将缺失值作为常数值，如作为"0"。

采用不同的处理缺失值的方法可能导致不同的分析结果，尤其是当缺失值并非随机出现，而且变量之间存在相关性时，因此在调查中应尽量避免出现缺失值，调查人员在选择处理缺失值的方法之前也要慎重考虑其利弊。具体采用什么办法，还得根据具体情况加以考虑。

五、数据的图形化

数据自动清理完成后，就可以进行数据分析了。但在对数据进行分析之前，最好还要使复杂的数据简单化、通俗化、形象化，数据的图形化就是达到这一目的的有效方法。图形具有直观、形象、生动、具体的特点，让人一目了然、印象深刻，具有较强的说服力和吸引力。通过对应的图表，让读者迅速了解数据的整体情况（如数据的分布特征、集中趋势与离散趋势等），获得相关的信息与结论。

SPSS 软件，提供了相当强大的图形功能（详见第九章）。

第二节 描述性统计分析

描述性统计分析是市场调查资料分析中最常用的定量分析方法，主要用于描述和评价调查对象的数量特征和规律，如规模、水平、结构、集中趋势、离散程度、发展速度、发展趋势等。下面主要介绍数据的集中趋势分析和数据的离散程度分析的方法。

一、数据的集中趋势分析

集中趋势（Central Tendency）是指一组数据向其中心值靠拢的倾向和程度，测度集中趋势就是寻找数据水平的代表值或中心值。

对调查数据的集中趋势分析是对调查总体的特征进行描述和推断的基础和前提。次数分布的集中趋势是指次数的分布趋向集中在分布的中心，即在分布中心附近的变量值次数较多，而距离中心分布较远的变量值次数较少，这样数据就具备明显的集中趋势，从而反映数据分布的特征。统计平均数是用来反映总体的一般水平和集中趋势的指标，统计平均数包括数值平均数（算术平均数、调和平均数、几何平均数）和位置平均数（众数、中位数）。

1. 算术平均数

算术平均数（Mean），也称为均值，是调查所得的全部数据之和除以数据个数的结果。它是一组数据的均衡点所在，是集中趋势的最常用测度值，用 $\bar{x}$ 表示。

算术平均数的计算公式为

$$\bar{x} = \frac{总体标志总量}{总体单位总量} = \frac{x_1 + x_2 + \cdots + x_n}{n} = \frac{\sum_{i=1}^{n} x_i}{n}$$

【例8-1】 某计算机公司 2014 年 5 月销售量数据见表 8-5，可以算得其算术平均数 $\bar{x} = \frac{x_1 + x_2 + \cdots + x_n}{n} = \frac{234 + 143 + \cdots + 223}{30}$ 台 = 175.73 台。

表8-5 某计算机公司 2014 年 5 月销售量 （单位：台）

234	143	187	161	150	228	153	166	154	174
156	203	159	198	160	152	161	162	163	196
164	226	165	165	187	141	214	149	178	223

计算算术平均数时，标志总量和单位总量必须属于同一总体，分子分母的统计口径必须一致。否则，计算出来的平均数指标便失去了科学性。

2. 调和平均数

调和平均数又称倒数平均数，是指各变量值倒数的算术平均数的倒数。一般用符号 $\bar{x}_H$

177

表示，计算公式为 $\bar{x}_H = \dfrac{n}{\sum \dfrac{1}{x}}$。调和平均数是集中趋势的测度值之一，是均值的另一种表现形式，适合用于定比数据，同样也易受极端值的影响。

算术平均数和调和平均数并无本质区别，只是由于掌握现象总体的资料不同而采用不同的算法。在实际中，往往由于缺乏总体单位数的资料而不能直接计算算术平均数，故需用调和平均法来求得平均数。调和平均数是算术平均数的一种变形。

3. 几何平均数

几何平均数是指 n 个变量值乘积的 n 次方根，一般用符号 $\bar{x}_G$ 表示，适用于对比率数据的平均，主要用于计算平均增长率与平均发展速度。

计算公式为

$$\bar{x}_G = \sqrt[n]{x_1 x_2 \cdots x_n} = \sqrt[n]{\prod_{i=1}^{n} x_i}$$

4. 众数

众数（Mode）是一个统计总体或变量数列中出现次数最多、频率最高的变量值（或属性表现），体现了数据的必然性特征，一般用符号 M_o 表示。算术平均数是最常用来说明现象的一般水平的，但在有些情况下用众数说明现象的一般水平也有很好的效果。例如，为了掌握集市上某种商品的价格水平，不必登记全部的成交量和成交额，只用该商品在市场上最普遍的成交价格即可。销售量最多的服装款式或色彩，也即通常所谓的"流行款式"或"流行色"，就属于此意义上的众数。

一组数据的众数不一定是唯一的，可以有不止一个众数，当两个数据出现的次数并列最多，就说这两个数都是众数，叫双众数；当数据的众数多于两个时，就叫作多众数。

计算众数要求具备两个前提条件：①变量值必须分组；②变量值要有明显的集中趋势。

5. 中位数

中位数（Median）是指将变量值按大小顺序排列以后，位于数列中间位置的变量值。一般用符号 M_e 表示。一个统计总体或变量数列中处于中等水平的变量值为中位数。直观上说，若总体单位数很多或者分布是连续的，中位数将全部总体单位按变量值的大小分成两部分，即总体中有一半个体的变量值小于中位数，而另外一半个体的变量值大于中位数。

当数据个数为奇数时，中位数为最中间的那个数；当数据个数为偶数时，中位数为最中间两个数的平均数。

6. 算术平均数、中位数、众数的关系

从分布角度看，众数是一组数据分布的最高峰值，中位数是处于一组数据中间位置上的值，算术平均数则是全部数据的平均值。一般来说，三者之间的关系有下列几种情形：

对称分布：$\bar{x} = M_e = M_o$

右偏分布：$\bar{x} > M_e > M_o$

左偏分布：$\bar{x} < M_e < M_o$

当现象总体包含有极大或极小标志值的单位时，尤其适合于计算众数和中位数。因为算术平均数、调和平均数和几何平均数均会受到极端标志值的影响，而众数、中位数不受极端标志值的影响，比平均数更具有代表性。众数和中位数的代表性虽不如算术平均数严格，但

却非常直观，常常与人们对有关现象水平的实际感受相吻合。例如，在消费者心目中，某商品的一般价格水平在很大程度上取决于他日常购买时出现最多的价格或中等水平的价格，而不一定是按算术平均方式计算出来的价格。这说明它们在代表性方面各有特点，不能替代。数值平均数根据所有变量值来计算，能概括反映整个数列中各变量的平均水平；位置平均数是根据处于特殊位置的某个变量值来确定。故数值平均数对于数据的概括能力较强，对于数据变化的"灵敏度"很高，但易受极端值影响，"耐抗性"较低；位置平均数的"灵敏度"较低，但对极端值的"耐抗性"高。

二、数据的离散程度分析

集中趋势只是数据数量特征的一个方面，为了对调查数据的特征进行全面的分析，还必须研究该数据的分布偏离一般水平或小于中心值的程度，说明平均数对所平均的数据的代表性的大小。

离散趋势是指一组数据中各数据值以不同程度的距离偏离其中心（平均数）的趋势，又称为离中趋势，采用标志变异指标来衡量。标志变异指标，又称为标志变动度，是反映某一数量标志在总体各单位上差异程度的一种统计分析指标。一般而言，数据的标志变异指标值越大，说明变量值分布越分散，离中趋势越大，离散程度或分散程度越大。数据的离散趋势通常由极差、平均差、方差与标准差、离散系数等来测度。在对调查数据进行综合分析时，将集中趋势指标和离散趋势指标互相配合、互相补充，可以对调查数据进行较全面的观察。

1. 极差

极差（Range）又称全距，是指变量数列中最大变量值与最小变量值之差，一般用符号 R 表示。

其计算公式为

$$极差 = 最大标志值 - 最小标志值$$

根据组距数列求极差的计算公式为

$$极差 = 最高组上限 - 最低组下限$$

根据极差的大小能说明标志值变动范围的大小。

极差是一个粗糙的测度数据离散程度的指标，它仅与两个极端值有关，只受最大值和最小值的影响，而与其他数据以及总体单位数无关。极差虽然计算简便，但是易受极端值影响，不能准确反映全部变量值的实际离散程度。

在实际工作中，极差可以用于检查产品质量的稳定性和进行质量控制。在正常生产的条件下，产品质量稳定，极差在一定范围内波动，若极差超过给定的范围，就说明有不正常情况产生。

2. 平均差

平均差（Average Deviation）是指各变量值与其算术平均数离差绝对值的算术平均数。一般用符号 AD 表示。

（1）资料未分组时，平均差的计算公式为

$$AD = \frac{|X_1 - \bar{X}| + |X_2 - \bar{X}| + \cdots + |X_N - \bar{X}|}{N} = \frac{\sum |X - \bar{X}|}{N}$$

式中，$X - \overline{X}$ 表示离差；N 表示项数。

（2）资料分组时，平均差的计算公式为

$$AD = \frac{|X_1 - \overline{X}|f_1 + |X_2 - \overline{X}|f_2 + \cdots + |X_N - \overline{X}|f_N}{\sum f} = \frac{\sum |X - \overline{X}|f}{\sum f}$$

式中，$X - \overline{X}$ 表示离差；f 表示权数。

平均差是以平均数为中心，反映各变量值对其平均数的平均离差量，能全面概括反映所有变量值的变异状况或离散程度。平均差越大，表明标志变异程度越大；反之，则表明标志变异程度越小。但由于平均差是各变量值与其平均数离差绝对值的平均数，绝对值的数学性质较差，会给计算带来一定的麻烦，因此实际中应用较少。

3. 方差与标准差

方差（Variance）是指一组数据的各变量值与其算术平均数离差平方的算术平均数，是测度数据离散程度的主要方法，用 σ^2 表示。标准差（Standard Deviation），是方差的算术平方根，又叫均方差。

（1）未分组资料时，方差与标准差的计算公式如下：

方差的公式为
$$\sigma^2 = \frac{\sum (X - \overline{X})^2}{N}$$

标准差的公式为
$$\sigma = \sqrt{\frac{\sum (X - \overline{X})^2}{N}}$$

（2）分组资料时，方差与标准差的计算公式如下：

方差的公式为
$$\sigma^2 = \frac{\sum (X - \overline{X})^2 f}{\sum f}$$

标准差的公式为
$$\sigma = \sqrt{\frac{\sum (X - \overline{X})^2 f}{\sum f}}$$

式中，X 为变量值；f 为各组次数；$\overline{X}$ 为算术平均数；σ^2 为方差；N 为总体单位数；σ 为标准差。

标准差是进行离散程度分析时用得最多、最为广泛的指标，它对数据的稳定程度有敏锐的反应能力。方差与标准差都使用的是离差平方和，反映的是每个数据与其算术平均数相比平均差距的数值，因此能准确地反映出数据的离散程度，是实际应用中经常用来衡量离散程度的测度指标。方差与标准差采用平方的方法来避免正负离差互相抵消为零的问题，也消除了平均差中绝对值符号的正负问题，更便于数学上的处理。方差与标准差的计算，利用具有统计功能的函数型计算器是很容易的。

资料链接 8-1：数据分布特征与调查资料的处理分析[⊖]

单变量分析技术简单，也非常实用，但是如果事先不理解数据的特征就用复杂的分析工具进行数据分析可能会产生无意义的结果，并导致错误的结论。即使是计算变量平均值这样简单的任务，如果不了解数据的分布都会变得毫无意义。

Elrick and Lavidge 营销调研公司总裁 Robert L. Lavidge 进一步强调了忽视数据分布特征

⊖ 资料来源：A Parsuraman, Dhruv Grewal, R Krishnan. 市场调研［M］. 王佳芥，应斌，译. 北京：中国市场出版社，2009.

的潜在危险：在一种新调味品的测试中，顾客既不希望它太辣，也不希望它过于清淡。参与测试的平均估计值接近中值，其中"极辣"和"极清淡"是两个极端值。这种取值设置是考虑到顾客先入为主的观念。但是测试结果数据分布显示，相当大一部分顾客希望调味品味道辛辣，另有大约同样多的顾客希望调味品味道清淡些。只有相对极少的顾客希望调味品味道适中。

总之，对于变量取值分布的理解有助于研究者避免错误的结论。

4. 离散系数

上述的各种标志变异度指标，都是对总体中各单位指标值变异测定的绝对量指标。当比较平均数有较大差异或者计量单位不同的两个总体的离散程度时，还需要用离散系数展开进一步的分析。离散系数是测定总体中各单位标志值变异的相对量指标，以消除不同总体之间在计量单位、平均水平方面的不可比因素。常用的离散系数主要是标准差离散系数 V_σ。其公式为

$$V_\sigma = \frac{\sigma}{X} \times 100\%$$

【例8-2】　甲乙两个橡胶厂某年生产某种轮胎的行驶里程资料如表8-6所示。要求比较两厂轮胎的质量哪一个较稳定。

表8-6　甲乙两个橡胶厂某年生产某种轮胎的行驶里程

行驶里程/km	轮胎数占总数的比重（%）	
	甲　厂	乙　厂
15 000～20 000	3.8	14.5
20 000～25 000	5.6	21.2
25 000～30 000	50.4	30.2
30 000～35 000	35.2	23.6
35 000 以上	5.0	10.5
Σ	100.0	100.0

$$\overline{X}_甲 = \frac{\sum Xf}{\sum f} = 29\ 100 \text{km}$$

$$\sigma_甲 = \sqrt{\frac{\sum (X-X)^2 f}{\sum f}} = 4054.63 \text{km}$$

$$V_甲 = \frac{\sigma_甲}{\overline{X}_甲} = \frac{4054.63 \text{km}}{29\ 100 \text{km}} = 0.1393$$

$$\overline{X}_乙 = \frac{\sum Xf}{\sum f} = 27\ 200 \text{km}$$

$$\sigma_乙 = \sqrt{\frac{\sum (X-X)^2 f}{\sum f}} = 6010.12 \text{km}$$

$$V_乙 = \frac{\sigma_乙}{\overline{X}_甲} = \frac{6010.12 \text{km}}{27\ 200 \text{km}} = 0.2210$$

因为 $V_甲 < V_乙$，所以甲厂轮胎的质量较乙厂的稳定。

第三节　交叉列表分析

一、交叉列表分析的意义

交叉列表是一种以表格的形式同时描述两个或多个变量以及结果的统计分析方法，此表格反映了这些只有有限分类或取值的变量的联合分布。

（一）交叉列表分析的含义

交叉列表分析是指同时将两个或两个以上有一定联系的变量及其变量值按照一定的顺序交叉排列在一张统计表内，使各变量值成为不同变量的节点，从中分析变量之间的相关关系，进而得出科学结论的一种数据分析技术。

交叉列表是多个频数表的重组，表格中每个格子为列表变量特定值的特异组合。每一格子都是两个列表变量值的特定结合，每个格子中的数值说明落在某个特定变量值格子中的对象有多少。交叉列表可以检验属于多个变量类的观察对象的频数。通过观察频数，我们可以辨别交叉列表中变量间的关系。只有分类（名称）变量或含有少数值的变量才能列表。如果想将连续性变量列表（如收入），首先要将其分组。

我们以"某项关于个人年收入水平与受教育程度之间相关关系"的研究为例来阐述交叉列表分析。

年收入和文化水平是两个变量。要恰当反映年收入和文化水平间的关系，最为简便的方法就是编制关于两者的交叉列表。首先将调查对象按照受教育程度分为文盲及小学、初中、高中、大专、本科和研究生六组，再按年收入水平分为七个组，然后将受教育程度置于交叉列表的行，将年收入水平置于交叉列表的列，最后形成了如表8-7所示的交叉列表，表中任一变量值都是年收入和文化水平两个变量的节点。

表8-7　个人年收入水平与受教育程度相关关系交叉列表

受教育程度＼年收入水平/万元	1以下	1~3	3~5	5~8	8~12	12~20	20以上	合　计
文盲及小学	230	132	61	45	38	45	12	563
初中	132	89	43	80	53	64	35	496
高中	180	217	139	189	230	230	160	1345
大专	110	81	90	139	152	228	135	935
本科	28	56	34	45	70	138	119	490
研究生	5	30	11	39	39	75	80	279
合　计	685	605	378	537	582	780	541	4108

由表8-7可知，总共有效样本数为4108个，在受教育程度为文盲及小学组中的年收入在1万元以下的有230人，而20万元以上的仅为12人；在研究生组中年收入在1万元以下的仅有5人，20万元以上的有80人。从表8-7大致可以看出个人年收入水平与受教育程度呈现正相关关系。

（二）交叉列表分析的意义

在市场调查研究中常常需要回答以下问题：

（1）在名牌商品的消费者中，女性占多大的比重？

（2）不同的消费观念（奢侈品消费、绿色消费和实用型消费）与文化价值观（儒家文化价值观、道家文化价值观、佛教文化价值观）有关联吗？

（3）奢侈品消费行为与社会阶层（高、中、低）有关吗？

对此，调研人员会进一步提出与这些问题相关的、涉及其他领域的更深入的问题，以便帮助调研人员深入理解调研结果。在市场调查研究中交叉列表分析方法会被广泛地使用，交叉列表分析使用的意义表现在以下几个方面：

（1）通俗易懂。交叉列表分析的结果一目了然，尤其便于一些没有较深统计学专业技能的管理人员的理解。

（2）分析深入全面。通过对调查项目进行一系列的交叉列表分析，可以全面、深入分析和认识一些比较复杂的事物或现象。

（3）分析结果应用广泛。许多市场调查研究项目的数据整理与分析在一定程度上依赖交叉列表分析来得以解决。

（4）分析结果使用方便。交叉列表分析中的清楚解释在很大程度上能成为市场调查研究的结果，成为制定经营管理措施的有力依据。

（5）分析过程操作简单、容易掌握。交叉列表分析技术操作简单、容易掌握，一般的市场调研人员都能掌握，SPSS 与 Excel 软件通过菜单就可以实现。

二、交叉列表分析中变量的选择与确定

制作出来的交叉列表能否对经营管理措施有帮助，关键取决于交叉列表分析中变量的选择与确定。如果交叉列表分析中变量的选择与确定不当，可能会导致错误结论的产生。下面举例说明变量的选择与确定不当，会产生错误的结论。

【例 8-3】 国外某保险公司关于交通事故调查的分析

国外某保险公司关于交通事故调查的最初记录显示，该公司保户中有 62% 从未在驾驶时出过事故，见表 8-8。

表 8-8　小汽车驾驶者的事故比率

出事故的情况	驾驶者百分比
从未在驾驶时出过事故	62%
在驾驶时至少出过一次事故	38%
被调查总数	14 030

上述数据进而被分类为男性和女性的事故比率，以确定性别同事故的多少是否有某种联系，表 8-9 显示了具体的情况。

表 8-9　男性和女性小汽车驾驶者的事故比率

出事故的情况	男　性	女　性
从未在驾驶时出过事故	56%	68%
在驾驶时至少出过一次事故	44%	32%
被调查总数	7080	6950

表 8-9 中显示，男性小汽车驾驶者从未在驾驶时出过事故的占男性调查者的 56%，女性小汽车驾驶者从未在驾驶时出过事故的占女性调查者的 68%，这一数据表明男性的事故比率高于女性，性别是影响事故比率的一个重要因素。有人（尤其是男性）开始怀疑调查的正确性，觉得应该把其他因素考虑进来。一个可能的解释是：男性开车开得多所以事故多。从而，把"驾驶里程"作为第三个变量因素加入进行研究，见表 8-10。

表 8-10　男女小汽车驾驶者的里程与事故比率

出事故的情况	男性驾驶里程数		女性驾驶里程数	
	大于 10 000km	小于 10 000km	大于 10 000km	小于 10 000km
从未在驾驶时出过事故	52%	25%	52%	25%
在驾驶时至少出过一次事故	48%	75%	48%	75%
被调查总数	5010	2070	1915	5035

表 8-10 显示，不管男性和女性，小汽车驾驶者事故发生率都完全一样，不同的是驾驶里程超过 10 000km 的驾驶员中，不论男性还是女性驾驶员，从未在驾驶是出过事故的比率都为 52%。这说明小汽车驾驶者事故发生率的多少与驾驶里程呈正相关，而与驾驶员的性别无显著关系。表 8-9 所显示的男性驾驶员的事故比率之所以会高于女性，是因为男性驾驶员的驾驶里程数多于女性驾驶员。表 8-11 中显示，在男性驾驶员中驾驶里程超过 10 000km 的比率为 70.76%，在女性驾驶员中驾驶里程超过 10 000km 的比率为 27.55%。

表 8-11　小汽车驾驶者的里程数与性别的数据表

驾驶里程数	男性		女性	
	人数/人	百分比（%）	人数/人	百分比（%）
大于 10 000km	5010	70.76	1915	27.55
小于 10 000km	2070	29.24	5035	72.45
被调查总数	7080	100.00	6950	100.00

选择和确定交叉列表中的变量，包括其内容和数量，都应根据调查项目的特点来确定。

（1）在基础性的市场调研项目中，应尽可能地把所有与问题相关的因素都确定为进行交叉列表分析的变量。例如关于牛奶销售问题的研究项目中，调研人员应把可能影响到牛奶销售的因素（如牛奶的品牌、产地、包装、口感、容量等）都加以考虑。

（2）在一些应用型市场调研项目中，调研人员具有较多的选择和确定交叉列表分析变量的自由。例如研究必胜客比萨店是否受一些关键因素的影响和制约，考虑的变量因素应包括消费者的性别、收入水平、职业、年龄等。调研人员也可以把消费者的受教育程度、民族、性格等作为考虑的因素。在这一类调查项目中，交叉列表的变量取决于调查项目的要求和调研人员的分析判断。

（3）在简单的事实收集型调研项目中，需要考虑的变量因素通常在调研要求中已明确列出，调研人员只需按照要求把各项数据列入已经设计好的表格中即可。例如上述研究个人年收入水平与受教育程度之间的关系，交叉列表中的变量无疑就应该是个人年收入水平与受教育程度。

不管调研人员在选择和确定交叉列表分析变量因素时有多大的自由选择空间，变量因素必须在资料收集之前设计确定好。只有如此，才能有针对性地收集数据资料，才能掌握足够的数据资料来进行交叉列表分析。

三、两变量交叉列表分析

（一）两变量交叉列表

两变量交叉列表，又称为二维列联表，是最基本的交叉列表。表8-7关于个人年收入水平与受教育程度的交叉列表就是一个典型的两变量交叉分析列表，通过对个人年收入水平与受教育程度的有关数据进行分析发现两者间的相关关系。

表8-7中两变量交叉对应的节点使用的是绝对频数，因此个人年收入水平与受教育程度两者间的关系表达不是十分清晰。百分比能更清晰地表明数据的大小，为了便于数据之间的比较，这些节点上的数值最好使用相对频数即百分比。使用百分比编制交叉列表要考虑的两个问题：一是应该按照横行还是按照纵列来计算百分比；二是怎样解释各百分比之间的差异。

从统计分析的可能性来看，节点上的百分比既可以按行计算得到，也可以按列计算得到。表8-12与表8-13分别是根据个人年收入水平计算得到的受教育程度的列百分比和行百分比。

表8-12　个人年收入水平与受教育程度交叉列表的列百分比表（%）

受教育程度 ＼ 年收入水平/万元	1以下	1~3	3~5	5~8	8~12	12~20	20以上
文盲及小学	33.58	21.82	16.14	8.38	6.53	5.77	2.22
初中	19.27	14.71	11.38	14.90	9.11	8.21	6.47
高中	26.28	35.87	36.77	35.20	39.52	29.49	29.57
大专	16.06	13.39	23.81	25.88	26.12	29.23	24.95
本科	4.09	9.26	8.99	8.38	12.03	17.69	22.00
研究生	0.73	4.96	2.91	7.26	6.70	9.62	14.79
合　计	100.00	100.00	100.00	100.00	100.00	100.00	100.00

表8-13　个人年收入水平与受教育程度交叉列表的行百分比表（%）

受教育程度 ＼ 年收入水平/万元	1以下	1~3	3~5	5~8	8~12	12~20	20以上	合　计
文盲及小学	40.85	23.45	10.83	7.99	6.75	7.99	2.13	100.00
初中	26.61	17.94	8.67	16.13	10.69	12.90	7.06	100.00
高中	13.38	16.13	10.33	14.05	17.10	17.10	11.90	100.00
大专	11.76	8.66	9.63	14.87	16.26	24.39	14.44	100.00
本科	5.71	11.43	6.94	9.18	14.29	28.16	24.29	100.00
研究生	1.79	10.75	3.94	13.98	13.98	26.88	28.67	100.00

从列百分比表和行百分比表比较来看，采用不同的基数计算百分比，其结果有不同的意义。表8-12是以不同收入水平组为基数计算得到的列百分比，可观察不同受教育程度人数

的结构状况及其变化。虽然列百分比的交叉列表也能基本反映两个变量间的相关关系，但是暗含了受教育程度受年收入的影响。显然这种结论性的解释是不太符合逻辑和不恰当的。表8-13是以不同受教育程度人数为基数计算得到的行百分比，可观察不同收入水平组的结构状况及其变化，可以直接反映收入水平受文化程度的影响。

在计算百分比时是按行还是按列来计算，必须结合实际情况确定。一般的原则是按照因果关系的自变量方向来计算。在本例中受教育程度是原因变量（即自变量），年收入是结果变量（即因变量），因此选用表8-13进行两变量交叉列表分析，更容易理解和解释。从表8-13中可以看出：受教育程度低的，低收入的人数就越多，拥有高收入的人数比率就越小，如文盲及小学组中最低收入的人数为40.85%，而年收入在20万元以上的仅为2.13%；受教育程度高的，高收入的人数就越多，拥有低收入的人数比率就越小，如研究生组中年收入在20万元以上的为28.67%，而最低收入的人数仅为1.79%。

在调查实践中，经常会遇到因果关系难以确定的情况。此时就可以根据调查分析的目的与内容来确定计算方向，通常的做法是同时按两个方向分别计算百分比，再给出合理的解释。在 SPSS 软件中，不但可以选择按行的百分比和按列的百分比计算，还可以选择按总计的百分比计算，只需要点击菜单中选项即可。

（二）两变量交叉列表中相关关系的分类

在两变量交叉列表分析中，可以根据交叉列表卡方值的大小顺序，得出两变量间的相关关系的强弱。这些相关关系可以分为四类：

第一类是"显然的高相关"。例如，收入高的家庭比收入低的家庭与10年前相比生活发生的变化大的比率高，这类高相关是显而易见的，并不值得去关注。

第二类是"不显然的高相关"。去掉显然的相关，剩下来的就是不容易被人们察觉的，只有通过对调查数据的分析才能发现的相关关系，这种相关关系才是调查者最需要的，是应该进行详细解释的、有价值的相关关系。

第三类是"结构的相关"。在相关关系中，还存在一些根本无法解释的相关关系，这种相关关系被称为"虚假相关"或"伪相关"。其实这种被称为"虚"或"伪"的相关，一点都不"虚"或"伪"，这种相关关系是由实实在在的调查数据所揭示的真实的统计结果，是由另外一个变量所形成的间接的相关关系。这种间接的相关关系还存在另外一种矛盾现象，即为第四类"辛普森悖论"。

第四类是"辛普森悖论"（Simpson's Paradox）。当人们尝试探究两种变量是否具有相关性的时候（比如新生录取率与性别，报酬与性别等），会分别对之进行分组研究。辛普森悖论就是在这种研究中、在某些前提下产生的一种现象。

资料链接8-2：辛普森悖论

辛普森悖论，即在分组比较中都占优势的一方，会在总评中反而是失势的一方。该现象于20世纪初就有人讨论，但一直到1951年 E. H. 辛普森（E. H. Simpson）在他发表的论文中才正式被描述解释。后来人们就以他的名字命名该悖论。辛普森悖论的例子（内容取材自维基百科与科普写作奖佳作奖获得者林守德的《向理性与直觉挑战的顽皮精灵——综观诡谲的悖论》等文）：

秘书对校长说："校长，不好了，有很多男生在校门口抗议，他们说今年研究所女生录取率42%是男生21%的两倍，我们学校遴选学生有性别歧视。"校长满脸疑惑地问秘书：

"我不是特别交代，今年要尽量提升男生录取率以免落人口实吗？"

秘书赶紧回答说："确实有交代下去，我刚刚也查过的确是有注意到（数据见表8-14），今年商学院录取率是男生75%，女生只有49%。而法学院录取率是男生10%，女生为5%，两个学院都是男生录取率比较高，校长，这是我做的调查报告。"

表 8-14　研究所学生申请与录取情况表

学　院	女　　生			男　　生			合　　计		
	申　请	录　取	录取率	申　请	录　取	录取率	申　请	录　取	录取率
商学院	100	49	49%	20	15	75%	120	64	53.3%
法学院	20	1	5%	100	10	10%	120	11	9.2%
总　计	120	50	42%	120	25	21%	240	75	31.25%

你知道为什么个别录取率男生皆大于女生，但是总体录取率男生却远小于女生吗？此例就是统计上著名的辛普森悖论。例子说明，简单地将分组资料相加汇总，是不一定能反映真实情况的。

就本例的录取率与性别来说，导致辛普森悖论有两个前提。

一是两个分组的录取率相差很大，就是说法学院录取率9.2%很低，而商学院53.3%却很高，而两种性别的申请者分布比重却相反，女生偏爱申请商学院，故商学院女生申请比率占83.3%，相反男生偏爱申请法学院，因此法学院女生申请比率只占16.67%。结果从数量上来说，录取率低的法学院，因为女生申请人数少，所以不录取的女生相对很少。而录取率很高的商学院虽然录取了很多男生，但是申请者不多，使得最后汇总的时候，女生在数量上反而占优势。

二是性别并非是录取率高低的唯一因素，甚至可能是毫无影响的，至于在法、商学院中出现的比率差可能是属于随机事件，又或者是其他因素作用，譬如学生入学成绩却刚好出现这种录取比例，使人牵强地误认为这是由性别差异而造成的。

为了避免辛普森悖论的出现，就需要斟酌各个分组的权重，并乘以一定的系数去消除以分组数据基数差异而造成的影响。同时必须了解清楚情况，是否存在潜在因素，综合考虑。

无论是"结构的相关"还是"辛普森悖论"都会包含一些非常有价值的信息，是更应该值得人们关注的。要清晰地分析两变量间的相关关系是上述的哪一种相关关系，只有从第三个变量与它的关系上去认识，才能解释其产生的原因。

资料链接8-3：统计研究中的常见谬误[⊖]

（1）混淆统计联系与因果关系，因果关系是事物之间的本质联系，统计联系只是观测数据所反映的事物联系。

（2）事后解释谬误。根据统计结果建立理论假设，再将同一统计结果用于假设检验。

（3）生态学谬误。根据集合单位的分析结果做关于个体的断言。

（4）还原论谬误。根据较低程度的研究单位分析结果推断较高层次单位的运行规律。

（5）混淆统计检验显著与实际意义显著。统计检验的显著性受到抽样误差、置信度大小和样本规模等因素的影响，一个没有实际意义的差异可能会取得统计上的显著性。

⊖　资料来源：郭志刚. 社会统计分析方法——SPSS软件应用［M］. 北京：中国人民大学出版社，1999.

四、三变量交叉列表分析

在两变量交叉列表分析的基础上，为了进一步证实两变量交叉列表分析中两变量间的相关关系，需要加入第三个变量做进一步的分析，这样既能够防止错误地把虚假相关当作真实相关判断，也能防止把真实的相关当作虚假相关而抛弃。加入第三个变量后，使原有的两变量交叉列表分析的结果可能出现以下四种结果：

1. 更加精确地表达原有两变量之间的关系

例如，以某次研究时装购买现状与婚姻状况之间关系的消费者抽样调查为例。变量"时装购买状况"分为高和低两种，变量"婚姻状况"分为已婚和未婚两种，对于 1000 个消费者样本调查资料，以两变量交叉列表分析得到表 8-15。表 8-15 显示，被调查者中 52% 的未婚者购买高档时装，而在已婚者中仅有 31%，结论是未婚者比已婚者倾向于购买高档时装。

表 8-15 婚姻状况与时装购买状况的关系

时装购买状况	婚姻状况	
	已　婚	未　婚
高	31%	52%
低	69%	48%
样本数量/个	700	300

如果将时装购买者的性别作为第三个变量引入，即可得到关于性别、婚姻状况与时装购买状况的三变量交叉列表分析结果，见表 8-16。表 8-16 显示，女性被调查者中 60% 的未婚者购买高档时装，而在已婚者中仅有 25%；男性被调查者中 40% 的未婚者购买高档时装，而在已婚者为 35%，两者的比例比较接近。引入第三个变量显然更加精确地说明了原有的结论。

表 8-16 性别、婚姻状况与时装购买状况的关系

时装购买状况	男　性		女　性	
	已　婚	未　婚	已　婚	未　婚
高	35%	40%	25%	60%
低	65%	60%	75%	40%
样本数量/个	400	120	300	180

2. 显示原有两个变量的联系是虚假的

这种情况是指尽管两变量交叉列表分析的结果显示两变量之间相关，但是在引入第三个变量后，三变量交叉列表分析中显示原两变量的相关是虚假的。仍以例 8-3 国外某保险公司关于交通事故调查的记录为例。表 8-9 是男性和女性小汽车驾驶者的事故比率两变量交叉列表，表中显示，男性小汽车驾驶者从未在驾驶时出过事故的占男性调查者的 56%，女性小汽车驾驶者从未在驾驶时出过事故的占女性调查者的 68%，这一数据表明男性的事故比率高于女性，性别是影响事故比率的一个重要因素。但是根据生活经验，一般男性开车会比女性多，那会不会是男性开车开得多所以事故多？因而，把"驾驶里程"作为第三个变量因素加入进行研究。表 8-10 的三变量交叉列表显示，不管男性和女性，小汽车驾驶者事故发生率完全一样，不同的是驾驶里程超过 10 000km 的驾驶员中，不论男性还是女性驾驶员，从未在驾驶时出过事故的比率都为 52%。这说明小汽车驾驶者事故发生率的多少与驾驶里程相关，而与驾驶员的性别无显著关系。男性驾驶员的事故比率之所以会高于女性，是因为男性驾驶员的驾驶里程数多于女性驾驶员，从而证明原有两个变量性别与驾驶员的事故比率间的相关关系是虚假的。

3. 显示原先被隐含的关系

这种情况是指原两变量交叉列表分析结果显示两变量是不相关的，但加入第三个变量后，分析显示出原来的两变量间存在着某种相关的关系。以某次对出国旅游愿望的消费者抽样调查为例，样本容量为 1000，研究年龄与出国旅游愿望之间的关系。首先对年龄与出国旅游愿望进行两变量交叉列表分析，得到结果见表 8-17。表 8-17 表明年龄并不是影响人们有无出国旅游愿望的因素，年龄与出国旅游愿望之间没有什么相关关系。

表 8-17 平均年龄与出国旅游愿望之间的关系

出国旅游愿望	年 龄	
	小于 45 岁	45 岁及以上
有	50%	50%
否	50%	50%
列总计	100%	100%
样本数量/个	500	500

但是把性别当作第三个变量引入后，三变量交叉列表分析却得到新的研究结果，见表 8-18。表 8-18 表明，在加入第三个变量性别后，原先隐含的年龄与出国旅游愿望的关系得到了明确的反映：在男性中，小于 45 岁者有 60% 有出国旅游愿望，而女性小于 45 岁者只有 35% 有出国旅游愿望，45 岁及以上者却有 65% 有出国旅游愿望。因此在加入第三个变量性别后，原先隐含的年龄与出国旅游愿望的关系得以显现出来。

表 8-18 平均年龄、性别与出国旅游愿望之间的关系

出国旅游愿望	男 性		女 性	
	小于 45 岁	45 岁及以上	小于 45 岁	45 岁及以上
有	60%	40%	35%	65%
否	40%	60%	65%	35%
样本数量/个	300	300	200	200

4. 可能显示原有的联系没有改变

这种情况是指加入第三个变量并没有改变原来两变量交叉列表分析的结果，说明加入的第三个变量不对原来的两变量之间的关系产生影响。以某次关于收入水平与经常外出就餐之间的关系分析为例，样本容量为 1000，收入水平按照某个已知标准分成两类，即高收入和低收入。从而可以得到收入水平与经常外出就餐两变量交叉列表，见表 8-19。表 8-19 显示，高收入水平的家庭经常外出就餐的比例是 65%，而低收入家庭的比例只有 5%，显然收入水平是影响经常外出就餐的因素。

表8-19　收入水平与经常外出就餐之间的关系

经常外出就餐	收入水平	
	高	低
是	65%	5%
否	35%	95%
样本数量/个	500	500

当把家庭规模作为第三个变量引入后，得到如表8-20所示的三变量交叉列表，发现对原来的两变量之间的关系没有什么影响，新变量家庭规模的引入并没有改变原先的结论。说明影响经常外出就餐的因素是收入水平，家庭规模对经常外出就餐没有什么显著的影响。

表8-20　家庭规模、收入与经常外出就餐之间的关系

经常外出就餐	低 收 入		高 收 入	
	小	大	小	大
是	65%	65%	65%	65%
否	35%	35%	35%	35%
样本数量/个	250	250	250	250

关键词

数据清理 Data Cleaning
集中趋势 Central Tendency
众数 Mode
中位数 Median
均值 Mean
标准差 Standard Deviation

方差 Variance
极差 Range
平均差 Average Deviation
离散系数 Coefficient of Variation
交叉列表 Crosstab

思考题

1. 调查资料的处理包括哪些步骤？
2. 调查资料的审核包括哪些内容？
3. 如何对问卷中封闭式问题进行编码？
4. 如何对问卷中开放式问题进行编码？
5. 数据自动清理包括哪些内容？
6. 对于缺失数据处理的方法有哪些？
7. 数据集中趋势的指标有哪些？各有何特色？
8. 数据离散趋势的指标有哪些？各有何特色？
9. 什么是交叉列表？如何正确地选择和确定交叉列表中的变量？
10. 什么是两变量交叉列表？
11. 怎样对两变量交叉列表中的两变量相关关系进行判断？
12. 什么是三变量交叉列表？

彪马公司市场调查分析

彪马公司由鲁道夫·达斯乐（Rudolf Dassler）在 1948 年创办于德国，主要经营运动服装、运动鞋、运动装备和体育相关产品。彪马的市场定位使其成为引领潮流、新思想的代表。其市场定位与体育紧密结合，同时融入运动、时尚、休闲元素，以酷为诉求点，以个性、时尚为品牌元素。

有调查显示，青少年市场大约占全球体育用品销售额的 50%，青少年选择运动鞋时更注重该产品能否表现自己特立独行的个性。彪马的经理们认为，品牌最重要的是保持"酷"的感觉，吸引前卫的消费者。所以，彪马需要定期进行市场调查，以保证自己设计出来的产品更具有超前和时尚的概念。彪马公司某次调查的问卷和分析结果如表 8-21 所示。

表 8-21　彪马频数统计调查问卷

题目	选项	绝对频数	相对频数（%）
1. 您听说过彪马运动鞋品牌吗？	是	93	83.04
	否	16	14.29
	不知道	3	2.68
2. 听到彪马运动鞋您能联想到哪些属性？（可多选）	运动	83	86.46
	时尚的生活方式	11	11.46
	质朴但实用	15	15.63
	蹩脚货	12	12.50
	男性化	34	35.42
	女性化	13	13.54
3. 对于彪马运动鞋，您最先想到的是哪一个属性？	运动	72	75
	时尚的生活方式	2	2.08
	质朴但实用	9	9.38
	蹩脚货	7	7.29
	男性化	5	5.21
	女性化	1	1.04
4. 如果您最喜欢的一款彪马品牌运动鞋有货且价格合理，您会买吗？	是	72	75.00
	否	4	4.17
	不知道	20	20.83
5. 您的年龄	17 岁以下	0	0
	18~24 岁	33	29.46
	25~34 岁	31	27.68
	35~44 岁	23	20.54
	45~54 岁	15	13.39
	54 岁以上	10	8.93
6. 您的性别	男	58	51.79
	女	54	48.21

案例思考题:

1. 为上述问卷建立一个 SPSS 数据文件。

2. 指出上述数据文件中每一个变量是什么类型的量表。

3. 每一个变量的集中程度的度量方式是什么?为什么?

4. 计算出每一个变量的平均数(或中位数、众数)、标准差。

第九章　调查数据高级分析方法

导入案例

电视广告中的性别角色对比分析

最近一项研究对澳大利亚、墨西哥和美国电视广告中的性别角色进行了对比，结果显示，在不同国家男女的形象不同。澳大利亚的广告比美国广告的性别角色差异略小，而墨西哥广告中的性别角色差异最大。对墨西哥广告进行的列表分析如表9-1所示。

表9-1　墨西哥广告分析列表

广告产品的使用者	广告中出现的人物（%）	
	女性	男性
女性	25.0	4.0
男性	6.8	11.8
女性或男性	68.2	84.2

样本数据显示，女性较多出现在女性产品的广告中，而很少出现在男性产品广告中；男性则较多出现在男女兼用产品的广告中。可是这能否说明在墨西哥的电视广告中普遍存在这一规律吗？

启示：基础数据分析可以帮助调查者了解样本的信息，但是要想由此推断市场总体的情况，还需要借助统计推断等高级分析方法。

在市场调查中，有的调查项目经初步的定性分析和解释即可得出结论。但在多数情况下，还必须对有关数据做深层次的定量分析，才能为决策提供相对理性客观的依据。为此，本章将介绍一些常用的数据分析方法：假设检验、回归分析、判别分析、聚类分析和因子分析等。

第一节　假设检验

假设检验是统计推断中常用的一种方法。在总体的分布函数未知或只知其形式不知其参数的情况下，为推断总体的某些性质，先对总体提出假设，然后根据样本资料对假设的正确性进行判断，决定是接受还是拒绝这一假设。

假设检验包括参数假设检验和非参数假设检验。参数假设检验是在总体分布已知的情况下，先对总体参数提出假设，然后利用样本信息去检验该假设是否成立；参数假设检验包括对平均值的检验和对百分数的检验。非参数假设检验是在总体分布未知的情况下，先对总体提出假设，然后根据样本资料对假设的正确性进行判断。非参数假设检验的方法很多，本书主要介绍较常用的方法：χ^2检验、魏氏检验和麦氏检验。

一、假设检验的原理与步骤

（一）假设检验的基本原理

假设检验所依据的基本原理是概率论中的小概率原理，即"小概率事件在一次观察中不可能出现"的原理。但是，如果小概率事件恰恰是在一次实际观察中出现了，该如何判断？一种观点是认为该事件的概率仍然很小，只是碰巧被遇上了；另一种看法则是怀疑和否定该事件的概率未必很小，即认为该事件本身就不是一种小概率事件，而是一种大概率事件。后一种判断更为合理，它所代表的正是假设检验的基本思想。

（二）假设检验的基本概念

1. 原假设与备择假设

假设主要用两种形式表示：原假设H_0和备择假设H_1。原假设H_0（有时也叫零假设）在检验时和备择假设H_1（有时也叫调查兴趣假设）是相对的。例如，某商店经理认为他的操作程序将会使顾客在购物窗前等待2min。他通过在随机选取的时间、随机选取的商店对1000名顾客进行调查，其结果是被调查者平均等待时间为2.4min。原假设和备择假设将表示如下：

原假设H_0：标准等待时间 = 2min

备择假设H_1：标准等待时间 $\neq$ 2min

2. 第一类错误与第二类错误

假设检验中易犯两种类型的错误，第一类错误叫"弃真"，第二类错误叫"取伪"。所谓"弃真"，就是原假设是正确的，却被当成错误的拒绝了。而"取伪"相反，本来原假设是错误的，却被当成正确的内容接受了。表9-2列出了假设检验中可能发生的两类错误及概率。无论是"弃真"还是"取伪"，在现实中都是无法避免的。因此，在确定检验准则时，应尽量使犯这两类错误的概率都较小。但在固定样本量下，要减少犯第一类错误的概率，则犯第二类错误的概率往往增大。要使犯这两类错误的概率都减小，除非增加样本容量。在给定样本容量的情况下，一般总是控制犯第一类错误的概率，使它小于或等于α。这种只对犯第一类错误的概率加以控制，而不考虑犯第二类错误的检验，称为显著性检验。

表 9-2　第一类错误和第二类错误

原假设的实际状况	不拒绝 H_0	拒绝 H_0
H_0 正确	正确（$1-\alpha$）	第一类错误（α）
H_0 错误	第二类错误（β）	正确（$1-\beta$）

3. 拒绝域与显著性水平

拒绝假设 H_0 的区域称为检验的拒绝域，即在抽样分布中分属两端的能够否定原假设 H_0 的小区域，拒绝域的边界点叫临界点。拒绝域的大小由显著性水平决定。在市场调查中，在进行假设检验时将发生第一类错误的概率的最大允许值称为检验的显著性水平。显著性水平用符号 α 表示，它可以视研究的需要而被规定在任意的水平上。当显著性水平控制在一定限度以内，如取 $\alpha=0.05$、$\alpha=0.01$ 等，便可确定拒绝域。

4. 单尾检验与双尾检验

在检验原假设 H_0 时，如果拒绝域在抽样分布的一端，称为单尾检验（也称"单侧检验"）；如果拒绝域在两端，则称为双尾检验（也称"双侧检验"）。选用单尾检验还是双尾检验取决于备择假设 H_1 的方向。如果 H_1 未指明方向（如：赞成人数 $\neq$ 反对人数），则用双尾检验；如果已知 H_1 的方向（如：赞成人数 $>$ 反对人数，或赞成人数 $<$ 反对人数），则用单尾检验。例如，一家快餐店的质量控制部要对刚从一个卖主手中接到的一批原装牛肉进行检测，以测定其脂肪含量是否符合标准。这时单尾检验较合适。如果没有达到规格，这批牛肉就可以退货。需要双尾检验的典型例子是对电路熔丝的检验。

（三）假设检验的步骤

检验一个假设一般有如下五个步骤：

（1）建立原假设 H_0 和备择假设 H_1。一般把需要通过样本去推断其正确与否的命题作为原假设。

（2）选择适当的统计方法来检验假设。

（3）明确判断标准，并作为决定是否拒绝原假设 H_0 的基础。

（4）计算检验统计量的值并进行检验。

（5）从初始问题或调查问题角度陈述结论。

资料链接 9-1：假设检验背后的哲学⊖

如果一个人说他从来没有骂过人。他能够证明吗？如果非要证明他没有骂过人，他必须出示他从小到大每一时刻的录音录像、所有书写的东西等，还要证明这些物证是完全的、真实的、没有间断的。这简直是不可能的。即使他找到一些证人，比如他的同学、家人和同事来证明，那也只能够证明在那些证人在场的某些时刻，他没有被听到骂人。但是，反过来，如果要证明这个人骂过人很容易，只要有一次被抓住就足够了。看来，企图肯定什么事物很难，而否定却要相对容易得多。在假设检验中，一般要设立一个原假设（上面的"从来没骂过人"就是一个例子）；而设立该假设的动机主要是企图利用人们掌握的反映现实世界的

⊖　资料来源：吴喜之. 统计学：从数据到结论 [M]. 北京：中国统计出版社，2004.

数据来找出假设与现实之间的矛盾，从而否定这个假设。在多数统计教科书中（除了理论探讨之外）的假设检验都是以否定原假设为目标。

二、关于平均值的假设检验

对总体均值的假设检验是根据样本平均值及标准差来判断总体平均值的大小。对大样本（$n \geq 30$）使用 Z 检验法，对小样本（$n < 30$）则应用自由度为 $n-1$（$n =$ 样本数）的 t 检验法。

（一）大样本下的总体平均值假设检验

样本平均值的检验形式为

$$Z = \frac{\bar{x} - \mu_0}{\sigma / \sqrt{n}}$$

计算所得到的值说明了 $\bar{x}$ 与 μ_0 之间相距多少个标准差。用 Z 作为检验统计量来确定与其之间的距离是否足够远，进而判断是否拒绝原假设。

1. 大样本下总体均值的单侧检验

（1）如果 $H_0: \mu \geq \mu_0$；$H_1: \mu < \mu_0$。

检验统计量：$Z = (\bar{x} - \mu_0)/(\sigma/\sqrt{n})$，如果 $Z < -Z_\alpha$，则拒绝 H_0。

（2）如果 $H_0: \mu \leq \mu_0$；$H_1: \mu > \mu_0$。

检验统计量为 $Z = (\bar{x} - \mu_0)/(\sigma/\sqrt{n})$，如果 $Z > Z_\alpha$，则拒绝 H_0。

【例9-1】 某大学管理学院对200名已毕业的工商管理硕士（MBA）校友的年收入情况进行调查。结果如下：总样本平均收入为6.75万元，标准差为1.75万元。是否可以由调查结果判定毕业的MBA校友总的平均收入在6.50万元以上（显著性水平 $\alpha = 0.05$）？

【解】 根据题意，$n = 200$，$\mu_0 = 6.50$，$\alpha = 0.05$，$\sigma = 1.75$，$\bar{x} = 6.75$。

（1）建立原假设 H_0 和备择假设 H_1：

$$H_0: \mu \leq \mu_0 ; \quad H_1: \mu > \mu_0$$

（2）选择适当的统计方法来检验假设。

$n = 200$ 属于大样本，采用单侧检验 Z 检验法。

（3）明确判断标准，并作为决定是否拒绝原假设 H_0 的基础。

显著性水平 $\alpha = 0.05$，查正态分布表得到 $Z_\alpha = 1.645$。

（4）计算检验统计量的值并进行检验。

$$Z = \frac{\bar{x} - \mu_0}{\sigma/\sqrt{n}} = \frac{6.75 - 6.50}{1.75/\sqrt{200}} = 2.02$$

（5）陈述结论。

因为 $2.02 > 1.645$，即 $Z > Z_\alpha$，所以拒绝原假设。因而得出结论：有95%的把握认为毕业的MBA校友总的平均收入在6.50万元以上。

2. 大样本下总体均值的双侧检验

大样本下总体均值双侧检验的一般形式可以表述为 $H_0: \mu = \mu_0$，$H_1: \mu \neq \mu_0$。

检验统计量：$Z = (\bar{x} - \mu_0)/(\sigma/\sqrt{n})$，若 $Z > Z_{\alpha/2}$ 或 $Z < -Z_{\alpha/2}$ 则拒绝 H_0。

【例9-2】 某单位职工上月平均收入为2100元，本月调查了100名职工，平均月收入为 2200 元，标准差为 150 元。问该单位职工本月平均收入与上月相比是否有变化？

【解】　根据题意，$n=100$，$\mu_0=2100$，$\sigma=150$，$\bar{x}=2200$。

首先建立原假设（H_0）和备择假设（H_1）

$$H_0: \mu=2100; \quad H_1: \mu\neq 2100$$

选择显著性水平 $\alpha=0.05$，查正态分布表得到 $Z_{(0.05/2)}=1.96$。

检验统计量为

$$Z=\frac{2200-2100}{150/\sqrt{100}}=6.67$$

由于 $Z=6.67 > Z_{(0.05/2)}=1.96$，所以拒绝 H_0，有 95% 的把握认为该单位职工本月平均收入与上月相比有变化。

（二）小样本下的总体平均值假设检验

利用自由度为 $n-1$ 的 t 分布是对小样本进行统计推论的合适检验。其单侧检验和双侧检验方法如下：

1. 小样本下总体均值的单侧检验

（1）如果 $H_0: \mu\geq\mu_0$；$H_1: \mu<\mu_0$。

检验统计量为 $t=(\bar{x}-\mu_0)/(S/\sqrt{n-1})$，若 $t<-t_\alpha$，则拒绝 H_0。

（2）如果 $H_0: \mu\leq\mu_0$　　$H_1: \mu>\mu_0$。

检验统计量为 $t=(\bar{x}-\mu_0)/(S/\sqrt{n-1})$，若 $t>t_\alpha$，则拒绝 H_0。

【例 9-3】　某企业要调研对职工进行培训的效果。原预测培训后每个职工的月产量可达到 2000 件。培训结束时对 16 个经过培训的职工进行抽样，发现平均月产量只有 1700 件，标准差为 250 件。能否由此结果推断培训没有达到预期效果？（显著性水平 $\alpha=0.05$）

【解】　根据题意，$n=16$，$\mu_0=2000$，$\alpha=0.05$，$S=250$，$\bar{x}=1700$。

（1）建立原假设 H_0 和备择假设 H_1。

$$H_0: \mu\geq\mu_0; \quad H_1: \mu<\mu_0$$

（2）选择适当的统计方法来检验假设。

$n=16$ 属于小样本，采用单侧检验 t 检验法。

（3）明确判断标准，并作为决定是否拒绝原假设 H_0 的基础。

显著性水平 $\alpha=0.05$，查正态分布表（自由度 $n-1=15$）得到 $t_\alpha=1.753$。

（4）计算检验统计量的值并进行检验。

$$t=\frac{\bar{x}-\mu_0}{S/\sqrt{n-1}}=\frac{1700-2000}{250/\sqrt{15}}=-4.65$$

（5）陈述结论。

因为 $-4.65<-1.753$，即 $t<-t_\alpha$，所以拒绝原假设。因而得出结论：有 95% 的把握认为培训没有达到预期效果。

2. 小样本下总体均值的双侧检验

小样本下总体均值双侧检验的一般形式可以表述为 $H_0: \mu=\mu_0$；$H_1: \mu\neq\mu_0$。

检验统计量为

$$t=\frac{\bar{x}-\mu_0}{S/\sqrt{n-1}}$$

显著性水平为 α 时的拒绝法则是 $t>t_{\alpha/2}$，或 $t<-t_{\alpha/2}$，则拒绝 H_0。

【例 9-4】 专家认为一般汽车驾驶员的视反应时平均为 175ms。经过随机抽取 36 名汽车驾驶员作为研究样本进行测定，结果视反应平均值为 180ms，标准差为 25ms。能否根据测试结果否定专家的结论（假定人的视反应时符合正态分布，显著性水平为 0.05）。

【解】 根据题意，$n = 36$，$\mu_0 = 175$，$\alpha = 0.05$，$S = 25$，$\bar{x} = 180$。

首先建立原假设（H_0）和备择假设（H_1）。

$$H_0: \mu = 175; \quad H_1: \mu \neq 175$$

选择显著性水平 $\alpha = 0.05$，查 t 分布表得到 $t_{(0.05/2)} = 2.03$。

检验统计量为

$$t = \frac{180 - 175}{25 / \sqrt{36 - 1}} = 1.18$$

由于 $t = 1.18 < t_{(0.05/2)} = 2.03$，所以不能拒绝 H_0，即根据测试结果不能否定专家的结论。

（三）两个总体平均值差的假设检验

两组样本：$x_1, x_2, \cdots, x_n$ 与 $y_1, y_2, \cdots, y_n$ 分别来自两个独立的正态总体 $N(\mu_1, \sigma_1^2)$ 与 $N(\mu_2, \sigma_2^2)$。

假设检验为 $H_0: \mu = \mu_0$；$H_1: \mu \neq \mu_0$。

检验统计量及显著性水平为 α 时的拒绝法则：

（1）如果方差 σ_1^2 与 σ_2^2 已知，选用统计量进行 Z 检验：

$$Z = \frac{(\bar{x} - \bar{y}) - (\mu_1 - \mu_2)}{\sqrt{\dfrac{\sigma_1^2}{n_1} + \dfrac{\sigma_2^2}{n_2}}}$$

显著性水平为 α 时的拒绝法则是 $Z > Z_{\alpha/2}$，或 $Z < -Z_{\alpha/2}$，则拒绝 H_0。

（2）如果方差 σ_1^2 与 σ_2^2 未知，则选用统计量进行 t 检验：

$$t = \frac{(\bar{x} - \bar{y}) - (\mu_1 - \mu_2)}{S_w \sqrt{\dfrac{1}{n_1} + \dfrac{1}{n_2}}}$$

式中，$S_w^2 = \dfrac{(n_1 - 1)S_1^2 + (n_2 - 1)S_2^2}{n_1 + n_2 - 2}$

显著性水平为 α 时的拒绝法则是 $t > t_{\alpha/2}$，或 $t < -t_{\alpha/2}$，则拒绝 H_0。

【例 9-5】 宏达公司为提高产品质量，对部分职工进行了第一期培训。为了解培训效果，特从经过培训的职工中和未经过培训的职工中各随机地抽取 10 人，记录其月产量。假设这两组职工的实际产量均近似地服从正态分布，且已知其标准差。有关数据见表 9-3。现要求判断培训对职工产量提高有无显著性影响。显著性水平 $\alpha = 0.05$。

表 9-3 宏达公司部分职工产量统计表

样　本	月平均产量	标　准　差	样本大小
经过培训的职工	$\bar{x} = 2059$	$\sigma_1 = 140$	$n_1 = 10$
未经过培训的职工	$\bar{y} = 1939$	$\sigma_2 = 170$	$n_2 = 10$

【解】 依题意，标准差 σ_1、σ_2 均已知，可采用 Z 检验法。

（1）建立假设。

$H_0: \mu_1 = \mu_2$，即培训对职工产量提高无显著影响；

$H_1: \mu_1 > \mu_2$，即培训对职工产量提高有显著影响。

（2）选择检验统计量。

$$Z = \frac{2059 - 1939}{\sqrt{\dfrac{140^2}{10} + \dfrac{170^2}{10}}} \approx 1.723$$

（3）选定显著性水平 $\alpha = 0.05$，查正态分布表得 $Z_\alpha = 1.645$。

（4）做出判断。

由于 $|Z| > Z_{0.05}$，所以拒绝 H_0，接受 H_1，即至少有 95% 的把握认为培训对职工产量的提高有显著影响，培训效果显著，达到了预期目的。

上述的 Z 检验法适用于方差已知的情形；若方差未知时，可改用样本标准差 S 代替 σ，实行 t 检验。

三、关于比率的假设检验

市场调研人员经常会进行比率或百分比方面的估计。例如，知晓某一广告的人数比率；检验在被调查者中偏爱 A 品牌的比率和偏爱 B 品牌的比率，或者品牌忠诚者的比率与非忠诚者的比率。下面介绍一个样本的比率检验方法和独立样本的两比率差分的检验方法。

（一）一个样本的比率检验

令 P 代表总体比率，P_0 代表总体比率的某一假设值，则总体比率的假设检验有如下三种形式：

（1）$H_0: P \geqslant P_0$；$H_1: P < P_0$。

（2）$H_0: P \leqslant P_0$；$H_1: P > P_0$。

（3）$H_0: P = P_0$；$H_1: P \neq P_0$。

前两种形式为单侧检验，第三种形式为双侧检验，具体采用哪一种形式依赖于应用的要求。

统计检验量为

$$Z = \frac{P - P_0}{\sigma_P} = \frac{P - P_0}{\sqrt{\dfrac{P_0(1 - P_0)}{n}}}$$

【例 9-6】 某公司进行一次新产品研究，其中的一项内容是调查新产品将来可能的市场占有率。对 500 名潜在用户调查后发现，有 15% 的潜在用户回答很可能或绝对可能购买该新产品。公司的其他研究表明，在新产品全面投入市场后，市场占有率 P 必须超过 12% 才能保证获利。问是否应该开发这个新产品？（显著性水平为 $\alpha = 0.05$）

【解】 检验步骤如下：

（1）确定与应用相适应的原假设和备择假设。

$$H_0: P \leqslant 12\% ; \quad H_1: P > 12\%$$

（2）原假设条件下用 P 值计算估计标准差：

$$S_P = \sqrt{\frac{P_0(1 - P_0)}{n - 1}} = \sqrt{\frac{0.12 \times (1 - 0.12)}{500 - 1}} = 0.0145$$

（3）指定检验中的显著性水平：$\alpha = 0.05$，$Z_{\alpha} = 1.64$。

（4）根据样本数据，计算检验统计量的值 Z：

$$Z = \frac{样本比率 - 原假设表述的总体比率}{估计标准差}$$

$$= \frac{0.15 - 0.12}{0.0145} = 2.069$$

（5）将检验统计量的值与拒绝规则所指定的临界值相比较，确定是否拒绝 H_0。

计算出来的 Z 大于临界值 1.64，我们有 95% 的把握确信这个新产品的市场占有率大于 12%，应该开发这个新产品。

（二）独立样本的两比率差分的检验

在不少情形中，管理层感兴趣的是两个不同组中具有某种行为或特征的人的比例。下面通过一个实例说明独立样本的两比率差分的假设检验过程。

【例 9-7】 便利店的管理层以一项调查研究为基础有理由相信，每月购物 ≥ 9 次的人中，男性百分比大于女性百分比。有关资料为：男性样本数 $n_1 = 45$ 人，比率 $P_1 = 0.58$；女性样本数 $n_2 = 71$ 人，比率 $P_2 = 0.42$。

【解】（1）建立原假设 H_0 和备择假设 H_1。

H_0：$P_1 \leq P_2$（即每月购物大于或等于 9 次的男性所占百分比 $\leq$ 女性的百分比）

H_1：$P_1 > P_2$（即男性百分比 > 女性百分比）

（2）确定显著性水平 $\alpha = 0.10$（管理层决定）。

对于 $\alpha = 0.10$，查表得 Z 值（临界）= 1.28（自由度 = $+\infty$，0.10 的显著性水平，单尾）。

（3）计算两比率间差异的估计标准误差。

$$S = \sqrt{P(1-P)\left(\frac{1}{n_1} + \frac{1}{n_2}\right)}$$

式中

$$P = \frac{n_1 P_1 + n_2 P_2}{n_1 + n_2}$$

根据资料，$P = \dfrac{45 \times 0.58 + 71 \times 0.42}{45 + 71} = 0.48$

$$S = \sqrt{0.48 \times (1 - 0.48) \times \left(\frac{1}{45} + \frac{1}{71}\right)} = 0.10$$

（4）计算检验统计量

$$Z = \frac{两样本比率之差 - 原假设表述的比率差}{两比率间差异的估计标准差} = \frac{0.58 - 0.42}{0.10} = 1.60$$

（5）将检验统计量的值与拒绝规则所指定的临界值相比较，确定是否拒绝 H_0。

因为计算出的 $Z = 1.60 >$ 临界 Z 值（1.28，$\alpha = 0.10$），所以原假设不成立。因此，管理层可有 90% 的把握确信每月购物大于或等于 9 次的男性所占百分比大于女性的百分比。

这里必须强调的是显著性水平的选择与确定直接影响假设检验的结果。上面的例子如果取 $\alpha = 0.05$，则可以得出与以上结论相反的答案。

四、拟合优度

调研中收集的数据经常用单向频次和交叉表的方法来分析。我们所观察到的频次形态是否与期望的一致？常用的检验方法是拟合优度（Goodness of Fit）检验。下面将讲述拟合优度在检验单个样本和两个独立样本的交叉类别数据分布方面的应用。

（一）单个样本的 χ^2 检验

对单个样本进行 χ^2 检验时，可选用统计量

$$\chi^2 = \sum_{i=1}^{k} \frac{(Q_i - E_i)^2}{E_i}$$

式中，Q_i 为第 i 类的观察值（观察频数）；E_i 为第 i 类的期望值（期望频数）；k 为类别数。

【例9-8】　在过去的一年里，公司 A 的市场份额稳定为 50%，公司 B 为 30%，公司 C 为 20%。最近公司 B 开发了一种新产品，该产品已经取代了其原有的老产品，某调查公司接受 B 公司的委托，请 200 名用户来进行调查，为它判断新产品是否使原有的市场份额发生了变化。调查结果见表9-4。显著性水平 $\alpha = 0.05$。

表9-4　市场份额调查的 χ^2 检验表

类　　别	假设比例	观察频数（Q_i）	期望频数（E_i）	$Q_i - E_i$	$(Q_i - E_i)^2$
公司 A	0.50	48	$200 \times 0.50 = 100$	-52	2704
公司 B	0.30	98	$200 \times 0.30 = 60$	38	1444
公司 C	0.20	54	$200 \times 0.20 = 40$	14	196

【解】　（1）建立原假设 H_0 和备择假设 H_1。

H_0：三个公司的市场份额不变；

H_1：公司 B 的新产品使原有的市场份额发生显著改变。

（2）计算检验统计量的值。

$$\chi^2 = \sum_{i=1}^{k} \frac{(Q_i - E_i)^2}{E_i} = \frac{2704}{100} + \frac{1444}{60} + \frac{196}{40} = 56.01$$

（3）确定显著性水平 $\alpha = 0.05$。

对于自由度 $df = k - r - 1 = 3 - 0 - 1 = 2$（$r$ 为被估计的参数的个数，取零），查 χ^2 分布表得 $\chi^2_\alpha = 5.99$。

（4）将检验统计量的值与拒绝规则所指定的临界值相比较，确定是否拒绝 H_0。由于 $\chi^2 > \chi^2_\alpha$，则拒绝 H_0，即认为公司 B 的新产品投入市场改变了从前的市场份额。

（二）两个独立样本的 χ^2 检验

在市场调研中，调研人员经常需要确定两个或两个以上不同变量间是否有联系。一般用 χ^2 检验两个样本的独立性。

对两个样本进行 χ^2 检验时，可选用统计量

$$\chi^2 = \sum_{i=1}^{r} \sum_{j=1}^{k} \frac{(Q_{ij} - E_{ij})^2}{E_{ij}}$$

式中，Q_{ij} 为第 i 行第 j 列中的观察值；E_{ij} 为第 i 行第 j 列中的期望值（估计值），$E_{ij} = \frac{n_i n_j}{n}$。

下面我们看一个例题。

【例9-9】　一家便利店想确定顾客性别与来店频次间关系的性质。来店频次被分为三个等级：1～5 次/月（少量使用者），6～14 次/月（中等使用者），大于或等于 15 次/月

（大量使用者）。有关资料见表9-5。

表9-5　两个独立样本的 χ^2 检验

去便利店的男性				去便利店的女性			
次　数	人　数	频　率	累计频率	次　数	人　数	频　率	累计频率
X_m	f_m	%	%	X_f	f_f	%	%
2	2	4.4	4.4	2	5	7.0	7.0
3	5	11.1	15.5	3	4	5.6	12.7
5	7	15.6	31.1	4	7	9.9	22.5
6	2	4.4	35.6	5	10	14.1	36.6
7	1	2.2	37.8	6	6	8.5	45.1
8	2	4.4	42.2	7	3	4.2	49.3
9	1	2.2	44.4	8	6	8.5	57.7
10	7	15.6	60.0	9	2	2.8	60.6
12	3	6.7	66.7	10	13	18.3	78.9
15	5	11.1	77.8	12	4	5.6	84.5
20	6	13.3	91.1	15	3	4.2	88.7
23	1	2.2	93.3	16	2	2.8	91.5
25	1	2.2	95.6	20	4	5.6	97.2
30	1	2.2	97.8	21	1	1.4	98.6
40	1	2.2	100.0	25	1	1.4	100.0
合计	45	—	—	—	71	—	—

【解】　　（1）建立原假设 H_0 和备择假设 H_1。

H_0：性别和来店频次间没有关系；

H_1：性别和来店频次间有显著关系。

（2）将观察到的样本频次填入 $k \times r$ 交叉表中（见表9-6）。

表9-6　$k \times r$ 交叉表

来店频次	男　　性	女　　性	合　　计
1~5次	14（15.52）	26（24.48）	40
6~14次	16（19.40）	34（30.60）	50
15次及以上	15（10.09）	11（15.91）	26
合　计	45	71	116

k 列代表样本组数，r 行代表条件或处理。计算每一列和每一行的和并将这些总和记录在表的边缘处（称为边缘总和）。

（3）计算 χ^2 的值。

$$\chi^2 = \frac{(14-15.52)^2}{15.52} + \frac{(26-24.48)^2}{24.48} + \frac{(16-19.40)^2}{19.40} +$$

$$\frac{(34-30.60)^2}{30.60} + \frac{(15-10.09)^2}{10.09} + \frac{(11-15.91)^2}{15.91} = 5.12$$

（4）选择显著水平 $\alpha = 0.05$。

自由度为 $(r-1)(k-1) = 2$。对于 $\alpha = 0.05$，自由度 $= 2$，查 χ^2 分布表得 $\chi_\alpha^2 = 5.99$。

（5）将检验统计量的值与拒绝规则所指定的临界值相比较，确定是否拒绝 H_0。由于 $\chi^2 = 5.12 < \chi_\alpha^2$，所以不拒绝原假设。从来店频次看，男性女性无显著差别。

（三）K-S 检验、魏氏检验与麦氏检验

K-S 检验，即柯尔莫哥洛夫-斯莫诺夫检验，与拟合优度的 χ^2 检验相似，它主要涉及的是观察值分布和理论上或估算的分布间是否一致。不过，K-S 检验还适用于顺序量表数据。魏氏（Wilcoxon）检验、麦氏（Mcnemar）检验与 χ^2 检验同属于非参数检验。魏氏检验主要适用于两个有联系样本的比较，麦氏检验则适用于同一样本在两种不同情况下的比较。由于篇幅限制，在此不做赘述，请读者参阅相关书籍。

五、方差分析

Z 检验和 t 检验可用于只涉及两个样本平均数的检验假设，当有 3 个或 3 个以上样本时，方差分析是一种合适的统计工具。

方差分析（ANOVA）又称"变异数分析"，是一种应用非常广泛的变量分析方法。在方差分析中，当涉及的因素只有一个时，称为单因素方差分析；当涉及的因素为两个或两个以上时，统称为多因素方差分析。

（一）方差分析的假定

在进行方差分析时，需要有三个假定：

（1）对每个总体，因变量服从正态分布。

（2）因变量的方差对所有总体都相同。

（3）观察值是独立的，变异具有可加性。

在此三个假定的基础上，方差分析可用于检验 k 组总体均值的相等性。

（二）方差分析的有关计算公式

$$SS_t = SS_w + SS_b$$

$$SS_t = \sum_{j=1}^{k}\sum_{i=1}^{n}(x_{ij} - \bar{x}_t)^2$$

$$SS_w = \sum_{j=1}^{k}\sum_{i=1}^{n}(x_{ij} - \bar{x}_j)^2$$

$$SS_b = n\sum_{j=1}^{k}(\bar{x}_j - \bar{x}_t)^2$$

$$df_t = nk - 1$$

$$df_w = k(n-1)$$

$$df_b = k - 1$$

$$F = \frac{SS_b/(k-1)}{SS_w/[k(n-1)]}$$

式中，x_{ij} 为样本观察值［第 j 组（实验处理）的第 i 个数据］；$\bar{x}_t$ 为总的样本均值；$\bar{x}_j$ 为某一实验处理下的平均数；SS_t 为总离差平方和，是实验的总误差，反映数据波动的程度；SS_w 为组内离差平方和，是样本值与样本均值之间的差异，由随机误差引起，又称误差平方和；SS_b 为组间离差平方和，是各实验处理下样本均值与总体均值之间的差异，由系统误差引起；df_b 为组间自由度；df_w 为组内自由度；df_t 为总自由度。

（三）单因素方差分析

单因素方差分析经常被用来分析实验结果。下面通过例子加以说明。

【例9-10】 某公司在一次新产品的研究中，检验三种不同的包装（实验处理，$k=3$）对新产品销售的影响。从某城市的相似商店中随机选取三组样本，每组样本各有 5 个商店。将三组样本分别随机地配以三种不同包装的新产品进行销售。有关资料见表9-7。要求根据实验结果检验包装对新产品的销售量是否有显著影响。（显著性水平 $\alpha=0.05$）

表9-7　不同包装的实验数据

	甲　包　装	乙　包　装	丙　包　装	
商店 1	10	15	10	
商店 2	14	20	12	
商店 3	12	17	6	
商店 4	8	8	12	
商店 5	11	15	10	
$\bar{x}_j$	11	15	10	$\bar{x}_t=12$

【解】 （1）建立原假设和备择假设。

H_0：包装对该产品销售量无显著影响；

H_1：包装对该产品销售量有显著影响。

（2）计算 SS_t、SS_w 和 SS_b。

$$SS_w = \sum_{j=1}^{k}\sum_{i=1}^{n}(x_{ij}-\bar{x}_j)^2$$
$$= [(10-11)^2+(14-11)^2+\cdots+(11-11)^2]+$$
$$[(15-15)^2+(20-15)^2+\cdots+(15-15)^2]+$$
$$[(10-10)^2+(12-10)^2+\cdots+(10-10)^2]=122$$

$$SS_b = n\sum_{j=1}^{k}(\bar{x}_j-\bar{x}_t)^2 = 5\times[(11-12)^2+(15-12)^2+(10-12)^2]=70$$

$$SS_t = \sum_{j=1}^{k}\sum_{i=1}^{n}(x_{ij}-\bar{x}_t)^2$$
$$= [(10-12)^2+(14-12)^2+\cdots+(11-12)^2]+$$
$$[(15-12)^2+(20-12)^2+\cdots+(15-12)^2]+$$
$$[(10-12)^2+(12-12)^2+\cdots+(10-12)^2]=192$$

（3）确定自由度。

组间自由度　　　　　　　　　　$df_b=k-1=3-1=2$

组内自由度　　　　　　　　　　$df_w=k(n-1)=3\times(5-1)=12$

总自由度　　　　　　　　　　$df_t = nk - 1 = 3 \times 5 - 1 = 14$

（4）进行 F 检验。

$$F\ \text{统计值} = \frac{\text{SS}_b/(k-1)}{\text{SS}_w/[k(n-1)]} = \frac{70/(3-1)}{122/[3 \times (5-1)]} = \frac{35}{10.17} = 3.44$$

在显著性水平 $\alpha = 0.05$ 下，查 F 分布表，有 $F_{0.05}(2,12) = 3.89$。

由于 $F = 3.44 < F_{0.05}(2，12)$，所以不能拒绝 H_0，这说明三种包装对销售量的影响并不显著。

（四）多因素方差分析

单因素方差分析只考察了一个变量的影响。但在市场调研中，可能同时会有多个因素影响产品质量、数量与销量等。例如，消费者对某品牌商品的购买欲会随着价格水平和销售渠道的不同而变化，广告水平不同与价格差异都会影响产品的销售等。要解决多个影响因素的问题，就需要使用多因素方差分析。多因素方差分析还可以检验因素间的交互作用。下面简单介绍无交互影响的双因素方差分析和有交互影响的双因素方差分析。

1. 无交互影响的双因素方差分析

如果某一实验结果受到 A 和 B 两个因素的影响，这两个因素分别可取 k 和 m 个水平，则双因素分析实际上就是要比较因素 A 的 k 个水平的均值之间是否存在显著差异，因素 B 的 m 个水平的均值之间是否存在显著差异。假定实验的结果如表9-8所示（在假定两个因素无交互影响的情形下，通常采用不重复实验）。

表9-8　无交互影响的双因素分析实验观察值

		因素 B 的水平				
		1	2	…	m	行总和
因素 A 的水平	1	x_{11}	x_{12}	…	x_{1m}	A_1
	2	x_{21}	x_{22}	…	x_{2m}	A_2
	⋮	⋮	⋮	⋮	⋮	⋮
	k	x_{k1}	x_{k2}	…	x_{km}	A_k
列总和		B_1	B_2	…	B_m	

无交互影响的双因素方差分析结果如表9-9所示。

表9-9　无交互影响的双因素方差分析结果

方差来源	离差平方和	自 由 度	均 方 差	统计检验量 F
因素 A	$\text{SS}_A = m \sum\limits_{i=1}^{k} (\bar{A}_i - \bar{X})^2$	$k-1$	$\text{MS}_A = \text{SS}_A/(k-1)$	$F_A = \text{MS}_A/\text{MS}_E$
因素 B	$\text{SS}_B = k \sum\limits_{j=1}^{m} (\bar{B}_j - \bar{X})^2$	$m-1$	$\text{MS}_B = \text{SS}_B/(m-1)$	$F_B = \text{MS}_B/\text{MS}_E$
误差 E	$\text{SS}_E = \sum\limits_{i=1}^{k} \sum\limits_{j=1}^{m} (X_{ij} - \bar{A}_i - \bar{B}_j + \bar{X})^2$	$(k-1)(m-1)$	$\text{MS}_E = \text{SS}_E/[(k-1)(m-1)]$	
总方差	$\text{SS}_T = \text{SS}_A + \text{SS}_B + \text{SS}_E$	$km-1$		

在显著性水平 α 下，如果 $F >$ 临界值 F_α，则拒绝原假设，认为差异显著。

小案例9-1：[一]

有4个品牌的彩电在5个地区销售，为分析彩电的品牌（品牌因素）和销售地区（地区因素）对销售量的影响，对每个品牌在各地区的销售量取得如表9-10所示的数据。试分析品牌和销售地区对彩电的销售量是否有显著影响。（$\alpha = 0.05$）

表9-10 不同品牌的彩电在5个地区的销售量数据

品 牌 因 素	地 区 因 素				
	地区1	地区2	地区3	地区4	地区5
品牌1	365	350	343	340	323
品牌2	345	368	363	330	333
品牌3	358	323	353	343	308
品牌4	288	280	298	260	298

提出假设：

对品牌因素提出的假设为：

H_0：$m_1 = m_2 = m_3 = m_4$（品牌对销售量无显著影响）

H_1：m_i（$i = 1, 2, \cdots, 4$）不全相等（有显著影响）

对地区因素提出的假设为：

H_0：$m_1 = m_2 = m_3 = m_4 = m_5$（地区对销售量无显著影响）

H_1：m_j（$j = 1, 2, \cdots, 5$）不全相等（有显著影响）

表9-11 方差分析表

差 异 源	SS	df	MS	F	P 值
行（品牌）	13 004.55	3	4334.85	18.107 77	9.46×10^{-5}
列（地区）	2011.7	4	502.925	2.100 846	0.143 665
误差	2872.7	12	239.3917		
总和	17 888.95	19			

从表9-11可以得出结论：

$F_{品牌} = 18.107\ 77 > F_\alpha = 3.4903$，拒绝原假设 H_0，说明彩电的品牌对销售量有显著影响。

$F_{地区} = 2.100\ 846 < F_\alpha = 3.2592$，不拒绝原假设 H_0，无证据表明销售地区对彩电的销售量有显著影响。

2. 有交互影响的双因素方差分析

假设两个因素A和B，因素A有 a 个水平，因素B有 b 个水平，对每一个水平 A_iB_j 重复了 n 次实验。X_{ijk} 为在因素A的第 i 个水平、因素B的第 j 个水平下进行第 k 次实验时的观察值（$i = 1, 2, \cdots, a; j = 1, 2, \cdots, b; k = 1, 2, \cdots, n$）。有交互影响的双因素方差分析如表9-12所示。

[一] 资料来源：贾俊平，何晓群，金勇进. 统计学［M］. 北京：中国人民大学出版社，2004.

表 9-12 有交互影响的双因素分析

方差来源	离差平方和	自 由 度	均 方 差	统计检验量 F
因素 A	SS_A	$a-1$	$MS_A = SS_A/(a-1)$	$F_A = MS_A/MS_E$
因素 B	SS_B	$b-1$	$MS_B = SS_B/(b-1)$	$F_B = MS_B/MS_E$
交互作用	SS_{AB}	$(a-1)(b-1)$	$MS_B = \dfrac{SS_{AB}}{(a-1)(b-1)}$	$F_{AB} = MS_{AB}/MS_E$
误差 E	SS_E	$ab(n-1)$	$MS_E = SS_E/[ab(n-1)]$	
总方差	SS_T	$abn-1$		

其中：

$$SS_A = bn\sum_{i=1}^{a}(\overline{A}_i - \overline{X})^2 \qquad SS_B = na\sum_{j=1}^{b}(\overline{B}_j - \overline{X})^2$$

$$SS_{AB} = n\sum_{i=1}^{a}\sum_{j=1}^{b}((\overline{A\,B})_{ij} - \overline{A}_i - \overline{B}_j + \overline{X})^2$$

$$SS_E = \sum_{i=1}^{a}\sum_{j=1}^{b}\sum_{k=1}^{n}(X_{ijk} - (\overline{A\times B})_{ij})^2$$

在显著性水平 α 下，如果 $F >$ 临界值 F_α，则拒绝原假设，认为差异显著。

小案例 9-2：不同路段和不同时段对行车时间的影响⊖

城市道路交通管理部门为研究不同的路段和不同的时段对行车时间的影响，让一名交通警察分别在两个路段的高峰期与非高峰期亲自驾车进行实验，通过实验共获得了 20 个行车时间的数据，见表 9-13。试分析路段、时段以及路段和时段的交互作用对行车时间的影响。

表 9-13 不同的路段和不同的时段对行车时间的影响数据表 （单位：min）

		路段（列变量）	
		路段 1	路段 2
时段（行变量）	高峰期	26	19
		24	20
		27	23
		25	22
		25	21
时段（行变量）	非高峰期	20	18
		17	17
		22	13
		21	16
		17	12

⊖ 资料来源：贾俊平，何晓群，金勇进. 统计学［M］. 北京：中国人民大学出版社，2004.

路段与时段对行车时间的影响如图9-1所示。

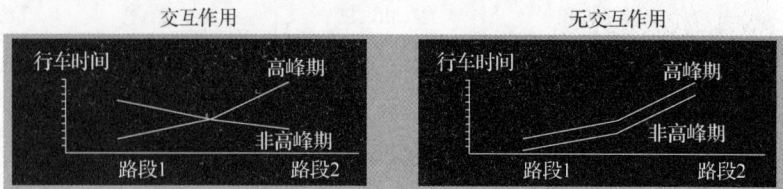

图9-1　有无交互作用的图示

通过计算，可以得到如表9-14所示的交互作用方差分析表。可以得到：不同路段对行车时间有显著影响，不同时段对行车时间有显著影响，而路段与时段的交互作用对行车时间没有显著影响。

表9-14　交互作用方差分析表

差　异　源	SS	df	MS	F	P 值
样本	174.0500	1	174.0500	44.0633	0.000 00
列	92.4500	1	92.4500	23.4051	0.000 02
交互	0.0500	1	0.0500	0.0127	0.9118
内部	63.200	16	3.9500		
总计	329.75	19			

第二节　二元变量相关分析和回归分析

经济现象之间客观地存在着各种各样的有机联系，一种经济现象的存在和发展变化必然受与之相联系的其他现象存在和发展变化的制约与影响。在市场调研中，适用于两个变量之间的相关度分析的统计技术称为二元变量技术。若涉及两个以上的变量，采用的技术叫多元变量技术。多元变量技术将在本章第三节讨论。

一、相关分析与回归分析概述

（一）相关分析与回归分析的区别与联系

相关分析与回归分析均为研究及测度两个或两个以上变量之间关系的方法。相关分析是研究两个或两个以上随机变量之间相互依存关系的紧密程度。直线相关时用相关系数表示，曲线相关时用相关指数表示，多元相关时用复相关系数表示。回归分析是研究某一随机变量与其他一个或几个普通变量之间的数量变动的关系。由回归分析求出的关系式，称为回归模型。

这两种分析的区别是，相关分析研究的都是随机变量，并且不分自变量与因变量；回归分析研究的变量要定出自变量与因变量，并且自变量是确定的普通变量，因变量是随机变量。这两种分析的联系是，它们是研究现象之间相互依存关系的两个不可分割的方面。在实际工作中，一般先进行相关分析，由相关系数或相关指数的大小决定是否需要进行回归分析，进行回归分析时必须拟合回归模型，以便进行推算、预测。

（二）关于二元变量的相关分析

线性相关分析研究两个变量间线性相关关系的程度。相关系数是描述这种线性关系程度和方向的统计量，通常用 r 表示。适合分析二元变量间统计关系的统计方法有很多，本节主要讨论对于可测量数据（如等距量表或等比量表）的二元变量回归和皮尔逊（Pearson）相关分析，对于类别量表和顺序量表则用斯彼尔曼（Spearman）相关分析。

（三）散点图

研究自变量 X 和因变量 Y 之间关系的性质时，常常借助于散点图（Scatter Diagram），即在直角坐标图上标出每对变量值的散布点（坐标点），以其散布点的分布状况来判别相关形式、相关方向和密切程度，可以为正确选择回归分析的数学表达式提供依据。

二、相关分析

（一）计量数据的相关分析：皮尔逊积矩相关

相关分析用来衡量两个变量相联系的程度。可以用可决系数 R^2 讨论变量 X 与 Y 之间的线性关系；同时，计量数据的线性相关分析使用皮尔逊即皮氏（Pearson）积矩法，用 R 表示。

R 的取值范围为 $-1 \leqslant R \leqslant +1$。其中，$R = +1$，表示完全正相关；$R = -1$，表示完全负相关；$R$ 的取值越逼近 ± 1，X 和 Y 线性相关的程度就越强；如果 $R = 0$，则 X 和 Y 之间没有联系。

如果不研究回归方程，R 可以根据如下公式直接计算

$$R = \frac{n \sum XY - (\sum X)(\sum Y)}{\sqrt{[n \sum X^2 - (\sum X)^2][n \sum Y^2 - (\sum Y)^2]}}$$

在利用 R 研究两个变量的相关关系时，请注意区别"虚假相关"和"无意义相关"。当两个变量之间的相关的唯一原因是这两个变量都受到同一因素的影响时，一旦控制住这个共同的因素，那么，这两个变量间的相关性将不再明显。这种情况称为虚假相关。比如脚的大小和个人成就间的关系（均受到年龄的影响）等。有时尽管两个因素间存在高度相关性，但它们之间的关系却无任何意义，比如甲国的总人口数量和乙国的国民生产总值（GNP）之间的高度相关。

（二）顺序量度的相关分析：斯彼尔曼相关

在类别量表和顺序量表中，因素之间也可能存在相关性。例如，某化工企业一直从 10 所大学的商学院招聘新职员，该企业想知道这 10 所大学在全国的排名与它们各自的毕业生工作业绩是否存在相关关系。又如，一家广告代理商想了解一家公司产品质量等级是否与其市场份额相关。对于这些研究案例，常常采用等级来测定它们之间的相互关系，其关系紧密程度的衡量指标就叫等级相关系数。这里介绍运用最为普遍的等级相关系数：斯彼尔曼（Spearman）相关系数（简称斯氏级序相关系数）。

$$R_S = 1 - \frac{6 \sum_{i=1}^{n} d_i^2}{n^3 - n}$$

式中，d_i 为各对数据的等级差别；n 为样本的总数。

R_S 的取值范围为 $-1 \leqslant R_S \leqslant +1$。如果 $d_i = 0$，那么 $R_S = 1$，即两个变量的等级是等价的；如果 $R_S = 0$，则意味着两个变量彼此不相关。

如果样本数量已知，可采用 t 分布来检验级序相关数值的原假设。

【例9-11】 一家广告代理商想了解壹泓公司产品质量等级是否与其市场份额相关。该代理商通过对产品使用者的小规模实验研究，获得该行业12家公司的质量等级。这12家公司的市场份额数据是估计出来的，由于该代理商认为这些数据并不十分精确，他们根据相对市场份额将12家公司分级。数据见表9-15。

表9-15 质量等级与市场份额等级

公 司	质 量 等 级	市 场 份 额	d_i	d_i^2
A	4	3	1	1
B	6	7	−1	1
C	9	5	4	16
D	7	6	1	1
E	1	2	−1	1
F	3	4	−1	1
G	11	12	−1	1
H	5	9	−4	16
I	8	8	0	0
J	12	10	2	4
K	10	11	−1	1
L	2	1	1	1

【解】

（1）计算 R_S。

$$R_S = 1 - \frac{6 \times 44}{12^3 - 12} = 0.85$$

这表明两个等级之间正相关，一个因素的高等级与另一个因素的高等级相联系。

（2）建立原假设 H_0 和备择假设 H_1。

H_0：市场份额与其质量等级不存在相关关系；

H_1：市场份额与其质量等级存在正相关关系。

（3）计算检验统计量。

$$t = R_S \sqrt{\frac{n-2}{1 - R_S^2}} = 0.85 \times \sqrt{\frac{12-2}{1 - 0.85^2}} = 5.1$$

（4）进行 t 检验。

$\alpha = 0.05$、自由度为 $n - 2 = 10$ 时，查 t 分布表，有临界值 $= 2.23$。

由于 $t = 5.1 >$ 临界值 $= 2.23$，所以拒绝 H_0，并得出如下结论：壹泓公司的市场份额与其质量等级存在正相关关系。

三、二元变量回归

在回归分析中，如果只包括一个自变量和一个因变量，且二者的关系可用一条直线近似表示出来，这种回归分析称为简单线性回归。如果两者的关系不可以用一条直线近似表示，则称为非线性回归。

（一）简单线性回归模型与 OLS 估计

设 X 为自变量，Y 为因变量，Y 与 X 之间存在某种线性关系，则一元线性回归方程为

$$Y = a + b\,X$$
$$\varepsilon = y - Y = y - a - bX$$

式中，a 为常数；b 为回归系数；X 为自变量，代表影响因素的历史数据；Y 为因变量；ε 为随机误差，表示各种随机因素对 Y 的影响的总和。对于 ε，假定：①服从正态分布；②ε 与总体有相同的方差；③$\sum\limits_{i=1}^{n}\varepsilon_i = 0$；④$\varepsilon$ 与 X 不相关。

估计回归系数有许多方法，其中使用最广泛的是最小平方法（Ordinary Least Square，OLS），又称最小二乘法。最小平方法的中心思想，是通过数学模型，配合一条较为理想的趋势线。这条趋势线必须满足下列两点要求：①原数列的观察值与模型的估计值的离差平方和为最小；②原数列的观察值与模型的估计值的离差总和为零。现以公式表示如下：

$$\sum (y_i - Y)^2 = 最小值$$
$$\sum (y_i - Y) = 0$$

令

$$Q = \sum (y_i - Y)^2$$

通过求导，有

$$b = \frac{n\sum XY - \sum X \sum Y}{n \sum X^2 - (\sum X)^2}, \quad a = \frac{\sum Y - b \sum X}{n}$$

（二）相关的强度 R^2

Y 的实际值与由模型得出的估计值相差多远呢？下面从变差的分析开始较为详细地阐述。

1. 离差平方和的分解

在一元线性回归模型中，观察值 Y 的取值大小是上下波动的，这种波动现象称为变差。变差的产生是由两方面原因引起的：①受自变量变动的影响，即 X 取值的不同；②其他因素（包括观察和实验中产生的误差）影响。为了分析这两方面的影响，需要对总变差进行分解。

对每一个观察值来说，变差的大小可以通过该观察值 Y_i 与其算术平均数 $\overline{Y}$ 的离差来表示，而全部 n 次观察值的总变差可由这些离差的平方和来表示（SS_T 表示总变差）：

$$\mathrm{SS}_T = \sum (y_i - \overline{Y})^2$$

因为

$$\begin{aligned}
\mathrm{SS}_T &= \sum (y_i - \overline{Y})^2 = \sum [\,(y_i - Y) + (Y - \overline{Y})\,]^2 \\
&= \sum (y_i - Y)^2 + \sum (Y - \overline{Y})^2 + 2\sum (y_i - Y)(Y - \overline{Y}) \\
&= \sum (y_i - Y)^2 + \sum (Y - \overline{Y})^2
\end{aligned}$$

或者记为 $\mathrm{SS}_T = \mathrm{SS}_E + \mathrm{SS}_R$（即总变差＝剩余变差＋回归变差）

其中，①$\mathrm{SS}_R = \sum (Y - \overline{Y})^2$，$\mathrm{SS}_R$ 称为回归平方和（也称回归变差，或已解释的变差），是指通过 X 与 Y 的线性关系由自变量的变动而引起的变差；②$\mathrm{SS}_E = \sum (y_i - Y)^2$，$\mathrm{SS}_E$ 称为剩余变差（也称残差平方和，或未解释的变差），是指由观察和实验中产生的误差以及其他未加控制的因素引起的变差。

2. 可决系数 R^2

可决系数 R^2 是衡量 X 和 Y 之间线性关系强度的指标，其大小表明了在 Y 的总变差中由

自变量 X 变差解释所占的百分比。

$$R^2 = \frac{\text{回归变差}}{\text{总变差}} = \frac{\text{总变差} - \text{剩余变差}}{\text{总变差}} = 1 - \frac{\sum (y_i - Y)^2}{\sum (y_i - \overline{Y})^2}, \quad 0 \leq R^2 \leq 1$$

如果 X 和 Y 之间是完全的直线关系，则 Y 的所有变差都可以由 X 的变差得到解释，那么 R^2 值为 1；如果 X 和 Y 之间没有任何关系，则 Y 的任一变差均不能用 X 变差解释，那么 R^2 值为 0。

资料链接 9-2：趋向中间高度的回归[一]

回归这个术语是由英国著名统计学家高尔顿（Francis Galton）在 19 世纪末期研究孩子及其父母的身高时提出来的。高尔顿发现身材高的父母，他们的孩子身材也高。但这些孩子平均起来并不像他们的父母那样高。对于比较矮的父母情形也类似：他们的孩子比较矮，但这些孩子的平均身高要比他们父母的平均身高要高。高尔顿把这种孩子的身高向平均值靠近的趋势称为一种回归效应，而他提出的研究两个数值变量之间关系的方法称为回归分析。

（三）回归结果的统计显著性检验

一般用 F 检验来进行显著性检验。

原假设 H_0：自变量 X 与因变量 Y 之间无线性相关。

备择假设 H_1：自变量 X 与因变量 Y 之间存在线性相关。

$$\text{检验统计量 } F = \frac{\text{平均回归变差}}{\text{平均剩余变差}} = \frac{\text{MS}_R}{\text{MS}_E}$$

在显著性水平 α 下，如果 $F \geq F_\alpha$，则拒绝原假设 H_0。方差分析见表 9-16。

表 9-16　方差分析

方差来源	自由度	平方和	平均值	F 检验量
回归（已解释）	1	SS_R	$MS_R = SS_R$	
剩余（未解释）	$n-2$	SS_E	$MS_E = \frac{SS_E}{n-2}$	$F = \frac{MS_R}{MS_E}$
合　计	$n-1$	SS_T		

第三节　多变量数据分析

多元变量分析是一元变量和二元变量统计过程的延伸，是指多于两个变量的联立数据分析。多元变量分析技术很多，本节重点介绍多元回归分析、聚类分析、多元判别分析、因子分析四种方法。

一、多元回归分析

（一）多元回归方程

一元回归只涉及两个变量，其中一个因变量只与一个自变量有关。但在实际问题中，影响因变量的因素往往不止一个，需要进行多元回归。多元回归分析的主要作用是：确定该因

[一]　资料来源：贾俊平，何晓群，金勇进. 统计学［M］. 北京：中国人民大学出版社，2004.

变量和自变量之间的关系是否存在，即用自变量所解释的因变量的变差部分是否显著；确定这种关系的强度，即因变量变差中的多大部分可以用自变量来解释；确定联系因变量和自变量的数学方程，即这种关系的结构或形式；预测，即给出自变量已知的情况下因变量的理论值或预测值；评价某个自变量对因变量的贡献，即将其他的自变量控制不变，该自变量的变化所伴随发生的因变量的变化；寻找最重要的和比较重要的自变量，即比较各个自变量在拟合对 Y 的回归方程中相对作用的大小。

回归分析有线性回归与非线性回归之分。这里只介绍多元线性回归分析。多元线性回归分析在原理上同一元线性回归分析相同，但在计算上复杂得多。假设影响因变量 Y 的自变量共有 k 个：X_1，X_2，$\cdots$，X_k，Y 对 k 个自变量的多元线性回归方程为

$$Y = a + b_1 X_1 + b_2 X_2 + \cdots + b_k X_k$$

式中，a 为直线的截距；b_i（$i = 1$，2，$\cdots$，k）为 X_i 的偏回归系数。

小案例 9-3：预测大学足球比赛的获胜得分差额⊖

为检验一场大学足球比赛中"争球码数""传球码数""回传次数""控球时间"以及"主场优势"等变量对比赛最后得分的影响，分析人员建立了一个多元回归模型。该模型的因变量是"比赛获胜得分的差值"，它等于胜方的最后得分减去负方的最后得分。

从高校体育协会前 20 名球队的比赛中随机抽取了 90 场，收集到自变量和因变量的数据，并进行多元回归分析，得到的回归结果见表 9-17。

表 9-17　多元回归结果表

预测变量	系　数	t 值
截距	3.22	2.06
争球码数差	0.11	12.50
传球码数差	0.09	10.19
回传次数差	-2.80	-5.75
控球时间差	-0.01	-3.94
主场优势变量	3.04	1.68

因变量：获胜得分差

修正的 $R^2 = 0.72$

（二）哑变量

在某些情况下，多元回归分析包括类别自变量，如性别、婚姻状况、职业及种族。哑变量（Dummy Variable）即是以此为目的而提出的。这种二分类别自变量若通过设定一个值为"0"，而另一个值为"1"（如女性 = 0，男性 = 1），可以转换为哑变量。对于要设定两个以上值的类别自变量，则需稍做改进。

资料链接 9-3：虚拟自变量的回归

回归模型中使用虚拟自变量时，称为虚拟自变量的回归。当虚拟自变量只有两个水平时，可在回归中引入一个虚拟变量，如性别（男，女）。一般而言，如果定性自变量有 k 个水平，则需要在回归模型中引进 $k-1$ 个虚拟变量。

⊖ 资料来源：贾俊平，何晓群，金勇进. 统计学［M］. 北京：中国人民大学出版社，2004.

$$x_1 = \begin{cases} 1 & \text{水平 1} \\ 0 & \text{其他水平} \end{cases}, \quad x_2 = \begin{cases} 1 & \text{水平 2} \\ 0 & \text{其他水平} \end{cases}, \quad \cdots, \quad x_{k-1} = \begin{cases} 1 & \text{水平 } k-1 \\ 0 & \text{其他水平} \end{cases}$$

（三）多元回归分析时存在的潜在问题

1. 共线性

自变量之间的相关性称为多重共线性（Collinearity）。多元回归分析的一个重要假设是：自变量彼此不相关。如彼此相关，则 b 值（回归系数）将是有偏和不稳定的。所以，如果可能的话，应尽一切努力避免在模型中包含高度相关的自变量。

通过检验回归分析中每个变量间的相关矩阵可以检测共线性，其重要规则是：找出自变量间相关系数为 0.30 或更大的自变量。如果存在如此高的相关性，那么分析人员应对各 b 值的失真进行核对。核对的办法是：将两个或多个自相关变量放在一个回归模型里进行运算，然后再将它们彼此分开运算。在一个方程中和单独进行运算得到的 b 值应该是相似的。

有两种最常用的解决共线性问题的方法：一是如果两个变量彼此高度相关，那么其中一个变量在分析中可以省略；二是相关的变量能以某种方式结合起来（如指数形式），以形成一个新的复合自变量，该变量能用于后续的回归分析中。

2. 因果关系

虽然回归分析能表现出变量间彼此是相互关联的或相互联系的，但却不能证明其因果关系。因果关系仅能以其他方法确定。要确定自变量与因变量间是否存在因果关系必须有逻辑性的、理论性的基础。但是，即便有很强的逻辑性和统计相关性，也只是表明可能存在因果关系。

3. 样本容量

通常，观察数（样本容量）等于自变量个数的 10～15 倍。例如，销售额是广告费用和推销人员数的函数，有两个自变量，那么所需要的样本容量（或观测值）为 20～30 个。

4. 回归系数的大小

只有在计量单位相同或数据标准化的情况下，与各自变量相联系的回归系数的大小才能直接进行比较。如果我们想对各回归系数直接进行比较，则所有自变量必须以同一单位计量（如元或万元），否则数据必须被标准化。所谓标准化，是将数列中各数值与其平均数相减再除以数列标准差的结果。

二、聚类分析

聚类分析（Cluster Analysis）又称群分析、类分析或归类分析，是指依据某种准则对个体（样品或变量）进行分类的一种多元统计分析方法。其目的是把物体或人分成很多相对独立且较为固定的组，在每一组内，成员彼此之间在某方面具有极大的相似性，而在组与组之间却具有极大的差异性。

聚类分析分为 Q 型聚类分析和 R 型聚类分析。Q 型聚类分析是对样品进行分类，R 型聚类分析是对变量进行分类。实际中遇到较多的聚类问题是 Q 型聚类问题，例如，根据人们阅读刊物和参加业余活动等情况，将人们的兴趣划分为几类；根据学生成绩、办事效果等把学生的理解能力分成几类。

（一）聚类分析在市场调研中的应用

在市场调研中，聚类分析可以用于以下分析：

（1）市场细分。例如可以根据消费者购买某产品的各种目的把消费者分类，这样每个类别内的消费者在购买目的方面是相似的。

（2）了解购买行为。聚类分析可以把购买者分类，这样有助于分别研究各类购买行为。

（3）开发新产品。对产品与品牌进行聚类分析，把它们分为不同类别的竞争对手。同一类别的品牌比其他类别的品牌更具有竞争性。公司可以通过比较现有竞争对手，明确新产品的潜在机遇。

（4）选择实验性市场。通过把不同城市分类，选择具有可比性的城市检验不同的营销策略的效果。

（5）简化数据。聚类分析可以作为简化数据的工具，它所建立的分类数据或子类数据比个体数据更易于管理与操作。许多多元分析都是针对各个类的数据而非个体数据。例如，要描述消费者对产品使用行为的不同，可能要先把消费者分类，再通过多元判别，分析比较不同类之间的差别。

（二）聚类分析的基本步骤

第一步，确定问题，选取变量。

首先确定待研究的市场问题和待分类的对象，随后就是选取分类所应依据的变量。一般说来，选择的变量应能描述对象在所研究问题方面的相似性。变量的选择应建立在以往的研究、理论与假设基础之上，有时还要结合研究者的经验和直觉。通常，这些变量应该具有以下特点：①与聚类分析的目标密切相关；②反映要分类的对象的特征；③在不同研究对象上的值具有明显差异；④变量之间不应该高度相关。在选择变量时，要注意克服和避免"加入尽可能多的变量"这种错误倾向，并不是加入的变量越多，得到的结果越客观。有时，由于加入一两个不合适的变量反而使得分类结果大相径庭。所以，聚类分析应该只根据在研究对象上有显著差别的那些变量进行分类。

第二步，选择距离或相似系数的测度。

采用"距离"和"相似系数"等指标定量地描述研究对象之间的联系的紧密程度，可以得到比较合理的分类。一般来说，在对样品（或个体）聚类时采用距离统计量，而对变量聚类时多采用相似系数统计量。假定研究对象均用所谓的"点"来表示，在聚类分析中，一般的规则是将"距离"较小的点或"相似系数"较大的点归为同一类，将"距离"较大的点或"相似系数"较小的点归为不同的类。

分别用 X 和 Y 表示 s 维空间中的两个点，如果是对变量聚类，那么 X 和 Y 分别表示两个变量，其维数 s 就是样本量 n；如果是对样品聚类，则 X 和 Y 分别表示两个个体（样本点），维数 s 就是聚类变量的个数 k。

常用的距离指标有欧氏距离（Euclidean Distance）、欧氏距离的平方（Squared Euclidean Distance）、曼哈顿距离（Manhattan Distance 或 City-block Metric）等几种。目前使用最多的是欧式距离的平方，即两个样本所包含的变量之差的平方和。用公式表示为

$$D(X,Y) = \sum (X_i - Y_i)^2$$

第三步，选择聚类方法。

选定了变量、确定了距离之后，下一步就是选择聚类方法。

聚类方法分为系统聚类法和动态聚类法。系统聚类法也叫作谱系聚类法或层次聚类法，是一种聚类过程可以用谱系结构（Hierarchy Structure）或树形结构（Treelike Structure）来

描绘的方法。具体又可以分为聚集法（Agglomerative Clustering）和分割法（Divisive Clustering）两种。在市场调研中，主要运用聚集法。

聚集法是先将所有的研究对象（样品或变量）各自算作一类，将最"靠近"（距离最小或相似系数最大）的首先聚类；再将这个类和其他类中最"靠近"的结合，这样继续合并，直至所有的对象都合并为一类为止。分割法和聚集法的过程相反，首先把所有的研究对象归为一类，然后把最不相似的分为两类，每一步增加一类，直到每个对象都自成一类为止。

聚集法又可分为三种方法，即连接法、方差法和重心法。其中，平均连接（Average Linkage）法和离差平方和法（Ward's Method）是效果最好的方法。平均连接法将两个类之间的距离定义为取所有分别来自两类中的元素对之间距离的平均值，并依此类间距离选择最"靠近"的类来合并。它有两种形式，一种是组间连接法（Between-groups Linkage），另一种是组内连接法（Within-groups Linkage）。离差平方和法的基本思想是同一类内元素的离差平方和应该较小，不同类之间元素的离差平方和应该较大。要求元素之间的距离必须采用平方欧氏距离，它倾向于把元素数少的类聚到一起，发现规模和形状大致相同的类。

动态聚类法也叫非谱系聚类法、逐步聚类法、K—均值聚类法、快速聚类法。它可分成序贯阈限法（Sequential Threshold Method）、平方阈限法（Parallel Threshold Method）和最佳分离法（Optimizing Partitioning Method）三种。

选择聚类方法时，一般所选的方法与所选的距离是有关的。例如，选用欧氏距离的平方时，一般就对应地选择离差平方和法；使用动态聚类法时，也常常选用欧氏距离的平方。小样本的情况下系统聚类法较为常用；大样本的情况下动态聚类法较为常用，因为该类方法的速度比系统聚类法快。但是，动态聚类法也有两个明显的缺点：需要事先规定类别的个数，而且中心的选择带有随意性。为了综合两类方法的优点，建议两种方法"串联"使用，即利用系统聚类法（例如平均连接法或离差平方和法）先得到一个分类的初始解；然后将所得到的类别数和聚类中心作为动态聚类法（例如，最佳分离法）的输入，再进一步分析，以找到较理想的结果。

第四步，决定类别个数。

对于类别个数的确定，并没有硬性的规定，但一般从以下几个方面来考虑合适的类别个数：

（1）从相关的理论或实践上的需要来决定类别个数。

（2）在系统聚类法中，类别的个数可以根据聚集过程或从树形图中所显示的合并距离来确定。

（3）在动态聚类法中，类别的个数可以根据合计的类内变差与类间变差的比值随类别个数的变化来确定。

（4）类别个数的确定要看所分的类别是否真的有实际意义。

第五步，描述与解释各个类别。

检验各类在各变量上的均值（可以借助判别分析），为各个类别命名。有时也可以使用并没有参加聚类的变量对类别进行解释，可以通过方差分析与判别分析确定这些变量在不同类间是否显著不同。

第六步，评价聚类的有效性与准确性。

在接受聚类结果之前，必须对它的有效性与准确性进行检验。评估聚类方法有效性和可靠性的标准程序很复杂，在此不加以阐述，下面的程序可以对聚类结果的质量予以检验：

（1）使用不同的距离测度或不同的聚类方法对同样的数据进行聚类分析，通过比较结果来看其稳定性。

（2）把数据随机分为两份，分别进行聚类分析，比较其结果。

（3）随机地删除一些变量，依据缩减的变量集进行聚类，然后将结果与依据完全变量集进行聚类的结果相比较。

（4）在动态聚类中，聚类方法依赖于数据集中实例的次序，用不同的实例次序进行多次聚类，直至聚类方法稳定为止。

小案例 9-4：饮料品牌的聚类分析

表 9-18 收集了 16 种饮料的热量、咖啡因、钠及价格四个变量的值。现在希望利用这四个变量对这些饮料品牌进行聚类。当然，也可以用其中某些而不是全部变量进行聚类。

表 9-18　收集了 16 种饮料的四个变量数据表

饮料编号	热　　量	咖　啡　因	钠	价　　格
1	207.20	3.30	15.50	2.80
2	36.80	5.90	12.90	3.30
3	72.20	7.30	8.20	2.40
4	36.70	0.40	10.50	4.00
5	121.70	4.10	9.20	3.50
6	89.10	4.00	10.20	3.30
7	146.70	4.30	9.70	1.80
8	57.60	2.20	13.60	2.10
9	95.90	0.00	8.50	1.30
10	199.00	0.00	10.60	3.50
11	49.80	8.00	6.30	3.70
12	16.60	4.70	6.30	1.50
13	38.50	3.70	7.70	2.00
14	0.00	4.20	13.10	2.20
15	118.80	4.70	7.20	4.10
16	107.00	0.00	8.30	4.20

三、判别分析

判别分析（Discriminant Analysis）是费舍（R. A. Fisher）于 1936 年提出的。判别分析是判别样本所属类型的一种多元统计方法，就是在已知研究对象分为若干类型（组别）并已经取得各种类型的一批已知样品观测数据的基础上，根据某些准则建立起尽可能把属于不同类型的数据区分开来的判别函数，然后用它们来判别未知类型的样品应该属于哪一类。本章介绍多元判别分析。

（一）判别分析的假设条件和一般模型

判别分析的基本要求和假设条件如下：

（1）分组类型在两种以上，且组间样本在判别值上差别较明显。

（2）组内样本数不得少于两个，且样本数比变量数起码多两个。

（3）所确定的判别变量不能是其他判别变量的线性组合。

（4）各组样本的协方差矩阵相等。

（5）各判别变量之间具有多元正态分布。

判别分析的一般模型（也称判别函数）为

$$Z = b_1 X_1 + b_2 X_2 + \cdots + b_n X_n$$

式中，Z 为判别分数；b_n 为判别系数或判别权数；X_n 为自变量（也称预测变量或独立变量）。

（二）判别分析在市场调研中的应用

判别分析可以解答市场调研中的许多问题，如：

（1）某品牌的购买者与非购买者之间有什么差别？

（2）已经选购不同品牌商品的顾客在使用、感知和态度上有何不同？

（3）从人口统计和生活方式看，对某新产品有较高购买可能性的客户与较低购买可能性的客户之间有何区别？

（4）经常光顾某商店的顾客与经常光顾另一家商店的顾客之间有何区别？

资料链接 9-4：判别分析的应用

人们常说"像诸葛亮那么神机妙算，""像泰山那么稳固，""如钻石那样坚硬"，等等。看来，任何判别标准都是有原型的，绝对不是凭空想出来的。虽然这些判别标准并不全是那么精确或严格，但大都是根据一些现有的模型得到的。有一些昆虫的性别很难看出，只有通过解剖才能够判别；但是雄性和雌性昆虫在若干体表度量上有些综合的差异。于是统计学家就根据已知雌雄的昆虫体表度量（这些用作度量的变量也称为预测变量）得到一个标准，并且利用这个标准来判别其他未知性别的昆虫。这样的判别虽然不能保证百分之百准确，但至少大部分判别都是对的，而且用不着杀死昆虫来进行判别。这种把对象归到已知的类中的方法就是判别分析。银行为了评价顾客的信用记录，收集了 700 个过去顾客的相关信息。试随机选择这 700 个顾客中的一部分建立判别模型，并判定 150 个潜在客户的信用状况。

（三）判别分析的基本步骤

判别分析过程包括五个基本步骤：

第一步，确定研究目标、判别变量与自变量，将问题公式化。

首先要明确研究目标、判别变量与自变量。判别变量必须是分类变量，如果因变量是定距或定比变量，可以通过分层转换成分类变量。然后，把样本分为两部分，其中一部分称为分析样本（或称估计样本），用于估计判别函数；另一部分称为验证样本（或称持有样本），用来检验判别函数的有效性。通常，分析样本和验证样本的分布与全部样本的分布应该是一致的。例如全部样本中包含 60% 的忠诚顾客和 40% 的非忠诚顾客，则分析样本与验证样本中也都应该有 60% 的忠诚顾客和 40% 的非忠诚顾客。

第二步，估计判别函数系数。

分析样本确定之后，就可以估计判别函数系数。根据判别准则的不同，判别方法有多种，这里仅介绍常用的距离判别、Fisher 判别和 Bayes 判别的基本思想。

（1）距离判别。首先根据已知分类的数据，分别计算各类的重心，即分组均值。判别准则是对于任何观测值，若它与第 i 次的重心距离最近，就认为它来自第 i 类。

（2）Fisher 判别。其思想是投影，将 k 组 p 维数据投影到某个方向，使它们的投影组与组之间尽可能分开。它借助方差分析的思想来构造判别函数 $Y = c_1 X_1 + c_2 X_2 + \cdots + c_p X_p$，其中判别系数确定的准则是使组间区别最大，组内离差最小。

（3）Bayes 判别。假定对研究对象已有一定的认识，已知各总体的先验分布，判别规则是新样本属于该总体的条件概率最大，有时也使用把新样本归于该总体错判的损失最小。

第三步，判别函数的显著性检验。

如果估计的判别函数不具有统计上的显著性，也就是各组的判别函数的均值差异不显著，那么其结论也是没有意义的。我们可以建立假设，则原假设为：在总体中，所有组中的全部判别函数的均值相等。假如原假设被拒绝，就表明判别函数具有统计上的显著性，研究人员可以对结果进行解释。在 SPSS 统计分析软件中这种检验基于威尔克（Wilk）分布的 λ 值。根据 χ^2 变换，可以估计显著性水平。

第四步，对判别系数进行解释。

对某一自变量而言，其系数值依赖于判别函数中其他自变量的系数值。判别系数的符号可任意表示，但必须说明哪些变量使得判别函数值增大，哪些变量使得判别函数值减小，而且这些变量应与特定的组相联系。

假如自变量间存在多重共线性，则判别分析中自变量的相对重要性就没有明确的衡量尺度。在自变量间不存在多重共线性的情况下，一种办法是通过比较标准化的判别函数系数绝对值的大小，来确定各个变量的相对重要性。通常，与系数绝对值较小的变量相比，系数绝对值较大的变量有着更大的判别能力。

另一种办法是，通过检查结构相关矩阵来比较变量的相对重要性。这种方法也称为典型载荷法或判别载荷法。每个变量和判别函数之间的单相关系数代表变量和函数的同方差。

第五步，评估判别分析的有效性。

如前所述，数据被随机分为分析样本和验证样本两部分，利用分析样本估计判别系数后，通过验证样本回代的准确率来判断其有效性。

用验证样本中自变量的值乘以通过分析样本估计出的判别式权重，就可获取验证样本中各实例的判别式得分，然后依据判别式得分和恰当的决策规则，就可将各实例划归到不同的组中。根据分类矩阵的对角线元素的总数和实例的总数，我们就能够确定击中比率，即实例被正确分类的百分比。

将根据判别分析而获得的击中比率与根据机会分类而获得的击中比率进行对比是有益的。当组的规模（大小）相等时，机会分类的击中比率为 $1/n$（n 为组的个数）。现在的问题是，根据判别分析而获得的击中比率比根据机会分类而获得的击中比率高出多少，人们才可以接受分类结果。对此，目前尚未有统一的标准。但许多人认为当根据判别分析而获得的击中比率比根据机会而获得的击中比率高出 25% 以上时分类结果是合理的。

大多数判别分析方法都是依据分析样本来估计分类矩阵，因为这些判别分析法利用了数据中的机遇差异，因而分类结果总是好于依据持有样本而获得的分类结果。

（四）判别分析与回归分析、方差分析

判别分析、回归分析和方差分析这三种方法都涉及一个因变量与多个自变量之间的关系，但是不同方法中变量的性质是不同的。在回归分析和方差分析中，因变量是定距或定比的（例如购买人寿保险的总额），而在判别分析中，它是定类或定序的（例如购买人寿保险

的数量是高、中还是低）。在方差分析中，自变量是定类或定序的（收入被分为高、中和低），而在回归分析与判别分析中，自变量是定距或定比的（如年份与收入额）。两组判别分析（判别分析的因变量只分为两类）与多元回归关系比较密切。多元回归的因变量是0—1变量时，其偏回归系数与判别方程系数是成比例的。

资料链接9-5：判别分析与聚类分析

判别分析：已知分类，利用一判别标准判定新样本所属的类。

聚类分析：无监督分类，没有预定义的类。

例子：如果我们已知有两群人：一群是韩国人，另一群是日本人。现在新来了一位甲，我们想知道：甲是韩国人还是日本人？回答这样的问题，就是判别分析。

如果有一大群人混在一起，这里面包括了日本人、韩国人、泰国人、马来西亚人等，如果想将他们一一分辨出来，这就是聚类分析。

四、因子分析

因子分析（Factor Analysis）是市场调研中的一种重要的数据分析技术。它是一种把多个变量化为少数几个综合变量的多元分析方法，其目的是用有限个不可观测的隐变量来解释原始变量之间的相关关系。例如，为了评价高中学生将来进大学时的学习能力，抽了150名高中生进行问卷调查，共40个问题。所有这些问题可简单地归结为阅读理解、数学水平和艺术修养这三个方面。这样，就可以建一个因子分析模型，每一方面就是一个因子。

在市场调研中，因子分析一般用于以下几个目的：

（1）识别内在因子，用这些内在因子来表示一系列因子之间的相互关系。例如，可以用对一系列生活方式的句子进行评分的方法来衡量消费者的心理状况，之后对这些评分进行因子分析，找出构成消费者心理状况的主要因素。

（2）以少数几个互不相关的新变量来取代原有的一系列存在相互关系的变量，供后续的多元变量分析使用（如回归分析或判别分析）。例如，在识别出心理因子之后，这些因子可以用来解释忠诚消费者与非忠诚消费者之间的差别。

（3）识别重要的变量，与因子相关度越高的变量就越重要。

（一）因子分析的类型

因子分析可以分为 R 型因子分析和 Q 型因子分析。R 型因子分析是研究指标（变量）之间的相互关系，通过对变量的相关系数矩阵内部结构的研究，找出控制着所有变量的几个主因子。Q 型因子分析是研究样品之间的相互关系，通过对样品的相似系数矩阵内部结构的研究，找出控制着所有样品的几个主因子。两者都是将观测变量（样本）分类，把相关性较高的变量（样本）分在同一类，每一类的变量（样本）就代表一个因子，以反映问题的一个维度。

因子分析需要建立数学模型。假如变量是标准化的，则因子分析模型可表示为

$$X_i = A_{i1} F_1 + A_{i2} F_2 + \cdots + A_{im} F_m + V_i U_i$$

式中，X_i 为第 i 个标准化了的变量；A_{ij}（$j=1, 2, \cdots, m$）为第 i 个变量在第 j 个公因子上的标准化了的多重回归系数；F_i 为第 i 个公因子；V_i 为变量 i 在特殊因子之上的标准化了的回归系数；U_i 为变量 i 的特殊因子；m 为公因子的个数。

公因子可以表示为可观测变量的线性组合

$$F_i = W_{i1}X_{i1} + W_{i2}X_{i2} + \cdots + W_{ik}X_{ik}$$

式中，W_{ij}（$j = 1，2，\cdots，k$）为权重或因子得分系数；k 为变量个数。

（二）因子分析的基本步骤

第一步，确定因子分析的目的和样本容量。

首先要明确研究目标，必须在前期研究、理论与研究者判断的基础之上，选择参加因子分析的变量，而且这些变量必须是定距或定比变量。要保证一定的样本容量，一般样本容量应是变量个数的 4～5 倍。

第二步，建立相关系数矩阵，检查变量之间的相关性。

因子分析的过程是建立在变量间的相关矩阵基础上的，通过检验相关矩阵，能够获得有价值的信息。如果变量之间的相关系数都很小，不宜采用因子分析。我们期望变量间高度相关，这样它们也会与相同的因子强相关。

标准的统计资料对于检验因子分析模型的适用性是有效的。Bartlett 球形检验能够用来检验原假设，即在总体中变量不相关，也即总体相关矩阵是一个恒等式矩阵。在恒等式矩阵中，所有的对角线元素为 1，所有的非对角线元素为 0。球形检验统计量以相关矩阵判别式的卡方（χ^2）的变换为基础，若检验统计量的数值大，则意味着拒绝原假设。倘若原假设不能被拒绝，那么因子分析的适用性就会受到质疑。另一个有用的统计量是 Kaiser Meyer Olkin（KMO）统计量，它是衡量提供的样本是否恰当的标准。KMO 统计量的数值小，说明变量两两之间的相关性不能被其他变量解释，而且因子分析技术可能就不适用。

第三步，选择因子分析的方法。

抽取因子的方法较多，主要有主成分法、公因子法等。在主成分法中，需考虑数据总方差，相关矩阵的对角线元素是单位元素，总方差被代入因子矩阵。如果主要任务是决定因子的最少个数，建议运用主成分法，被确定的因子能够解释在以后的多元分析中所使用数据的最大方差，因而称之为主成分。在公因子法中，公因子方差的估计仅仅依赖于同方差，公因子方差被插入相关矩阵的对角线元素中，当主要任务是识别隐含维数以及同方差很重要时，运用公因子法比较恰当，公因子法有时也称为主轴载荷法。

据研究，在样本含量很大，变量数也较大（＞30），并且所有变量都没有低共同度的情况下（≥0.4），不同方法的结果都大致相同。如果样本含量超过 1500，则极大似然法给出的因子载荷估计最精确。

第四步，确定因子个数。

在因子分析中，要确定最后要保留多少个因子为宜。许多方法可用来决定抽取因子的数目。实际中，人们借助一些准则来确定因子的个数，常用的有以下两个：

（1）特征值准则（Kaiser Criterion）。这即只保留特征值大于 1 的主成分，放弃特征值小于 1 的主成分。因为每个变量的方差为 1，该准则认为每个保留下来的因子至少应该能解释一个变量的方差，否则达不到精简的目的。

（2）碎石检验准则（Scree Test Criterion）。按照因子被提取的顺序，画出因子特征值随因子个数变化的散点图，根据图的形状来判断因子的个数。

第五步，因子载荷矩阵的旋转。

因子载荷（Factor Loadings）也就是指每一因子得分与其对应的各原始变量间的相互关系。因子负载不仅反映了变量是如何由因子线性表示的，而且反映了因子和变量之间的相关程度。

得到初始因子载荷矩阵后，尽管它也反映因子与观测变量之间的关系，但是由于它所形成的因子都与很多变量相关，所以很难对因子做出解释。因此需要对因子载荷矩阵进行旋转，在不影响共同度和全部所能解释的方差比例的条件下，使某些变量在某个因子上的载荷较高，而在其他因子上的载荷显著地低，从而易于解释每个因子所代表的实际意义。因子旋转方法很多，最常用的是"方差最大正交旋转"（Varimax Procedure），即通过正交变换，使得各个因子载荷的方差达到最大，同时保持了因子之间的不相关性。

第六步，因子解释。

通过识别在同一个因子上有大载荷的变量，有助于对因子进行解释，根据在某个因子上有大载荷的变量，就可以解释该因子。

第七步，计算因子得分。

在对因子进行解释之后，如有必要，还须计算因子得分。前面在讲述因子分析的模型时介绍了因子得分的计算公式。通常，与标准化的变量相结合的权重或因子得分系数来自于因子得分系数矩阵。许多计算机程序可以计算出因子得分，但只有在主成分分析中，才可能计算出确切的因子得分，而且，在主成分分析中，因子得分是不相关的。在公因子分析中，可获得因子得分的估计值，但不能保证因子间不相关。

第八步，测定模型的合适性

因子分析的一个潜在基本假设是，变量间被观测的相关程度能够归因于公因子。因此，根据估计的变量和因子之间的相关系数，就能推断或复制变量间的相关系数。通过检查被观测的相关系数（已在输入的相关矩阵中给出）和复相关系数（根据因子矩阵估计而得）之间的差异，就能够测定模型的合适性，这种差异也称为残差。假如有许多大的残差，该因子分析模型就不适合对所给数据进行分析，模型必须重新予以考虑。

资料链接9-6：

因子分析依赖于原始变量，也只能反映原始变量的信息。所以原始变量的选择很重要，一定要符合进行分析所要达到的目标，不能夹杂毫不相关的变量。另外，如果原始变量基本上互相独立，那么降维就可能失败，这是因为很难把很多独立变量用少数综合的变量概括。数据越相关，降维效果就越好。那些选出的因子代表了一些相关的信息（从相关性和线性组合的形式可以看出来），这些信息可以帮助给这些因子起合适的名字，但并不总是可以给出满意的名字。在得到分析的结果时，并不一定会都得到容易解释的结果。这与问题的性质、选取的原始变量以及数据的质量等都有关系。

第四节　SPSS在数据分析中的基本应用

市场调查从整个调查过程来看，可以分为问卷设计、问卷的发送与回收、问卷的整理与问卷数据分析等环节，在问卷调查中，除了样本选择、调查员素质、问卷设计质量等因素对调查结果产生影响外，问卷调查数据分析在很大程度上决定调查后继的营销与决策工作的质量。SPSS软件是公认的最优秀的统计分析软件包之一，是问卷调查数据处理与分析的极好工具，在社会科学与自然科学领域都得到了很好的运用，特别是近些年来，SPSS软件得到了经济、工业、管理、医疗卫生、体育、心理、教育等领域的科研工作者最为广泛的运用。下面简要介绍在数据分析中SPSS的基本应用方法。

一、SPSS 的基础知识

（一）SPSS 软件的特点

SPSS（Statistical Products and Service Solutions），即统计产品与服务解决方案，原名社会科学统计软件包（Statistical Package for the Social Sciences），是由美国 SPSS 公司（www. spss. com）在 SPSS／PC＋的基础上发展起来的大型通用专业统计分析软件。该软件能够利用多种类型的数据文件及数据来源，生成统计报表、统计图形，进行简单和复杂的统计分析，具有统计分析与数据准备能力强大、报告和图表展示能力方便丰富、兼容性好、人机界面友好、操作简单等特点；此外，SPSS 也向一些高级用户提供编程功能，提高了分析工作效率。

（二）SPSS 软件的常用窗口

SPSS 软件的窗口主要有数据编辑窗口、结果观察窗口、语法编辑窗口、草稿编辑窗口和脚本编辑窗口五种窗口，其中以数据编辑窗口和结果观察窗口最常用。

1. 数据编辑窗口

SPSS 数据编辑（Data Editor）窗口是 SPSS 的主程序窗口，包括数据视图和变量视图两个窗口，SPSS 处理数据的主要工作在此窗口完成。在软件启动时自动打开，并一直保持打开状态直到退出 SPSS。在 SPSS 运行时只能打开一个数据编辑窗口，关闭数据编辑窗口意味着退出 SPSS。

（1）数据视图（Data View）。数据视图窗口上方是主菜单栏，包含了 SPSS 从文件管理到数据整理、分析的几乎所有功能，这些菜单的主要功能见表 9-19。

表 9-19　SPSS 菜单功能简介

菜 单 项	功 能	简 介
File	文件操作	文件的存取及打印，外部数据的读取
Edit	数据编辑	数据的复制、剪切、粘贴等基本的数据编辑功能
View	窗口外观状态	数据窗口外观设置
Data	数据的操作和管理	数据整理的部分功能，包括插入新观测和新变量、数据排序、选取、合并、拆分等
Transform	数据基本处理	数据整理及数据转换功能，包括计算新变量、重新编码等
Analyze	数据分析	SPSS 统计分析程序汇总，包括所有的统计分析功能
Graphs	制作统计图	SPSS 图表绘制程序汇总，包括所有的 SPSS 绘图功能
Utilities	实用程序	包含变量信息、文件信息、定义和使用集合、菜单编辑器等
Window	窗口管理	SPSS 主窗口的呈现方式设定及窗口的转换
Help	帮助	提供各种类型的 SPSS 帮助

（2）变量视图（Variable View）。单击 Variable View 标签，则数据编辑窗口切换到变量视图界面。在变量视图界面中可以进行 SPSS 变量属性的定义和编辑。行代表变量，列代表变量的属性，可以定义、修改有关的变量属性。在 Variable View 表中，每一行描述一个变量，依次是：

Name：变量名。变量名必须以字母、汉字及@开头，最后一个字符不能是句号。

Type：变量类型。变量类型有 8 种，最常用的是 Numeric 数值型变量。

Width：变量所占的宽度。

Decimals：小数点后的位数。

Label：变量标签。它是关于变量含义的详细说明。

Values：变量值标签。它是关于变量各个取值的含义说明。

Missing：缺失值的处理方式。

Columns：变量在 Date View 中所显示的列宽（默认列宽为 8）。

Align：数据对齐格式（默认为右对齐）。

Measure：数据的测度方式。系统给出名义尺度、定序尺度和等间距尺度三种（默认为等间距尺度）。

2. 结果观察窗口

在 SPSS 中大多数统计分析结果都将以表或者图的形式在结果观察（Viewer）窗口中显示。结果观察窗口的右边部分显示 SPSS 统计分析结果，左边部分是导航窗口，用来显示输出结果的目录，可以通过单击目录来展开右边窗口中的统计分析结果。当用户对数据进行了某项统计分析，结果观察窗口将被自动调出。当然，用户也可以通过双击扩展名为"∗.spo"的 SPSS 输出结果文件来打开该窗口。

（三）利用 SPSS 进行数据处理的基本流程

SPSS 进行数据处理的基本流程如图 9-2 所示。

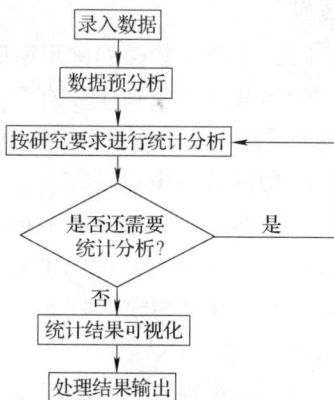

图 9-2　数据处理的基本流程

二、SPSS 在描述性分析与方差分析中的应用

（一）SPSS 在描述性分析中的应用

1. 频数分析

频数分析适用于离散变量，通过频数分析能够了解变量取值的状况，把握数据的分布特征。例如在问卷数据分析中，首先会对被调查者的背景资料进行分析，包括对被调查者的总人数、年龄、职业、性别、收入状况等特征进行分析和总结，以此来判断样本是否具有代表性、抽样是否存在系统偏差，为后续的分析提供可信度与代表性的保障。

频数分析的基本操作如下：

（1）选择菜单 Analyze→Descriptive Statistics→Frequencies，出现如图 9-3 所示的对话框。

（2）将若干频数分析变量选择到 Variable（s）框中。

（3）单击 Charts 按钮选择绘制统计图形，出现如图 9-4 所示的对话框。在 Chart Values 中选择条形图中纵坐标（或饼图中扇形面积）的含义。其中 Frequencies 表示频数，Percentages 表示百分比。

至此，SPSS 将自动编制频数分布表并显示到结果观察窗口中。

2. 描述统计分析

描述统计分析是对数据进行基础性描述，包括数据的集中趋势分析、数据离散程度分析、数据的分布。具体操作如下：

（1）选择菜单 Analyze→Descriptive Statistics→Descriptives，打开 Descriptives 对话框，如图 9-5 所示。选择 Save standardized values as variables 选项，将原始数据转换成 Z 分值。

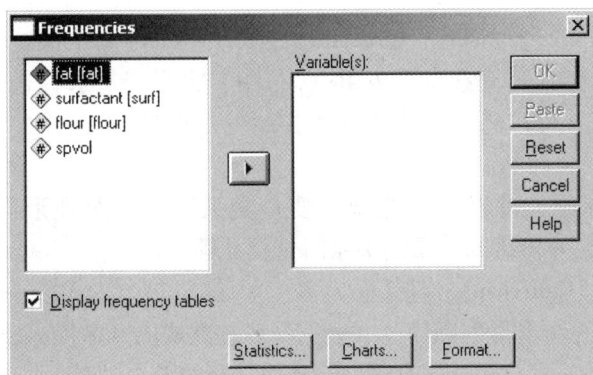

图 9-3　频数分析对话框

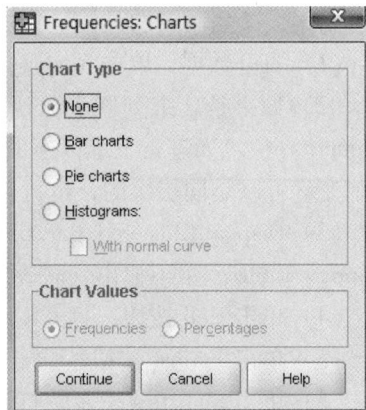

图 9-4　频数分析中的绘图对话框

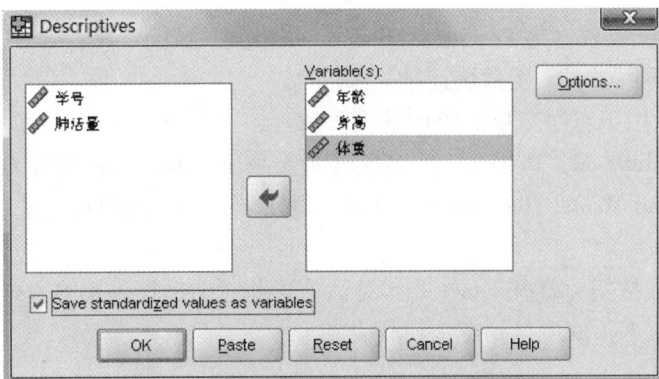

图 9-5　Descriptives 对话框

（2）从左边源变量中选择一个或者几个变量进入右框中。

（3）单击 Options 按钮，打开 Options 对话框，出现如图 9-6 所示的对话框。

用户还可以指定分析多变量时结果输出的次序（Display Order）。其中，Variable List 表示按变量在数据编辑窗口中从左到右的次序输出，Alphabetic 表示按字母顺序输出，Ascending Means 表示按均值升序输出，Descending Means 表示按均值降序输出。至此，SPSS 便自动计算所选变量的基本描述统计量并显示到结果观察窗口中。

3. 交叉列联表分析

交叉分组下的频数分析又称列联表分析。它包括两大基本任务：①根据收集到的样本数据，产生二维或多维交叉列联表；②在交叉列联表的基础之上，对两两变量间是否存在一定的相关性进行分析。

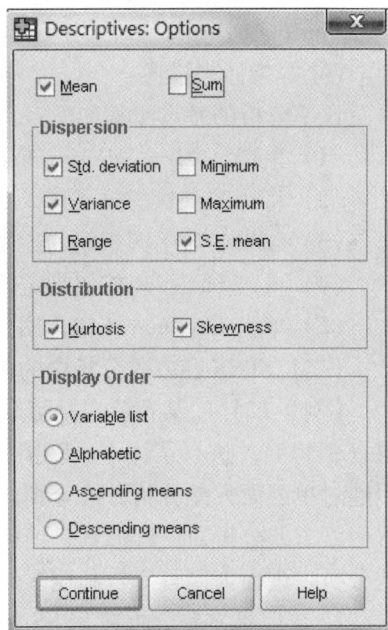

图 9-6　Options 对话框

制作交叉列联表的具体操作步骤如下：

（1）打开数据，单击 Analyze→Descriptive Statistics→Crosstabs，打开 Crosstabs 对话框。

（2）如果是二维列联表分析，可以将行变量选择进入 Row(s) 中，将列变量选择进入 Column(s) 中。如进行三维以上的列联表，可以将其他变量作为控制变量选到 Layer 中。多控制变量可以是同层次的，也可以是逐层叠加的。

（3）Display Clustered Bar Chart 选择项，可以指定绘制各变量交叉频数分布柱形图。Suppress Table 表示不输出列联表，只有在分析行列变量间关系时选择此项。

（4）单击 Cell 按钮，打开 Crosstabs：Cell Display 对话框。

（5）单击 Format 按钮，指定列联表的输出排列顺序，一般选择系统默认的升序。

（6）单击 Statistics 按钮，打开 Crosstabs：Statistics 对话框。从中选择检验统计量：

1）Chi-square 卡方检验，主要是行与列变量的独立性检验，也可称作 Pearson Chi-square 检验。

2）Correlations，要求输出 Pearson 和 Spearman 相关系数。

3）Nominal，适用于名义变量统计量。

4）Ordinal，适用于有序变量的统计量。

5）Nominal by Interval，适用于一个名义变量与一个等间隔变量的检验。

6）Cochran's and Mantel Haenszel Statistics，适用于一个二值因素变量和一个二值响应变量的独立性检验。

（7）单击 Exact 按钮，打开 Exact Test 对话框，此对话框提供检验方式。

（8）然后单击 OK，就可得到交叉列联表。

4. 比率分析

比率分析用于对两变量值比率变化的描述分析，适用于定距变量。比率分析常用加权比率均值（Weighted Mean）、平均绝对离差（Average Absolute Deviation，AAD）、离散系数（Coefficient of Dispersion，COD）、相关价格微分（Price-related Differential，PRD）、变异系数（COV）等指标来描述。

比率分析的基本步骤如下：

（1）单击 Analyze→Descriptive statistics→Ratio，打开 Ratio 对话框。

（2）将比率变量的分子选入到 Numerator，将比率变量的分母选入 Denominator 框中。

（3）如果是对不同组间的比率比较，则将分组变量选择到 Group Variable 框中。

（4）单击 Statistics 按钮指定输出那些关于比率的统计量，出现比率的统计量对话框。

（5）单击 Continue 按钮，回到 Ratio 对话框。然后单击 OK，就可得到 Ratio 统计量表。

（二）SPSS 在方差分析中的应用

【例 9-12】 某企业在制订某商品的广告策略时，对不同广告形式在不同地区的广告效果（销售额）进行了评估。以销售额作为观测变量，广告形式和销售地区为控制变量，可以通过单因素方差分析方法分别对广告形式、销售地区对销售额的影响进行分析；可以通过多因素方差分析对广告形式、销售地区、广告形式和销售地区的交互作用对销售额的影响进行分析，进而为制订广告和地区的最优宣传组合方案提供依据。

1. 单因素方差分析在 SPSS 的实现步骤

本例仅研究广告形式对销售额的影响，利用 SPSS 进行单因素方差分析，必须根据 SPSS

要求组织数据：单因素方差分析需要两个变量存放数据，一个是观测值变量即销售额，另一个是控制变量的水平值即广告形式。组织完数据后，按照以下步骤实现单因素方差分析：

（1）单击 Analyze→Compare Means→One-Way ANOVA，打开 One-Way ANOVA 主对话框，如图 9-7 所示。

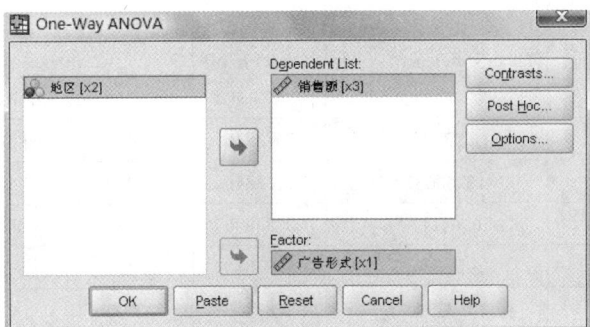

图 9-7　单因素方差主对话框

（2）将观测变量销售额选入到 Dependent List 框。

（3）将控制变量销售额选入到 Factor 框。控制变量有几个取值就表示其有几个水平，此处广告形式有四个水平：报纸、广播、宣传品与体验。单击 OK 就可以得到方差分析表，如表 9-20 所示。由于 F 统计量的 P 值明显小于显著性水平 0.05，故拒绝假设 H_0，认为这四种广告形式对销售额有显著差异。如果需要对各种广告形式进行进一步的比较和分析，可以通过按钮 Options（选项）、Contrast（对照比较）、Post Hoc（多重比较）去实现。

表 9-20　ANOVA 单因素方差分析表

方差来源	平方和（Sum of Squares）	自由度（df）	均方（Mean Square）	F 值	P 值（Sig.）
组间（Between Groups）	5866.083	3	1955.361	13.483	0.000
组内（Within Groups）	20303.222	140	145.023		
总和（Total）	26169.306	143			

（4）单击 Options 按钮，打开 Options 对话框，在 Options 中选择输出项。本例中选择 Homogeneity of Variance Test 进行不同水平间方差齐性的检验，在 Missing Value 栏中选择系统默认项。得到表 9-21 所示的方差齐性的检验表。从表 9-21 中的统计检验可以得出，因素变量在各水平间的方差是没有显著差异的，方差是齐性的。

表 9-21　方差齐性的检验表

Levene Statistic	df_1	df_2	Sig.
0.765	3	140	0.515

（5）如果需要将水平间两两比较，可以单击 Post Hoc 按钮，打开多重比较对话框。在该对话框中列出了 20 种多重比较检验，涉及许多的数理统计方法。对话框下部的 Significance Level 表示显著性水平，默认值是 0.05，也可以根据需要重新输入其他值。选择多重比较方式后，单击 OK，得到输出结果。

从表 9-22 中可以看出，宣传品广告效果显著低于其他每一种广告形式，从广告效果来

看，从高到低的顺序依次是报纸、体验、宣传品；广播的广告效果显著优于宣传品，但广播
与报纸、体验广告形式的广告效果差异不显著。

表9-22　多重比较（Multiple Comparisons）

(I) 广告形式	(J) 广告形式	均值差 (Mean Difference)（I-J）	标准误差 (Std. Error)	Sig.	95%的置信区间 (Confidence Interval)	
					下限 (Lower Bound)	上限 (Upper Bound)
报纸	广播	2.33333	2.83846	0.412	−3.2784	7.9451
	宣传品	16.66667[①]	2.83846	0.000	11.0549	22.2784
	体验	6.61111[①]	2.83846	0.021	0.9993	12.2229
广播	报纸	−2.33333	2.83846	0.412	−7.9451	3.2784
	宣传品	14.33333[①]	2.83846	0.000	8.7216	19.9451
	体验	4.27778	2.83846	0.134	−1.3340	9.8896
宣传品	报纸	−16.66667[①]	2.83846	0.000	−22.2784	−11.0549
	广播	−14.33333[①]	2.83846	0.000	−19.9451	−8.7216
	体验	−10.05556[①]	2.83846	0.001	−15.6673	−4.4438
体验	报纸	−6.61111[①]	2.83846	0.021	−12.2229	−0.9993
	广播	−4.27778	2.83846	0.134	−9.8896	1.3340
	宣传品	10.05556[①]	2.83846	0.001	4.4438	15.6673

① 均值差的显著性水平是0.05。

2. 多因素方差分析在 SPSS 的实现步骤

本例仅研究广告形式、销售地区对销售额的影响，利用 SPSS 进行多因素方差分析，必须根据 SPSS 要求组织数据：多因素方差分析需要多个变量存放数据，一个是观测值变量即销售额，其他是控制变量的水平值即广告形式与销售地区（在 SPSS 中简称地区）。组织完数据后，按照以下步骤实现多因素方差分析：

（1）单击 Analyze→General Linear Model→Univariate，打开 Univariate 主对话框。如图9-8所示。

（2）选择要分析的变量销售额进入 Dependent Variable 框中，选择因素变量广告形式和销售地区入 Fixed Factor 框中。

（3）单击 Model 按钮选择分析模型，得到 Model 对话框。

在 Specify 框中，指定模型类型。Full Factorial 选项为系统默认项，即建立全模型，全模型中包括因素之间的交互作用，本例选此项。如果选择

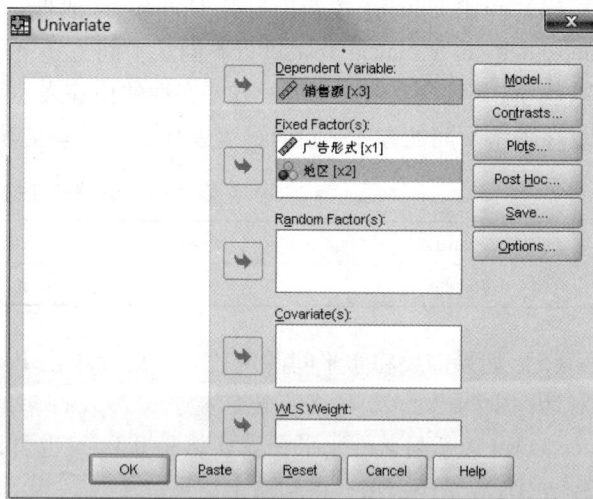

图9-8　Univariate 双因素方差分析主对话框

分析两个因素的交互作用，则必须在每种水平组合下，取得两个以上的实验数据，才能实现两个因素交互作用的分析结果。如果不考虑因素间的交互作用时，应当选择自定义模型。Custom 选项为自定义模型，选择此项并激活下面的各项操作。

先从左边框中选择因素变量进入 Model 框中，然后选择效应类型。一般不考虑交互作用时，选择 Main，考虑交互作用时，选择交互作用 Interaction。可以通过单击 Build Term 下面的小菜单完成。最后在 Sum of Square 中选择分解平方和的方法后返回主对话框。一般选取默认项 Type Ⅲ。单击 OK 就可以得到相应的双因素方差分析表 9-23。

表 9-23 中是一般统计学原理书中给出的双因素方差分析表。从表中数据可以看出，广告形式和销售地区的 F 值对应概率 P 值都小于显著性水平 0.05，这说明广告形式和销售地区对销售额的影响都是显著的，而广告形式和销售地区交互作用的 F 值对应的概率 P 值大于显著性水平 0.05，说明两者的交互作用对销售额的影响不显著。

表 9-23　包含交互作用的双因素方差分析表

源（Source）	Type Ⅲ Sum of Squares	df	Mean Square	F	Sig.
校正模型（Corrected Model）	20 094.306	71	283.018	3.354	0.000
截距（Intercept）	642 936.694	1	642 936.694	7619.990	0.000
x_1（广告形式）	5866.083	3	1955.361	23.175	0.000
x_2（销售地区）	9265.306	17	545.018	6.459	0.000
$x_1 x_2$	4962.917	51	97.312	1.153	0.286
误差（Error）	6075.000	72	84.375		
总计（Total）	669 106.000	144			
校正的总计（Corrected Total）	26 169.306	143			

（4）如果需要进行特定的两水平间的均值比较，可单击 Contrasts（比较）按钮，打开 Contrasts 对话框。在 Factor 框中显示所有在主对话框中选择的因素变量，括号中显示的是当前的比较方法，单击选中因素变量，可以改变均值的比较方法。

（5）如果需要进行图形展示，可单击 Plots 按钮，打开图形对话框，选择作均值轮廓图（Profile）的参数。

在 Factor 框中选择因素变量进入横坐标 Horizontal Axis 框内，然后单击 Add（添加）按钮，可以得到该因素不同水平的因变量均值的分布。

如果要了解两个因素变量的交互作用，将一个因素变量送入横坐标后，另一个因素变量送入 Separate Lines（分线）框中，然后单击 Add 按钮，就可以输出反映两个因素变量的交互图。

（6）如需要将因素 A 各水平间均值进行两两比较，单击 Post Hoc 按钮，打开 Post Hoc Multiple（多重比较）对话框。从 Factor 框中选择因素变量进入 Post Hoc Test for 框中，然后选择多重比较方法。

（7）单击 Save 按钮，打开保存对话框，选择需要保存的变量。

（8）单击 Options 按钮，打开 Univariate：Options 对话框，从中选择需要输出的显著性水平，默认值为 0.05。在进行所有的选择后，单击 OK，就可以得到输出结果。

由图 9-9 可以看出，两个因素变量广告形式和销售地区的折线之间无交叉，因此两个因素之间基本上没有交互作用。

销售额的估算边际均值

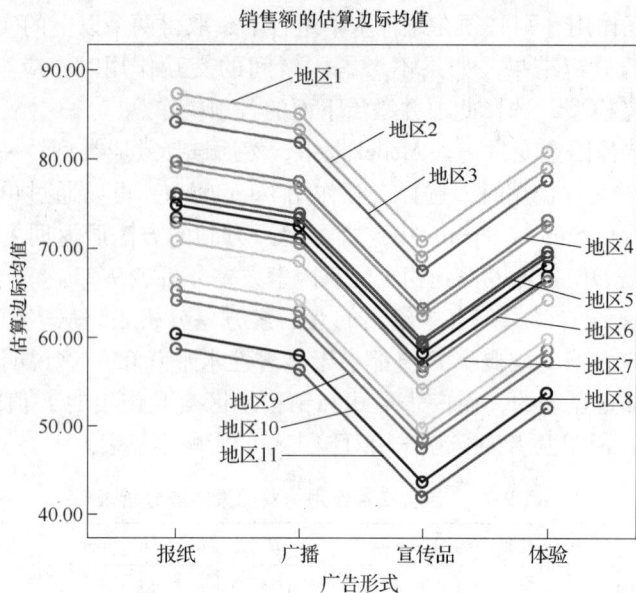

图 9-9　广告形式和销售地区交互作用图

三、SPSS 在相关分析中的应用

利用 SPSS 可以进行简单相关分析和偏相关分析，由于篇幅限制，本节以简单相关分析为例进行阐述。

两个变量之间的相关关系称为简单相关关系，可以通过相关系数准确地反映两变量的关系程度。对于简单相关系数的计算，在 SPSS 软件中可以轻松地完成。

【例 9-13】　某企业研究广告支出费与销售额之间的关系，连续获得了 11 个季度的资料（见表 9-24），试分析广告支出费与销售额之间的相关关系。

表 9-24　广告支出费与销售额数据表　　　　　（单位：万元）

广告支出费	36	42	55	48	45	47	50	61	68	72	77
销　售　额	1261	1306	1680	1520	1343	1486	1623	1780	1907	2104	2230

分析广告支出费与销售额之间的相关关系具体步骤如下：

（1）单击 Analyze→Correlate→Bivariate，打开 Bivariate 对话框。

（2）从左边的变量框中选择需要考察的两个变量进入 Variables 框内，从 Correlation Coefficients 栏内选择相关系数的种类，有 Pearson 相关系数、Kendall's 一致性系数和 Spearman 等级相关系数。从检验栏内选择检验方式，有双尾检验和单尾检验两种。

（3）单击 Options 按钮，选择输出项和缺失值的处理方式。

（4）单击 OK，可以得到相关分析的结果。

从表 9-25 可以得到两个变量的基本统计描述，从表 9-26 中可以得到相关系数及对相关系数的检验结果，由于概率小于 0.01，说明广告支出费与销售额两变量之间存在显著的线性相关性。

表 9-25　基本统计描述（Descriptive Statistics）

变量	均值（Mean）	标准差（Std. Deviation）	N
广告支出费 x	54.6364	13.208 12	11
销售额 y	1658.1818	321.567 98	11

表 9-26　相关系数检验（Correlations）

变量		广告支出费 x	销售额 y
广告支出费 x	Pearson 相关性（Correlation）	1	0.987①
	显著性（双侧）（Sig.（2-tailed））		0.000
销售额 y	Pearson Correlation	0.987①	1
	Sig.（2-tailed）	0.000	

①在 0.01 水平上（双侧）显著相关。

调用 Bivariate 过程可对变量进行相关关系的分析，计算有关的统计指标，以判断变量之间相互关系的密切程度。调用该过程命令时允许同时输入两变量或两个以上变量，但系统输出的是变量间两两相关的相关系数。

简单相关关系只反映两个变量之间的关系，但如果因变量受到多个因素的影响，因变量与某一自变量之间的简单相关关系显然受到其他相关因素的影响，则不能真实地反映二者之间的关系，因此需要考察在其他因素的影响剔除后二者之间的相关程度，即偏相关分析。

四、SPSS 在回归分析中的应用

利用 SPSS 可以进行一元线性回归分析、多元线性回归分析和曲线回归分析，由于篇幅限制，本节以一元线性回归分析为例进行阐述。

如果线性回归模型中只有一个自变量，则该模型被称为一元线性回归模型。

【例 9-14】　某市在一次住房调查中获得的关于住房支出与年收入的资料见表 9-27，请对住房支出与年收入进行回归分析。

表 9-27　住房支出与年收入的资料表　　　　（单位：千美元）

住房支出 y	年收入 x	住房支出 y	年收入 x
1.80	5.00	4.20	15.00
2.00	5.00	4.20	15.00
2.00	5.00	4.50	15.00
2.00	5.00	4.80	15.00
2.10	5.00	5.00	15.00
3.00	10.00	4.80	20.00
3.20	10.00	5.00	20.00
3.50	10.00	5.70	20.00
3.50	10.00	6.00	20.00

（1）首先打开数据文件，单击 Analyze→Regression→Linear，进入线性回归的对话框，如图 9-10 所示。

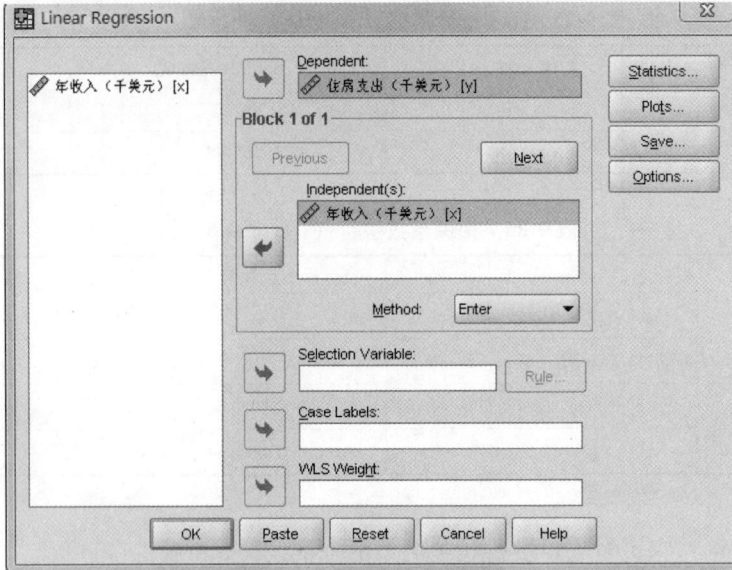

图 9-10　线性回归对话框

（2）从左边框中选择因变量"住房支出"进入 Dependent 框内，选择自变量"年收入"进入 Independent（s）框内。

（3）单击 Statistics，打开 Linear Regression：Statistics 对话框，可以选择输出的统计量。Regression Coefficients 栏为回归系数选项栏。

1）Estimates（系统默认）：输出回归系数的相关统计量，包括回归系数、回归系数标准误差、标准化回归系数、回归系数检验统计量（t 值）及相应的检验统计量概率的 P 值（Sig.）。

2）Confidence Intervals：输出每一个非标准化回归系数 95% 的置信区间。

3）Covariance Matrix：输出协方差矩阵。

4）Model Fit 是默认项。能够输出复相关系数 R、R^2 及 R^2 修正值，估计值的标准误差，方差分析表。

5）R Squared Change：引入或剔除一个变量时，R^2 的变化。

6）Descriptives：基本统计描述。

7）Part and Partial Correlations：相关系数及偏相关系数。

8）Collinearity Diagnostics：共线性诊断。它主要对于多元回归模型，分析各自变量之间的共线性的统计量，包括容忍度和方差膨胀因子、特征值、条件指数等。

9）Residuals：残差统计量。

10）Durbin-Watson：D-W 检验。

11）Casewise Diagnostics：奇异值诊断。有两个选项：Outliers Outside Standard Deviations：奇异值判据，默认项标准差 $\geqslant n$；All case 输出所有观测量的残差值。

（4）如果需要观察图形，可单击 Plots 按钮，在 Linear Regression：Plots 对话框中操作。

（5）单击 Options 按钮，打开 Linear Regression：Options 对话框选择即可。

（6）如果要保存预测值等数据，可单击 Save 按钮打开 Linear Regression：Save 对话框。选择需要保存的数据种类作为新变量存在数据编辑窗口，其中有预测值、残差、预测区间等。

（7）当所有选择完成后，单击 OK 按钮，执行一元线性回归操作。主要的分析结果见表 9-28 及表 9-29。

表 9-28　一元线性回归模型拟合优度及 D-W 检验结果

模型（Model）	R	R Square	Adjusted R Square	Std. Error of the Estimate	Durbin-Watson
一元线性	0.966[a]	0.934	0.930	0.37302	1.364

a. Predictors：（Constant），年收入（千美元）　b. Dependent Variable：住房支出（千美元）

表 9-29　一元线性回归方差分析表 ANOVA[b]

Model	Sum of Squares	df	Mean Square	F	Sig.
回归（Regression）	35.165	1	35.165	252.722	0.000[a]
残差（Residual）	2.505	18	0.139		
Total	37.670	19			

表 9-28 给出了回归模型的拟合优度（R Square）、调整的拟合优度（Adjusted R Square）、估计标准误差（Std. Error of the Estimate）以及 Durbin-Watson（D-W）统计量。从结果看，回归的拟合优度与调整的拟合优度分别为 0.934 和 0.930，即住房支出 90% 以上的变动都可由年收入所解释，拟合优度高。D-W 统计量为 1.364，查表得 $n=20$、$k=1$ 时，在 0.05 的显著性水平下，D-W 检验的上下界分别为 1.41 和 1.20，因此不能确定随机扰动项是否存在序列一阶自相关。

表 9-29 给出了回归模型的方差分析表，可以看到 F 统计量为 252.722，对应的 P 值为 0，所以拒绝模型整体不显著的原假设，即认为该模型整体显著的。

表 9-30 给出了回归系数、回归系数标准差、标准化的回归系数值以及各个回归系数的显著性 t 值。从表可以看出无论是常数项还是解释变量 x，其 t 统计量对应的 P 值都小于显著性水平 0.05，因此在 0.05 的显著性水平下都通过了 t 检验。变量的回归系数为 0.237，即年收入每增加 1 千美元，住房支出就增加 0.237 千美元。该一元线性回归模型为

$$y = 0.890 + 0.237x$$

表 9-30　一元线性回归系数估计及其显著性检验

Model	非标准化系数（Unstandardized Coefficients）		标准化系数（Standardized Coefficients）	t	Sig.
	B	Std. Error	Beta		
常量（Constant）	0.890	0.204		4.356	0.000
年收入	0.237	0.015	0.966	15.897	0.000

五、SPSS 在市场调查图表制作中的应用

市场调查报告是以市场调查资料分析为基础，整合与调查项目有关的信息，以便将调查结果提交给决策者或用户进行阅读、理解和使用。实践证明，无论调查设计多么科学、调查问卷多么周密，样本多么具有代表性，数据收集、质量控制多么严格，数据整理和分析多么恰当，调查过程和调查结果与调查的要求多么一致，如果调查者不能把诸多的调查资料组织成一份清晰的高质

量的市场调查报告，就不能与决策者或用户进行有效的信息沟通，决策者或用户就不能有效地采取行动。一份清晰的高质量的市场调查报告，除了有准确详尽的文字阐述外，各种统计图表是不可或缺的重要工具。制作图表是一项复杂的工作，但是在 SPSS 软件中是一项轻松而又享受的工作。SPSS 软件中含有制图功能模块，市场调查人员可以快速、准确地绘制出所需要的各种图表。

（一）条形图

条形图是用宽度相同的条形的高度或长短来表示各类别数据的图形，绘制时，各类别可以放在纵轴，称为条形图，也可以放在横轴，称为柱形图（Column Chart）。条形图有单式条形图、复式条形图等形式，主要用于反映分类数据的频数分布，比较数据的多少和大小。条形图按表现形式分为三类：平面图、立体图、三维效果图。

【例9-15】 对于"最受欢迎的饮料是什么的"调查中，据《美国饮料行业摘要》报道，按照 1996 年的销售额，Coke Classic、Diet Coke、Dr. Pepper、Pepsi-Coca 和 Sprite 是五个最大的饮料销售商。表 9-31 的数据来自一个包括 50 次这些软饮料购买的样本，这样就可以作出条形图来分析各品牌受欢迎的程度。

表 9-31　50 次品牌名称表

Coke Classic	Pepsi-Coca	Sprite	Pepsi-Coca	Coke Classic
Sprite	Diet Coke	Coke Classic	Pepsi-Coca	Diet Coke
Coke Classic	Coke Classic	Dr. Pepper	Diet Coke	Sprite
Diet Coke	Dr. Pepper	Coke Classic	Sprite	Coke Classic
Coke Classic	Pepsi-Coca	Pepsi-Coca	Coke Classic	Pepsi-Coca
Coke Classic	Coke Classic	Pepsi-Coca	Pepsi-Coca	Dr. Pepper
Coke Classic	Sprite	Coke Classic	Coke Classic	Coke Classic
Diet Coke	Coke Classic	Diet Coke	Diet Coke	Pepsi-Coca
Pepsi-Coca	Diet Coke	Pepsi-Coca	Dr. Pepper	Coke Classic
Coke Classic	Dr. Pepper	Coke Classic	Pepsi-Coca	Pepsi-Coca

制作条形图操作步骤如下：

（1）选择 Graphs 菜单的 Bar 过程，弹出 Bar Charts 定义选项框，如图 9-11 所示。在定义选项框的下方有一数据类型栏，系统提供三种数据类型：

1）Summaries for groups of cases：以组为单位体现数据。

2）Summaries of separate variables：以变量为单位体现数据。

3）Values of individual cases：以观察样例为单位体现数据。

大多数情形下，统计图都是以组为单位的形式来体现数据的。在定义选项框的上方有三种条形图可选：Simple 为单一条形图、Clustered 为复式条形图、Stacked 为堆积式条形图，本例选单一条形图。

（2）选择后单击左下角的 Define 按钮，弹出 De-

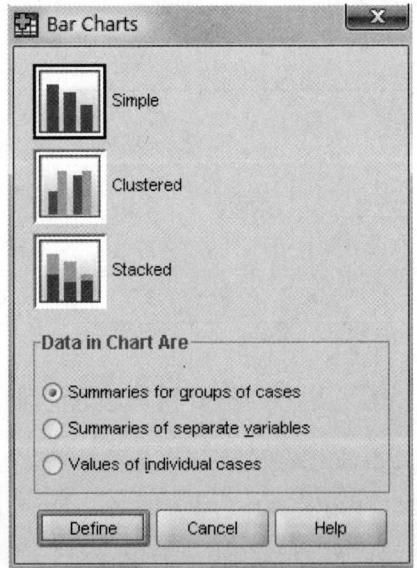

图 9-11　Bar Chart 定义选项框

fine Simple Bar：Summaries for Groups of Cases 对话框，如图 9-12 所示。

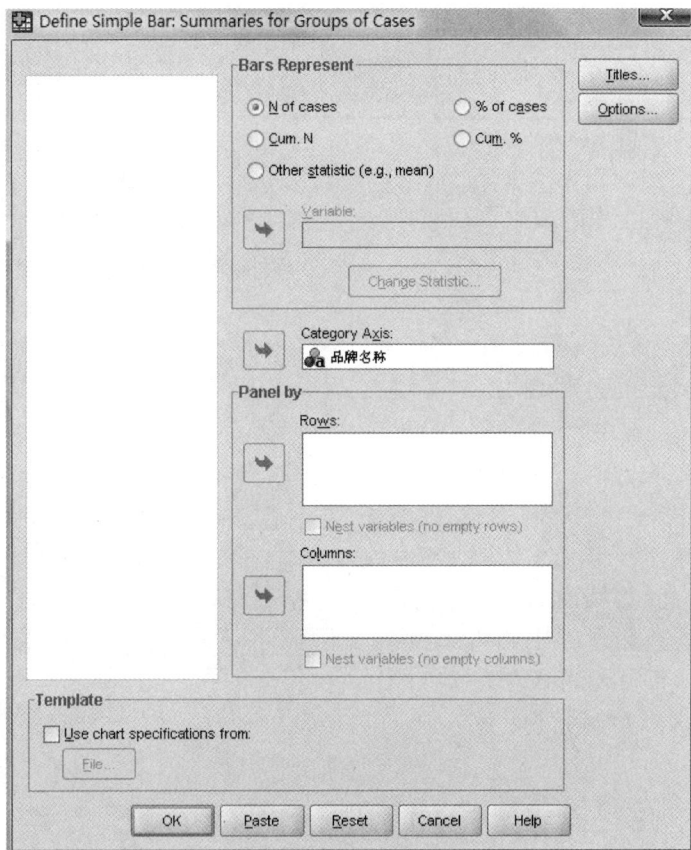

图 9-12　Define Simple Bar 选项框

（3）在左侧的变量列表中选品牌名称单击按钮使之进入 Category Axis 框，在 Bars Represent 选择默认的 N of cases 即可。单击 OK 按钮，得到如图 9-13 的条形图。

如果要绘制复式条形图，只需要在图 9-11 选择 Clustered，定义时把用来做复式的变量选入 Define Clusters by 框。

如果要绘制堆积式条形图，只需要在图 9-11 中选择 Stacked，定义时把用来做堆积式的变量选入 Define Stacks by 框。

如果希望得到三维效果图，则需要 Graphs 菜单 Interactive 的 Bar 过程

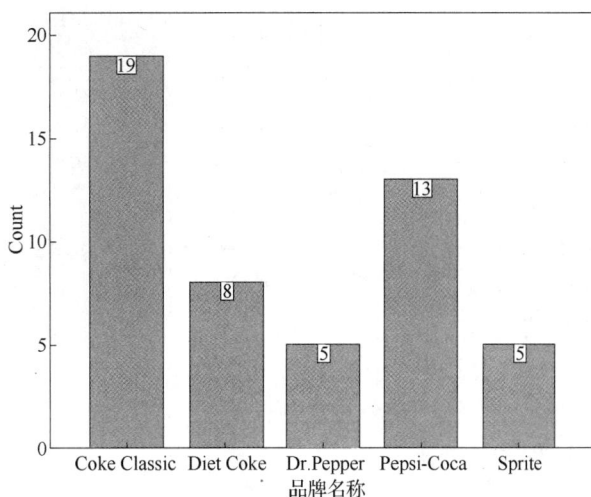

图 9-13　条形图

的对话框，如图 9-14 所示，把品牌名称选入水平轴，在右上角的下拉菜单中选择 3-D Effect
即可，单击 OK 按钮，得到如图9-15
所示的条形图的三维效果图。要制
作复式三维效果图，只需要把复式
的变量选入图 9-14 中的 Color；要制
作堆积式三维效果图，只需要把堆
积式的变量选入图 9-14 中的 Style 即
可。

（二）饼形图

饼形图也称圆形图或扇形图，
是用圆形及圆内扇形的角度来表示
数值大小的图形，主要用于表示样
本或总体中各组成部分所占的比例，
用于研究结构性问题。

绘制饼形图时，样本或总体中
各部分所占的百分比用圆内的各个
扇形角度表示，这些扇形的中心角
度，按各部分数据百分比占 360°的
相应比例确定。饼形图可分为：平
面图、三维图。

【例 9-16】 例 9-15 中的数据
同样可以制作成饼形图，具体步骤
如下：

（1）选择 Graphs 菜单的 Pie 过
程，弹出 Pie Chart 数据选项框。

（2）单击 Define 按钮，弹出
Define Pie 定义选项框。把变量品
牌名称选入 Define Slices by 框。在
Slices Represent 中选择% of cases。
单击 Titles 按钮，弹出 Titles 对话
框，在 Title 栏内输入图形名称，单
击 Continue 按钮返回 Define Pie。单
击 OK 按钮即完成，得到如图 9-16
所示的平面饼形图。

如果想得到三维效果图，则需要
Graphs 菜单 Interactive 的 Pie 过程，
此处有三个下拉菜单：Simple（简单

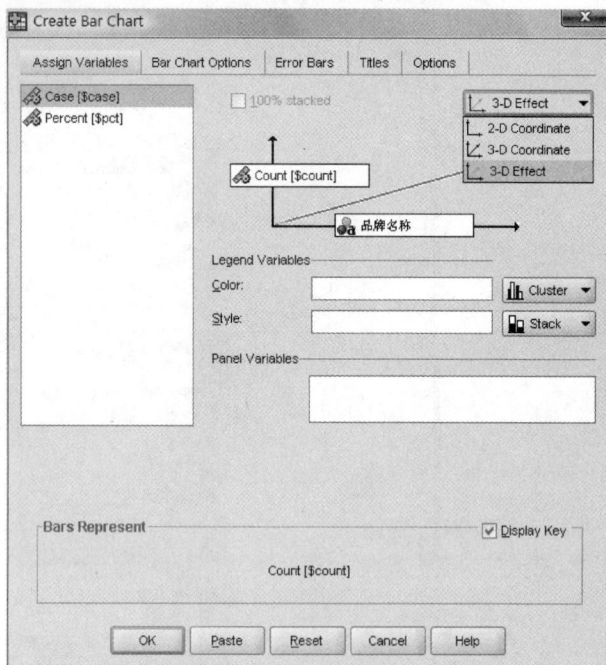

图 9-14　Bar 过程的对话框

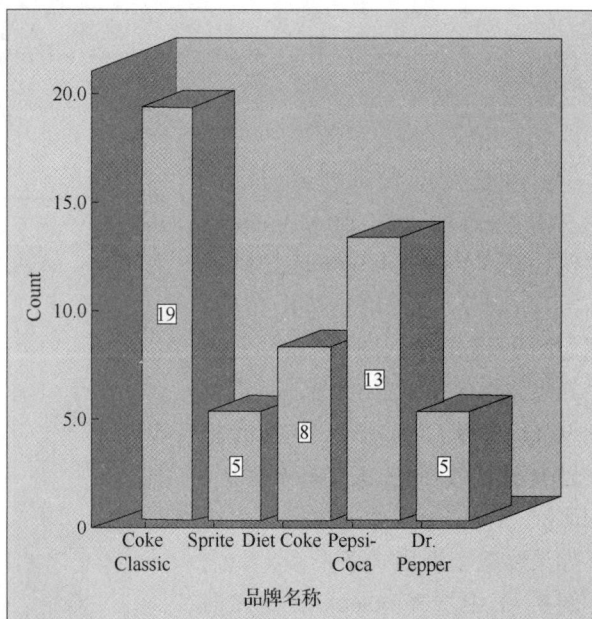

图 9-15　条形图的三维效果图

图）、Stacked（复式图）和 Plotted（绘制图），本例选择 Simple。进入饼形图的定义对话框后，
把品牌名称选入 Pie Variable 框，单击 OK 按钮即完成，得到如图 9-17 所示的三维饼形图。

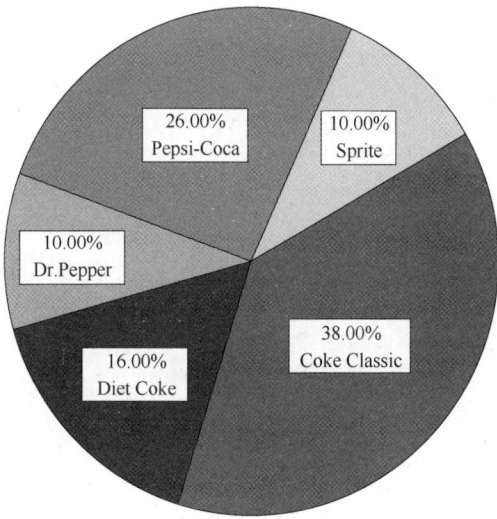

图 9-16 平面饼形图

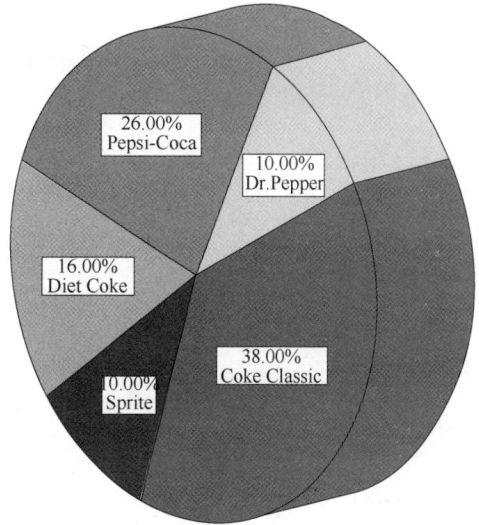

图 9-17 三维饼形图

不管是平面图还是三维图，得到图形后双击图形进入图形编辑器后，还可以对图形进行拆分，可以把对应的数据标示到相应位置。

(三) 线图

线图是表示时间序列数据趋势的图形，时间绘在横轴，数据绘在纵轴。在一般情况下，纵轴数据下端应从"0"开始，以便于比较。数据与"0"之间的间距过大时，可以采取折断的符号将纵轴折断。线图用线条的上下波动形式，反映连续性的相对数资料的变化趋势。非连续性的资料一般不用线图表现。在 SPSS 软件中调用 Graphs 菜单的 Line 过程，可绘制线图。

【例 9-17】 某地调查居民心理问题的存在现状，资料见表 9-32，试绘制线图比较不同性别和年龄组的居民心理问题检出情况。具体步骤如下：

表 9-32 性别与心理问题检出率数据表

年 龄 分 组/岁	心理问题检出率（%）	
	男 性	女 性
15～24	10.57	19.73
25～34	11.57	11.98
35～44	9.57	15.50
45～54	11.71	13.85
55～64	13.51	12.91
65～74	15.02	16.77
75 及以上	16.00	21.04

(1) 建立合适 SPSS 软件的数据文件，打开 SPSS 软件，建立一个如图 9-18 所示的数据文件，注意要增加一个性别变量。

(2) 选 Graphs 菜单的 Line 过程，弹出 Line Chart 定义选项框，有三种线图可选：Simple 为单一线图、Multiple 为多条线图、Drop-Line 为落点线图，本例选多条线图。

(3) 单击 Define 按钮，弹出 Define Multiple Line：Summaries for Groups of Cases 对话框，如图 9-19 所示，在左侧的变量列表中将"心理问题检出率"选入 Lines Represent 栏的 Other statistic 选项的 Variable 框，把"年龄分组"选入 Category Axis 框，将"性别"选入 Define

Lines by 框。

图 9-18 SPSS 软件的数据文件图

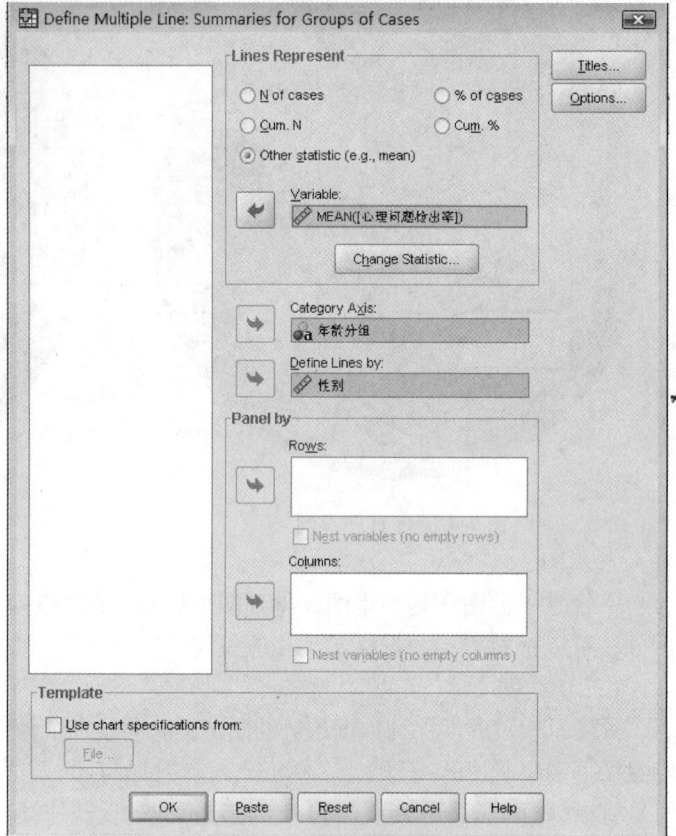

图 9-19 多条线图定义对话框

（4）单击 Titles 按钮，弹出 Titles 对话框，在 Title 栏内输入"某地男女性别年龄心理问题检出率比较"，单击 Continue 按钮返回 Define Multiple Line：Summaries for Groups of Cases 对话框，再单击 OK 按钮即完成，得到如图 9-20 所示的线图。

图 9-20 即为系统输出的线图，分析表明，65 岁以上组的心理问题检出率较其他年龄组为高，女性的心理问题检出率较男性为高。

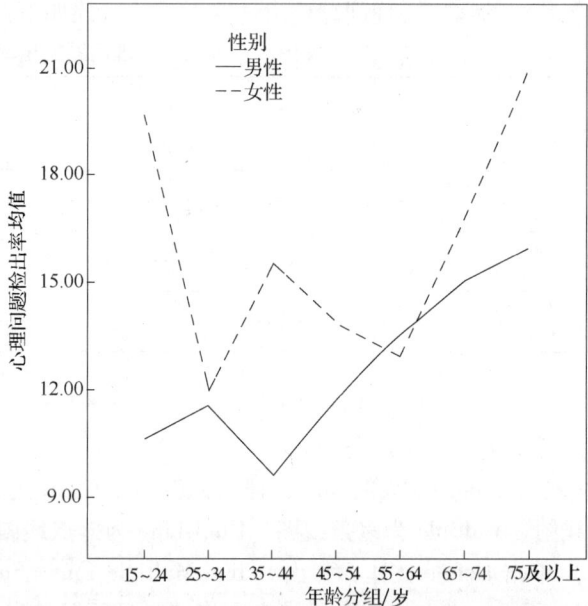

图 9-20 某地男女性别年龄心理问题检出率比较线图

关键词

χ^2检验 Chi-square Test

假设检验 Hypothesis Test

方差分析 Analysis of Variance（ANOVA）

多变量分析 Multivariate Analysis

多元回归分析 Multiple Regression Analysis

多元判别分析 Multiple Discriminant Analysis

聚类分析 Cluster Analysis

相关分析 Correlation Analysis

柱形图 Column Chart

饼图 Pie Chart

线图 Line Chart

思考题

1. 如果低于30%的消费者喜欢某一饮料品牌的电视广告，该公司就会改变现有的广告策略。请思考以下问题：

（1）建立原假设和备择假设。

（2）该题目的假设检验中可能出现哪两类错误？

（3）用什么方法进行本题目的假设检验？为什么？

（4）该公司随机调查了300位消费者，84位消费者表示喜欢该公司的电视广告。请问该公司的广告策略是否需要进行改变？为什么？

2. 某企业生产一种产品，原月产量 X 服从平均值为75、方差 $\sigma^2 = 14$ 的正态分布。设备更新后，为了考察产量是否提高，抽查了6个月的产量，求得平均值为78，假定方差不变，问在显著性水平 $\alpha = 0.05$ 下，设备更新后的月产量是否有所提高？

3. 一家软饮料生产企业在武汉市对一种新型软饮料进行市场测试。该公司随机选取了12家超市，新型软饮料在这些超市中在有限的一段时间内出售。要大规模地打入市场的话，品牌必须有足够高的获利性，公司预计每家超市每星期必须卖出1000箱，表9-33显示了拟检验的每家超市每星期实际平均销售量。请检验是否每家超市每星期的销售多于1000箱。

表9-33　每家超市每星期实际平均销售量

超市编号	1	2	3	4	5	6	7	8	9	10	11	12
销售量/箱	980	1050	1020	950	998	1005	1030	1009	1006	997	1010	995

4. 假设一家药品连锁店在全国大中城市拥有100家分店，每家分店日均销售6千元。为了促销，管理层推出了一种购买药品抽奖摩托车的促销策略。该策略执行的第一个月末，公司管理层想知道这项促销策略的效果。为此，研究人员从不同城市中随机选择10家分店，其有关资料见表9-34。如果显著性水平 $\alpha = 0.05$，请检验新促销策略对每日销售量是否有显著作用。

表9-34　10家分店的日销售量

药 店	1	2	3	4	5	6	7	8	9	10
日销售量/千元	7	8	5.5	6.5	5	7.5	8.5	9	6	9.5

5. 对某大学500名已毕业三年的校友的月收入进行调查，结果见表9-35。从表中可以看出男校友的平均月收入比女校友的高，但这种差别是否有显著意义？（ $\alpha = 0.05$ ）

表 9-35　校友的月收入情况

样　　本	平均月收入/元	标　准　差/元	样本大小/个
男校友	4786	29	448
女校友	4630	26	52

6. 某公司进行一项新产品研究。被调查的 500 名潜在用户中有 300 名来自高收入家庭，200 名来自低收入的家庭。如果表示愿意购买此新产品的百分比分别为 16% 和 13.5%，是否可以认为高收入家庭比低收入家庭更愿意购买该新产品？（$\alpha = 0.05$）

7. 某大型超市想要研究促销对其相对竞争力的影响，收集了在 15 个省份与竞争对手相比的促销费用数据（竞争对手费用 = 100），以及相对销售额数据（竞争对手销售额 = 100），如表 9-36 所示。

表 9-36　相对促销费用和相对销售额

省份编号	相对促销费用	相对销售额
1	95	98
2	92	94
3	103	110
4	115	125
5	77	80
6	79	84
7	105	112
8	94	99
9	85	93
10	101	107
11	106	114
12	120	132
13	118	129
14	75	79
15	99	105

请问该超市的相对促销费用与相对销售额之间是否存在关系？能否进行二元回归分析？分析的结果如何？

案例分析讨论

某单位职工餐厅的评价调查

某单位是一个拥有 3000 名全职和兼职员工的大型生产制造企业，几乎所有的员工都在本单位的职工餐厅吃午饭，但是对餐厅的各项服务抱怨颇多。为了改进餐厅的经营，该单位对到职工餐厅就餐的员工进行了一次调查，问卷包括两个部分，一部分是让员工对餐厅各项属性（评价标准）的重要性进行评估，另一部分是了解调查员工对餐厅各项属性的评价。

所有的题目都用 7 分利克特量表的形式进行询问。

采用系统抽样的形式，在餐厅门口发放问卷，经过一周的调查，共收到 340 份有效问卷，样本中包括 240 位在工作日就餐的员工和 100 位在周末就餐的员工。这 100 位在周末就餐的员工大部分是兼职员工，年龄较小。调查分析的结果如表 9-37 和表 9-38 所示，第 2~3 列是平均值，第 4 列是进行独立样本 t 检验的显著性水平。

表 9-37　两类员工对餐厅各项属性的重要性评价

餐厅的属性	工作日就餐者/分	周末就餐者/分	Sig.
员工的礼貌性	5.28	5.18	0.978
员工的帮助性	5.20	5.15	0.876
服务的质量	5.07	4.98	0.540
午餐的新鲜度	5.07	4.50	0.034
午餐的营养价值	5.03	4.44	0.045
午餐的整体质量	4.97	4.53	0.035
座位的舒适度	4.96	4.95	0.986
针对员工的折扣	4.89	4.75	0.752
口味	4.88	4.02	0.052
午餐服务速度	4.83	4.97	0.650
餐厅的舒适程度	4.83	5.23	0.001
午餐的品种	4.80	4.02	0.012
充分的照明	4.71	4.80	0.659
菜单的变化	4.60	3.53	0.002
低价午餐	4.52	4.20	0.102
量大	4.34	3.87	0.034
干净的环境	4.25	4.50	0.286

表 9-38　两类员工对餐厅各项属性表现的评价

餐厅的属性	工作日就餐者/分	周末就餐者/分	Sig.
员工的礼貌性	5.79	5.46	0.182
员工的帮助性	5.83	5.51	0.044
服务的质量	5.54	5.60	0.276
午餐的新鲜度	5.80	4.46	0.001
午餐的营养价值	5.29	5.23	0.197
午餐的整体质量	4.48	4.46	0.568
座位的舒适度	4.63	4.53	0.389
针对员工的折扣	5.45	4.56	0.009
口味	5.65	4.64	0.045
午餐服务速度	5.52	4.22	0.010
餐厅的舒适程度	4.96	5.63	0.061

（续）

餐厅的属性	工作日就餐者/分	周末就餐者/分	Sig.
午餐的品种	5.31	4.37	0.048
充分的照明	4.52	4.62	0.369
菜单的变化	4.98	3.75	0.019
低价午餐	5.35	6.86	0.045
量大	4.43	5.43	0.038
干净的环境	5.56	5.24	0.286

案例思考题：

1. 请问上述数据说明两类员工对餐厅的要求和评价有什么不同？

2. 从上述数据可以得出什么有用的管理信息？

第十章 市场预测方法：定性预测

导入案例

洗衣机的需求情况预测

某洗衣机厂采用德尔菲法，对某地区 2008 年下半年到 2009 年洗衣机的需求情况进行预测。具体步骤如下：

（1）确定征询对象。预测小组选了 17 位在家电行业工作、熟悉各类洗衣机销售，并有预测和分析能力的销售人员和统计人员，该地 6 个市的家电协会的行业负责人、洗衣机厂的营销经理、各市的销售主管、有影响力的代理商及销售额较高的大商场人员比例为：行业协会人员、厂销售人员、销售商各 1/3。

（2）给专家发送意见征询函。函中要求专家了解征询目的和要求，即在 10 天之内对本地区 2008 年下半年和 2009 年本厂洗衣机的销售量做出预测，要求有较详细的依据、意见和建议，并附有为专家提供参考的资料，如本厂洗衣机在该地区前 5 年的销售、该地区各种品牌洗衣机的销售总量、2008 年上半年的销售量、不同家庭对不同类型洗衣机选择的情况分析等。

（3）汇总征询意见。回收第一轮征询函后，进行汇总，预测 2008 年下半年该地区该品牌洗衣机销售量最低 2 万台，最高 3 万台，平均数为 2.5 万台；2009 年销售量最低 3.7 万台，最高 5.4 万台，平均数为 4.5 万台，同时专家们提出了许多对洗衣机市场的分析及如何促进洗衣机销售的意见等。

（4）反馈汇总意见。将征询意见汇总整理归纳后，得出以下四条意见：①老洗衣机将淘汰，新一轮的洗衣机更新换代将在 2008 年下半年开始，到 2009 年下半年完成；②人们对洗衣机的要求趋向于功能新颖、节水型；③不同家庭对洗衣机容量的大小有不同要求，不同季节也有不同的要求的组合；④由于目前各家庭收入预期有所降低，估计到 2009 年下半年，销售量将受到影响，需加大促销力度，将这些看法分别寄给专家们进行第二轮征询。为了使专家们了解本厂今年在洗衣机类型上的创新情况和经营决策部门对销售部门实行的新激励机制，他们又补送了两份资料。第一份是本厂今年推出的吸收国家最新技术的节能节水型洗衣机的产品类型介绍，第二份是本厂为激励销售部门人员的积极性，对销售有功人员可以奖励10万元以上的奖励措施，请专家们开始进行预测。函件收回后进行汇总，专家预计2008年下半年可达3.5万台，2009年可达6.8万台，均高于第一次平均预测水平，同时，对厂里采取的积极进取的措施表示赞同，并就改革营销体制、完善各激励机制等方面又提出了一些意见。按照专家们的预测，2008年下半年，该厂在该地区的洗衣机销售量达3.8万台，误差为8.5%；2009年为7万台，误差为3.2%。

这说明运用德尔菲法进行预测是接近事实的，对中长期趋势是比较准确的，起到了定性预测的作用。

本章介绍定性预测法的特点和适用范围，重点讲述了头脑风暴法、德尔菲法、主观概率法和计划评审预测法等常用的定性预测方法。

第一节　定性预测概述

一、定性预测法的特点及适用范围

定性预测是依赖于预测人员丰富的经验、知识以及综合分析能力，对预测对象的未来发展前景做出性质和程度上的估计和推测的一种预测方法。预测结果并没有经过量化或者定量分析，所以具有不确定性。

定性预测注重于事物发展在性质方面的预测，具有较大的灵活性，易于充分发挥人的主观能动作用，且简单、迅速、省时、省费用。定性预测比定量预测操作简单，且操作成本低。由于定性预测的资料收集等大部分来源于消费现场，可以了解到消费者的动机及感觉，这是定量预测无法做到的。定性预测与定量预测有效地结合可以透彻地了解消费者的需求。定性预测的缺点是：易受主观因素的影响，比较注重于人的经验和主观判断能力，从而易受人的知识、经验和能力的束缚和限制，尤其是缺乏对事物发展做数量上的精确描述。

二、定性预测法的类型

定性预测法的具体形式较多，包括头脑风暴法、德尔菲法、主观概率法、计划评审（PERT）预测法、推算预测法、调研判断法和经验判断法等，下面将主要介绍头脑风暴法、德尔菲法、主观概率法、计划评审预测法等方法。

第二节　头脑风暴法

一、头脑风暴法的概念

头脑风暴法是通过一组专家共同开会讨论，进行信息交流和互相启发，从而诱发专家们发挥其创造性思维，促进他们产生"思维共振"，以达到互相补充，并产生"组合效应"的预测方法。它既可以获取所要预测事件的未来信息，也可以弄清问题，形成方案，搞清影响，特别是一些交叉事件的相互影响。

资料链接 10-1：智暴法

头脑风暴法又叫智暴法（Brain Storming Method），是由美国学者阿利克斯·奥斯本（A. F. Osborn）在 1957 年提出的。它原是指精神病患者头脑中短时间出现的思维紊乱现象，会出现大量的胡思乱语。这里寓指思维异常活动，能够产生非常规的思想火花。

二、头脑风暴法的种类

按照头脑风暴法的性质分，有直接头脑风暴法和质疑头脑风暴法两种。

1. 直接头脑风暴法

所谓直接头脑风暴法，就是组织专家，根据一定的规则，通过鼓励专家独立思考、共同讨论，充分发表意见的一种集体评估的方法。

2. 质疑头脑风暴法

质疑头脑风暴法是指对已提出的设想、方法等逐一质疑，通过质疑进行全面评估，直到没有问题可以质疑为止，使设想完善，最终发现现实可行的方法。

三、头脑风暴法的特点

1. 头脑风暴法的优点

（1）在短时间通过思维的集体迸发，能得到创造性的成果。

（2）通过头脑风暴会议，获取的信息量大，考虑的问题比较全面，提供的方案综合性强。

2. 头脑风暴法的缺点

（1）易受权威的影响，不利于充分发表意见。

（2）易受表达能力的影响。有些专家的意见和主张非常具有创造性，但因表达能力欠佳，影响效果。

（3）易受心理因素的影响。有的专家爱垄断会议或听不进不同意见；明知自己有错，也不愿意公开修正自己的意见。

（4）容易少数跟随多数意见，或者受权威影响，某些专家难以发挥自己的创造性。

这些缺点可以通过下节的德尔菲法减弱影响，但头脑风暴法的效率高于德尔菲法。

四、组织头脑风暴法的实施

组织头脑风暴法一般依据以下几个步骤：

1. 确定领导负责人

头脑风暴法会议的领导工作一般由预测专家负责。因为预测专家不仅熟悉预测程序和处理方法，而且对所提的问题和科学辩论均有充足的经验。

2. 确定主持人

头脑风暴法会议的主持者应具有良好的沟通技巧和一定经验。主持会议者在会议开始时要有诱发性发言，尽量启发专家的思维，引导专家产生思维共振。鼓励专家对已经提出的设想进行改进和综合，为对修改已有设想的专家提供优先发言的机会。

3. 选择专家

选择专家要与预测的对象相一致。一般说来，要有预测专家和相关专业领域内专家参加会议。例如：对我国 2009～2010 年春秋时装流行款式的预测，可选择时装设计师、服装领域的销售专家和有较高判断能力的专家。另外，被挑选的专家应该尽量彼此不认识，这样，更能激发专家们各抒己见。如果是彼此相识的，应从同一职称或级别中挑选，以免造成相识的不同级别专家言论顾忌。在会议上不公布专家所在的单位、年龄、职称或职务，让专家们认识到与会者一律平等，一视同仁。

4. 创造良好的会议环境

会场的布置要轻松、活跃和随意，能激发创造性。此外，还应创造一个真正自由发言的环境。会议主持者要说明政策，使专家没有顾虑，以便专家高度集中注意所讨论的问题，做到知无不言，言无不尽。

五、实施头脑风暴法的注意事项

头脑风暴法的目的是要突破思考的固有框架，创造没有边界的思想，是一种思维上的剧烈运动。要组织一次成功的头脑风暴法，还应注意以下几点：

1. 鼓励专家自由畅想

专家要放开思维，自由畅想，充分表达，不能因考虑其他因素而有所顾忌。

2. 组织者延迟评判

头脑风暴法的阶段是尽可能多地提出各种新设想，此时不宜评判各设想的质量，以免破坏会议气氛，阻碍专家提出更富创造性的设想。

3. 把握会议节奏

头脑风暴法会议往往呈现出一系列的智能曲线。开始时观点表达不踊跃，不充分，焦点也比较分散。中期时专家们抓住要点后，集体智慧爆发，形成陡峭的智能曲线。最后，观点的范围逐步缩小，并进入发言的平缓期。

第三节　德　尔　菲　法

一、德尔菲法的概念

德尔菲法又称为专家小组法或专家背靠背法，是指按规定的程序，采用函件询问的方式，通过专家小组背对背地做出判断分析来代替面对面的会议，让专家充分发表不同意见，经过客观分析和几次征询及反馈，使各种不同意见趋向一致，从而得出比较符合市场发展规律的预测结果。

德尔菲法广泛地应用于人口预测、医疗保健预测、经营和需求预测、教育预测等领域。它还可用来预测商品供求变化、市场需求产品的价格、商品销售、市场占有率、商品生命周期等方面。

资料链接 10-2：德尔菲

德尔菲（Delphi）是古希腊地名，相传太阳神阿波罗在德尔菲杀死了一条巨蟒，成了德尔菲的主人。阿波罗对于未来有极高的预测能力，因此在当地建有一座阿波罗神殿，它是一个预卜未来的神谕之地，于是人们就借用此名作为这种预测方法的名字。德尔菲法最早由美国的兰德公司（RAND）于 20 世纪 50 年代末首创并使用，20 世纪 50 年代以后在西方国家盛行起来。

二、德尔菲法的实施

为了确保预测工作的科学性，运用德尔菲法进行预测，要遵循一定的程序。

1. 准备阶段

准备阶段包括以下工作：

（1）成立预测工作小组。由于德尔菲法采用书信方式，以函询为主，工作量大，必须成立工作小组。工作小组是预测的领导者、组织者，也是预测的主持者，具体负责确定预测目标，准备背景资料，选定专家，设计征询表、对征询结果进行分析处理等。工作小组一般由企业的领导人员、调研预测部门的负责人和工作人员以及有关业务部门的负责人参加。预测工作小组具体工作就是提出预测的总目标和需要实现这一目标的具体问题，请专家们进行回答。同时，准备同预测目标有关的国内外信息资料，及时发给专家，供他们研究参考。

（2）选择和邀请专家。选择专家是德尔菲法成败的关键性步骤。所选专家应当对预测对象和预测问题有比较深入的了解和研究，具有专业知识和丰富经验，思想活跃，富有创造性和判断能力。

选择专家要注意以下几点：①自愿性。所有应邀参加专家小组的专家都应当是自愿的，不能用行政命令或其他有违专家意愿的方式强迫参加。因为只有自愿参加，才能保证专家自始至终充分发挥其积极性、创造性和聪明才智。②广泛性。参加专家应具有广泛的代表性，因为判断预测本身需要多方面的代表、多样化的知识。为了保证专家的广泛代表性，要注意开拓专家的来源。可根据预测的要求，发动企业内部或外部进行自荐或推荐。③控制预测人数。选定的专家人数要适度，人数过少，缺乏代表性；人数过多会给组织工作带来很多麻烦。专家人数选择多少，没有一定的规定，要视问题本身的复杂程度而定，还要考虑到征询表的回收问题，所以专家小组人数可比实际需要的人数稍多些。在市场预测时，一般以 10～30 人为宜。有的预测内容比较复杂，涉及面广，需要专家人数多的，则要对专家进行分组。

（3）制定征询表。征询表是专家回答问题的主要依据，是向专家征询意见的调查表，除了按一般调查表要求外，还要特别注意提出问题的明确性；一般只要求专家回答某个数据或实现的日期，并附有文字说明和应答者注意事项。

2. 征询阶段

准备工作完成后即可进入逐轮征询意见阶段。

第一轮征询。把征询调查表和背景资料发给专家小组的各位成员，请他们就所预测的问题做出明确回答并提出自己的见解，在规定时间内反馈给预测工作小组。

第二轮征询。预测工作小组对第一轮征询所得的专家意见进行汇总和整理，做出定量化的归纳。然后把第一轮征询的结果以及预测工作小组对第二轮预测的要求，邮寄给各位专家请他们回答，进行第二次征求意见。这一轮主要让专家了解其他专家的看法，进一步考虑和修正自己原来的意见，也可根据预测工作小组的要求，针对某些分歧比较大的问题进行深入讨论，说明自己的意见和看法或者附和其他人的意见及理由，在规定时间内反馈给预测工作小组。

第三轮征询。工作小组收到专家第二轮意见后，再次进行汇总整理，并将第二轮汇总意见和进一步预测的要求反馈给专家，要求他们再次思考。在一般情况下，经过前两次征询与反馈，预测的问题趋于明朗，意见有可能比较一致，即可总结处理。如有必要，还可以用同样的方法继续反复征询，直到专家们的意见不再变化时为止。

3. 预测结果的最终处理阶段

预测工作小组对最后一轮专家意见进行整理分析，做出最终判断。专家意见的整理分析，应该注意应用科学的数据分析法。在实践中，一般采用平均数作为预测结果；用中位数表示专家们意见的集中程度，也是专家们最有代表性的意见。用极差数（即最大与最小之间的差）反映专家意见的集散程度：极差小，表示专家意见比较集中；极差大，表明专家意见比较分散。由于经过多次征询，专家意见一般会基本趋向一致，所以最后一轮产生的中位数和极差数将作为最终预测数字。

常用的平均数和中位数计算法如下：

（1）平均法计算公式。

1）算术平均数法

$$y = \frac{\sum x}{n}$$

式中，$\sum x$ 为专家意见判断数据的总数；n 为专家人数（或数据个数）；y 为预测值。

2）加权平均法

$$y = \frac{\sum xf}{\sum f}$$

式中，f 为权数或概率。

（2）中位数法。在最后一轮数据处理时，对专家意见要按数值由小到大的顺序加以排列，排在中间位置的那个数（奇数位专家时）或中间两个数的简单算术平均数（偶数位专家时）表示专家意见的集中程度。

三、德尔菲法的特点

1. 匿名性

在整个预测过程中，专家之间互不见面，不发生横向联系，主持者与专家之间的联系采用书信方式，背靠背地分头征求意见。专家的预测意见也是以匿名的形式表达。这样做可以使个人的意见得以充分表达，有利于提高整个预测的质量，还能避免头脑风暴法所存在的不足。这种匿名形式可以创造一个平等、自由的气氛，鼓励专家独立思考，消除顾虑和心理干扰，同时各位专家还可以根据情况的变化随时修正自己的意见，而不用担心情面，减少固执己见或做无谓的争执。

2. 反馈性

德尔菲法不是一次性作业，而是多次逐轮征求意见。每一次征询之后，预测主持者都要将该轮情况进行汇总、整理，作为反馈材料发给每一位专家。通过反馈信息，专家们在背靠背的情况下了解到所有其他专家的意见，以及持不同意见者的理由，有利于相互启发，集思广益，开拓思路，充分发挥专家们的智慧，提高预测的准确性和可靠性。

3. 量化性

德尔菲法在经过多轮的专家意见征询后，对最后一轮的专家意见运用适当的数学方法进行数量化处理。一般采用平均法和中位数法，以平均数或中位数作为预测的结果。这种预测方法将定性判断和定量分析相结合，有利于提高预测的科学性和准确性。

四、德尔菲法的应用

某企业对某种商品某年的销售趋势难以确定，因而聘请 12 位专家采用德尔菲法进行预测，具体见表 10-1。（单位：百万台/年）

表 10-1　德尔菲法销售预测表

专家 轮次	1	2	3	4	5	6	7	8	9	10	11	12	中位数	级差数
一	50	60	55	12	55	25	22	30	30	32	22	32	31	48
二	50	50	50	33	45	35	30	34	34	35	28	35	35	22
三	50	50	50	42	50	35	34	35	34	37	36	37	37	16

从预测结果可以看出第二轮中，大多数专家修改了自己的意见，向中位数靠拢，极差变小。这说明第一轮反馈意见起了作用，到第三轮时修改意见的专家减少了，而且数字的变动幅度不太大。

随着我国社会、经济、科技的进一步发展，德尔菲法的应用也越来越广泛。我们经常结合自己的具体情况，对原有的德尔菲法做些改进。例如，采用书面调查和会议相结合的方法；部分取消匿名性的方法；考虑到专家对某问题的权威性，对专家问答的数据结果采取加权处理；有时还视课题的难易和经费、时间的允许程度，适当地减少反馈的次数，在专家反馈一至两次后，再召集一小批专家集中讨论，做出预测结果。这些应用方法称为广义的德尔菲法。

第四节　主观概率法

一、主观概率法的概念

主观概率是预测者对经验结果所做主观判断的度量，即可能性大小的确定，也是个人情感的度量。主观概率也必须符合概率论，即

$$\begin{cases} 0 \leqslant P\ (E_i)\ \leqslant 1 \\ \sum P\ (E_i)\ = 1 \end{cases},\quad i = 1,\ 2,\ 3,\ 4,\ \cdots,\ n$$

式中，E_i 为实验样本的一次事件。

这个基本定理的含义是：①所确定的概率必须大于或等于 0，而小于或等于 1；②经验判断全部事件中各个事件概率之和必须等于 1。

在市场预测中由于缺乏历史数据，难以按照"大数"规律来确定预测事件出现的客观概率、只能凭经验来判断事物的可能性；专家意见很不一致，难以协调，也可结合主观概率法进行推断。

二、主观概率法的特点

主观概率是一种心理评价，判断中具有明显的主观性。对同一事件，不同人对其发生的概率判断是不同的，主观概率的测定因人而异，受预测者的心理影响较大。谁的判断更接近

实际，主要取决于预测者的经验、知识水平和对预测对象的把握程度。

在实际中，主观概率与客观概率的区别是相对的，因为任何主观概率总带有客观性，预测者的经验和其他信息是对市场客观情况的具体反映。因此不能把主观概率看成为纯主观的。另外，任何客观概率在测定过程中也难免带有主观因素，因为实际工作中所取得的数据资料很难达到（大数）规律的要求。所以，在现实中，既无纯客观概率，又无纯主观概率。

主观概率法是预测者对预测事件发生的概率（即可能性大小）做出主观估计，或者说对事件变化动态进行一种心理评价，然后计算期望值，以此为基础预测事件结论的一种定性预测方法。

三、主观概率法的应用

例如，某企业根据市场销售的历史和现状，对预测期内经营情况及可能出现的自然状态，分别提出估计值和概率，如表 10-2 所示。

表 10-2 主观概率法应用

参加预测人员	估　计　值						期望值/台
	最高量/台	概　率	中等量/台	概　率	最低量/台	概　率	
1	2500	0.3	2200	0.5	2000	0.2	2250
2	2450	0.2	2200	0.6	1900	0.2	2190
3	2400	0.2	2180	0.6	1760	0.2	2140
4	2200	0.1	2000	0.7	1900	0.2	2000
5	2300	0.2	2000	0.6	1700	0.2	2000

从表 10-2 中可以看出每个人每次概率均是大于 0 小于 1，所有事件概率之和等于 1。期望值的计算方法为

期望值最高估计值×概率 + 中等估计值×概率 + 最低估计值×概率

按照上述公式计算 5 名预测人员的期望值，如 5 号预测人员的期望值为

$$2300 \text{ 台} \times 0.2 + 2000 \text{ 台} \times 0.6 + 1700 \text{ 台} \times 0.2 = 2000 \text{ 台}$$

用算术平均法求出平均预测值为

$$\frac{2250 \text{ 台} + 2190 \text{ 台} + 2140 \text{ 台} + 2000 \text{ 台} + 2000 \text{ 台}}{5} = 2116 \text{ 台}$$

以平均预测值 2116 台作为企业的预测结果。

考虑再用加权平均法求出加权平均值作为调整的方案。考虑到各位预测人员的地位、作用和权威性的不同，分别给予 1 号和 2 号人员较大权数，均为 25%，3 号和 4 号的权数是20%，5 号的权数为 10%，则综合预测值为

$$2250 \text{ 台} \times 25\% + 2190 \text{ 台} \times 25\% + 2140 \text{ 台} \times 20\% + 2000 \text{ 台} \times 20\% + 2000 \text{ 台} \times 10\% = 2138 \text{ 台}$$

上述不同的计算方法得出的预测结果不同，需要根据实际情况进行调整，或以某一个预测值作为预测的最后结果，或者以一区间估计值作为预测结果。

第五节 计划评审预测法

PERT 预测法是来源于 PERT（Program Evaluation and Review Technique）中的一种工期

估计的方法，这种方法产生于 20 世纪 50 年代。最初，美国将其应用于北极星导弹的试制，取得了很好的效果，很快在美国得到了推广，并被扩大应用到预测与决策的各个领域。在商业上，它常常被用来做销售量的预测。

一、计划评审预测法原理

用计划评审预测法进行预测的依据是一个经验公式：

$$某个体推断平均值 = \frac{最乐观估计值 + 4 \times 最可能估计值 + 最悲观估计值}{6}$$

$$某个体推断方差 = \left(\frac{最乐观估计值 - 最悲观估计值}{6}\right)^2$$

有些 PERT 工作人员曾用复杂的数学工具证明此公式，但均未得到满意的理论证明，现做简要描述性解释：

假定销售量 X 服从正态分布 $X \sim N(a, \sigma^2)$，则由概率论知识可知：销售量小于 $(a - \sigma)$ 的可能性为 15.87%，销售量大于 $(a + \sigma)$ 的可能性也为 15.87%，销售量位于 $(a - \sigma, a + \sigma)$ 之间的可能性为 68.26%。即

$$P(X < a - \sigma) = 15.87\%$$
$$P(X > a + \sigma) = 15.87\%$$
$$P(a - \sigma \leqslant X \leqslant a + \sigma) = 68.26\%$$

由离散型随机变量的数学期望计算公式可得

平均销售量 = 最低销售量 $\times 15.87\%$ + 最可能销售量 $\times 68.26\%$ + 最高销售量 $\times 15.87\%$

$$\approx \frac{1}{6} \times 最低销售量 + \frac{4}{6} \times 最可能销售量 + \frac{1}{6} \times 最高销售量$$

二、计划评审预测法的应用

由于销售人员和市场部门的经理最了解市场的动向，故做销售预测时，要充分听取他们的意见，然后加以综合，做出预测。现以销售预测为例，介绍此法的基本原理与方法。

【例】 某百货公司某种商品有销售人员 3 人和正、副经理 2 人，他们对下一年（或下一季度）商品的销售量分别做了如下估计，结果见表 10-3。

表 10-3 销售量估计结果

人 员	销售量估计			
	最高销售量	最低销售量	最可能销售量	推断平均值
销售人员甲	800	400	600	600
销售人员乙	900	500	700	700
销售人员丙	1000	600	800	800
正经理丁	900	700	800	800
副经理戊	900	500	700	700

（1）分别计算甲、乙、丙、丁和戊的推断平均值。

$$\overline{X}_甲 = \frac{800 \times 1 + 600 \times 4 + 400 \times 1}{6} = 600$$

$$\overline{X}_{乙} = \frac{900 \times 1 + 700 \times 4 + 500 \times 1}{6} = 700$$

$$\overline{X}_{丙} = \frac{1000 \times 1 + 800 \times 4 + 600 \times 1}{6} = 800$$

$$\overline{X}_{丁} = \frac{9000 \times 1 + 800 \times 4 + 700 \times 1}{6} = 800$$

$$\overline{X}_{戊} = \frac{900 \times 1 + 700 \times 4 + 500 \times 1}{6} = 700$$

（2）用推断平均值预测最终销售量（分两种情况）。

1）若甲、乙、丙、丁和戊五人预测经验相当，可用简单算术平均数作为销售的预测结果。

$$\overline{X}_1 = \frac{600 + 700 + 800 + 800 + 700}{5} = 720$$

2）若甲、乙、丙、丁和戊五人预测经验程度不同，则可根据各自的经验程度利用加权平均数作为销售的预测结果。

如本例中假设 3 位销售人员的经验相当，正经理的经验是他们的 3 倍，副经理的经验是他们的 2 倍。

$$\overline{X}_2 = \frac{600 \times 1 + 700 \times 1 + 800 \times 1 + 800 \times 3 + 700 \times 2}{1 + 1 + 1 + 3 + 2} = 737.5$$

（3）再分别计算各自的推断方差。

$$\sigma_{甲}^2 = \left(\frac{800 - 400}{6}\right)^2 = 4444.44$$

$$\sigma_{乙}^2 = \left(\frac{900 - 500}{6}\right)^2 = 4444.44$$

$$\sigma_{丙}^2 = \left(\frac{1000 - 600}{6}\right)^2 = 4444.44$$

$$\sigma_{丁}^2 = \left(\frac{900 - 700}{6}\right)^2 = 1111.11$$

$$\sigma_{戊}^2 = \left(\frac{900 - 500}{6}\right)^2 = 4444.44$$

（4）利用各自的推断方差计算预测值的方差（分两种情况）。

1）若甲、乙、丙、丁和戊五人预测经验相当，有

$$\sigma_{销售1}^2 = \frac{\sigma_{甲}^2 \times 1 + \sigma_{乙}^2 \times 1 + \sigma_{丙}^2 \times 1 + \sigma_{丁}^2 \times 1 + \sigma_{戊}^2 \times 1}{(1 + 1 + 1 + 1 + 1)^2}$$

$$= \frac{4444.44 + 4444.44 + 4444.44 + 1111.11 + 4444.44}{25}$$

$$= 755.55$$

则 $\sigma_{销售1} = 27.49$。

2）若甲、乙、丙、丁和戊五人预测经验程度不同，还是假设 3 位销售人员的经验相当，正经理的经验是他们的 3 倍，副经理的经验是他们的 2 倍。

$$\sigma_{销售2}^2 = \frac{\sigma_{甲}^2 \times 1 + \sigma_{乙}^2 \times 1 + \sigma_{丙}^2 \times 1 + \sigma_{丁}^2 \times 3 + \sigma_{戊}^2 \times 2}{(1 + 1 + 1 + 3 + 2)^2}$$

$$= \frac{4444.44 \times 1 + 4444.44 \times 1 + 4444.44 \times 1 + 1111.11 \times 3 + 4444.44 \times 2}{64}$$

$$=399.31$$

则 $\sigma_{销售2} = 19.98$。

（5）综合销售员和经理两方的预测值作为正式的预测值和预测范围。

在第一种情况下，销售量的综合预测值为 720；且综合预测值在区间（720 − 27.49，720 + 27.49）内的可能性为 68.26%；在区间（720 − 2 × 27.49，720 + 2 × 27.49）内的可能性为 95.44%。

在第二种情况下，销售量的综合预测值为 737.5；且综合预测值在区间（737.5 − 19.98，737.5 + 19.98）内的可能性为 68.26%；在区间（737.5 − 2 × 19.98，737.5 + 2 × 19.98）内的可能性为 95.44%。

这种方法综合了领导和群众的预测水平，故又称为综合判断法。

关键词

定性预测 Qualitative Forecasting
头脑风暴法 Brain Storming Method
德尔菲法 Delphi Method
主观概率 Subjective Probability
计划评审（PERT）Program Evaluation and Review Technique

思考题

1. 成功运用头脑风暴法应注意哪些问题？

2. 某电视机厂新近研发一款家用彩电，为了解其预计价格、销量和盈利等的情况，现拟采用德尔菲法进行预测。

（1）你准备如何挑选专家？

（2）你需要准备哪些资料？设计预测咨询表时注意哪些问题？预测咨询表中包含哪些问题？

（3）怎样处理专家意见？

3. 甲企业生产的某产品每件成本为 2.1 元，现了解到乙企业有意向购买该产品 10 万件。在签订购销合同前，甲企业对市场行情以及乙企业的背景做了相应了解，预定了三种方案，并对谈判成功与否做了主观判断，如表 10-4 所示。

表 10-4　谈判可能情况

甲企业方案	单价/（元/件）	谈判成功可能（%）	谈判失败可能（%）
方案 A	3.5	20	80
方案 B	3.0	50	50
方案 C	2.5	90	10

现甲企业为谋求利润最大，应采取何种方案最佳？

4. 某服装研究中心设计了一种新款女装，现聘请了 3 位富有经验的时装销售员进行销售预测，预测结果如下。假设甲、乙两销售员的经验分别相当于丙销售员的 3 倍和 2 倍，试用 PERT 预测法预测新款女装的销售量。

甲：最乐观的销售量是 800 万件

　　最悲观的销售量是 600 万件

　　最可能的销售量是 700 万件

乙：最乐观的销售量是 750 万件

　　最悲观的销售量是 550 万件

　　最可能的销售量是 640 万件

丙：最乐观的销售量是 850 万件

　　最悲观的销售量是 600 万件

　　最可能的销售量是 700 万件

案例分析讨论

县级婚宴白酒市场前景预测

　　李强是山东某县级市场的经销商，主要经营高、中、低端的白酒品牌，有送货车辆 5 部，业务员和驾驶员各 5 名，库房 800 多平方米。他做酒水经销商多年，凭借着自己多年来积累的政商界关系和客户资源取得了不错的发展。但是随着白酒进入调整期和政府限制"三公消费"，以及来自上游企业的压力、同行之间的竞争等因素，李强公司的库存压力和资金压力剧增。

　　通过市场走访，李强发现前几年被自己忽视的婚宴市场销量很大，于是他结合自己公司和所销售产品的实际情况，组织了专业的团队对当地婚宴市场进行系统化、专业化的运作。经过半年的努力，在婚宴市场取得了不错的成绩，减轻了自己的库存和资金压力。

　　1. 了解区域消费习惯及市场消费心理

　　俗话说"知己知彼百战百胜"，要想在婚宴市场做好白酒销售工作，那就必须先做好婚宴市场的分析调查，做好充足的准备。因为婚宴渠道不同于其他渠道，每个细分市场都有自己的消费特点，每个区域的"婚宴"用酒也有相对鲜明的消费特点，这些特点集中表现在包装的颜色、主流香型、主流度数、主销价格等几个方面。

　　首先，某一区域的婚宴消费的品牌可能各有不同，但多数消费者会选择当地的"流行品牌"或知名度高的大品牌，在品牌选择上很挑剔，冷僻、陌生的小品牌不适合进行"婚宴"团购公关。其次是价位，区域情况不同，消费水平不一，对婚宴用酒的档次要求也不同。例如一个典型的县级市场 A 县，婚宴用酒除了极少数经济条件非常好的人用全国高端名酒外，一般分为四个档次：100 ~ 168 元/瓶为中高端消费，60 ~ 80 元/瓶为中档消费，20 ~ 50 元/瓶为中低档消费，20 元/瓶以下的为低档消费。所以，了解区域婚宴市场的消费习惯和心理是经销商做好婚宴市场的必要条件。

　　2. 锁定关键核心人物及目标对象

　　面对市场竞争同质化十分严重的情况，白酒经销商如何整合资源做到最有效的营销至关重要，婚宴市场的可确定性值得白酒经销商思考，能尽早获得即将结婚人的第一手资料是白酒经销商在婚宴市场竞争取得成功的第一步。

　　（1）婚宴一般分为两种招待形式，即酒店承办和自家承办。但是无论是在酒店内消费还是在自家办喜事，酒水都是以自备为主。一般客户都提前几个月到酒店订餐，那时还没有确定用什么酒。但是客户在酒店订餐时都会留下资料，经销商可以通过对酒店大堂经理或服务员的公关了解客户信息，根据客户资料做到有的放矢地进行公关，或者白酒经销商跟饭店合作开展针对客户的促销活动。针对自办型的客户，需要公关核心人物，一般自办型的婚宴都由核心的红白理事会成员或村干部主导，所以要牢牢地抓住这些核心人物。拿下这部分核心人物，后期加以跟踪，基本上可以锁定当地的婚宴渠道。

（2）通过其他渠道获取客户资料或者抓住关键核心人物。

3. 针对客户的促销方式要新颖灵活

婚宴市场的可确定性，使得白酒经销商可以抓住婚宴客户的心理"一对一地营销"，根据客户的服务需求不同采取不同的促销进行刺激。例如：①饮料、香烟等婚宴附属品都是客户需要的，可以开展买婚宴酒搭赠这些附属品的活动。②有的客户可能对婚车需求比较高，那白酒经销商就可以开展买婚宴酒送免费用婚车的活动。③白酒经销商可以制作一些婚宴用品，比如彩虹门、红双喜字、请柬等免费促销使用。④有的客户对旅游比较感兴趣，可以赠送新婚旅游。⑤联合各大婚纱影楼，与它们签订合作协议，在其店内促销，客户拍婚纱照的同时，介绍婚宴酒促销活动，即购买一定数量婚宴产品减免一部分婚纱照费用等。因为婚宴渠道比较特殊，所以促销一定要体现活动的灵活性，了解消费者的心理。

4. 选准伙伴，联合营销

除了找到核心带动者，做婚宴市场还需要找到联合营销渠道，例如可以与当地主流酒店、主要的婚纱影楼、婚庆公司、家电城、喜铺、家纺城、有承办婚宴用酒能力的核心终端店和二级批发商等开展联合促销。跨界合作、联合营销的目的主要是为了及时获取可能形成的消费信息并快速展开营销公关，抢占先机。例如：

（1）和婚纱影楼联合促销：在婚纱影楼悬挂××婚庆用酒指定专卖点标示，进行产品陈列，提供免费试尝服务，以及发放联合促销政策广告宣传品（婚宴用××酒达到多少，在本店拍婚纱照可享受几折优惠；在本店拍婚纱照，购买××婚宴酒可享受几折优惠）。

（2）对红白理事会成员或村干部主导的婚宴，要牢牢地抓住这些核心人物。例如：聘请他们为婚庆顾问，每月给予他们品鉴用酒等。抓住了这部分核心人群，后期加以跟踪，基本上就可以锁定当地的婚宴渠道了。

（3）作为婚宴用酒，全面撒网是不现实的，因此针对具有承办婚宴用酒能力的核心终端店和二级批发商要精准定位，给他们留足利润空间，这样市场不会出现乱价、砸价的现象，同时，这些客户也会将婚宴酒作为自己的利润性产品积极推荐和操作。

（4）任何一个品牌都是消费者的消费体验、产品功能等构成的一个综合体。白酒品牌在运作婚庆市场时，如果想做强做大，必须做好消费者的体验工作。毕竟"婚宴"是一个体现面子的场合，因此，可以定期组织目标客户召开"一桌式"的品鉴会。

婚宴市场无论是对销量还是对品牌传播都有着十分明显的作用，所以白酒经销商一定要重视此渠道。根据当地的实际情况，进行深入的市场调查和分析，落实有效的促销政策，联合精准的合作伙伴，才能在充满商机和潜力的婚宴市场"分一杯羹"。

案例思考题：

组成8人小组，设计并进行一次定性预测，对某县（小组成员自行确定具体的县或由老师指定）婚宴白酒市场的销售前景进行预测。

第十一章 市场预测方法：定量预测

本章要点

- 平均数法
- 移动平均数法
- 指数平滑法
- 季节变动预测法
- 指数成长曲线模型
- 修正指数曲线模型
- 罗吉斯曲线模型
- 龚珀兹曲线模型

导入案例

2009 年年初对仪器仪表行业全年发展趋势的预测

2009 年，仪器仪表行业产销增幅将继续下降，降势趋缓，预计在 8% ~ 15%，呈前低后高走势。产销绝对值将首超 4000 亿元，创历史新高。

利润增幅预计在 5% 左右，处于历史低位。2008 年利润增幅比 2007 年骤降约 30 个百分点，2009 年将再降 6 ~ 8 个百分点。2008 年利润增幅下降，主因是原材料、劳动力、公用费用等引起的成本上升和汇率、出口退税下调等。2009 年的主因将是需求下降、产能过剩、低价恶性竞争从部分企业的中、低档产品蔓延至大部分企业所有的中、低、高档产品。

进出口增幅预计双下降，逆差自高点回落。进口因需求下降和政策校正等原因，增幅将回落至正常水平，为 10% ~ 15%。出口增幅仍高于进口，预计为 15% ~ 20%。部分受经济形势影响较小并有竞争优势的产品出口将继续增长，外资企业生产转移将成为出口继续增长的因素之一。

2009 年，重点是在仪器仪表行业企业中全面推行和深化信息化管理。ERP（企业资源计划）到"底"，信息化到工序，推行接单生产，大量降低或取消库存，目标是显著降低成本。建议培养和树立仪器仪表行业现代化管理标兵，推动全行业与现代企业管理接轨，提高竞争力。加大科技开发力度，坚持自主创新，以产品结构调整引领企业走出调整期。不失时机地推动联合、兼并、重组，把兼并、重组与发展现代服务业结合起来。

启示：为了提供给决策者需要的市场信息，在市场调查的基础上还需要进一步对市场前景做出预测。本章帮助读者掌握常用的定量预测方法、模型和适用对象。

第一节　趋势直线预测法

一、时间序列的构成与预测步骤

企业在进行市场预测时，通常是以过去的资料为基础，利用统计和数学方法预测未来的需求。这主要是因为：一方面，过去的统计数据之间存在着一定的关系，这种关系利用统计方法可以揭示出来；另一方面，过去的销售状况对未来的销售趋势有决定性影响，销售额一般表现为时间的函数。时间序列分析法是市场调查与预测中一种经常采用的定量分析方法。它是指根据市场现象的历史资料，运用数学方法建立预测模型，预测市场现象未来的发展变化趋势，预计市场现象未来的数量。

时间序列分析的主要特点是以时间的推移来研究和预测市场需求趋势，排除其他相关影响因素。采用方法时首先要找出影响变化趋势的主要因素，再运用其因果关系进行预测。该预测方法的主要缺陷是如果遇到外界发生较大变化，此方法得到的结果往往与实际结果偏差较大。例如国家政策发生变化时，根据过去发生的数据预测未来的话，结果将不准确。

（一）时间序列的前提假设

在应用时间序列数据对经济变量的未来变化趋势进行预测时，要以一定的假设条件为前提。

1. 事物发展存在一个过程

事物发展过程大体经历了由过去到现在、从现在到未来的按时间先后变化的过程。在这个变化过程中，影响经济变量的种种因素会发生不同性质与不同程度的变化，而且这些影响因素总是在过去、现在和未来存在的。

2. 事物从现在延续到未来的变化只发生量变而不发生质变

假设在一定时期内，各种因素的变化只是量的变化，而不发生质的变化。在数量的渐变过程中，事物的变化不会出现质的转折。时间序列分析法短期预测的准确性相对来说较高，而长期预测的准确性较低。从长期看，由于影响事物变化的种种因素总是在不断地变化，预测对象在长的时间内很难保证一成不变地向前发展，难以保证事物的未来发展只是过去历史的重复。

3. 时间是影响预测目标的唯一变量

在时间序列分析法中，预测目标的每个观察值的大小，是受众多影响因素共同作用的结果。但时间序列分析法回避了各个因素对预测目标的具体影响，并假设影响目标变化的所有因素都由时间这个单独变量综合起来，把时间作为唯一的影响变量来预测目标变量的变化趋势。

（二）产品销售的时间序列构成

在时间序列分析法中，产品销售的时间序列可以分成四个组成部分：

（1）趋势。它是人口、资本积累、技术发展等方面共同作用的结果，可以利用过去有关的销售资料统计得出。

（2）周期。企业销售额往往呈现出某种波动，因为企业销售一般都受到宏观经济活动的影响，而宏观经济活动总呈现出某种周期性波动的特点。周期因素在中期预测中尤其重要，短期相对来说影响不大。

（3）季节。季节即一年内销售量变动的形式，季节一词在这里可以指任何按小时、月份或季度周期发生的销售量变动形式。这个组成部分一般同气候条件、假日、商业习惯等有关，季节因素为预测短期销售提供了基础。

（4）不确定事件。它包括自然灾害、战争恐慌、一时的社会流行风尚和其他一些干扰因素。这些因素属不正常因素，一般无法预测。应当从过去的数据中剔除这些因素的影响，考察较为正常的销售活动。

时间序列分析就是把过去的销售序列 Y 分解成为趋势 T、周期 C、季节 S 和不确定事件 E 组成部分，通过对未来这几个因素综合考虑，进行销售预测。这些因素可构成线性模型，即

$$Y = T + C + S + E$$

也可构成乘数模型，即

$$Y = TCSE$$

还可以是混合模型，如

$$Y = T(C + S + E)$$

【例 11-1】 某饮料企业运用统计分析方法，发现影响其产品需求量的最主要因素是年均温度和人均收入。其表达方程式为

$$Q = -150 + 8.5X_1 - 3.5X_2$$

式中，X_1 为年均温度（摄氏度）；X_2 为人均收入（千元）。

如果某地区人均收入为 800 元，年均温度为 25℃，则该地区的饮料市场需求为

$$Q = -150 + 8.5X_1 - 3.5X_2 = (-150 + 8.5 \times 25 - 3.5 \times 0.8)t = 59.7t$$

（三）时间序列预测的步骤

在对市场进行时间序列分析预测时，一般按以下步骤进行：

（1）绘制观察期数据的散点图，确定其变化趋势的类型。为了更加直观地观察市场现象的变化规律，利用时间序列进行市场预测，通常要将市场现象的时间序列指标绘制成图形，通过对图形的观察，可以清楚地观察到市场现象呈现的规律。

（2）对时间序列进行分析。在绘制了时间序列散点图后，预测者必须对现象进行深入分析，才能确定采用什么方法对其进行预测。对观察期数据加以处理，以消除季节变动、周期变动和不确定变动因素的影响，使处理后的数据仅包括趋势变动的影响，或消除周期变动和不确定变动因素的影响，仅包括长期趋势变动和季节变动的影响。

（3）建立数学模型。根据数据处理后的长期趋势变动，结合预测的目的及期限，建立时间序列预测模型，并对模型进行模拟运算。

（4）修正预测模型。考虑季节变动、周期变动及不确定变动等因素对预测模型的影响并加以修正。

（5）进行预测。采用定量分析与定性分析相结合的方式，对目标变量加以预测，并确定市场未来发展变化的预测值。

二、平均数法

在运用时间序列分析法进行市场预测时，最简单的方式就是求一定观察期内时间数列的平均数。平均数法是以一定时期内时间序列的平均数作为预测目标趋势的预测依据，以此来计算趋势预测值。平均数法计算过程比较简单，具有简便易行的特点。方法虽然简单，但

只要使用得当，既符合市场现象本身的规律，又可以得到准确的预测值。平均数法又分为简单平均数法和加权平均数法两种。

1. 简单平均数法

简单平均数法是将一定观察期内预测目标值的算术平均数作为下一期值的一种简便预测方法。这种方法简单易行，适合比较稳定形态的商品需求、生产预测，但这种平均数法不能充分反映出趋势的季节变化。其计算公式为

$$X = \frac{x_1 + x_2 + \cdots + x_n}{n} = \frac{\sum x}{n}$$

式中，X 为观察期内预测目标的算术平均值，即下期的预测值；x_1，x_2，$\cdots$，x_n 为第 $1 \sim n$ 期的实际值；n 为统计数据的个数。

【例11-2】　某汽车制造厂2014年1~12月份汽车销售量分别为26万元、27万元、24万元、28万元、26万元、25万元、23万元、22万元、29万元、28万元、27万元、25万元。利用简单平均数法预测2015年1月份的销售量。

$$X = \frac{(26+27+24+28+26+25+23+22+29+28+27+25)\,万元}{12} = 25.83\,万元$$

应用简单平均数法对需求量进行预测时，观察期的长短对预测的结果影响较大。一般当数据的变化倾向较小时，观察期可以短些；当时间序列的变化倾向较大时，观察期应长些。

2. 加权平均数法

简单平均数法只反映一般的平均状态，不能体现重点数据的作用。在进行市场需求预测时，有些数据的影响程度不一样，所以不宜采用简单平均数法。加权平均数法是为观察期内的每一个数据确定一个权重，并在此基础上，计算其加权平均数作为下一期的预测值。其计算公式为

$$X = \frac{\sum W_i x_i}{\sum W_i}$$

式中，X 为观察期内预测目标的加权算术平均值，即下期的预测值；x_i 为在观察期内的各个数据；W_i 为与 x_i 相对应的权重。

使用加权平均数法预测的关键是确定各数据的权重，一般离预测期越近的数据对预测值影响越大，应确定较大的权重，离预测期远的数据应确定较小的权重。

【例11-3】　2014年某市抽样调查日常家庭消费状况见表11-1。

表11-1　日常家庭消费支出数据表

组　别	月消费支出/元	家庭户数	每组家庭消费支出/元
i	x_i	W_i	$W_i x_i$
1	800	5	4000
2	850	8	6800
3	780	9	7020
4	890	7	6230
5	900	5	4500
6	1000	6	6000
7	1050	8	8400
8	980	9	8820
9	850	7	5950

（续）

组　别	月消费支出/元	家 庭 户 数	每组家庭消费支出/元
10	880	6	5280
Σ		70	63 000

$$X = \frac{\sum W_i x_i}{\sum W_i} = \frac{63\,000\ 元}{70} = 900\ 元$$

三、移动平均数法

移动平均数法是将观察期内的数据由远及近按一定跨越期进行平均的一种预测方法，随着观察期的逐期推移，观察期内的数据也随着向前移动。每向前移动一期，就去掉去年最前面的一期数据，而新增原来观察期之后的数据，保证跨越期不变，然后再求出其算术平均数，将离预测期最近的平均数作为预测值。

移动平均数法对于原观察期的时间序列数据进行移动平均，所求得的各移动平均值，不仅构成新的时间序列，而且新的时间序列与原时间序列数据相比较，具有明显的修匀效果，这是因为数据既保留了原时间序列的趋势变动，又削弱了原时间序列的季节变动、周期变动和不确定变动的影响。

1. 简单移动平均法

简单移动平均法是指时间序列按一定的跨越期，移动计算数据的算术平均数，形成一组新的数据，以观察序列的平均值作为下一期的预测值。其计算公式为

$$M_t = \frac{X_{t-1} + X_{t-2} + \cdots + X_{t-n}}{n}$$

式中，M_t 为第 $t-1$ 期到第 $t-n$ 期的平均数；X_{t-1}，X_{t-2}，$\cdots$，X_{t-n} 为第 $t-1$ 期到 $t-n$ 期的实际值；n 为跨越期。

【例 11-4】　某商场 1 月份到 12 月份的实际销售额见表 11-2，分别对跨越期为 3 和 5 的情况进行预测。

表 11-2　销售额和移动平均值表

月份 t	实际销售额 x_i/万元	3 个月的移动平均值 M_t（$n=3$）	5 个月的移动平均值 M_t（$n=5$）
1	350		
2	400		
3	300		
4	450	350.0	
5	400	383.3	
6	460	383.3	380.0
7	500	436.7	402.0
8	600	453.3	422.0
9	550	520.0	482.0
10	520	550.0	502.0
11	580	556.7	526.0
12	520	550.0	550.0

将 $n=3$ 和 $n=5$ 代入移动平均法的公式中，计算结果如表 11-2 所示。

从表 11-2 的数据可以看出，移动平均值的波动幅度比实际的记录值要小，采用移动平均法进行预测，可以消除移动期内的数值波动，同时，这种方法也在一定程度上反映了发展的趋势。简单移动平均法的结果主要取决于跨越期的选择，跨越期较小时，预测结果比较灵敏，能较好地反映数据变动的趋势，跨越期较大时，则刚好相反。

2. 加权移动平均法

加权移动平均法是对观察期内不同重要程度的数据乘以不同的权数，将这些乘积之和除以各权数之和，求得加权平均数，并以此来预测下一期的数据。加权移动平均法与简单移动平均法不同，前者根据对时间序列数据的具体分析，区别对待，分别给予不同程度的重视，能较真实地反映时间序列长期发展趋势的规律，简单移动平均法对已知数据，一视同仁，用简易的算术平均法求得平均数，不能反映不同时期的数据对预测值影响程度的区别。

加权移动平均法的关键是合理确定各数据的权重，权重的确定是按照"近重远轻"的原则进行的，即越接近预测期的数据赋予越大的权重，而越远离预测期的数据赋予越小的权重。在通常情况下，若时间序列数据变动幅度不大，可采用等差级数的形式：$1，2，3，\cdots，n$，其公差为 1。若时间序列数据变动幅度较大，则可采用等比级数的形式：$1，2，4，\cdots，2^n$，其公比为 2。若时间序列数据波动不定，可视具体情况，分别给予不同的权数，并使其权数之和等于 1 的形式。

加权移动平均法的公式为

$$M_{t+1} = \frac{W_1 X_t + W_2 X_{t-1} + \cdots + W_n X_{t-n+1}}{W_1 + W_2 + \cdots + W_n}$$

式中，M_{t+1} 是时间为 t 的加权移动平均数，也是 X_{t+1} 的预测值；X_t，X_{t-1}，$\cdots$，X_{t-n+1} 为观察期内时间序列的各个数据，即预测目标在观察期内的实际值；W_1，W_2，$\cdots$，W_n 为观察期内时间序列各个数据相对应的权数。

【例 11-5】　利用例 11-4 的数据，令跨越期为 3，权数分别为 0.5、0.3、0.2，运用加权移动平均法预测来年 1 月份的销售额。

利用 $M_{t+1} = \dfrac{W_1 X_t + W_2 X_{t-1} + \cdots + W_n X_{t-n+1}}{W_1 + W_2 + \cdots + W_n}$，计算结果见表 11-3。

表 11-3　销售额和加权移动平均值表

月份 t	实际销售额 x_i/万元	加权移动平均值 $M_t(n=3)$	预测值
1	350		
2	400		
3	300		
4	450	$350 \times 0.5 + 400 \times 0.3 + 300 \times 0.2 = 355.0$	355.0
5	400	$400 \times 0.5 + 300 \times 0.3 + 450 \times 0.2 = 380.0$	380.0
6	460	$300 \times 0.5 + 450 \times 0.3 + 400 \times 0.2 = 365.0$	365.0
7	500	$450 \times 0.5 + 400 \times 0.3 + 460 \times 0.2 = 437.0$	437.0
8	600	$400 \times 0.5 + 460 \times 0.3 + 500 \times 0.2 = 438.0$	438.0
9	550	$460 \times 0.5 + 500 \times 0.3 + 600 \times 0.2 = 500.0$	500.0

(续)

月份 t	实际销售额 x_i /万元	加权移动平均值 $M_t(n=3)$	预 测 值
10	520	$500 \times 0.5 + 600 \times 0.3 + 550 \times 0.2 = 540.0$	540.0
11	580	$600 \times 0.5 + 550 \times 0.3 + 520 \times 0.2 = 569.0$	569.0
12	520	$550 \times 0.5 + 520 \times 0.3 + 580 \times 0.2 = 547.0$	547.0
		$520 \times 0.5 + 580 \times 0.3 + 520 \times 0.2 = 538.0$	538.0

四、指数平滑法

指数平滑法是移动平均预测法加以发展的一种特殊加权移动平均预测法。加权的特点是对离预测期较近的历史数据给予较大的权数，对离预测期较远的历史数据给予较小的权数。特点为：①对离预测最近的市场现象观察值，给予最大的权数，而对离预测期较远的给予递减的权数，使市场预测值能够在不完全忽视前期观察值影响的情况下，又能够敏感地反映市场现象变化，减小市场预测误差；②连续计算其指数平滑值，对较早期的市场现象观察值不是一概不考虑，而是给予递减的权数；③指数平滑法的权重是一个可调节的数值，根据不同的影响程度而进行相关调整。指数平滑法可分为一次指数平滑法、二次指数平滑法及更高次指数平滑法。

（一）一次指数平滑法

一次指数平滑法是以本期的实际值和一次指数平滑预测值的加权平均作为下一期预测值的方法。

1. 一次指数平滑法模型

设 x_0，x_1，x_2，$\cdots$，x_n 为时间序列观察期数据，其中 x_0 为初始数据，x_1，x_2，$\cdots$，x_n 为实际观察值，当观察期的时间 $t = 1, 2, \cdots, n$ 时，则 $s_1^{(1)}$，$s_2^{(1)}$，$\cdots$，$s_n^{(1)}$ 为第 t 期的一次指数平滑值，α 为时间序列的平滑指数，有 $0 \leqslant \alpha \leqslant 1$，则各观察期时间序列的一次指数平滑公式为

$$s_t^{(1)} = \alpha x_t + (1-\alpha)s_{t-1}^{(1)}$$

上式也可以表示成

$$s_t^{(1)} = s_{t-1}^{(1)} + \alpha(x_t - s_{t-1}^{(1)})$$

式中，x_t 为第 t 期的实际值；s_t 为第 t 期的指数平滑预测值；s_{t+1} 为第 $t+1$ 期的指数平滑预测值；α 为平滑指数。

一次指数平滑公式的实际意义是，被研究市场现象某一期的预测值，等于它前一期的一次指数平滑值，加上以平滑系数调整后的，市场现象本期的实际观察值与前一期一次平滑值的离差。某期市场现象预测值，等于以权数 α 调整的本期市场现象实际观察值，加上以剩余权数 $1-\alpha$ 调整的前一期市场现象的一次平滑值。

2. 一次指数平滑法的特点

将一次指数平滑公式展开有

$$s_t^{(1)} = \alpha x_t + (1-\alpha)s_{t-1}^{(1)}$$
$$s_{t-1}^{(1)} = \alpha x_{t-1} + (1-\alpha)s_{t-2}^{(1)}$$
$$\vdots$$
$$s_1^{(1)} = \alpha x_1 + (1-\alpha)s_0^{(1)}$$

将上述各式的 $s_1^{(1)}$ 代入 $s_2^{(1)}$，$s_2^{(1)}$ 代入 $s_3^{(1)}$，…，$s_{t-1}^{(1)}$ 代入 $s_t^{(1)}$，有

$$s_t^{(1)} = \alpha x_t + (1-\alpha)\left[\alpha x_{t-1} + (1-\alpha)s_{t-2}^{(1)}\right]$$
$$= \alpha x_t + \alpha(1-\alpha)x_{t-1} + (1-\alpha)^2\left[\alpha x_{t-2} + (1-\alpha)s_{t-3}^{(1)}\right]$$
$$= \alpha x_t + \alpha(1-\alpha)x_{t-1} + \alpha(1-\alpha)^2 x_{t-2} + \cdots + \alpha(1-\alpha)^{t-1}x_1 + (1-\alpha)^t s_0^{(1)}$$

因为 $(1-\alpha)<1$，当 $t\rightarrow+\infty$ 时，$(1-\alpha)^t\rightarrow 0$，有

$$s_t^{(1)} = \alpha x_t + (1-\alpha)\left[\alpha x_{t-1} + (1-\alpha)s_{t-2}^{(1)}\right]$$
$$= \alpha x_t + \alpha(1-\alpha)x_{t-1} + (1-\alpha)^2\left[\alpha x_{t-2} + (1-\alpha)s_{t-3}^{(1)}\right]$$
$$= \alpha x_t + \alpha(1-\alpha)x_{t-1} + \alpha(1-\alpha)^2 x_{t-2} + \cdots + \alpha(1-\alpha)^{t-1}x_1 + (1-\alpha)^t s_0^{(1)}$$
$$= \alpha x_t + \alpha(1-\alpha)x_{t-1} + \alpha(1-\alpha)^2 x_{t-2} + \cdots + \alpha(1-\alpha)^{t-1}x$$

一次指数平滑具有的特点如下：

（1）一次指数平滑法是以首项系数为 α、公比为 $1-\alpha$ 的等比数列的和为权数的加权平均法。在计算过程中，越接近预测期的权数越大，而越远离预测期的权数越小，体现了"近重远轻"的赋权原则。这种加权特点符合预测信息在历史数据中的分布规律，因为在任何一组历史数据中，每个历史数据虽然都可能包含有关预测信息，但不同数据所包含的预测信息量是不同的，随着历史数据离预测期由近到远，历史数据中所包含的预测信息量也越来越小。因此一次指数平滑法的加权特点是合理的。

（2）计算的各项权数之和为 1。

$$\sum W_i = 1$$
$$\sum W_i = \alpha + \alpha(1-\alpha) + \alpha(1-\alpha)^2 + \cdots + \alpha(1-\alpha)^{t-1}$$
$$= \alpha\left[1 + (1-\alpha) + (1-\alpha)^2 + \cdots + (1-\alpha)^{t-1}\right]$$
$$= \alpha\left[\frac{1-(1-\alpha)^t}{1-(1-\alpha)}\right] = 1-(1-\alpha)^t$$

因为 $0\leqslant\alpha\leqslant1$，所以当 $t\rightarrow+\infty$ 时，有

$$\lim\left[1-(1-\alpha)^t\right] = 1$$

（3）一次指数平滑法具有根据 t 期的误差调整 $t+1$ 期预测值的能力，在给定的 α 下，预测误差越大，对预测值调整的幅度也就越大，反之，则越小，从而使预测误差控制在一定范围内。

3. 平滑指数 α 的确定

在一次指数平滑法中，平滑指数 α 的选择较为重要，直接影响预测的结果。在理论上 α 的区间值为 $0\leqslant\alpha\leqslant1$，在每次应用一次指数平滑法进行预测时，$\alpha$ 应该是一个确定的值。α 取值的大小直接影响在新的预测值中，新数据与原预测值所占的份额。α 值越大，则新数据所占的份额就越大，而原预测值所占的份额就越小；反之亦然。α 值决定着市场预测误差的大小。预测者在确定 α 值时，必须根据市场现象时间序列本身的发展变化规律而定。当预测者并不能事先确定 α 值的大小时，通常在对同一市场现象的预测中，同时选择几个 α 值进行预测，并分别测算这几个 α 值预测的预测误差。最后通过预测结果误差大小来判断 α 值的大小。

在通常情况下，α 取值的大小主要取决于预测目的。如果指数平滑法的目的在于用新的指数平滑的平均数去反映时间序列中所包含的长期趋势，则就取较小的 α 值，一般取 $0.1\sim 0.3$；如果指数平滑法的目的在于使新的平滑值能敏感地反映最新观察值的变化，则应取较

大的 α 值，可以取到 $0.6 \sim 0.8$，使预测模型的灵敏度得以提高，以便能跟踪新观察值的变化。

4. 一次指数平滑法的应用

【例 11-6】 某企业的历史销售资料见表 11-4，用一次指数平滑法预测 2015 年的销售额。

表 11-4 企业产品销售额

年 份	销售额/万元	年 份	销售额/万元
2003	400	2009	640
2004	450	2010	700
2005	500	2011	750
2006	560	2012	813
2007	590	2013	855
2008	620	2014	900

（1）确定平滑指数 α。

预测者根据预测的目的可以选择不同的平滑指数，在此先确定 α 为 0.3、0.5、0.8。

（2）确定第一个平滑值，在此处就把最开始的销售额作为第一个平滑值，即

$$s_0 = 400$$

（3）计算一次指数平滑值。

根据一次指数平滑计算公式 计算一次平滑预测值，可以计算出 2015 年企业的销售额，如表 11-5 所示。

表 11-5 一次指数平滑计算表 （单位：万元）

观察期	观察值	$\alpha = 0.3$		$\alpha = 0.5$		$\alpha = 0.8$	
		预 测 值	误 差	预 测 值	误 差	预 测 值	误 差
2003 年	400						
2004 年	450	400.00	50.00	400.00	50.00	400.00	50.00
2005 年	500	415.00	85.00	425.00	75.00	440.00	60.00
2006 年	560	440.50	119.50	462.50	97.50	488.00	72.00
2007 年	590	476.35	113.65	511.25	78.75	545.60	44.40
2008 年	620	510.45	109.56	550.63	69.38	581.12	38.88
2009 年	640	543.31	96.69	585.31	54.69	612.22	27.78
2010 年	700	572.32	127.68	612.66	87.34	634.44	65.56
2011 年	750	610.62	139.38	656.33	93.67	686.89	63.11
2012 年	813	652.44	160.56	703.16	109.84	737.38	75.62
2013 年	855	700.61	154.39	758.08	96.92	797.88	57.12
2014 年	900	746.92	153.08	806.54	93.46	843.58	56.42
2015 年		792.85		853.27		888.72	
合计			1309.49		906.54		610.89

（4）测算预测误差，比较误差大小。

从表 11-5 可以看出，不同的 α 取值所得的预测值也不一样，而且差别比较大，这时就需要对各项预测的误差进行比较分析，选择误差比较小的作为最终的预测值。

误差的测算，是将预测值与实际的观察值进行比较，取其绝对值，最终进行加总，一起进行比较分析。从表 11-5 中可以看出当 $\alpha=0.8$ 时，其误差绝对值的和最小，因此取其预测值作为 2015 年的销售额的预测值，即 2015 年企业的销售额为 888.72 万元。

（二）多重指数平滑法

多重指数平滑法是对市场现象的实际观察值，计算二次或二次以上的指数平滑值，再以指数平滑值为基础建立预测模型，对市场现象进行预测的方法。本书主要介绍二次指数平滑法，说明多重指数平滑法的特点和应用。

1. 二次指数平滑法的原理

二次指数平滑法是在一次指数平滑法的基础上，进行第二次指数平滑，根据一次、二次最后一项的指数平滑值，建立预测模型，并用其进行预测的方法。二次指数平滑法与一次指数平滑法有着紧密的联系，二次指数平滑值必须在一次平滑值的基础上进行计算。

2. 二次指数平滑法的计算公式

$$s_t^{(2)} = \alpha s_t^{(1)} + (1-\alpha)s_{t-1}^{(2)}$$

式中，$s_t^{(2)}$ 为 t 期的二次指数平滑预测值；$s_t^{(1)}$ 为 t 期的一次指数平滑预测值；$s_{t-1}^{(2)}$ 为 $t-1$ 期二次指数平滑预测值；α 为平滑指数。

二次指数平滑的预测模型为

$$\hat{y}_{t+T} = a_t + b_t T$$
$$a_t = 2s_t^{(1)} - s_t^{(2)}$$
$$b_t = \frac{\alpha}{1-\alpha}(s_t^{(1)} - s_t^{(2)})$$

式中，$\hat{y}_{t+T}$ 为第 $t+T$ 期的预测值；t 为预测模型所处的当前时期；T 为预测模型所处的当前期与预测期之间的间隔期；a_t、b_t 为预测模型的待定系数。

3. 二次指数平滑法的应用

【例 11-7】　设某企业 2000～2014 年的销售额，如表 11-6 所示，应用二次指数平滑法预测 2015 年、2017 年的销售额为多少？

表 11-6　企业 2000～2014 年的销售额及二次指数平滑计算表　（单位：万元）

年　份	t	y_t	$s_t^{(1)}$	$s_t^{(2)}$	a_t	b_t	$\hat{y}_t$
2000	1	676	676	676	676.0	0	
2001	2	825	720.7	689.4	752.0	13.4	676.0
2002	3	774	736.7	703.6	769.8	14.2	765.4
2003	4	716	730.5	711.7	749.3	8.1	784.0
2004	5	940	793.3	736.2	850.4	24.5	757.4
2005	6	1159	903	786.2	1019.8	50.1	874.9
2006	7	1384	1047.3	864.5	1230.1	78.3	1069.9

（续）

年　　份	t	y_t	$s_t^{(1)}$	$s_t^{(2)}$	a_t	b_t	$\hat{y}_t$
2007	8	1524	1190.3	962.3	1418.3	97.7	1308.4
2008	9	1468	1273.6	1055.7	1491.5	93.4	1516.0
2009	10	1668	1391.9	1156.5	1627.3	100.9	1584.9
2010	11	1958	1561.8	1278.1	1845.5	121.6	1728.2
2011	12	2031	1702.5	1405.4	1999.6	127.3	1967.1
2012	13	2234	1862.0	1542.4	2181.6	137.0	2126.9
2013	14	2566	2073.2	1701.6	2444.8	159.3	2318.6
2014	15	2820	2297.2	1880.3	2714.1	178.7	2604.1

（1）确定初始值。

$$s_0^{(1)} = s_0^{(2)} = y_1 = 676$$

（2）确定平滑指数。

在此题中设定平滑指数为0.3。

（3）计算一、二次指数平滑值。

根据平滑指数计算公式，计算企业一、二次销售额的指数平滑预测值，将结果填入表11-6中。

（4）计算待定系数。

$$a_t = 2s_{15}^{(1)} - s_{15}^{(2)}$$
$$= 2 \times 2297.2 - 1880.3 = 2714.1$$
$$b_t = \frac{\alpha}{1-\alpha}(s_{15}^{(1)} - s_{15}^{(2)})$$
$$= \frac{0.3}{1-0.3}(2297.2 - 1880.3) = 178.7$$

（5）建立预测模型。

根据计算的系数，预测模型为

$$\hat{y}_{2014+T} = 2714.1 + 178.7T$$

用此模型可预测2015年和2017年的销售额为

$$\hat{y}_{2015} = (2714.1 + 178.7 \times 1)万元 = 2892.8万元$$

$$\hat{y}_{2017} = (2714.1 + 178.7 \times 3)万元 = 3250.2万元$$

二次指数平滑法可以完成一次指数平滑法不能解决的带趋势变动的市场现象的预测问题。它是一种线性趋势预测，预测模型中的参数，是根据一次、二次平滑值计算出来的。在观察期内，二次指数平滑法以变化的斜率 b_t 和变化的截距 a_t，反映市场现象的线性变动趋势。

第二节　季节变动预测法

在市场预测过程中，有时间序列的趋势增长变动，还存在着季节变动。季节变动是指某些市场现象的时间序列，由于受自然气候、生产条件、生活习惯等因素的影响，在若干年的每一年随着季节的变化都呈现出周期性变动。季节变动预测法是根据历史数据中所包含的季节变动规律，对预测目标的未来状况做出预测的方法。市场上许多商品的销售都存在着季节性，如粮食、衣服、空调等。对这些市场现象中客观存在的季节变动进行分析和研究，可以掌握季节变动规律，并根据季节变动的状况再对其产品的需求量做出预测。虽然不同商品具有各自的季节变动状态，但其共同特点是季节变动的循环周期为一年，在一年中随着季节的更替呈现有规律的变动。

一、加法型

在大量的包含季节变动的市场现象中，单纯表现为季节变动的只是少数情况，大部分市场现象的季节变动是与长期趋势变动交织在一起的。在研究市场现象季节变动的同时，必须考虑其长期趋势变动，因此应采用加法型趋势预测模型。

（一）季节迭加预测模型函数形式

在通常情况下，考虑到既有季节变动趋势，又有每年季节变动的幅度趋势，可以采用季节迭加型预测函数。函数形式为

$$\hat{y} = a + bt + d_i$$

式中，$a + bt$ 为现象的趋势值部分；d_i 为季节增量。

（二）季节迭加预测模型的设定

在通常情况下，要建立季节迭加预测模型可以按以下两部分进行：

1. 设定趋势直线方程

确定趋势直线方程，即确定季节迭加模型的趋势值部分的参数 a、b。对于 a、b 值的确定可以用最小二乘法和经验公式确定。如用经验公式进行确定，则有以下求参数的公式

$$b = \frac{\overline{y_n} - \overline{y_1}}{t - 12}$$

$$a = \overline{y_1} - 6.5b$$

式中，$\overline{y_1}$、$\overline{y_n}$ 分别为时序统计数据第一年和最后一年的平均值。

建立趋势直线方程：$F_t = a + bt$，由这个方程可以计算出时间序列各期的趋势值。

2. 确定季节增量 d_i

利用下式计算已知各月的季节增量：

$$d_i = y_t - F_t$$

再利用下式计算已知年份同月季节的增量：

$$D_i = \frac{d_i + d_{i+T} + \cdots + d_{i+(m-1)T}}{m}$$

式中，$i = 1$，2，3，$\cdots$，12（如果统计数据为月度数据时）或 $i = 1$，2，3，4（如果统计数据为季度数据时）；T 为时序数据的季节周期长度；m 为已知时序数据季节周期数。

（三）季节迭加预测模型的应用

【例 11-8】 设某企业产品在 2013 ~ 2014 年各月的销售量见表 11-7，预测 2015 年各月产品的销售量。

表 11-7　商品的销售量

序 号	年 月	销 售 量	趋 势 值	季 节 增 量
1	2013 年 1 月	110	95.72	14.28
2	2013 年 2 月	120	95.25	24.75
3	2013 年 3 月	116	94.78	21.22
4	2013 年 4 月	100	94.31	5.69
5	2013 年 5 月	95	93.84	1.16
6	2013 年 6 月	80	93.37	−13.37
7	2013 年 7 月	73	92.9	−19.9
8	2013 年 8 月	75	92.43	−17.43
9	2013 年 9 月	80	91.96	−11.96
10	2013 年 10 月	80	91.49	−11.49
11	2013 年 11 月	89	91.02	−2.02
12	2013 年 12 月	100	90.55	9.45
13	2014 年 1 月	116	90.08	25.92
14	2014 年 2 月	125	89.61	35.39
15	2014 年 3 月	100	89.14	10.86
16	2014 年 4 月	98	88.67	9.33
17	2014 年 5 月	80	88.2	−8.2
18	2014 年 6 月	81	87.73	−6.73
19	2014 年 7 月	76	87.26	−11.26
20	2014 年 8 月	70	86.79	−16.79
21	2014 年 9 月	60	86.32	−26.32
22	2014 年 10 月	75	85.85	−10.85
23	2014 年 11 月	75	85.38	−10.38
24	2014 年 12 月	95	84.91	10.09

根据所给出的统计资料，可以绘制出数据的趋势图，如图 11-1 所示。

采用经验公式法求解趋势直线，先计算 2013 年及 2014 年的平均销售量：

$$\bar{y}_{2013} = 93.17$$

$$\bar{y}_{2014} = 87.59$$

$$b = \frac{\bar{y}_{2014} - \bar{y}_{2013}}{24 - 12} = -0.465$$

$$a = \bar{y}_{2013} - 6.5b = \bar{y}_{2013} - 6.5 \times (-0.47) = 96.19$$

趋势直线方程为

$$F_t = 96.19 - 0.465t$$

用此趋势直线方程计算时序各期的趋势值，结果见表 11-7。

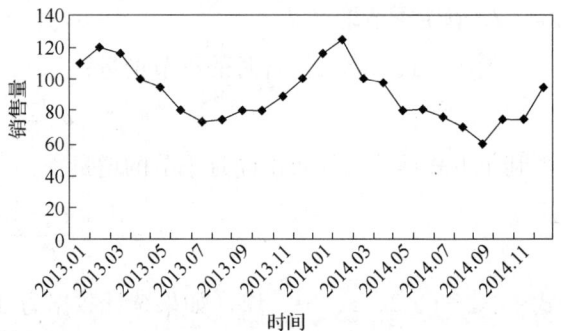

图 11-1　产品销售量的趋势图

计算各期的季节增量，利用已知的销售数据和各期预测的数据算出各期的季节增量，如表 11-7 所示。根据各期的季节增量，可以计算出各月产品销售的季节增量，如表 11-8 所示。

表 11-8　商品的月份季节增量 D_i

月　　份	1	2	3	4	5	6
D_i	20.10	30.07	16.04	7.51	-3.52	-10.05
月　　份	7	8	9	10	11	12
D_i	-15.58	-17.11	-19.14	-11.17	-6.20	9.77

则该时间数列的预测模型为

$$\hat{y}_t = 96.19 - 0.465t + D_i$$

最后，根据预测模型预测 2015 年各月的销售数量的预测值，见表 11-9。

表 11-9　商品的 2015 年各月销售量的预测值

月　　份	1	2	3	4	5	6
预测值	104.67	114.17	99.68	90.68	79.19	72.19
月　　份	7	8	9	10	11	12
预测值	66.20	64.20	61.71	69.21	73.72	89.22

根据预测结果可以看出，企业产品的销售量是逐渐减少的，因此企业要分析其经营管理及市场营销等各方面的因素，找出具体的原因，进而提高产品的销量。

二、乘法型

在分析时间序列数据时，有些数据的变动趋势既存在着明显的季节性又含有长期的变动趋势，而且时间序列的季节变动幅度会随着长期趋势变动而逐渐增大，对于这样的时间序列数据，在预测时只用季节迭加预测模型是不够的，因此需要采用新的预测模型，既能考虑季节变动，又考虑长期趋势的变动。这就是季节乘法型模型。

（一）季节乘法型模型形式

$$\hat{y}_t = (a + bt)f_i$$

式中，$a + bt$ 为时间序列线性趋势变动部分；f_i 为时间数据序列各月的季节指数。

（二）季节乘法型参数的确定

同前面所讲述的加法型模型一样，可以采用最小二乘法及经验公式法来确定时间序列线性趋势部分的参数 a、b。

想要求解季节指数，必须先求出样本季节指数。样本季节指数可以用统计资料直接计算求出，所求出的季节指数只是反映季节影响给各期带来的实际变动值，即数据随季节波动的实际情况。而反映时间数据序列变动规律的是理论指数，即 f_i，理论指数可以通过各个周期内相应的样本指数值的平均求得。

$$s_t = \frac{y_t}{F_t}$$

$$f_t = \frac{s_i + s_{i+T} + s_{i+2T} + \cdots + s_{i+(m-1)T}}{m}$$

式中，$i = 1, 2, \cdots, T$。

（三）季节乘法预测模型的应用

【例 11-9】 设某企业电视机销售量的相关统计资料见表 11-10，试预测电视机 2015 年各月销售量。

表 11-10 电视机销售量统计资料表

时 间	时间序列	销 售 量	趋 势 值	季节指数
2012 年 1 月	1	10	10.03	1.00
2012 年 2 月	2	11	10.13	1.09
2012 年 3 月	3	13	10.23	1.27
2012 年 4 月	4	15	10.33	1.45
2012 年 5 月	5	12	10.43	1.15
2012 年 6 月	6	10	10.53	0.95
2012 年 7 月	7	8	10.63	0.75
2012 年 8 月	8	7	10.73	0.65
2012 年 9 月	9	5	10.83	0.46
2012 年 10 月	10	9	10.93	0.82
2012 年 11 月	11	12	11.03	1.09
2012 年 12 月	12	15	11.13	1.35
2013 年 1 月	13	11	11.23	0.98
2013 年 2 月	14	13	11.33	1.15
2013 年 3 月	15	16	11.43	1.40
2013 年 4 月	16	17	11.53	1.47
2013 年 5 月	17	14	11.63	1.20
2013 年 6 月	18	10	11.73	0.85
2013 年 7 月	19	9	11.83	0.76
2013 年 8 月	20	8	11.93	0.67
2013 年 9 月	21	7	12.03	0.58
2013 年 10 月	22	10	12.13	0.82
2013 年 11 月	23	13	12.23	1.06
2013 年 12 月	24	14	12.33	1.14
2014 年 1 月	25	13	12.43	1.05
2014 年 2 月	26	14	12.53	1.12
2014 年 3 月	27	15	12.63	1.19
2014 年 4 月	28	19	12.73	1.49

（续）

时 间	时间序列	销 售 量	趋 势 值	季节指数
2014 年 5 月	29	15	12.83	1.17
2014 年 6 月	30	12	12.93	0.93
2014 年 7 月	31	10	13.03	0.77
2014 年 8 月	32	10	13.13	0.76
2014 年 9 月	33	8	13.23	0.60
2014 年 10 月	34	11	13.33	0.83
2014 年 11 月	35	13	13.43	0.97
2014 年 12 月	36	15	13.53	1.11

根据所给的统计资料，可以绘制出时间数据序列的趋势图（见图 11-2）。从图中可以判断出，统计数据既有明显的季节波动，又包括一定的趋势变动。而且季节波动的幅度有随着趋势增加而加大的趋势，因此可以用季节乘法型模型对此系列数据进行预测。

可以用经验判断法来确定趋势直线的参数：

$$\bar{y}_{2012} = 10.58$$
$$\bar{y}_{2013} = 11.83$$
$$\bar{y}_{2014} = 12.91$$

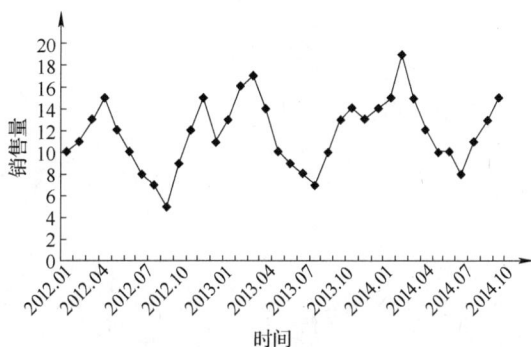

图 11-2 电视机销售趋势图

$$b = \frac{\bar{y}_{2014} - \bar{y}_{2012}}{36 - 12} = 0.10$$

$$a = \bar{y}_{2012} - 6.5b = 10.58 - 6.5 \times 0.10 = 9.93$$

趋势直线方程为

$$F_t = 9.93 + 0.10t$$

用上式计算各期的趋势值，见表 11-10。由趋势值及相应的统计资料的真实值，可以计算出各期的样本季节指数，同样见表 11-10。根据样本的季节指数可以计算出各月的理论季节指数值，见表 11-11。

表 11-11 各月的理论季节指数

月 份	1	2	3	4	5	6	7	8	9	10	11	12
f_i	1.00	1.12	1.29	1.47	1.17	0.91	0.76	0.69	0.55	0.82	1.04	1.20

预测模型为

$$\hat{y}_t = (a + bt) f_i = (9.93 + 0.10t) f_i$$

根据所建立的预测模型可以预测出 2015 年电视机每月的销售量，见表 11-12。

表 11-12 2015 年电视机每月销售量预测值

月　　份	1	2	3	4	5	6
预 测 值	13.63	15.38	17.84	20.48	16.42	12.86
月　　份	7	8	9	10	11	12
预 测 值	10.81	9.89	7.94	11.91	15.22	17.68

三、温特斯法

温特斯法是在 20 世纪 60 年代初，由温特斯（R. R. Winters）提出的线性和季节性指数平滑法，是一种把时间序列的因素分解和指数平滑法结合起来的季节预测法。这种方法有三个平滑方程式分别对长期趋势 a_t、趋势的增量 b_t、季节变动趋势 s_t 做指数平滑，然后把三个平滑结果用一个参数方程结合起来，进行外推预测。

温特斯模型形式为

$$\hat{y}_{t+k} = (a + kb_t)s_{t+k-L}$$

三个平滑方程式为

$$a_t = \alpha \frac{Y_t}{s_{t-1}} + (1-\alpha)(a_{t-1} + b_{t-1})$$

$$b_t = \beta(a_t - a_{t-1}) + (1-\beta)b_{t-1}$$

$$s_t = \gamma \frac{Y_t}{a_t} + (1-\gamma)s_{t-L}$$

式中，L 为季节周期长度；α、β、γ 为平滑系数，取值在 $0 \sim 1$ 之间。

在温特斯模型方程中，将时间序列的一个观察值 Y_t 除以上一个季节周期的同期季节比率 s_{t-L} 得到 Y_t/s_{t-L}，剔除了季节因素而含有长期趋势和不规则变动。对趋势的增加量做指数平滑，用来预测方程式中的斜率 b_t（即线性增量）。Y_t/a_t 剔除了趋势因素而含有季节变动和不规则变动，故与上一周期同期的季节比率 s_{t-1} 联系起来做季节比率的平滑，以消除不规则变动的影响。预测方程式的含义是，现期趋势值 a_t 加上 k 个逐期增加量 b_t 作为今后第 k 期的趋势值，然后乘以预测所在期对应的季节比率 s_{t+k-L}，得出季节性预测值。

温特斯法的缺点是建模过程较烦琐，并且 3 个平滑系数的最佳取值不易确定。实际工作中决定 α、β、γ 取值的方法是反复实验，即把 α、β、γ 取值的各种组合应用于时间序列历史资料，做模拟预测并计算误差，然后选取模拟预测误差最小的那一组 α、β、γ 值。

第三节　非直线趋势预测法

在一定情况下，或者在一定周期内商品的需求量一般会呈现出增长的趋势，增长的趋势并不符合直线的形式，因此需要用到非直线趋势预测法。分析预测目标时间资料呈现的长期变动轨迹的规律性，用数学方法可以找出拟合趋势变动轨迹的数学模型，用此来进行预测。正确掌握市场资料时间序列长期趋势发展的规律性变化轨迹是正确选择模型的关键，比较方便而又简捷的方法是画出时间序列的散点图，根据图形的轨迹进行判断。从数学分析的角度进行分析的时候可以利用时间序列的变化情况做出判断。判断认识预测目标时间序列趋势线的数学模型后，再找出适当的方法确定模型中的参数，进而应用模型进行预测。市场经济活动会受到众多因素的影响，如商品的供应量、市场需求、商品价格、原材料价格等。其长期趋势变动轨迹有时会呈现不同形式的曲线，在市场预测中，时间序列资料呈现的曲线形态很多，常用的非直线趋势预测法有指数成长曲线、修正指数曲线、罗吉斯曲线和龚珀兹曲线。

一、指数成长曲线模型

指数成长曲线模型预测法是根据预测对象具有指数曲线变动的趋势，将历史数据拟合成一条指数曲线，通过建立指数曲线模型进行预测的方法。应用指数成长曲线模型的条件是时间序列反映预测目标的发展趋势变动，基本上表现为大体稳定的按一定比例增长的趋势。

（一）指数成长曲线模型的形式

指数成长曲线模型为

$$\hat{y} = ab^t$$

其图形如图 11-3 所示。

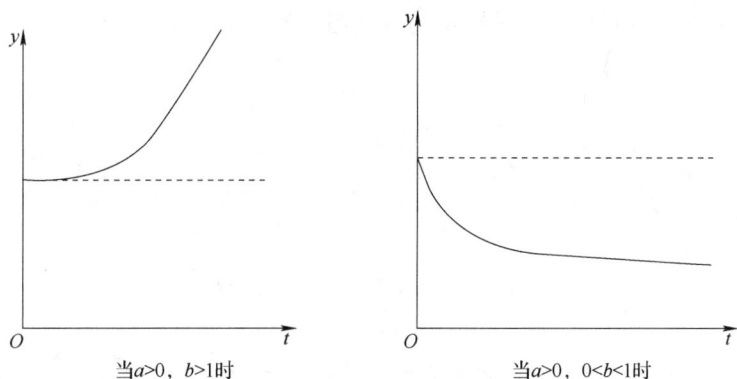

当$a>0$，$b>1$时　　　　　　　当$a>0$，$0<b<1$时

图 11-3　指数成长曲线图

当历史数据呈指数增长时，采用指数成长曲线进行预测是有效的，但当 t 无限增大，则预测的值也会无限增大，因此用指数成长曲线进行预测时通常采用指数成长曲线中的一段进行模拟预测。

（二）指数成长曲线参数的确定

用指数成长曲线进行预测时，实际上是利用非线性回归分析的思路，可以将指数成长曲线的非线性化问题转化为线性问题。可以对指数成长曲线模型 $\hat{y} = ab^t$ 两边求对数，得

$$\lg y = \lg a + t\lg b$$

设 $y' = \lg y$，$a' = \lg a$，$b' = \lg b$，就有

$$y' = a' + b't$$

指数成长曲线方程就可以化为以对数表示的直线方程，想要确定指数成长曲线的参数 a、b，只需要先求出直线方程中的 a'、b'，进而求解 a、b 的反对数就可得。

（三）指数曲线模型的应用

【例 11-10】 某种商品的销售量资料见表 11-13。试预测 2015 年产品的销售量。

表 11-13 某商品的销售量

年 份	销售量/万件	每期的增长率（%）	$y' = \lg y$	$\hat{y}_t$
2006	8.50		0.9294	8.34
2007	10.40	22.35	1.0170	10.42
2008	13.00	25.00	1.1139	13.03
2009	16.50	26.92	1.2175	16.28
2010	20.50	24.24	1.3118	20.36
2011	26.20	27.80	1.4183	25.44
2012	33.50	27.86	1.5250	31.81
2013	40.50	20.90	1.6075	39.76
2014	51.00	25.93	1.7076	49.70

根据表中的数据可以画出商品销售量的散点图，如图 11-4 所示。

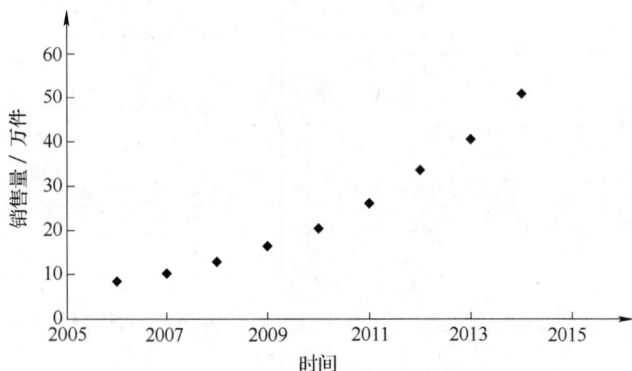

图 11-4 商品销售量的散点图

计算出每期商品的销售量的增长率，见表 11-14。从图形和增长率的数据看基本符合指数成长曲线趋势预测法应用条件，因此对商品销售量的预测采用指数成长曲线预测模型进行预测。

表 11-14 商品的销售量数据处理表

t	$y' = \lg y$	t^2	ty'
1	0.9294	1	0.9294
2	1.0170	4	2.0341
3	1.1139	9	3.3418
4	1.2175	16	4.8699

（续）

t	$y' = \lg y$	t^2	ty'
5	1.3118	25	6.5588
6	1.4183	36	8.5098
7	1.5250	49	10.6753
8	1.6075	64	12.8596
9	1.7076	81	15.3681
合　　计		285	65.1469

求解参数值：

根据表 11-14 的数值可以求解出

$$b' = 0.09844$$

$$a' = 0.82420$$

根据 a'、b' 的值，可以求出 a、b 为

$$a = 6.67, \quad b = 1.25$$

可以预测 2015 年商品的销售量为

$$\hat{y} = (6.67 \times 1.25^{10}) \text{万件} = 62.12 \text{万件}$$

二、修正指数曲线模型

修正指数曲线模型预测法是根据预测对象具有修正指数曲线变动的趋势，将历史数据拟合成一条修正指数曲线，通过建立修正指数曲线模型进行预测的方法。这种方法可以用于产品生命周期的预测。

（一）修正指数曲线模型的形式

修正指数曲线模型为

$$\hat{y} = k + ab^t$$

修正指数曲线只比指数成长曲线模型多了一个 k 值，它是对指数成长曲线模型的一种修正，由于常数 k 的使用，因此把此模型称为修正指数模型。其图形的形式如图 11-5 所示。

k、a、b 取不同的数值就可以形成不同的模型，如图 11-5 所示，修正指数曲线模型都是以 $y = k$ 为渐近线所形成的曲线，这样的曲线就像产品的生命周期中的投入期、成长期、成熟期和衰退期的销售状况一样。修正指数曲线适用于历史数据中增长量比较接近的预测对象。

（二）修正指数模型参数的确定

修正指数曲线相对于前面所介绍的预测方法来说比较复杂，因此不能用最小二乘法来确定其系数，通常情况下会采用三和法确定其参数。三和法是将时间序列分成相等的三个间距，分别求每一个间距内各期时序值的和，再利用三个间距时序值的和计算参数的方法。通常情况下，三和法只能对参数进行粗略的估算，用于求解具有三个参数的模型。

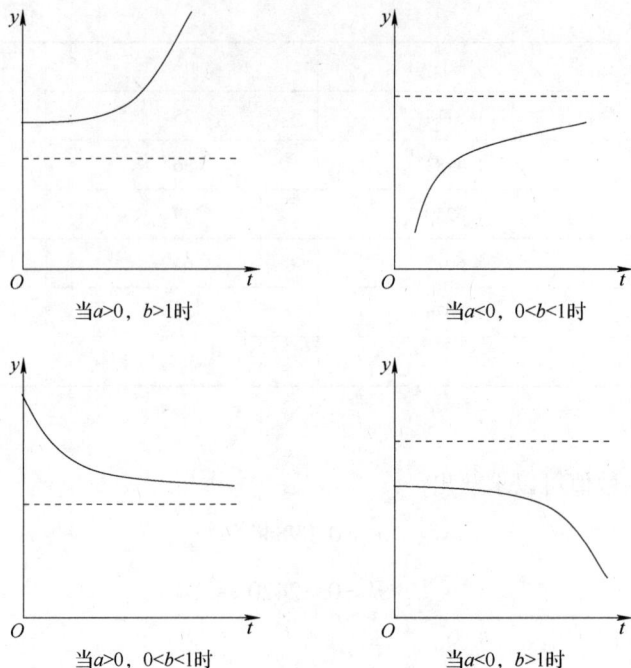

当a>0，b>1时　　　　　　　当a<0，0<b<1时

当a>0，0<b<1时　　　　　　当a<0，b>1时

图 11-5　修正指数曲线图

设有 N 个历史数据，统计资料的统计年份从第 0 年开始，其中 $N=3n$，$n \geqslant 2$，假设统计数据符合修正指数曲线方程，可以将统计数据根据年份及统计的值代入修正曲线方程，得到如下的方程组：

$$\begin{cases} y_0 = k + a \\ y_1 = k + ab \\ y_2 = k + ab^2 \\ \quad \vdots \\ y_{n-1} = k + ab^{n-1} \end{cases}$$

$$\begin{cases} y_n = k + ab^n \\ y_{n+1} = k + ab^{n+1} \\ y_{n+2} = k + ab^{n+2} \\ \quad \vdots \\ y_{2n-1} = k + ab^{2n-1} \end{cases}$$

$$\begin{cases} y_{2n} = k + ab^{2n} \\ y_{2n+1} = k + ab^{2n+1} \\ y_{2n+2} = k + ab^{2n+2} \\ \quad \vdots \\ y_{3n-1} = k + ab^{3n-1} \end{cases}$$

将上面的三个方程组中的各个方程式进行相加，可得

$$\sum_{i=0}^{n-1} y_i = nk + a(1 + b + b^2 + b^3 + \cdots + b^{n-1})$$

$$\sum_{i=n}^{2n-1} y_i = nk + ab^n(1 + b + b^2 + b^3 + \cdots + b^{n-1})$$

$$\sum_{i=2n}^{3n-1} y_i = nk + ab^{2n}(1 + b + b^2 + b^3 + \cdots + b^{n-1})$$

因为

$$1 + b + b^2 + \cdots + b^{n-1} = \frac{1-b^n}{1-b}$$

所以

$$\sum_{i=0}^{n-1} y_i = nk + a(1 + b + b^2 + b^3 + \cdots + b^{n-1}) = nk + a\frac{1-b^n}{1-b}$$

由上式公式可以推导出

$$k = \frac{1}{n}\left(\sum_{i=0}^{n-1} y_i - a\frac{1-b^n}{1-b}\right)$$

依据上面的推导过程，同样可得

$$\sum_{i=n}^{2n-1} y_i = nk + ab^n\frac{1-b^n}{1-b}$$

$$\sum_{i=2n}^{3n-1} y_i = nk + ab^{2n}\frac{1-b^n}{1-b}$$

用前 n 到 $2n$ 个数列的和减去前 n 个数列的和可得

$$\sum_{i=n}^{2n-1} y_i - \sum_{i=0}^{n-1} y_i = a(b^n - 1)\frac{1-b^n}{1-b}$$

由上式可以推出 a 值为

$$a = \left(\sum_{i=n}^{2n-1} y_i - \sum_{i=0}^{n-1} y_i\right)\frac{b-1}{(b^n-1)^2}$$

同样，用前 $2n$ 到 $3n$ 个数列的和减去前 n 到 $2n$ 个数列的和可得

$$\sum_{i=2n}^{3n-1} y_i - \sum_{i=n}^{2n-1} y_i = ab^n(b^n - 1)\frac{1-b^n}{1-b}$$

可以推出 b 值为

$$b = \left(\frac{\sum_{i=2n}^{3n-1} y_i - \sum_{i=n}^{2n-1} y_i}{\sum_{i=n}^{2n-1} y_i - \sum_{i=0}^{n-1} y_i}\right)^{\frac{1}{n}}$$

根据上述的 a、b 的值及 k 值的公式，可以求出 k 为

$$k = \frac{1}{n}\left[\frac{\sum_{i=0}^{n-1} y_i \sum_{i=2n}^{3n-1} y_i - \left(\sum_{i=n}^{2n-1} y_i\right)^2}{\sum_{i=0}^{n-1} y_i + \sum_{i=2n}^{3n-1} y_i - 2\sum_{i=n}^{2n-1} y_i}\right]$$

（三）修正指数曲线模型的应用

【例 11-11】   某地区居民消费某种商品的量见表 11-15，试用修正指数曲线模型预测
2015 年对该种商品的需求量。

表 11-15 商品的消费量

年　份	2003	2004	2005	2006	2007	2008
消费量	20.00	27.50	31.00	34.50	37.00	46.00
年　份	2009	2010	2011	2012	2013	2014
消费量	56.00	68.00	79.00	90.50	105.50	120.90

$$n = \frac{N}{3} = \frac{12}{3} = 4$$

列表对年份重新编号及计算按 n 求出的和，见表 11-16。

表 11-16 三和法求参数计算表

年　份	2003	2004	2005	2006	2007	2008
年序数	0	1	2	3	4	5
消费量	20.00	27.50	31.00	34.50	37.00	46.00
年　份	2009	2010	2011	2012	2013	2014
年序数	6	7	8	9	10	11
消费量	56.00	68.00	79.00	90.50	105.50	120.90

$$\sum_{i=0}^{3} y_i = 113.00$$

$$\sum_{i=4}^{7} y_i = 207.00$$

$$\sum_{i=8}^{11} y_i = 395.90$$

$$b = \left(\frac{\sum_{i=2n}^{3n-1} y_i - \sum_{i=n}^{2n-1} y_i}{\sum_{i=n}^{2n-1} y_i - \sum_{i=0}^{n-1} y_i} \right)^{\frac{1}{4}} = \left(\frac{395.90 - 207.00}{207.00 - 113.00} \right)^{\frac{1}{4}} = 1.19$$

$$a = \left(\sum_{i=n}^{2n-1} y_i - \sum_{i=0}^{n-1} y_i \right) \frac{b-1}{(b^n - 1)^2} = (207.00 - 113.00) \times \frac{1.19 - 1}{(1.19^4 - 1)^2} = 17.67$$

$$k = \frac{1}{n} \left[\frac{\sum_{i=0}^{n-1} y_i \sum_{i=2n}^{3n-1} y_i - \left(\sum_{i=n}^{2n-1} y_i \right)^2}{\sum_{i=0}^{n-1} y_i + \sum_{i=2n}^{3n-1} y_i - 2 \sum_{i=n}^{2n-1} y_i} \right] = \frac{1}{4} \times \frac{113.00 \times 395.90 - 207.00^2}{113.00 + 395.90 - 2 \times 207.00} = 4.97$$

修正指数曲线模型为

$$\hat{y} = k + ab^t = 4.97 + 17.67 \times 1.19^t$$

当 $t = 12$ 时，可预测 2015 年的需求量为

$$\hat{y} = k + ab^t = 4.97 + 17.67 \times 1.19^{12} = 147.465$$

三、罗吉斯曲线模型

在通常情况下，企业在进行营销管理时要研究产品的生命周期，想要根据销售状况的不

同，分析产品的生命周期阶段，根据产品所处的生命周期阶段制订相应的营销计划与策略。在进行市场需求预测的过程中，通常会遇到一些统计资料的发展趋势变动呈 S 形增长曲线的形式，必须考虑产品在发展过程中的极限值（即市场潜量或最大的销售量）的影响时，就要采用能够反映历史数据的 S 形曲线预测模型，常用的预测模型有罗吉斯（Logistiz）曲线模型和龚珀兹曲线模型。

罗吉斯曲线模型预测法是根据预测对象具有罗吉斯曲线变动的趋势，将历史数据拟合成一条罗吉斯曲线，通过建立罗吉斯曲线模型进行预测的方法。

（一）罗吉斯曲线函数的形式

罗吉斯曲线一般模型为

$$\hat{y} = \frac{L}{1 + \alpha e^{-\beta t}}$$

罗吉斯曲线的图形如图 11-6 所示。

对罗吉斯曲线进行求导，设其二阶导数为零，就可以得到罗吉斯曲线的拐点 $\left(\dfrac{\ln \alpha}{\beta}, \dfrac{L}{2}\right)$，该曲线的图形是在一定范围内近似于以拐点为对称点的 S 形曲线。这种曲线的特点是初期增长比较缓慢，随后增长比较迅速，达到一定程度后增长率较低直至平稳发展。

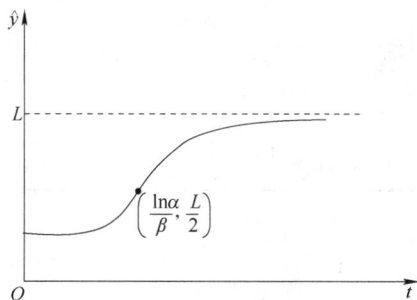

图 11-6　罗吉斯曲线图

（二）罗吉斯曲线参数的确定

为了计算的方便，可以先求罗吉斯曲线的倒数形式，即

$$\frac{1}{\hat{y}} = \frac{1}{L} + \frac{\alpha e^{-\beta t}}{L}$$

设 $\dfrac{1}{L} = k$，$\dfrac{\alpha}{L} = a$，$e^{-\beta} = b$，$\dfrac{1}{\hat{y}} = \hat{y}'$，设罗吉斯曲线模型就可以转化成修正指数曲线的形式

$$\hat{y}' = k + ab^t$$

同理，用三和法来确定罗吉斯曲线模型中的参数 a、b、k。

$$a = \left(\sum_{i=n}^{2n-1} \frac{1}{y_i} - \sum_{i=0}^{n-1} \frac{1}{y_i} \right) \frac{b-1}{(b^n - 1)^2}$$

$$b = \left(\frac{\sum\limits_{i=2n}^{3n-1} \dfrac{1}{y_i} - \sum\limits_{i=n}^{2n-1} \dfrac{1}{y_i}}{\sum\limits_{i=n}^{2n-1} \dfrac{1}{y_i} - \sum\limits_{i=0}^{n-1} \dfrac{1}{y_i}} \right)^{\frac{1}{n}}$$

$$k = \frac{1}{n} \left[\frac{\sum\limits_{i=0}^{n-1} \dfrac{1}{y_i} \sum\limits_{i=2n}^{3n-1} \dfrac{1}{y_i} - \left(\sum\limits_{i=n}^{2n-1} \dfrac{1}{y_i} \right)^2}{\sum\limits_{i=0}^{n-1} \dfrac{1}{y_i} + \sum\limits_{i=2n}^{3n-1} \dfrac{1}{y_i} - 2\sum\limits_{i=n}^{2n-1} \dfrac{1}{y_i}} \right]$$

（三）罗吉斯曲线模型的应用

【例 11-12】　现有 2009 ~ 2014 年某种商品的销售量，见表 11-17。用罗吉斯曲线模型预测 2015 年该种商品的销售量。

表 11-17　商品历年销售量

年　份	2009	2010	2011	2012	2013	2014
销　售　量	0.12	0.40	0.80	2.60	3.70	5.40

$$n = \frac{N}{3} = \frac{6}{3} = 2$$

列表对年份重新编号及计算按 n 求出的和，如表 11-18 所示将历年商品的销售数据转换成其倒数的形式。

表 11-18　销售量的倒数

年　份	2009	2010	2011	2012	2013	2014
序　号	0	1	2	3	4	5
销　售　量	0.12	0.40	0.80	2.60	3.70	5.40
销售量的倒数	8.33	2.50	1.25	0.38	0.27	0.19

$$\sum_{i=0}^{1} \frac{1}{y_i} = 10.83$$

$$\sum_{i=2}^{3} \frac{1}{y_i} = 1.63$$

$$\sum_{i=4}^{5} \frac{1}{y_i} = 0.46$$

$$b = \left[\frac{\sum\limits_{i=2n}^{3n-1} \frac{1}{y_i} - \sum\limits_{i=n}^{2n-1} \frac{1}{y_i}}{\sum\limits_{i=n}^{2n-1} \frac{1}{y_i} - \sum\limits_{i=0}^{n-1} \frac{1}{y_i}} \right]^{\frac{1}{2}} = \left(\frac{0.46 - 1.63}{1.63 - 10.83} \right)^{\frac{1}{2}} = 0.3566$$

$$a = \left(\sum_{i=n}^{2n-1} y_i - \sum_{i=0}^{n-1} y_i \right) \frac{b-1}{(b^n - 1)^2} = (1.63 - 10.83) \times \frac{0.3566 - 1}{(0.3566^2 - 1)^2} = 6.78$$

$$k = \frac{1}{n} \left[\frac{\sum\limits_{i=0}^{n-1} y_i \sum\limits_{i=2n}^{3n-1} y_i - \left(\sum\limits_{i=n}^{2n-1} y_i \right)^2}{\sum\limits_{i=0}^{n-1} y_i + \sum\limits_{i=2n}^{3n-1} y_i - 2 \sum\limits_{i=n}^{2n-1} y_i} \right] = \frac{1}{2} \times \frac{10.83 \times 0.46 - 1.63^2}{10.83 + 0.46 - 2 \times 1.63} = 0.14$$

$$\hat{y}' = k + ab^t = 0.14 + 6.78 \times 0.3566^t$$

预测 2015 年该商品的销售量，令 $t=6$，得

$$\hat{y}' = 0.14 + 6.78 \times 0.3566^6 = 0.154$$

$$\frac{1}{\hat{y}} = \hat{y}' = 0.154, \quad \hat{y} = 6.49$$

四、龚珀兹模型

龚珀兹（Gompertz）曲线模型预测法是根据预测对象具有龚珀兹曲线变动趋势的历史数据，

拟合成一条龚珀兹曲线，通过建立相应的模型进行预测的一种方法。龚珀兹曲线模型是英国保险学家龚珀兹为了预测人口增长而提出的一条曲线模型，在 1922 年应用于市场预测中。

（一）龚珀兹曲线模型

龚珀兹曲线模型的一般形式为

$$\hat{y} = ka^{b^t}, \quad k > 0$$

对上式两边取对数得

$$\lg\hat{y} = \lg k + b^t \lg a$$

式中，t 为观察期的时间周期；k、a、b 为模型的参数，k 表示产品发展过程中市场的极限值。

龚珀兹曲线模型中参数的取值不同，可以形成不同的曲线模型，如图 11-7 所示，这四个图形可以用来描述产品生命周期的四个阶段。

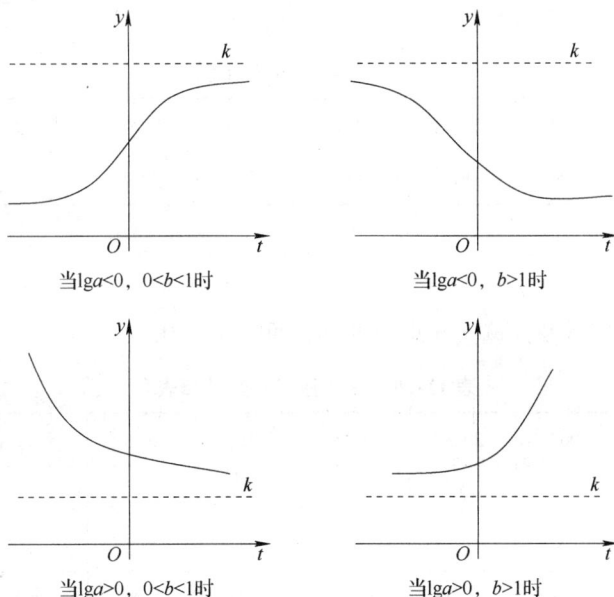

当$\lg a<0$，$0<b<1$时　　　　　当$\lg a<0$，$b>1$时

当$\lg a>0$，$0<b<1$时　　　　　当$\lg a>0$，$b>1$时

图 11-7　龚珀兹曲线图形

（二）龚珀兹曲线参数的确定

将取对数后的龚珀兹曲线与修正指数曲线模型进行比较，可以发现两者函数的形式是一样的。

龚珀兹曲线模型为　　　　　　　　$$\lg\hat{y} = \lg k + b^t \lg a$$

修正指数曲线模型为　　　　　　　$$\hat{y} = k + ab^t$$

设 $\hat{y}' = \lg\hat{y}$、$k' = \lg k$、$a' = \lg a$，将取对数后的龚珀兹曲线转化为修正指数曲线模型

$$\hat{y}' = k' + a'b^t$$

根据求修正指数曲线模型的参数公式可得

$$\lg a = \left(\sum_{i=n}^{2n-1} \lg y_i - \sum_{i=0}^{n-1} \lg y_i \right) \frac{b-1}{(b^n-1)^2}$$

$$b = \left[\frac{\sum_{i=2n}^{3n-1} \lg y_i - \sum_{i=n}^{2n-1} \lg y_i}{\sum_{i=n}^{2n-1} \lg y_i - \sum_{i=0}^{n-1} \lg y_i} \right]^{\frac{1}{n}}$$

$$\lg k = \frac{1}{n} \left[\frac{\sum_{i=0}^{n-1} \lg y_i \sum_{i=2n}^{3n-1} \lg y_i - \left(\sum_{i=n}^{2n-1} \lg y_i\right)^2}{\sum_{i=0}^{n-1} \lg y_i + \sum_{i=2n}^{3n-1} \lg y_i - 2\sum_{i=n}^{2n-1} \lg y_i} \right]$$

求 $\lg a$、$\lg k$ 的反对数就可以解出参数 a、k。

（三）龚珀兹曲线模型预测法的应用

【例 11-13】　某市历年某品牌彩电的销售数量见表 11-19，试用龚珀兹模型预测该品牌彩电 2015 年及 2016 年的销售数量。

表 11-19　彩电的历年销售数量

年　份	2006	2007	2008	2009	2010	2011	2012	2013	2014
销售量	2.2	5.8	13	14	22	30.5	42	51	63

$$n = \frac{N}{3} = \frac{9}{3} = 3$$

列表对年份重新编号及计算按 n 求出的和，见表 11-20。

表 11-20　三和法求参数计算表

年　份	2006	2007	2008	2009	2010	2011	2012	2013	2014
序　号	0	1	2	3	4	5	6	7	8
销售量	2.2	5.8	13	14	22	30.5	42	51	63
取对数	0.34	0.76	1.11	1.15	1.34	1.48	1.62	1.71	1.80

$$\sum_{i=0}^{2} \lg y_i = 2.21$$

$$\sum_{i=3}^{5} \lg y_i = 3.97$$

$$\sum_{i=6}^{8} \lg y_i = 5.13$$

$$b = \left(\frac{\sum_{i=2n}^{3n-1} \lg y_i - \sum_{i=n}^{2n-1} \lg y_i}{\sum_{i=n}^{2n-1} \lg y_i - \sum_{i=0}^{n-1} \lg y_i} \right)^{\frac{1}{n}} = \left(\frac{5.13 - 3.97}{3.97 - 2.21} \right)^{\frac{1}{3}} = 0.87$$

$$\lg a = \left(\sum_{i=n}^{2n-1} \lg y_i - \sum_{i=0}^{n-1} \lg y_i \right) \frac{b-1}{(b^n-1)^2} = (3.97 - 2.21) \frac{0.87-1}{(0.87^3-1)^2} = -1.96$$

$$a = 0.011$$

$$\lg k = \frac{1}{n}\left[\frac{\sum\limits_{i=0}^{n-1}\lg y_i \sum\limits_{i=2n}^{3n-1}\lg y_i - \left(\sum\limits_{i=n}^{2n-1}\lg y_i\right)^2}{\sum\limits_{i=0}^{n-1}\lg y_i + \sum\limits_{i=2n}^{3n-1}\lg y_i - 2\sum\limits_{i=n}^{2n-1}\lg y_i}\right] = \frac{1}{3}\times\frac{11.34-15.76}{7.34-7.94}=2.4556$$

$$k = 245.56$$

$$\hat{y} = ka^{b^t} = 245.56 \times 0.011^{0.87^t}$$

预测 2015 年及 2016 年商品的销售量，则 t 分别为 9 和 10，可得

$$\hat{y} = 245.56 \times 0.011^{0.87^9} = 67.75$$

$$\hat{y} = 245.56 \times 0.011^{0.87^{10}} = 80.09$$

关键词

时间序列预测法 Method of Time Series Forecasting

平均数法 Method of Average

移动平均法 Method of Moving Average

指数平滑法 Method of Exponential Smoothing

直线模型预测法 Method of Linear Model Forecasting

指数曲线模型预测法 Method of Exponential Curve Model Forecasting

修正指数曲线模型预测法 Method of Modified Exponential Curve Model Forecasting

龚珀兹曲线模型预测法 Method of Gompertz Curve Model Forecasting

罗吉斯曲线模型预测法 Method of Logistiz Curve Model Forecasting

思考题

1. 什么是时间序列分析预测法？

2. 指数平滑法的特点是什么？

3. 试比较移动平均法、指数平滑法的优缺点。

4. S 形曲线模型有哪几种？实际预测中如何选择进行应用？

5. 调查电视机在 10 家商店的销售价格，得到如下的统计数据（单位：元）：6500，6800，7000，6800，6000，5800，7800，5800，7900，8900，求出电视机的平均销售价格。试讨论用此平均数作为价格的预测值是否合适。

6. 某企业历年销售产品的统计数据见表 11-21，试分别用移动平均法和一次指数平滑法预测第 12 期的值。（$n=3$，$n=5$，$\alpha=0.3$，$\alpha=0.5$）

表 11-21　产品历年的销售数据

期　数	1	2	3	4	5	6	7	8	9	10	11
销售量/万件	194	210	200	190	180	170	180	185	190	220	200

7. 某企业的销售量见表 11-22，试用龚珀兹曲线模型预测下一期产品的销售量。

283

表 11-22　产品销量数据表

期　数	1	2	3	4	5	6	7	8	9	10	11
销 售 量/万件	390	440	510	570	670	740	820	850	910	950	990

案例分析讨论

✎ 旅游市场研究 ✎

表 11-23 描绘了近 10 年来，我国国内旅游市场的情况，国内游客是指报告期内在中国（大陆）观光游览、度假、探亲访友、就医疗养、购物、参加会议或从事经济、文化、体育、宗教活动的中国（大陆）居民，其出游的目的不是通过所从事的活动谋取报酬。统计时，国内游客按每出游 1 次统计 1 人次。

表 11-23　国内旅游市场情况

指标	2012	2011	2010	2009	2008	2007	2006	2005	2004	2003
国内游客/百万人次	2957	2641	2103	1902	1712	1610	1394	1212	1102	870
城镇居民国内游客/百万人次	1933	1687	1065	903	703	612	576	496	459	351
农村居民国内游客/百万人次	1024	954	1038	999	1009	998	818	716	643	519
国内旅游总花费/亿元	22 706.2	19 305.4	12 579.8	10 183.7	8749.3	7770.6	6229.7	5285.8	4710.7	3442.3
城镇居民国内旅游总花费/亿元	17 678	14 808.6	9403.8	7233.8	5971.7	5550.4	4414.7	3656.1	3359	2404.1
农村居民国内旅游总花费/亿元	5028.2	4496.8	3176	2949.9	2777.6	2220.2	1815	1629.7	1351.7	1038.2
国内旅游人均花费/元	767.9	731	598.2	535.4	511	482.6	446.9	436.1	427.5	395.7
城镇居民国内旅游人均花费/元	914.5	877.8	883	801.1	849.4	906.9	766.4	737.1	731.8	684.9
农村居民国内旅游人均花费/元	491	471.4	306	295.3	275.3	222.5	221.9	227.6	210.2	200

请用时间序列分析预测法回答以下问题：

1. 用 SPSS 分布图和时间序列分析预测法预测我国 2013 年的国内旅游市场的各项指标。

2. 能否用指数平滑法预测？为什么？

第十二章 市场调查报告

本章要点

- 市场调查报告的作用和种类
- 书面报告与口头报告的特点
- 市场调查报告的基本结构
- 市场调查报告的撰写要求
- 市场调查成果的口头报告

导入案例

“中国将出兵朝鲜”一字千金⊖

20 世纪 50 年代，美国出兵朝鲜之前，除了美国兰德公司对这次战争进行的战略预测之外，还有欧洲的一家名叫德林的公司，倾其所有，甚至不惜亏本倒闭，花巨资研究完了有关朝鲜战争问题的报告。经过大量研究分析，该公司认为：如果美国向朝鲜出兵，中国也一定会出兵；若中国出兵，美国注定要失败。

这一份研究报告的主要结论只有寥寥数字："中国将出兵朝鲜"，还附有 380 页的研究报告。在朝鲜战争爆发前 8 天，德林公司打算把这一研究成果以 500 万美元的价格卖给美国对华政策研究所，但美方认为价码太高而没买。但嫌贵的后果是什么呢？正如我们后来所知，美国盲目出兵朝鲜，中国随即派出了志愿军抗美援朝，使美军惨败。美国远东军司令长官麦克阿瑟将军讽刺美国政府："不愿花一架战斗机的价钱，却花掉了数艘航空母舰的代价打了这场预先可以避免的战争。"

朝鲜战争结束后，美国人为了吸取教训，仍花费了 280 万美元买回了德林公司的这项研究成果。这个案例给我们的启示是：没做调研失败了——可恨，做了调研却没有正确使用调研结果——可悲。

第一节 市场调查报告的作用和种类

一、市场调查报告的作用

市场调查报告是在对调查得到的资料进行分析整理、筛选加工的基础上，记述和反映市

⊖ 资料来源：全洪臣. 市场调研原理与应用 ［M］. 大连：东北财经大学出版社，2008.

场调查成果的一种文书。它可以是书面形式，也可以是口头形式。

调查报告是调查活动的结果，也是对调查工作的介绍和总结。调查活动的成败以及调查结果的实际意义都通过调查报告加以体现，所以调查报告具有十分重要的作用。

（一）市场调查报告是衡量一项市场调查项目质量水平的重要标志

一项市场调查活动的成败，除与市场调查所采用的方法、资料处理技术等因素有关外，还与调查报告的内容和质量有关，它的写作好坏直接决定着一项市场调查项目的质量，甚至直接影响到有关决策者的判断，以及负责调查项目团队的声誉。因此，一份出色的调查报告无疑至关重要。

（二）市场调查报告是完成调查工作后对调查结果的完整表述

调查报告是调查工作的成果反映，因而要对已经完成的调查工作做出完整而准确的表述。这就要求撰写调查报告时，能够详细、完整地表达出市场调查工作整个过程中有关市场调查的背景、目标，调查所采用的方式和方法，调查结论及建议等内容。

（三）市场调查报告是传递有关市场信息的直接载体

市场调查报告是委托方签订项目合同希望获取的结果，也是受托方对委托方的交代。同时，当一项市场调查活动结束后，市场调查报告也就成为了该项目的历史记录和证明，作为二手资料，它可以被阅读者不断借鉴使用和参考，从而发挥其应有的价值，同时实现社会资源的共享。因此，作为调查活动成果的直接载体，调查报告可以把有关的市场信息传递给调查报告的阅读者。

总之，调查报告是市场调查成果的集中表现，是市场调查工作的最终成果。同时，调查报告不仅是从感性认识上升到理性认识的反映，也是为用户、为社会、为企业服务的一种重要形式。

二、市场调查报告的种类

市场调查报告按不同的依据有多种类别的划分，例如按服务对象，可分为市场需求者调查报告（消费者调查报告）、市场供应者调查报告（生产者调查报告）；按调查范围，可分为全国性市场调查报告、区域性市场调查报告、国际性市场调查报告；按性质，可分为政策性调查报告、学术性调查报告及事务性调查报告；按调查频率，可分为经常性市场调查报告、定期性市场调查报告、一次性市场调查报告；按体例，可分为独立式调查报告、组合式调查报告和系列式调查报告；按调查对象，可分为商品市场调查报告、房地产市场调查报告、金融市场调查报告、投资市场调查报告等。在此主要介绍以下几种常见的分类：

（一）按内容分类

1. 专题报告

专题报告是主要针对某个问题或侧面而撰写的调查报告，如农村居民消费问题调查报告；针对某类产品撰写的调查报告，如旅游市场消费调查报告。专题报告涉及的范围比较窄，针对性强，因而内容较深入，这也是目前比较常见的调查报告。

2. 综合报告

综合报告是围绕调查对象的基本状况和发展变化过程，对全部调查的结果进行比较全面、系统、完整、具体反映的调查报告。综合报告所涉及的内容及范围比较宽泛，所依据的资料比较丰富，篇幅较长。它对调查对象的发展变化情况做纵横两方面的介绍。因此，综合报告一般要借助大量的统计表和统计图来反映调查所获得的资料，此外，还需要反映调查的基本情况、样本结构、调查结果、调查对象分析、调查的主要结论等。

（二）按写作方式不同分类

1. 反映基本情况的调查报告

这类调查报告主要用于反映某一地区、某一领域或某一事物的基本面貌，目的在于报告全面的情况，为决策者制定方针政策、规定任务、采取措施提供决策依据和参考。这类调查报告的写法偏重于反映客观情况，分析研究的成分相对少一些。例如，反映某一方面的情况，可分为基本概况、主要成绩、突出问题等若干层次。

2. 总结典型经验的调查报告

这类调查报告主要用于对先进典型进行深入调查分析后，提炼出成功的经验和有效措施，以指导和推动全面工作。因此，这类调查报告主要包括：基本情况、突出成绩、具体做法、主要体会等。值得注意的是，经验调查报告与经验总结不同，经验总结用第一人称，而调查报告用第三人称。

3. 揭露问题的调查报告

这类调查报告主要是针对某一方面的问题进行专项调查，澄清事实，判明问题的原因和性质，确定造成的危害，并提出解决问题的途径和建议，为问题的最后处理提供依据，也为其他有关方面提供参考和借鉴的一种调查报告。格式上，揭露问题的调查报告的标题往往采用揭露式的，有的标题甚至还带有一定的感情色彩，如"食品安全问题让人担忧"，这一标题不仅表明了调查报告的主旨，也表明了作者对这一问题的态度，能够起到强烈的警示与提示作用，吸引读者的眼球。

（三）按调查报告结果沟通的方式分类

1. 书面报告

书面市场调查报告是市场调查人员以书面形式反映市场调查内容及工作过程，并提供调查结论和建议的报告。市场调查报告是市场调查研究成果的集中体现，其撰写的好坏将直接影响到整个市场调查研究工作的成果质量。一份好的市场调查报告，能给企业的市场经营活动提供有效的导向作用，能为企业的决策提供客观依据。书面调查报告目前已经形成了能被大多数人接受的格式，具体内容将在本章第二节介绍。

2. 口头报告

书面报告仅仅是提交市场调查结果的方式之一。除此之外，还有一种口头提交的方式，这就是市场调查口头报告。经验表明，口头报告的价值越来越为人们所重视。它不仅起到了对书面报告的有力补充和支持作用，同时它还具有书面报告所没有的功能。例如，它允许听众提问，并可逐条回答；市场调查者可以强调报告中最重要的内容，而人们在阅读时可能没有对此引起注意。有关内容将在本章第四节介绍。

第二节　市场调查报告的基本结构

尽管市场调查报告会因为项目的类型、性质、委托方的要求、受托方的个性和经验等的不同而有所差别，但调查报告作为传递信息的作用是不能改变的。因此，在长期的营销实践中，也逐渐形成了调查报告的常规格式。美国著名的市场调查专家内雷斯·马尔霍查（Naresh K. Malhotra) 教授，在 1993 年出版的《市场调研》（Marketing Research）一书中提出的格式，在国外被认为是一个比较容易接受的格式。他认为，市场调查报告一般应包括以下几个部分：①扉页，即项目名页（Title Page）；②递交信（Letter of Transmittal）；③委托信（Letter of Authorization）；④目录（Table of Contents），包括表格目录、图表目录、附录目录和证据目录等；⑤经理览要（Executive Summary）；⑥问题界定（Problem Definition）；⑦解决问题的方法（Approach to the Problem）；⑧调查设计（Research Design）；⑨资料分析（Data Analysis）；⑩结果（Results）；⑪局限和警告（Limitations and Caveats）；⑫结论和建议（Conclusions and Recommendations）；⑬附件（Exhibits）。

综合来看，一份完整的市场调查报告一般是由调查报告的前言、调查报告的正文、调查报告的结尾三个部分构成。具体而言又可以由标题、目录、摘要、正文、结论和建议、附录等几部分组成。

一、调查报告的前言

前言部分一般主要包括标题、目录、摘要几个部分。具体如下：

1. 标题

标题包括市场调查题目、报告日期、委托方、受托方，一般应打印在调查报告扉页上。所以，标题页也可能是报告的封面。它需要创造一种专业形象来引起读者的兴趣，鼓励人们拿起来并阅读。标题必须清楚说明是关于什么的报告，而且最好简洁明了，并能引起人们的好奇心和阅读欲望。如果报告是属于机密的，还应该在标题页的某处清楚地予以说明。

标题是画龙点睛之笔，必须能准确揭示调查报告的主题思想，做到题文相符。标题的撰写主要有三种形式：

（1）直叙式。直叙式就是直接叙述调查地点、调查目的、调查内容等方面的标题。例如"××市长虹彩电消费需求调查"。

（2）表明结论或者观点式。表明结论或者观点式就是直接阐明调查者的观点、看法，或对事物的判断、评价的标题。例如"对当前房价飙升现象不可忽视""金融危机下中小企业将更加举步维艰"等。

（3）提出问题式。提出问题式即是以设问、反问等形式提出标题，突出问题的焦点和尖锐性，吸引读者阅读，促使读者思考。例如"××产品为什么滞销？"等形式的标题。

以上几种标题的形式各有优缺点，特别是第二、三种形式的标题，它们既表明了调查者的态度，又揭示了主题，具有很强的吸引力。但从标题上不易看出调查的范围和调查对象。因此，这种形式的标题又采用正标题和副标题的方式，并分作两行表示，一般正标题表达调查的主题，副标题则具体表明调查的单位和问题。例如"××产品为什么滞销？——对××产品销售情况的调查分析"。

值得说明的是，在标题部分有的还需要标题扉页、授权信、提交信等。

2. 目录

为了方便读者阅读自己感兴趣的特定内容，一般的调查报告都应该编写目录。目录是关于报告中各项内容的一览表。如果调查报告的内容、页数较多，应当使用目录或索引形式列出报告所分的主要章节和附录，并注明标题、有关章节号码及页码，一般来说，目录的编写可以采用一级或者二级目录，目录的篇幅不宜超过一页。例如：

目　　录

3. 摘要

摘要是对调查活动所获得的主要成果所做的概括性说明。阅读报告的人尤其是高层管理者往往没有时间阅读调查过程的复杂细节或不感兴趣，他们只想知道调查所得的主要结果和结论，以及他们如何根据调查结果行事。摘要应该写明为什么（Why）要开展此次调查活动，调查了哪些（What）方面并得出哪些结论，以及建议应该怎么（How）做等。因此，摘要可以说是调查报告极其重要的部分，它也许是从调查结果得益的读者唯一阅读的部分。当然，摘要应尽量简短，一般不超过报告内容的1/10。具体而言主要包括以下内容：

（1）要简要说明调查的目的，即简要地说明调查的由来和委托调查的原因。

（2）介绍调查对象和调查内容，包括调查时间、地点、对象、范围、调查要点及所要解决的主要问题。

（3）简要介绍调查研究的方法。介绍调查研究的方法，有助于增加调查结果的可靠性，因此，对所用方法要进行简短叙述，并说明选用该方法的原因。另外，在分析中使用了什么方法，如因子分析法、指数平滑分析法、回归分析法、聚类分析法、灰色关联法等，都应做简要说明。

（4）简要给出调查结果及有关结论和建议。这部分可以摘取正文中对应的小标题部分的文字予以说明。

二、调查报告的正文

调查报告的正文是市场调查报告的核心部分。正文部分必须准确阐明全部有关论据，从问题的提出到论证的全部过程，还应当有可供市场活动的决策者进行独立思考的全部调查结果和必要的市场信息，以及对这些情况和内容的分析、评论。具体来讲包括开头部分和论述部分。

1. 开头部分

开头又称前言部分。这一部分是对调查或预测情况的简要说明，包括调查的原因、时间、对象（地区、范围）、经过、方法等。"万事开头难"，好的开头，既可使分析报告顺利展开，又能吸引读者。开头的形式一般有以下几种：

（1）说明式。说明式也称为报道式，即用说明的方式，对调查的时间、地点、对象、经过、方式进行简单介绍，报告开始就先交代调查的目的或动机，揭示主题，使人对报告有一个总体印象。例如，"我公司受××公司的委托，对农村消费者进行一项有关计算机消费的市场调查，预测未来几年我国农村对计算机的需求量及需求的种类，使××公司能根据市场需求及时调整其产量及种类，确定今后的发展方向。"

（2）结论式。结论式是先将调查结论写出来，然后再逐步论证。例如，"××计算机是一种高档机型，通过对××计算机在某地的销售、使用情况的调查，我们认为它在某地不具有市场竞争能力，原因主要从以下几个方面……"

（3）议论式。议论式即将要调查的中心问题提出来，并对该类问题的重要性以及问题的性质加以议论，以加深读者对该类问题的理解和重视。例如，《关于××市方便面市场调查的分析报告》中的开头部分："随着××方便面的上市，各种合资的、国产的方便面似雨后春笋般地涌现，面对众多竞争如何立于不败之地？带着这些问题，我们对××市部分消费者和销售点进行了有关调查。"

2. 论述部分

论述部分是调查报告的核心部分，它决定着整个调查报告质量的好坏和作用的大小。这一部分着重通过调查了解到的事实分析说明调查对象的发生、发展和变化过程。

由于论述一般涉及内容很多，文字较长，有时也可以用概括性或提示性的小标题，突出文章的中心思想，同时还可以配以文字和图表予以解释说明。论述部分主要分为调查基本情况介绍和调查结果分析两部分内容。

（1）调查基本情况介绍。这部分可按时间顺序进行表述，有历史的情况，也有现实的情况；也可按问题的性质归纳成几个类别加以表述。无论如何表述，都要求如实反映调查对象的基本情况。具体而言，可以先对调查背景资料做客观的说明，然后在分析部分阐述对调查情况的看法、观点。

（2）调查结果分析部分。调查结果分析部分是调查报告的主要组成部分。在这个阶段，要对所收集的资料进行质和量的分析。通过分析，了解情况，说明问题和解决问题。具体而言，又可以有以下几种写法：

1）走常规的"三部曲"，即首先提出问题，然后分析问题，最终找出解决问题的办法。例如，《××牌产品为什么会滞销？》就可以采用这种写法。

2）利弊分析。最常见的就是SWOT分析法。

资料链接12-1：SWOT分析法

SWOT分析是企业进行战略、人力资源、市场营销及竞争对手等方面分析工作最基本的工具。SWOT分析法又称为态势分析法，它是一种能够较客观而准确地分析和研究一个单位现实情况的方法。SWOT四个英文字母分别代表：优势（Strength）、劣势（Weakness）、机会（Opportunity）、威胁（Threat）。从整体上看，SWOT可以分为两部分：第一部分为SW，主要用来分析内部能力因素，着眼于企业自身的实力及其与竞争对手的比较；第二部分为OT，主要用来分析外部环境条件，它将注意力放在外部环境的变化及对企业的可能影响上。但是，外部环境的同一变化给具有不同资源和能力的企业带来的机会与威胁却可能完全不同，因此，两者之间又有紧密的联系。

小案例12-1：沃尔玛的SWOT分析⊖

沃尔玛是著名的零售业品牌，它以物美价廉、货物繁多和一站式购物而闻名。沃尔玛的销售额在近年内有明显增长，并且在全球化的范围内进行扩张。

⊖ 资料来源：http://bbs.vsharing.com/Article.aspx? aid=934988.

1. 优势（Strength）

沃尔玛的一个核心竞争力是由先进的信息技术所支持的国际化物流系统。例如，在该系统支持下，每一件商品在全国范围内的每一间卖场的运输、销售、储存等物流信息都可以清晰地看到。信息技术同时也加强了沃尔玛高效的采购过程。沃尔玛的一个焦点战略是人力资源的开发和管理。优秀的人才是沃尔玛在商业上成功的关键因素，为此沃尔玛投入时间和金钱对优秀员工进行培训并建立忠诚度。

2. 劣势（Weakness）

沃尔玛建立了世界上最大的食品零售帝国。尽管它在信息技术上拥有优势，但因为其巨大的业务拓展，可能导致对某些领域的控制力不够强。因为沃尔玛的商品涵盖了服装、食品等多个部门，它可能在适应性上比起更加专注于某一领域的竞争对手存在劣势。该公司是全球化的，但是目前只开拓了少数几个国家的市场。

3. 机会（Opportunity）

采取收购、合并或者战略联盟的方式与其他国际零售商合作，专注于欧洲或者大中华区等特定市场。沃尔玛的卖场当前只开设在少数几个国家内。因此，拓展市场（如中国、印度）可以带来大量的机会。沃尔玛可以通过新的商场地点和商场形式来获得市场开发的机会。更接近消费者的商场和建立在购物中心内部的商店可以使过去仅仅是大型超市的经营方式变得多样化。沃尔玛的机会存在于对现有大型超市战略的坚持。

4. 威胁（Threat）

沃尔玛在零售业的领头羊地位使其成为所有竞争对手的赶超目标。沃尔玛的全球化战略使其可能在其业务国家遇到政治上的问题。多种消费品的成本趋向下降，原因是制造成本的降低。造成制造成本降低的主要原因是生产外包转向了世界上的低成本地区。这导致了价格竞争，并在一些领域内造成了通货紧缩。恶性价格竞争是一个威胁。

3）预测分析，即通过分析研究所收集的资料，预测市场发展的趋势。市场调查报告虽然不以预测为重点，但很多报告的资料分析，都暗含对市场前景的判断。例如《对××市商品房需求意向的调查》，"通过居民家庭人口情况、住房现有状况、收入情况及居民对储蓄的认识，对分期付款购房的想法等，对××市商品房需求意向进行了如下预测……"

三、调查报告的结尾

这是调查报告全文的结束部分。调查报告的结尾部分一般主要反映调查者对调查结果的看法和建议，这是分析问题和解决问题的必然，同时也包括相关附件和有关说明材料。

1. 结论和建议

结论和建议是撰写调查报告的主要目的。这部分包括对引言和正文部分所提出的主要内容的总结，提出如何采取有效的措施和解决某一具体问题可供选择的方案与建议。结论是基于调查结果的意见，而建议是提议应采取的相应行动。因此，结论和建议与正文部分的论述要紧密对应，不可以提出无论据的结论，也不要没有结论性意见的论证。当然，由于时间、经费等因素的制约，所有市场调查结果都有局限性，因此还要阐明该项目的局限性所在，以免客户过分依赖调查结果而做出错误决策和判断。

结尾部分是调查报告的结束语。好的结尾，可使读者明确题旨，加深认识，启发读者思考和联想。结尾一般有以下几种形式：

（1）深化式。概括全文，经过层层剖析后，综合说明调查报告的主要观点，深入文章的主题。

（2）建议式。通过分析，形成对事物的看法，在此基础上，提出看法、建议和可行性方案。提出的建议必须能确实掌握企业状况及市场变化，使建议有付诸实行的可能性。在对真实资料进行深入细致的科学分析的基础上得出报告结论。

（3）展望式。展望未来，说明意义。通过调查分析展望未来前景，从而抓住商机。

小案例 12-2：美国罐头大王的发迹

1875 年，美国罐头大王亚默尔在报纸上看到一条"豆腐块新闻"，说是墨西哥畜群中发现了病疫。有些专家怀疑是一种传染性很强的瘟疫，亚默尔立即联想到，毗邻墨西哥的美国加利福尼亚州、得克萨斯州是全国肉类供应基地，如果瘟疫传染至此，政府必定会禁止那里的牲畜及肉类进入其他地区，造成全国供应紧张，价格上涨。于是，亚默尔马上派他的家庭医生调查，并证实此消息。然后果断决策：倾其所有，从加、得两州采购活畜和牛肉，迅速运至东部地区，结果一下子赚了 900 万美元。

2. 附录

附录是指调查报告正文包含不了或没有提及，但与正文有关必须附加说明的部分。太具有技术性或太详细的材料都不应出现在正文部分，而应编入附录。它是对正文报告的补充或更详尽说明。附录一般包括调查提纲、调查问卷和观察记录表、数据汇总表及原始资料背景材料和必要的工作技术报告等。

第三节　市场调查报告准备

一、市场调查报告的撰写要求

一份内容完整、质量较高的市场调查报告在撰写时应遵循以下要求：

1. 高度重视报告的阅读者和使用者

从某种意义上来说，调查报告是为阅读者或使用者撰写的，因此要充分重视他们的需要。在撰写时一定要记住以下事实：①大多数经理人员都很忙碌，根本没有太多时间来阅读调查报告，而经理人员和常人一样，都不喜欢那种冗长、乏味、呆板的文字；②他们一般都不太精通调查分析方法及其专业术语，尤其是操作的详细过程他们一般不太感兴趣，希望能直接告诉他们结果是什么、应该怎么做；③如果存在多个阅读者或使用者，他们之间通常存在需要和兴趣方面的差异，因此针对不同的阅读者和使用者，在调查报告撰写时应该有所考虑。值得注意的是，虽然满足用户的要求是市场调查报告必须遵循的原则，但调查报告也不能过度迎合客户。

小案例 12-3：驴子和小狗

一个农户家里养了一头驴子，它每天都要驮运柴薪、拉货车、载人，身体很疲惫，即使这样主人也没有给他更多的关爱。家里还有只小狗，什么也不做，只要主人把脸凑过去，小狗就会不停地舔，还直摇尾巴，还会举起前脚去拉主人的手。驴子心想：为什么每个人都宠爱它，我出了这么大的力他们怎么都不看我一眼啊？突然发现自己的行为和小狗不大一样，决定自己也向小狗那样做。这时，主人离开小狗向它走来，驴子想用小狗同样的方法来获得主人的宠爱，等主人靠近时，就尽可能地用看到的小狗的动作，呜呜大叫，跑向主人，用后脚站起，粗大的前脚晃啊晃地搭在主人身上，再伸出大舌头舔主人的脸。主人大吃一惊，当然并没有好好地宠爱它，而是把它拴在一棵大树上，怒气冲冲地棒打了一顿。

启示：为什么小狗的那一套动作可以博得主人的好感，而驴子去做却得到一顿棒打呢？俗话说：人有人样，狗有狗样。在调查报告的撰写中，面对顾客的第一件事就是找准自己的位置。

2. 报告的内容要实事求是、客观真实

准确性是市场调查报告的生命。准确性包括数字准确、情况真实、观点恰当三个方面。只有掌握了准确的资料，才能做出正确的判断和结论。市场调查报告作为调查研究的成果，最基本的特点就是尊重客观实际，用事实说话。真正做到实事求是是很不容易的，由于人们认识能力有局限性，很多数字不容易搞准确；同时也有少数人弄虚作假，虚报瞒报，为准确地反映客观事物带来困难。因此，只有深入调查研究并力求弄清事实，摸清原因，才能真实地反映事物的本来面目。

小案例12-4：吉列成功的秘诀○

男人长胡子，因而要刮胡子；女人不长胡子，自然也就不必刮胡子。然而，美国的吉列公司却把"刮胡刀"推销给女人，居然大获成功。

吉列公司创建于1901年，其产品因使男人刮胡子变得方便、舒适、安全而大受欢迎。进入20世纪70年代，吉列公司的销售额已达20亿美元，成为世界著名的跨国公司。然而吉列公司的领导者并不以此满足，而是想方设法继续拓展市场，争取更多用户。就在1974年，公司提出了面向妇女的专用"刮毛刀"。这一决策看似荒谬，却是建立在坚实可靠的市场调查基础之上的。

吉列公司先用一年的时间进行了周密的市场调查，发现在美国30岁以上的妇女中，有65%的人为保持美好形象，要定期刮除腿毛和腋毛。这些妇女之中，除使用电动刮胡刀和脱毛剂之外，主要靠购买各种男用刮胡刀来满足此项需要，一年在这方面的花费高达7500万美元。相比之下，美国妇女一年花在眉笔和眼影上的钱仅有6300万美元，染发剂5500万美元。毫无疑问，这是一个极有潜力的市场。

根据市场调查结果，吉列公司精心设计了新产品，它的刀头部分和男用刮胡刀并无两样，采用一次性使用的双层刀片，但是刀架选用了色彩鲜艳的塑料，并将握柄改为弧形以利于妇女使用，握柄上还印压了一朵雏菊图案。这样一来，新产品立即显示了女性的特点。为了使雏菊刮毛刀迅速占领市场，吉列公司还拟定几种不同的"定位观念"到消费者中征求意见。这些定位观念包括：突出刮毛刀的"双刀刮毛"；突出其创造性的"完全适合女性需求"；强调价格的"不到50美分"；以及表明产品使用安全的"不伤玉腿"等。最后，公司根据多数妇女的意见，选择了"不伤玉腿"作为推销时突出的重点，刊登广告进行刻意宣传。结果，雏菊刮毛刀一炮打响，迅速畅销全球。

启示：市场调查研究是经营决策的前提，只有充分认识市场，了解市场需求，对市场做

○　资料来源：http://hi.baidu.com/boechina/blog/item/76a5047b65b337f40ad18788.html.

出科学的分析判断，决策才具有针对性，从而拓展市场，使企业获得成功。

3. 以调查资料为依据，坚持定性分析与定量分析相结合

一篇好的市场调查报告，必须有数字、有分析。市场调查报告的独特风格就是以调查资料为依据，而资料中数据资料显得尤为重要，数据资料具有很强的概括力和表现力。用数据证明事实的真相往往比长篇大论更能使人信服。在市场调查中，常常会碰到有的问题和观点很难用文字叙述清楚，而用一个数字、一个图表，却使事物的全貌一目了然。但运用数据要适当，过少不能说明问题，使调查报告空洞失去特色；过多地堆砌数字又太烦琐，反而使人眼花缭乱，不得要领。恰当地运用调查数据，可以增加调查报告的科学性、准确性和说服力。通过定性分析与定量分析的有效结合，达到透过现象看本质的目的，从而总结出市场活动的发展、变化过程及其规律性。

二、撰写调查报告应注意的问题

1. 注意资料的取舍

资料是形成调查报告主题观点的基础，如果把收集来的各种资料无论是否反映主题，全都面面俱到、事事俱细地进行分析，必将使读者感到杂乱无章，不知所云。一篇调查报告自有它的重点和中心，在对情况有了全面了解之后，经过全面系统的构思，应能有详有略，抓住主题，深入分析。因此，面对调查中可能获得的众多资料，一方面要坚持材料收集的充分性和完整性，同时也一定要注意舍去一些价值不高或者无用的资料，以减少不必要的劳动。只有经过科学筛选后的资料，在撰写调查报告时，坚持适用性原则，突出重点，才能保证论证充分、分析得当，而不是将一些资料数据简单罗列堆砌。

小案例 12-5：啤酒与尿布[一]

在美国沃尔玛一个超级市场的货架上，尿布和啤酒赫然地摆在一起出售，一个是日用品，一个是食品，两个风马牛不相及的物品摆在一起的结果是尿布和啤酒的销量双双激增。沃尔玛超市为什么要将这两个商品摆在一起？摆在一起的结果为什么会使销量激增？原来沃尔玛公司在美国的一位店面经理发现，每周啤酒和尿布的销量都会有一次同比攀升，开始时搞不清是什么原因。后来，沃尔玛运用商业智能（Business Intelligence，BI）技术发现，购买这两种产品的顾客几乎都是 25~35 岁、家中有婴儿的男性，每次购买的时间均在周末。沃尔玛在对相关数据分析后得知，美国大量的年轻母亲在周末都喜欢放松一下身心，孩子的尿布在周末需要大量补充，购买尿布的差事自然就落在孩子父亲的肩上；而这些年轻的父亲在超市选好尿布之余，总是要顺便给自己带上几罐啤酒，因此啤酒和尿布一起购买的机会是最多的。得到这个结果后，沃尔玛决定把这两种商品摆放在一起，结果，这两种商品的销量都有了显著增加。

2. 注意表达技巧

调查报告是用书面形式表达的语言，提高语言表达能力，是写好调查报告的重要条件之一。有了丰富的资料，深刻的感受，但写作不能得心应手，词不达意，也会使整个调查研究工作功亏一篑，前功尽弃。报告的语言要逻辑严谨、数据准确、文风质朴、简洁生动、通俗易懂、用词恰当，并且善于使用表格、图示表达意图，避免文字上的累赘。

㊀　资料来源：全洪臣. 市场调研原理与应用［M］. 大连：东北财经大学出版社，2008.

3. 报告长短根据内容确定

调查报告中常见的一个错误观点就是"报告越长，质量越高"。一方面，通常经过对某个项目几个月的辛苦工作之后，调查者的身心已经完全投入，并试图告诉读者他知道与此有关的一切。因此，所有的证明、结论和上百页的打印材料都被纳入报告中来，从而导致了"信息超载"。很多委托方在评价市场调查报告时的唯一标准就是市场调查报告正文的长短，市场调查报告越长或者是重和厚，便觉得这报告越好，物有所值；相反，一个短的市场调查报告则不能令委托方感到满意。委托方的这一取向，导致市场调查公司不得不人为地增加市场调查报告的内容，拉长市场调查报告的篇幅，以取悦于委托方。但这样做显然偏离了市场调查报告的真正目的，过长的市场调查报告往往掩盖了市场调查报告的主要内容。事实上，大部分人根本不会通读全部报告。因此，如何确定调查报告的长短，要根据调查目的和调查报告的内容而定，篇幅并不代表质量。对调查报告的篇幅，做到宜长则长，宜短则短，尽量做到长中求短，力求写到短小精悍。

4. 正确看待市场调查报告的作用

如何正确看待市场调查报告的作用，这关系到企业决策的成败。一方面，市场调查公司为了吸引委托企业的兴趣，有可能片面夸大市场调查报告的作用，甚至做出市场调查报告能帮助企业解决一切问题的虚假承诺；另一方面是委托企业主观地认为，市场调查公司既然接受企业的委托，便应该为企业彻底解决所面临的所有问题。实际上，市场调查报告并不是包治百病的救世良方，一般而言，只是对特定事件或问题解决方案进行可行性论证，只是提供一种解决问题的可能，也就是说，指明一个前进的方向。很显然，企业问题的解决，还必须依赖于企业管理的改革以及宏观经济条件的变化。如果企业不能创造必要的基础环境，再好的市场调查报告也不过是一纸空文。

小案例 12-6：失败之鉴——如何正确看待市场调查结果

海尔是世界第四大白色家电制造商、中国最具价值的品牌，海尔是中国的骄傲。海尔为了进军手机市场，曾进行了大规模的市场调查，想要通过最科学的市场分析来决定系列产品的开发。其调查的主要内容包括：你希望手机有什么功能？你希望自己拥有第二部手机吗？如果你拥有第二部手机，你希望它是什么形状（笔形、名片盒形还是棒槌形）？针对这些问题，海尔在网络和人群中进行了大量走访和人群调查。调查的结果使海尔非常兴奋，竟然有95％以上的群体希望自己拥有第二部手机，而且这里面又有超过一半的人希望自己的第二部手机是笔形手机。由此，海尔认为自己找到了市场的蓝海，认为笔形手机将使中国手机市场改变格局，认为每个已经有手机的消费者可能都想在口袋里再放一部笔形手机。这些都是通过市场调查后获得的结果。经过精心筹备，海尔奔风5笔形手机很快就全面上市。但是，海尔的奔风系列并没有收到预期的效果，甚至连水花都没有惊起。通观海尔的调查，"你希望自己拥有第二部手机吗？"当然希望，第十部也希望，管它什么形状，当然能放在口袋里更好。但是真正有了这款手机，消费者未必就会购买，海尔用一个错误调查结果换来了市场的大败退，使本来有些声色的手机（较早的防火墙手机）变得被动起来。

由此，我们要辩证地来看待市场调查，不能过分迷信调查结果，应把他们的意见当作有价值的参考，因为消费者对产品的要求是无止境的，但是喜欢未必是想要，更不等于购买。同时，市场调查是一种复杂严谨的运作过程，涉及调查方案的设计、调查技术的选择、调查问卷的设计、调查过程的执行与管理、调查资料的分析与整理、调查报告的提交等诸多环节，其中任何一个环节出现问题，市场调查的结果就可能"失之毫厘，谬以千里"。此外，营销决策最后能否"运筹帷幄，决胜千里"，除了依靠准确的信息资料之外，还要取决于决策者的智慧、胆识、经验和个人素质以及其他主客观条件与市场状况等很多复杂因素。

第四节　市场调查成果的口头报告

一、口头报告的必要性

绝大多数市场调查项目，都要求市场调查者对其结果采取口头报告的形式进行介绍，以方便委托方根据口头介绍所获得的信息做出判断和决策。口头介绍可以起到辅助书面报告的作用，帮助客户加深理解书面报告的内容，介绍某些无法用书面语言阐述清楚的内容，回答客户心中的疑虑以及阅读书面报告后仍然存在的问题。同时，当报告牵涉到许多人时，给许多人呈送报告，由他们分别阅读，无法集中起来进行讨论，以至不能得到一致的结论，这就需要做相应的口头报告。当然，在某些仅仅采取口头报告形式提交研究成果的情况下，口头报告是否有效就决定了整个项目的成败，因此，必须对口头报告予以重视。

调查报告可以分为书面报告和口头报告，以上所讲述的调查报告的格式和要求多用于书面报告，尽管口头报告也应该包括以上内容，但作为口头报告也有一些不同于书面报告的特点。具体体现在以下几个方面：首先，口头报告比较生动，具有感染力，容易给对方留下深刻印象；其次，口头报告能有效地与听者直接沟通和交流；最后，口头报告灵活性强，能以较短的时间说明所研究的问题，也可以根据具体情况对报告内容、时间做必要调整。

二、口头报告的辅助材料

1. 汇报提纲

尽管口头报告是"口头"的，但对其汇报的主要内容应事先写成书面稿子。事先周密地准备要汇报的内容，分清楚哪些是该介绍的，哪些是重点，同时有了书面准备也能防止忙中出错，使汇报人心中有数。因此，在做口头报告之前，应该给每位听者提供一份汇报提纲，简要介绍报告的主要部分。值得注意的是它不能出现统计图表，同时还要留出一定的空间给听者做记录或者评述。

2. 可视化

目前最常见的视觉辅助就是用 PowerPoint 软件包。依靠这样的现代化手段，可以更生动、更直接、更快捷地把调查信息传递给听者。在报告中可使用的技术主要是形象化的技术，一般包括投影仪、录像片和电视机、光盘等，其优点是可以帮助报告者渲染会议气氛，吸引听者的注意力，也有利于增强听者的记忆。但也应注意以下几个问题：首先，形象化的信息应当易于理解，不宜混杂太多的内容；应使听者无须花太多的时间去注视影像就能掌握主题。其次，影像或字幕应当足够大，考虑听者人数和场所，以及形象展示设备的功能和有效性。最后，选择适当的形象化技术，其目的是补充和简化汇报内容，但不能喧宾夺主。

资料链接 12-2：报告的表达形式

国外的试验表明：单纯靠语言表达的报告，约有90%的信息被曲解或忘记，即最后保留的且记忆准确的信息可能只剩下10%左右。如果在语言表达之外，再加上适当的形象化手段，记忆则可提高50%左右。

3. 摘要

每位听者都应有一份书面调查报告摘要的复印件，这样可以让听者在听取口头汇报前就能事先了解主要内容，在听的过程中也不用分心埋头记笔记而能认真思考所要提出的问题。

4. 最终报告的复印件

调查报告是研究成果的书面证明，由于口头报告的时间有限，因而在做口头报告时很多细节都被省略掉了，为了让感兴趣者能全面了解和把握调查实际，应该让听者得到一份完整的最终报告复印件。

三、口头报告应注意的问题

口头报告要达到的目的有两个：首先是要形成良好的沟通；其次是要说服听者。良好的沟通是指个体之间能以动作、文字或口语形式良好地传递彼此间意图的过程。沟通的本质在于分享意图及彼此了解。为了达成良好的沟通，必须要了解影响沟通的因素。口头报告的最终目的是要说服听者，通过调查的发现来强化调查结论和建议。由此可见，成功的口头报告并不只是细心准备投影用的幻灯片。那么，在做口头报告之前，究竟应该注意哪些问题呢？

1. 提前做好充分的准备

首先，必须事先了解听者的基本情况，从而为确定口头介绍的内容、重点、形式等提供依据，更好地为听者准备汇报提纲；其次，在准备口头汇报的过程中，调查者应时刻注意以下几个问题：①数据的真正含义是什么？②我们能从数据中获得些什么？③在现有的条件下，我们应做什么？④将来如何才能进一步提高这类研究水平？⑤如何能使这些信息得到更有效的运用？只有认真思考了以上这些问题，口头汇报才能更好地实现与听者的沟通和交流。

2. 要做好充分的练习

要保证口头报告的成功，必须做好充分的练习。为了把握好时间，有必要在练习时多"彩排"几次。不要把要说的每个字都放到 Power Point 上，照着念。较好的做法是，在认为满意的 PowerPoint 内容的基础上，用自己的话讲解它，不重复说投影出来的文字。如果有一些信息不在投影出来的文字上，怕忘了，可以打印一份演讲稿，与投影片顺序一一对应，但上面应该加黑打印针对这一页提醒自己的关键词，以及要说的其他信息。

3. 要充满自信

信心来源于有准备，如果做好了充分的准备，剩下的一件事就是好好地做报告。一经站到了讲台上，就要信心十足。在做报告时，情绪既紧张饱满，又轻松活泼。同时，要保持与听者目光的接触，这样才能真正实现与听者的交流。

📖 **关键词**

市场调查报告的格式 Market Research Report Format

市场调查报告的作用 The Role of Market Research Report

市场调查报告的种类 Type of Market Research Report

书面报告 Written Report

口头报告 Oral Report

可视化 Visualization

汇报提纲 Report Outline

❓ 思考题

1. 试述市场调查报告的一般结构。

2. 市场调查报告的种类有哪些？

3. 口头报告需要准备的辅助材料有哪些？

4. 为什么要做口头报告？在做口头报告时需要注意哪些问题？

5. 结合实地调查情况，撰写一份书面的市场调查报告。

案例分析讨论

EPSON 打印机 2004 年中国销售渠道调查报告

IT（信息技术）行业的激烈竞争，使国内打印机市场从昔日的 HP（惠普）、EPSON（爱普生）、CANON（佳能）"三国鼎立"的局面发展到今日战国众雄并立的格局，ZDC（中关村在线数据中心）对 EPSON 的销售渠道进行了调查，本篇分析了 EPSON 在国内的渠道分布状况和特征，揭示了 EPSON 最近几年的渠道策略的调整和产品线的调整。ZDC 从销售渠道这个角度对这些成功的 IT 企业进行了分析，希望能对我国国内的打印机同行起到"抛砖引玉"的作用，使其在前进的路途中能得到一些启发。

一、EPSON 打印机中国销售渠道分布

爱普生集团 1985 年进入中国，1997 年成立北京爱普生电子有限公司，1998 年成立爱普生（中国）有限公司，建立了完善的产、销、服务网络体系。EPSON 打印机进入中国后，大力发展代理商，现在经销商已遍布全国，其中核心区域省市是：江苏、浙江、广东、北京、上海；次级核心区域省市是：陕西、辽宁、湖北、山东。

二、EPSON 打印机经销商中国分布区域

1. 经销商分布区域图（见图 12-1）

2. 经销商分布区域图描述

EPSON 打印机经销商主要分布在华东区、华北区、华南区，占到全国的 63%。其中 EPSON 经销商在华东区分布最广，达到 30%，居七大区之冠，其次是华北区、华南区，分别占 18%、15%，比例接近。西北区占 11%，东北区、西南区比例都是 9%，分布最少的是华中区，占 8%。

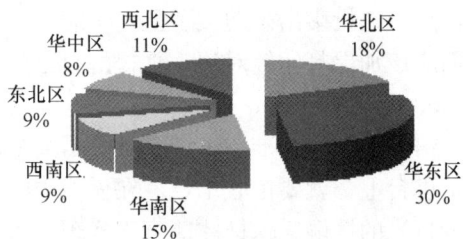

图 12-1　EPSON 打印机经销商中国区域分布图

北京爱普生电子有限公司于 1997 年成立，当时的经销商只有 30 多家，到 1998 年随着爱普生（中国）有限公司的成立，开始建立了完善的产、销、服务网络体系，经销商发展到近 160 家，1999 年，EPSON 在国内就率先开始实施渠道扁平化政策，2000 年经销商已达到 300 多家。2004 年核心经销商已达到近 500 家，覆盖全国各省市。

3. EPSON 渠道策略

在 2003 年的渠道大会上，EPSON 提出了渠道策略：①优化渠道结构；②建立数字化渠道；③以服务支持渠道；④提升经销商的满意度。EPSON 第一次把"提升经销商的满意度"作为一个重要的策略进行市场推广，实现厂商与渠道共赢。

三、EPSON 经销商七大区域分布特点

1. EPSON 经销商华东区分布

（1）华东区分布图如图 12-2 所示。

（2）华东区渠道规模。从图 12-2 可以看到：华东区分布最多的是江苏，其次是浙江、上海，安徽最少。

（3）华东区渠道分布特征。

1）消费市场庞大，渠道精细化。华东区经济发达，交通便利，人口数量庞大，尤其上海、江苏、浙江的组合，被誉为"小华东"，以上海为核心，组成了我国最大的城市圈。这个区域经济

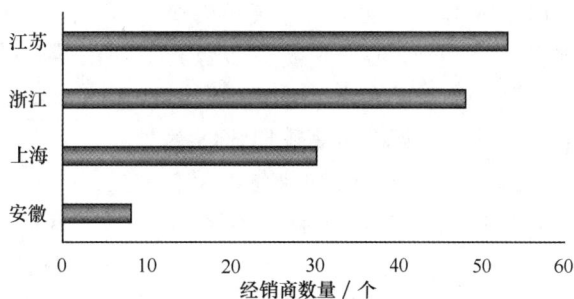

图 12-2　EPSON 打印机经销商华东区分布图

发达，而且发展相对均衡，江浙、上海地区中小企业数量庞大，对 IT 办公设备采购需求旺盛。由于竞争激烈，渠道商开始注重客户细分，改变以往盲目做大做全的做法，搭建了一个以用户需求为中心的渠道体系，使厂商与渠道商优势互补、达到共赢。

2）渠道扁平化，经销商深入到三、四级城市。EPSON 是在我国率先采用渠道扁平化策略的公司之一，早在 1999 年 3 月，EPSON 就取消了总代理下面的二级分销商，后来设立办事处，各地业务由办事处负责。2000 年设立上海办事处，负责上海、浙江、安徽的业务，2001 年 8 月设立南京办事处，负责江苏的业务。由于减少了中间环节，渠道效率提高。上海和江浙一带数量庞大的私营乡镇小企业大多分布在三、四级城市，EPSON 优化渠道结构主要体现在开拓三、四级城市的市场。

3）注重零售端合作，厂商与经销商共赢。华东 IT 卖场巨头江苏宏图三胞，是 EPSON 在江苏的一个重量级的合作伙伴。2003 年，销售额达到 25 亿元的宏图三胞有 19 个大型零售卖场，几乎覆盖了江苏省大部分的三、四级城市。EPSON 产品以直供的方式通过宏图三胞的销售网络实现一步到位，大大降低了渠道各环节的运营成本，成本降低体现出价格优势，所以竞争力也就大大增强。

在厂商的大力支持下，经销商迅速拓展自己的销售网络，生存实力大增。爱普生（中国）有限公司渠道经理喻宏文说："一定要保障渠道的利润，如果不能保证其生存，又怎么能期望经销商帮助我们推广产品呢？"帮助经销商成长的结果是共赢，厂商在帮助经销商成长的过程中也使自身更强。

2. EPSON 经销商华北区分布

（1）华北区分布图如图 12-3 所示。

（2）华北区渠道规模。经销商在华北区分布数量最多的是北京，其次是山东、河北，再次是河南、内蒙古、山西、天津。

（3）华北区渠道分布特征。

1）扩大中心城市的影响，创造良好购物环境。北京是我国 IT 产业的中心，中关村各大

电子市场是各厂家必争之地。2003 年 8 月，位于中关村鼎好电子大厦一层的北京 EPSON 印象馆成立，这是爱普生（中国）有限公司在国内开设的首家数码影像体验中心，面积达 300m²，有十多名工作人员。在这个互动式的现场活动空间里展示了爱普生的全系列产品。

EPSON 印象馆主要是方便消费者亲自操作使用 EPSON 的数码影像产品，提供产品演示和免费培训，使消费者增加感性认识，享受到 EPSON 的数码影像乐趣。EPSON 印象馆不销售产品，只提供北京经销商的详细名

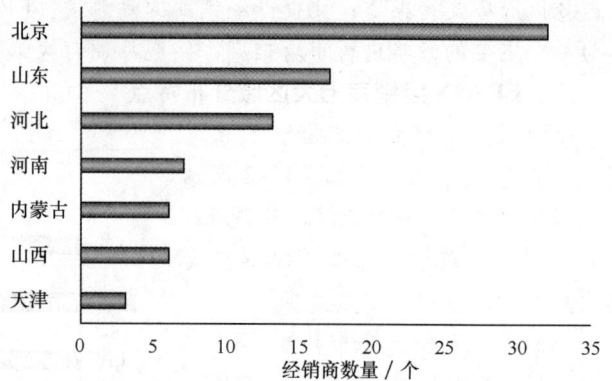

图 12-3　EPSON 打印机经销商华北区分布图

单，上有电话、地址，因此中关村各大电子卖场的 EPSON 经销商们便"近水楼台先得月"，印象馆对提升自身的知名度和产品销售均有良好的帮助。

2）开拓外围，进军西部。EPSON 打印机在中关村有数十家核心经销商，随着像北京这样的中心城市的经销商数量剧增，相互之间的竞争越来越激烈，山东、河北这样的二、三级市场的发展已很成熟，EPSON 开始把市场开拓力度放在三、四级城市和西部经济的活跃地带。据新华网报道：2003 年，我国西部地区进入了西部大开发以来经济增长最快的时期，内蒙古自治区国内生产总值（GDP）增速为 15.5%，居全国第一位。EPSON 加强西部市场的开发，随着计算机的普及，打印机作为计算机重要的外设，低价位的喷墨打印机在三、四级城市的需求市场很大，山西、内蒙古等地 IT 市场需求空间也很可观。

3）强化售后服务，规范统一渠道店面形象。2003 年 11 月 3 日，爱普生（中国）有限公司新热线服务中心在北京正式启动。拥有 1200m² 的宽敞办公区域，现代化的客户服务系统能够满足近 120 位用户的同时来电，利用互联网技术和自动传真回复系统等多种服务渠道保证与用户的沟通。2003 年 11 月，爱普生已有上百家授权服务中心，为了进一步提高服务效率，提出"1 小时快修"的授权服务中心从最初的 11 家增加到 75 家，覆盖了全国，基本摆脱了地域的限制。

2003 年，EPSON 对全国近千家店面的形象进行了统一整合，统一全国专卖店形象，所有店面的基础色彩为黑、银、蓝三色。EPSON 在北京、上海、广州、武汉、成都、西安和沈阳等地推出"服务更多彩"的服务宣传活动。把"客户满意"的英文缩写"CS"定为公司服务的目标，"CS"也是 EPSON 客户服务部门的名称。在这次服务宣传活动中，"CS"在全国 54 个城市的 99 个维修网点直接为用户解决问题，倾听用户最直接的声音，加强售后服务。

3. EPSON 经销商华中区、华南区分布

（1）华中区、华南区分布图如图 12-4 所示。

（2）华中区、华南区渠道规模。EPSON 在华中区和华南区的经销商，广东分布数量最多，其次是湖北、福建、湖南，再次是江西、广西，分布最少的是海南。

（3）华中区、华南区渠道分布特征

1）重拳出击彩色商务，渠道布局中南二、三级城市。彩色商务系列是 EPSON 发展战略

的重点之一，EPSON 和 HP 在华南彩色商务市场的竞争异常激烈，EPSON 表示华南市场约占 EPSON 全国市场近 1/4 的份额，足见华南地区对 EPSON 的重要性。华南市场由于珠三角经济基础建设良好，分布各区域的商家都有一定的经济规模，对彩色商务产品的需求巨大，但彩色商务用户分布广，而且大多散布在二、三级城市。为此，针对珠三角地区，爱普生在 2003 年将渠道布局到二、三级城市。同时为了使产品更有竞争力，采用低价的政策和 HP 争夺华南市场。

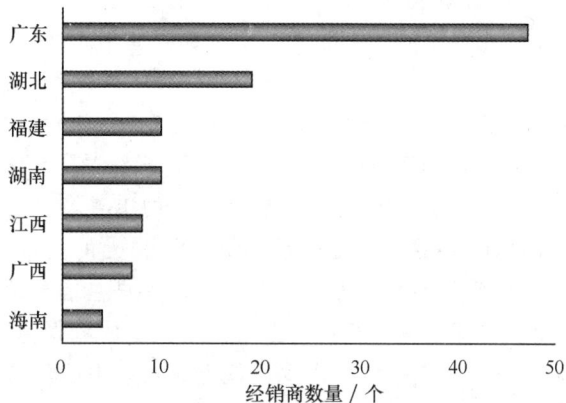

图 12-4　EPSON 打印机经销商华中区、华南区分布

2）加强店面销售，核心经销商向增值型转型。深圳市拓普生公司是 EPSON 华南地区核心代理和 EPSON 授权技术服务中心，该公司代理 EPSON 几乎所有的打印机，从最初的针式打印机到彩色喷墨、激光打印机，已有七年经营、销售及专业技术服务经验，分店遍布深圳各大电脑城。拓普生已在广州、深圳、东莞开了 13 个分店，面积达上百平方米。拓普生表示："由于批发空间利润薄，拓普生就要加强店面建设，重视直销市场。"店面是拓普生多元化发展甚至是赖以生存的基石，店面的开设及增加使区域分销商能最大限度地贴近最终用户，从而增加了掌握利润的机会，这也符合当今各大厂商倡导渠道扁平化的渠道政策。拓普生目前是华南地区最大的计算机外设产品专业销售商之一。区域的一些比较大的分销商，都开始扩大零售业务的比例。

3）加大对经销商的监控力度，加强渠道管理。2003 年，EPSON 采用 DMS（分销渠道管理系统）和 RES（零售商信息采集系统），利用信息化的方式加强渠道监管，DMS 使 EPSON 清楚掌握经销商从总代理处提货等状况和产品布局，RES 使 EPSON 知道经销商每天的销售情况和客户反馈，避免渠道低价出货。2003 年 10 月，EPSON 经销商网开通，EPSON 相关政策、渠道新闻、相关数据都可通过这个网站发布，使经销商第一时间了解厂商动态。同时这是 EPSON 对经销商培训的平台，也是经销商与厂家直接沟通对话的平台，通过这个平台拉近了 EPSON 与渠道的距离。

4. EPSON 经销商西南、西北区分布

（1）西南区、西北区分布图如图 12-5 所示。

（2）西南区、西北区渠道规模。在西南区（四川、重庆、云南、贵州、西藏）和西北区（陕西、甘肃、新疆、宁夏、青海），陕西分布数量最多，其次是四川、甘肃，再次是重庆、新疆、云南，分布最少的是西藏。在七大区域市场中，华东区、华北区和华南区虽然是销售量最大的区域，但西南区、西北区

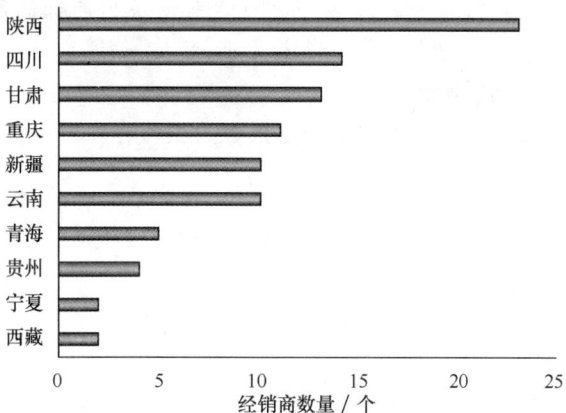

图 12-5　EPSON 打印机经销商西南区、西北区分布

和东北区增速很快，尤其是边疆地区。

（3）西南区、西北区渠道分布特征。

1）大力开拓行业用户市场，加强售后服务。西北区、西南区打印机市场竞争激烈，像西安、兰州、银川等地人均IT消费水平和沿海地区相比虽有差距，但是行业用户市场庞大，采购规模可观，EPSON支持当地经销商充分利用"地利、人和"的优势开拓行业用户。2004年8月，EPSON"急速商务，精彩纷呈"行业用户会在西安拉开帷幕。来自金融、电力、电信、税务、教育、政府等领域的上百名行业用户参加了此次盛会。

EPSON在这次会上表示：EPSON强大的技术优势，人性化的界面模块，周到、细致的售前、售后服务体系将全面满足行业用户在信息时代的各种需求，为各界用户保驾护航。

2）增强渠道的获利能力，提高渠道的凝聚力。在西南区和西北区，由于竞争激烈，很多做打印机的经销商以成本或低于成本以下的价格出售，导致价格体系混乱，低价倾销不利于对市场的培育，EPSON公司对违反公司规定的经销商采取减少对其支持或扣取一定的返点等方式加以制约。EPSON在2003年采用的RES，使EPSON掌握销售终端的零售能力和利润，控制了恶性竞争。EPSON支持经销商设立专卖店，统一专卖店形象进行标准化建设，通过培训提升店面销售人员的销售服务能力，以点带面，提高专卖店覆盖率，带动整个区域市场店面销售形象的提升，增强市场拉动力，提高渠道信心和凝聚力，增强市场推动力。

四、产品线简析

EPSON打印机产品系列丰富，有彩色喷墨打印机、大幅面打印机、激光打印机等，其中针式打印机和微型打印机都雄居世界第一位，EPSON的喷墨打印机销量在中国市场也达到了第一的位置。

EPSON产品线整体未来业务有两个重点：①以数码影像为核心；②发展彩色商务。EPSON在2003年10月成立了彩色商务俱乐部。EPSON注重品牌效应，为了推广其品牌形象，EPSON从1996年开始聘任电影明星朱茵担任形象代言人，2002年6月周迅出任形象代言人来传递EPSON的品牌信息。EPSON每年都要进行一次大规模的全国巡展，在北京、上海、成都三地开设了大型体验店。

在激烈的市场竞争中，产品同质化现象越来越严重，价格和技术差异越来越小，同类型产品竞争最终结果其实是品牌之间的竞争。EPSON为此组建了品牌战略部，以塑造EPSON在中国的形象。未来的发展呈现出个人消费家庭数码影像化、办公彩色商务化的趋势，打印机的另外两大巨头HP和CANON也表现出同样的产品战略。三大巨头的竞争，给我们提供了一个全新的生活数码影像天地。

案例思考题：

分小组讨论案例中调查报告的撰写存在哪些需要进一步完善的地方。

参 考 文 献

[1] Alvin C Burns, Ronald F Bush. 营销调研：网络调研的应用 [M]. 梅清豪，王承，曹丽，译. 4 版. 北京：中国人民大学出版社，2007.

[2] 阿尔文 C 伯恩斯，罗纳德 F 布什. 营销调研 [M]. 梅清豪，等译. 北京：中国人民大学出版社，2001.

[3] 艾德·弗瑞斯特. 网上市场调查 [M]. 李进，等译. 北京：机械工业出版社，2002.

[4] Naresh K Malhotra. 市场营销研究：应用导向 [M]. 涂平，译. 4 版. 北京：电子工业出版社，2006.

[5] Alvin C Burns, Ronald F Bush. 营销调研 [M]. 梅清豪，周安柱，徐炜熊，译. 2 版. 北京：中国人民大学出版社，2002.

[6] Parasuraman, Dhruv Grewal, R Krishnan. 市场调研 [M]. 王佳芥，应斌，译. 2 版. 北京：中国市场出版社，2009.

[7] Donald R Cooper, Pamela S Schindler. 商业研究方法 [M]. 孙健敏，译. 9 版. 北京：中国人民大学出版社，2007.

[8] Carl McDaniel Jr, Roger Gates. 当代市场调研 [M]. 范秀成，等译. 4 版. 北京：机械工业出版社，2005.

[9] Czaja R, Blair J. 抽样调查设计导论 [M]. 沈崇麟，译. 重庆：重庆大学出版社，2007.

[10] 艾尔·巴比. 社会研究方法基础 [M]. 邱泽奇，译. 8 版. 北京：华夏出版社，2002.

[11] 樊志育. 市场调查 [M]. 上海：上海人民出版社，1995.

[12] 风笑天. 现代社会调查方法 [M]. 3 版. 武汉：华中科技大学出版社，2005.

[13] 刘德寰. 市场调查 [M]. 北京：经济管理出版社，2000.

[14] 陈启杰. 市场调研与预测 [M]. 2 版. 上海：上海财经大学出版社，2006.

[15] 田志龙. 市场研究——基本方法、应用与案例 [M]. 武汉：华中理工大学出版社，1993.

[16] 景奉杰. 市场营销调研 [M]. 北京：高等教育出版社，2001.

[17] 庄贵军. 市场调查与预测 [M]. 北京：北京大学出版社，2007.

[18] 黄丹. 市场调研与预测 [M]. 北京：北京师范大学出版社，2008.

[19] 叶明海，于磊，胡志莹. 市场调查与预测 [M]. 上海：同济大学出版社，2007.

[20] 陈友玲. 市场调查预测与决策 [M]. 北京：机械工业出版社，2009.

[21] 刘红霞. 市场调查与预测 [M]. 北京：科学出版社，2007.

[22] 蒋志华. 市场调查与预测 [M]. 北京：中国统计出版社，2009.

[23] 张灿鹏，郭砚常. 市场调查与预测 [M]. 北京：清华大学出版社，2008.

[24] 李桂荣. 市场调查与预测 [M]. 北京：经济管理出版社，2004.

[25] 许以洪，等. 市场营销调研 [M]. 武汉：武汉理工大学出版社，2006.

[26] 陈祝平. 市场调研与分析 [M]. 上海：上海大学出版社，2004.

[27] 简明，等. 市场调查方法与技术 [M]. 北京：中国人民大学出版社，2005.

[28] 雷培莉，姚飞. 市场调查与预测 [M]. 北京：经济管理出版社，2004.

[29] 欧阳卓飞. 市场营销调研 [M]. 北京：清华大学出版社，2006.

[30] 魏炳麒. 市场调查与预测 [M]. 2 版. 大连：东北财经大学出版社，2006.

[31] 金勇进，杜子芳，蒋妍. 抽样技术 [M]. 北京：中国人民大学出版社，2008.

[32] 谢邦昌，张尧庭，董麓. 抽样调查的理论及其应用方法 [M]. 北京：中国统计出版社，1998：76-103.

[33] 柯惠新，丁立宏. 市场调查与分析 [M]. 北京：中国统计出版社，2000.

[34] 陆军，周安柱，梅清豪．市场调研 [M]．北京：电子工业出版社，2003．

[35] 龚曙明．市场调查与预测 [M]．北京：清华大学出版社，北京交通大学出版社，2005．

[36] 李国强，苗杰．市场调查与市场分析 [M]．北京：中国人民大学出版社，2005．

[37] 宋思根．市场调研 [M]．北京：电子工业出版社，2009．

[38] 卢文岱．SPSS for windows 应用 [M]．2 版．北京：电子工业出版社，2002．

[39] 吴明隆．SPSS 统计应用实务 [M]．北京：科学出版社，2003．

[40] 薛薇．SPSS 统计分析方法及应用 [M]．北京：电子工业出版社，2008．

[41] 朱建平，殷瑞飞．SPSS 在统计分析中的应用 [M]．北京：清华大学出版社，2007．

[42] 朱建平，范霄文．Excel 在统计分析中的应用 [M]．北京：清华大学出版社，2007．

[43] 宇传华．SPSS 与统计分析 [M]．北京：电子工业出版社，2007．

[44] 贾俊平，何晓群，金勇进．统计学 [M]．2 版．北京：中国人民大学出版社，2004．

[45] 冯文权．经济预测与决策技术 [M]．武汉：武汉大学出版社，2003．

[46] 黄丹，李乃和．市场调研与预测 [M]．北京：北京师范大学出版社，2008．

[47] 刘利兰．市场调查与预测 [M]．北京：经济科学出版社，2001．

[48] 刘玉洁，周鹏．市场调查与预测 [M]．大连：大连理工大学出版社，2004．

[49] 赵博庄，张梦霞．市场调研 [M]．北京：北京邮电大学出版社，2004．

[50] 范伟达．市场调查课程 [M]．上海：复旦大学出版社，2002．

[51] 陈殿阁．市场调查与预测 [M]．北京：清华大学出版社，北京交通大学出版社，2004．

[52] 于翠华．市场调查与预测 [M]．北京：电子工业出版社，2005．

[53] 徐阳，张毅．市场调查与预测 [M]．北京：高等教育出版社，2005．

[54] 徐国详，胡清友．统计预测和决策 [M]．上海：上海财经大学出版社，1998．

[55] 赵相忠．市场调查与预测 [M]．重庆：重庆大学出版社，2004．

[56] 董建谷．市场预测方法与案例 [M]．上海：立信会计出版社，1997．

[57] 胡祖光．市场调研预测学 [M]．杭州：浙江大学出版社，1997．

[58] 刘玉玲．市场调查与预测 [M]．北京：科学出版社，2004．

[59] 陈一君．市场调查与预测 [M]．成都：西南交通大学出版社，2009．

[60] 李杰明，祈新娥．统计学原理 [M]．上海：复旦大学出版社，2006．

[61] 李世杰，王峰．市场调查与预测 [M]．武汉：武汉理工大学出版社，2005．

[62] 吴景禄，安群．实用公关礼仪 [M]．北京：北京交通大学出版社，2007．

[63] 荣晓华．消费者行为学 [M]．大连：东北财经大学出版社，2007．

[64] 郭强，秦琴，任慧颖．报告撰写手册 [M]．北京：中国时代经济出版社，2004．

[65] 蒋志华，张玉红，曾鸿．市场调查与预测 [M]．北京：中国统计出版社，2002．

[66] 叶叔昌，邱红彬．营销调研实训教程 [M]．武汉：华中科技大学出版社，2006．

[67] 张庚淼．市场营销调研 [M]．大连：东北财经大学出版社，2002．

[68] 全洪臣．市场调研原理与应用 [M]．大连：东北财经大学出版社，2008．

[69] 吴建安．市场营销学 [M]．北京：高等教育出版社，2004．

[70] 许以洪，李双玫．市场营销学 [M]．北京：机械工业出版社，2007．

[71] 刘利兰．市场调查与预测 [M]．2 版．北京：经济科学出版社，2001．

[72] 韩德昌，李桂华，刘立雁．市场调查与预测教程 [M]．北京：清华大学出版社，北京交通大学出版社，2008．

[73] 林根祥，吴晔，吴现立．市场调查与预测 [M]．武汉：武汉理工大学出版社，2005．

[74] 胡主光，王俊豪，吕筱萍．市场调研预测学——原理、方法和应用 [M]．杭州：浙江大学出版社，2002．

[75]　刘秋华，欧邦才．市场调查与预测［M］．北京：中国社会科学出版社，2004.

[76]　简明，胡玉立．市场预测与管理决策［M］.3 版．北京：中国人民大学出版社，2003.

[77]　范云峰．营销调研策划［M］．北京：机械工业出版社，2004.

[78]　黄孝俊．市场调查分析［M］．杭州：浙江大学出版社，2002.

[79]　冯丽云．现代市场调查与预测［M］．北京：经济管理出版社，2003.

[80]　王静．现代市场调查［M］．北京：首都经济贸易大学出版社，2001.

[81]　王谊，许德昌．现代市场营销调查［M］．成都：西南财经大学出版社，2003.

[82]　刘兴国．如何正确认知市场调查［J］．江苏商论，2001（3）.

[83]　冯长根．研究生如何夯实成功科研生涯的基础［J］．科技导刊，2007（25）.

[84]　樊启霖．几种主要调研报告的写法［J］．新重庆，2006（1）.

[85]　浦国华，徐金强．各种市场网络调查方法的比较研究［J］．商业经济与管理，2003（10）.

[86]　李桂华．论传统调研方法在网上调查中的应用［J］．商业研究，2001（8）：173-176.

[87]　李金昌，李霞．网上调查方法技术研究［J］．数量经济技术经济研究，2002（11）：100-103.

[88]　李灿．市场调查问卷的设计艺术［J］．统计与决策，2007（7）.